KB265616

일제하 식민지 지주제 연구

일제하 식민지 지주제 연구

이화연구총서 8

일제하 식민지 지주제 연구

일본인 회사지주 조선흥업주식회사 사례를 중심으로

하 지 연 지음

혜안

이화연구총서 발간사

이화여자대학교 총장 이 배 용

121년의 유구한 전통과 그 정신적 유산을 가진 이화여자대학교가 '근대' '여성' '교육'이라는 측면에서 이룩해 낸 성과와 그 영향은 현 사회 속에서도 그 자취가 매우 뚜렷합니다. 지난해 이화는 이러한 역사와 전통을 밑바탕으로, 현 사회에 대한 시대사적인 인식을 아울러 '이니셔티브(initiative) 이화'를 비전으로 삼았습니다.

'이니셔티브'란 앞장서서 주도한다는 뜻입니다. 21세기의 변화하는 시대에서 새로운 문명의 가치와 대학교육의 미래를 설정하고 이화교육이 모든 영역에서 주도적 역할을 행사할 수 있게 되어야 합니다. 이화는 한국을 넘어 세계 최고 수준의 연구와 교육 역량을 갖춘 굴지의 명문대학으로 세계 여성교육의 허브가 되기 위해 모든 영역에서 이니셔티브를 추구할 것입니다. 이러한 노력 속에서 우리는 국제 경쟁력을 갖춘 전문 인력을 배출하고 남녀평등의 확고한 원칙이 존중되는 새로운 인류문명의 지성공동체를 구현하게 될 것입니다.

학문의 길에 선 신진학자들은 선학의 연구 성과를 존중하고 새로운 시대정신과 그들의 도전 정신을 바탕으로 창의력 있는 연구 방법과 새로운 연구 성과를 낼 수 있는 든든한 후속세대입니다. 그렇기에, 신진학자들에게 '주도'의 주체로서 우뚝 설 가능성을 기대할 수 있는 것입니다. 또한, 그들에게서 기대할 수 있는 '法古創新'한 연구 성과들은 가까이는 학계의 발전을 이끌어내고, 나아가 '변화'와 '무한경쟁'으로 대변되는 지금의 상황을 발전적으로 끌어갈 수 있는 저력이 될 것입니다.

이화여자대학교 한국문화연구원에서는 이렇듯 패기 있는 도전정신으로 학문의 방향을 이끌어 갈 학문 후속세대를 지원하기 위해 '이화연구총서'를 간행해 오고 있습니다. 이 총서는 최근 박사학위를 취득한 신진학자들의 연구논문 가운데 우수논문을 선정하여 발간하기 위해 기획되었습니다. 총서의 간행을 통해 신진학자들의 논의가 보다 많은 사람들에게 제공되어 이들의 연구 성과가 공유될 수 있는 기회를 줌으로써, 이들이 미래의 학문세계를 이끌 주역으로 성장하는 데 도움을 주고자 합니다. 앞으로도 '이화연구총서'가 신진학자들이 한발 더 높이 도약할 수 있는 발판이 되기를 소망합니다. '이화연구총서'의 발간을 위해 애써주신 연구진과 필진 그리고 관계자 모든 분들께 진심으로 감사드립니다.

2007년 9월

책머리에

한국 근대사, 특히 식민지 시기 연구에서 현재 가장 첨예하고, 활발하게 거론되고 있는 주제 중의 하나가 '근대화'와 '수탈', '개발론', '개발과 수탈론', '근대성'과 '식민성' 등이라고 할 수 있다. 소위 '식민지 근대화론' 논쟁은 1980년대 중반 이후 식민지 시기의 한국인의 경제 활동에 대한 연구가 활발해지면서 특히 공업부문에서 한국인들의 일제하 경제적 지위는 일본인에 비하여 하락하였으나, 그 양적인 경제활동은 성장하였다는 논지의 '근대화론'이 나오면서 본격화되었다. 이 '근대화론'은 기존 역사학계의 일반적인 '내재적 발전론'과 '수탈론', '내셔널리즘'적 인식체계를 송두리째 부정한 전혀 새로운 해석이자 일대 충격이었다.

이후 일제의 식민지배가 한국 사회에 초래한 사회·경제적 변동에 대한 해석에 변화가 나타나기 시작했고, 일본의 지배가 부정적 결과를 가져왔으나, 긍정적인 면도 부정할 수 없다는 주장도 나왔다. 또한 '수탈'과 '개발'의 공존성을 지적하면서 식민지 시기에 대한 이분법적 성격구분의 문제점도 제기되었다. 더 나아가 '식민성'과 '근대성'에 대한 개념 정립과 양사가 갖는 공존성과 이중성 내지 양면성에 대한 조명도 나왔다. 이른바 '식민지 근대성'이 그것이다.

이러한 식민지 시기 한국 사회·경제의 시대성을 읽어내기 위해서는 보다 구체적인 사회·경제적 현상이나 정책, 해당 시기를 살아온 경제 주체 및 객체에 대한 실증적 사례검증이 우선되어야 한다고 본다. 이러한 전제하에 저자는 식민지 시기 일본재벌의 한국에서의 기업 운영에 관심을 갖게 되었고, 특히 일제하 '식민지 농업문제' 즉, '식민지 지주제' 문제는 일제하 한국 농업, 나아가 한국 경제의 '근대성'과 '식민성' 문제에 가장 근본적인 해답을 줄 수 있는 주제라고 생각했다.

'식민지 지주제'를 연구하는 데 가장 주의를 요하는 부분이 바로 일본인 지주 내지 농업회사의 '농업경영의 식민성과 자본주의적 합리성' 문제이다. 일본인 회사지주의 기업경영 구조의 근대화와 농장조직 운영의 효율성, 최소한의 투자와 최대한의 이윤 창출이라는 자본주의적 합리성으로 평가되고 있는 식민지 근대성의 문제는 그 개발의 주체와 창출된 이윤의 수혜대상이 누구였는가, 또 개발과 근대화의 목적은 식민지 농업 그 자체였는가 아니면 일제 식민권력과 그를 등에 업은 일본인 지주였는가 등의 문제에까지 나아가면 결코 수치적 성장 그 이상일 수 없었다. 따라서 이 글은 일제하 농업부문에서 국책회사인 동양척식주식회사를 제외하고 개별 민간자본 중 최대 규모였던 조선흥업주식회사의 사례를 통해 식민지 한국 농업 내지 지주제의 '식민성'을 보고자 하였다.

이 책은 저자의 2006년 박사학위논문인 「韓末·日帝 强占期 日本人 會社地主의 農業經營 研究 - 澁澤榮一 資本의 朝鮮興業株式會社를 중심으로 -」를 수정·보완한 것이다. 논문 제출 후 미진한 부분들을 대폭 보강하려고 하였으나, 필자의 게으름과 능력의 한계로 인하여 그 작업이 쉽지 않았다. 그러나 이 책이 한국 근대 경제사 연구에 작은 도움이 됐으면 하는 바람에서 부끄럽지만 출간을 하게 되었다.

필자가 역사를 공부하겠다고 사학과에 진학하여 지금까지 벌써 햇수로 20년이 흘렀다. 이 책이 나오기까지 많은 분들의 은혜를 입었다. 학부 3학년 때부터 본격적으로 전공 수업이 시작되면서 내 인생과 학문의 스승이신 현 이화여자대학교 총장 이배용 선생님과의 인연이 시작되었다. 선생님께서는 가끔씩 읽을 만한 책도 챙겨주시고, 장학금도 주선해 주시면서 그때까지 그저 막연하게 지내고 있던 필자에게 조금씩 학문의 길을 가르쳐 주셨다. 그리고 선생님의 가르침으로 석사학위 논문에서 한국 근대 미국계 상회사 타운센드 상회(Townsend & Co.)를 다루었다. 이 주제와 저자의 박사학위 주제인 澁澤자본의 조선흥업주식회사는 모두 선생님의 『한국 근대 광업침탈사』에서 시사 받은 바가 매우 크다. 석사를 마치고 마포고등학교에서 교편을 잡았다. 그러면서도 항상 머리와 가슴속에 미진한 공부에 대한 미련이 가득 차 있었고, 마침내 2002년 둘째 원준이를 낳자마자 무작정 3년간의 육아휴직을 하고 박사과정에 들어왔다. 석사 졸업 후 7년이나 책을 멀리 했던 탓에 머리는 굳어 있었고, 갓난쟁이와 6살짜리 첫째 아들 현준이를 키우면서 겨우 박사과정 수업을 마칠 수 있었다. 그 때마다 이배용 선생님께서는 학문은 물론이고 일상생활에서 여성의 한계를 넘을 수 있도록 세심한 지도와 따뜻한 격려를 해 주셨다. 선생님의 은혜에 깊이 감사드린다. 또 이화여자대학교 사학과의 故 함홍근, 이춘란, 신형식, 최소자, 김염자, 강철구, 함동주, 조지형, 백옥경, 정혜중 선생님, 서강대학교 사학과의 최기영 선생님께서는 늘 따뜻한 마음으로 도와주시고 학문의 본질을 일깨워 주셨다. 신용하, 이영호, 이영학, 김영미 선생님께서는 학위논문 심사를 맡아 미진한 논문이 완성될 수 있도록 꼼꼼하게 문제점을 시정해 주시고, 체제에서 문장에 이르기까지 논문이 짜임새를 갖출 수 있도록 지도해 주셨다. 이 자리를 빌려 다시 한 번 깊은 감사를 드리고 싶다.

아울러 연구를 진행하면서 필자가 부딪혔던 문제점들을 함께 고민하고, 진심어린 조언을 아끼지 않으셨던 김현숙, 이방원, 강정설 선생님을 비롯한 이화여자대학교 선후배, 동기들에게도 감사를 드리고 싶다. 또한 저자가 몸담고 있는 마포고등학교의 김태문 前 교장선생님, 여은근 교장선생님 이하 모든 선생님들께도 고마움을 전하고 싶다. 저자가 3년씩 육아휴직을 하고, 그 이후에도 공부와 강의를 핑계로 늘 학교일에 부족한 점이 많았으나 따뜻한 이해와 배려로 많이 도와주셨다. 특히 일본어과 김승환 선생님은 저자가 짧은 일본어 실력 때문에 수시로 귀찮게 했음에도 불구하고 기꺼이 도와주셨다.

끝으로 항상 따뜻한 격려와 사랑으로 저자를 감싸 안고 지켜봐 주셨던 가족들에게 감사하고 싶다. 직장 다니는 딸이 공부까지 한다고 해도 싫은 내색 없이 기꺼이 장난꾸러기 외손자 둘을 떠안아 지금까지도 딸 뒷바라지를 하고 계시는 친정 어머니와 아버지께 진심으로 감사드린다. 평생 교단에서 역사를 강의해 오신 아버지께서는 저자가 학문의 길로 들어서는데 가장 큰 영향을 주신 분이고, 또 건강이 좋지 못하심에도 불구하고 이 글이 나오기까지 일본 사료 해석을 대부분 도와주셨다. 또한 늘 공부하는 아내를 위해 물심양면으로 지원을 아끼지 않고 휴일에 집안일과 아이들까지 챙겨준 사랑하는 남편 조세진과, 건강하고 반듯하게 잘 자라준 두 아들 현준·원준에게도 이 자리를 빌려 사랑과 고마움을 전하고 싶다.

목 차

이화연구총서 발간사 5

책머리에 7

제1장 서 론 19

1. 연구 목적 19

2. 연구 현황 및 연구 방법 31

1) 연구 현황 31

2) 연구 방법 및 자료 소개 39

제2장 澁澤榮一자본의 형성과정과 한국농업 진출 45

1. 일본 자본주의의 형성과정과 澁澤榮一 45

1) 澁澤자본의 형성과 국익우선주의 경영 47

(1) 澁澤榮一의 財界입문과 澁澤자본의 형성 47

(2) 일본 재계에서의 위상과 국익우선주의 경영 54

2) 일본의 對韓 경제침략과 澁澤榮一 56

(1) 澁澤榮一의 對韓觀 56

(2) 澁澤榮一자본의 對韓 경제침략 59

2. 澁澤자본의 한국농업 진출 79

1) 대한제국기 일본 대자본의 한국농업 침탈 79

(1) 개항 이후 일본인의 토지 침탈 배경 79

(2) 러일전쟁 전후 일본인의 지주화 사례 92

2) 澁澤자본의 조선흥업주식회사 설립 95

(1) 창설경위와 목적 95

(2) 조선흥업주식회사의 연혁 104

12

제3장 조선흥업주식회사의 사업확장과 지점별 경영구조 109

1. 토지침탈 과정과 사업의 확장 109
   1) 토지침탈의 과정 109
   2) 사업의 확장과 경영규모 118
2. 지점별 경영구조 및 특징 128
   1) 황주지점과 해주 출장소 128
      (1) 황주지점 128
      (2) 해주 출장소 143
   2) 목포, 대전, 삼랑진, 경산 관리소 146
      (1) 목포 관리소 146
      (2) 대전 관리소 152
      (3) 三浪津 관리소 156
      (4) 경산 관리소 160

제4장 조선흥업주식회사의 자본규모와 경영진 및 대주주 분석 165

1. 회사 자본의 규모 165
   1) 자본의 규모와 영업성적 165
      (1) 자본규모 165
      (2) 영업성적 167
   2) 사업별 수입구조 및 규모 173
2. 경영진 및 대주주의 분석 179
   1) 경영진 및 대주주와 澁澤자본과의 관계 179
      (1) 주요 경영진과 제일은행의 관계 179
      (2) 대주주와 澁澤자본의 관계 182
   2) 수익분배와 이윤의 독점 196

제5장 조선흥업주식회사의 식민지 소작제 경영실태 201

1. 생산과정에서의 농민지배실태 203
   1) 개간 및 수리시설 확충과 비용의 전가 204
      (1) 개간 및 경지정리사업 204
      (2) 수리시설의 확충과 비용의 전가 206
   2) 일본품종 및 화학비료의 강제 208
      (1) 채종전 경영과 일본품종의 강요 208

(2) 일본식 植付방법의 강요 215
(3) 施肥의 강요와 비용의 전가 217
(4) 개량 농기구 사용의 강제 221
(5) 농가부업의 실상 221

2. 고율의 소작료 수취와 소작농가 경제의 실상 223
  1) 고율의 소작료 수납실태 223
    (1) 소작료 징수의 방법 223
    (2) 소작료의 구성요소와 고율의 소작료 수탈 229
    (3) 소작료 납입기일 지정과 '연납'의 강제 239
    (4) 소작료 상품화의 규정과 비용의 전가 247
    (5) 소작권의 불안정 252
  2) 소작농가 경제의 실상 255

제6장 조선흥업주식회사의 소작인 관리통제조직과
      한국농민의 저항 261

1. 소작인 관리통제조직과 '興農會'의 실체 261
  1) '舍音'제도의 변형과 小作人五人組合 261
    (1) '舍音'제도의 변형과 社員을 통한 직접통제 261
    (2) 小作人五人組合과 상호 연대보증제도의 운영 263
  2) '흥농회'의 설치와 소작인 통제의 실태 267
    (1) 흥농회의 조직 구성과 회칙 268
    (2) 흥농회의 농장 및 소작인통제 업무와 성격 274

2. 한국농민의 저항과 조선흥업주식회사의 대응 282
  1) 생산 및 소작료 납부과정에서의 소극적 저항 282
    (1) 종자 및 비료 강요에 대한 저항 283
    (2) 수확 및 탈곡 조제 과정에서의 저항 285
    (3) 소작료 납부과정에서의 저항 289
  2) 소작쟁의 및 적극적 저항 290
    (1) 지점별 소작쟁의 사례 290
    (2) 기타 분쟁사례 306

제7장 결론 : 조선흥업주식회사의 농업경영의 성격   313

부 록   341

참고문헌   359
Abstract   375
찾아보기   379

표 목차

〈표 2-1〉 澁澤榮一의 對韓 經濟침탈 61
〈표 2-2〉 土地抵當貸付金利率表 (1904년) 82
〈표 2-3〉 한말·일제초기의 일본인 대지주의 소유면적별 戶數 92
〈표 2-4〉 한말·일제초기의 일본인 대지주의 자본규모별 戶數 92
〈표 2-5〉 조선흥업주식회사 發起人의 引受株數 및 役職名 99
〈표 2-6〉 조선흥업주식회사의 本支店 설치 연도 및 所在地 105

〈표 3-1〉 지점별 논밭면적 (1936년 현재) 120
〈표 3-2〉 논밭별 경지면적 및 토지대금 (1904~1945년) 121
〈표 3-3〉 논밭별 경지면적 및 비율 (1904~1945년) 122
〈표 3-4〉 논밭별 토지대금 및 비율 (1905~1945년) 123
〈표 3-5〉 조선흥업주식회사의 토지이윤의 추이 (1905~1935년) 126
〈표 3-6〉 1930년 30정보 이상 지주의 민족별 경지소유면적 및 조선흥업주식회사의 경지면적 127
〈표 3-7〉 황주지점 농장 분포표 (1936년 현재) 133
〈표 3-8〉 황주지점 특수농장 (1936년 현재) 135
〈표 3-9〉 해주 출장소 농장의 분포표 (1936년 현재) 144
〈표 3-10〉 목포 관리소 농장 분포표 (1936년 현재) 146
〈표 3-11〉 목포 관리소 특수농장 (1936년 현재) 147
〈표 3-12〉 목포 관리소 관계수리조합 (1936년 현재) 147
〈표 3-13〉 대전 관리소 농장 분포표 (1936년 현재) 153
〈표 3-14〉 대전 관리소 특수농장 (1936년 현재) 154
〈표 3-15〉 삼랑진 관리소 농장 분포표 (1936년 현재) 157
〈표 3-16〉 삼랑진 관리소 관계수리조합 (1936년 현재) 157
〈표 3-17〉 경산 관리소 농장 분포표 (1936년 현재) 162
〈표 3-18〉 경산 관리소 관계수리조합 (1936년 현재) 163

〈표 4-1〉 자본금 및 舊株 불입상황 166
〈표 4-2〉 자본금 및 新株 불입상황 167
〈표 4-3〉 조선흥업주식회사의 영업성적 (1904~1945년) 169
〈표 4-4〉 사업별 수입구성 (1904~1945년) 174
〈표 4-5〉 조선흥업주식회사 임원과 제일은행의 관계 180
〈표 4-6〉 조선흥업주식회사의 주요 株主 및 보유 株數 (1918~1945년) 183

〈표 4-7〉 조선흥업주식회사 주요 임원의 직위 및 재임기간 (1904~1945년) 189
〈표 4-8〉 조선흥업주식회사 주요 임원의 공로금 지급 현황 198

〈표 5-1〉 조선흥업주식회사의 관계수리조합 206
〈표 5-2〉 조선흥업주식회사의 장려 품종 (1934년 현재) 211
〈표 5-3〉 採種田 및 종자갱신 성적 (1934년 현재) 212
〈표 5-4〉 조선흥업주식회사의 소작형태 (1934년 현재) 227
〈표 5-5〉 조선흥업주식회사의 소작료 1 (1905~1935년) 237
〈표 5-6〉 조선흥업주식회사의 소작료 2 (1936~1945년) 238
〈표 5-7〉 조선흥업주식회사의 총 소작인수와 영속 소작인수 (1936년 현재) 252
〈표 5-8〉 농가 규모별·계급별 경지면적과 호수 (1925년 현재) 256
〈표 5-9〉 전국 평균 각 계급농가 1家 경제상황 일람표 257
〈표 5-10〉 황해도 농가 1家 경제상황표 258
〈표 5-11〉 황주지점 소작농의 농가 수지상황 258

〈표 6-1〉 흥농회 지점별 수지 상황 (1928년도 현재) 280

〈표 7-1〉 大倉, 東山, 조선흥업주식회사의 경영규모 및 방식 비교 317
〈표 7-2〉 일제하 경영 형태별, 지역별 춘궁농가수 (1930년 현재) 325
〈표 7-3〉 일제하 주요 식량 농산물의 1인당 소비 추세 325

지도 및 도표·그림 목차

〈지도 3-1〉 조선흥업주식회사의 전국 사업지　119
〈지도 3-2〉 황주지점 농장 지도　132
〈지도 3-3〉 해주 출장소 지도　145
〈지도 3-4〉 목포 관리소 지도　148
〈지도 3-5〉 대전 관리소 지도　155
〈지도 3-6〉 삼랑진 관리소 지도　159
〈지도 3-7〉 경산 관리소 농장 지도　162
〈도표 6-1〉 조선흥업주식회사의 농장 관리망 조직도-'흥농회'　268

〈그림 1〉 澁澤榮一　45
〈그림 2〉 국립은행 시대의 第一銀行 본점　51
〈그림 3〉 주식회사 제일은행이 한국에서 태환은행권 발행과 폐제정리, 국고금 취급, 공채 모집
　　　　 등 한국 중앙은행으로서의 사무에 충실히 했고, 한국은행 설립으로 한국에서의 공로
　　　　 를 치하한다는 일본제국 정부의 감사장　64
〈그림 4〉 제일은행권(십원권, 일원권)　68
〈그림 5〉 明治 35년以後 第一銀行 本店　99
〈그림 6〉 목포의 면화적출　150
〈그림 7〉 佐佐木勇之助　191
〈그림 8〉 大倉喜八郎　318

부록 목차

[부록 1] 러일전쟁 전후 대표적 일본인 대농장 소재지 및 보유면적 상황 343
[부록 2] 韓國興業株式會社設立趣意書 350
[부록 3] 韓國興業株式會社계획서 350
[부록 4] 韓國興業株式會社定款草案 351
[부록 5] 韓國興業株式會社營業豫算書 354
[부록 6] 조선흥업주식회사의 소작계약서 355
[부록 7] 흥농회의 慶弔災害給與金 規程 357

제1장 서 론

1. 연구 목적

　한말·일제하 일본인 대지주(농업회사 포함)에 관한 기존의 연구는 주로 일본인 연구자들에 의해 진행되었다. 그런데 이들 연구의 기본목적은 한국에 진출한 일본인 대지주들의 출신지역과 그들의 자본성격 및 규모, 그리고 그들이 일본 지주제에서 차지하는 위상 규명에 초점을 두어왔다.[1] 그러나 사실상 이러한 연구의 개념과 방향은 어디까지나 일본 경제사의 한 부분으로서의 연구이지 한국역사 속에서 일본인 대지주의 식민지 지주적 성격을 규명한 것은 아니었다. 한말·일제하

---

1) 淺田喬二, 『日本帝國主義と舊植民地地主制』, 御茶の水書房, 1968 ; 同, 『日本帝國主義下の民族革命運動』, 未來社, 1973 ; 同, 「舊植民地(朝鮮)における日本人大地主の存在形態 - 石川縣農業株式會社-」, 『朝鮮歷史論集 - 旗田巍先生古稀記念』(下卷), 旗田巍先生古稀記念會, 龍溪書舍, 1979 ; 田中喜南, 「石川縣農業株式會社(資料紹介)」, 『北陸史學』 第15號, 北陸史學會, 1967 ; 同, 「明治後期 '朝鮮拓植'への地方的關心 - 石川縣農業株式會社の設立を通して」, 『朝鮮史研究會論文集』 4, 朝鮮史研究會, 1968 ; 山崎隆三, 「地主制衰退期における地主の植民地地主への轉化」, 『經濟學雜誌』 64-2·3, 日本評論社, 1971 ; 森元辰昭, 「日本人地主の植民地(朝鮮)進出 - 岡山縣溝手家の事例分析」, 『土地制度史學』 第82號, 1979 ; 同, 「朝永土地株式會社による農場經營」, 大石嘉一郎 編, 『近代日本における地主經營の展開 - 岡山縣牛窓町西服部家の研究』, 御茶の水書房, 1985 ; 田中愼一, 「西服部家の朝鮮進出」, 『土地制度史學』 第82號, 1979 ; 千田稔, 「華族資本としての細川家の成立·展開」, 『土地制度史學』 116, 1987.

20

일본인 대지주들의 본국에 있어서의 자본성격이나 규모는 그들의 한국진출 초기 토지매매 규모와 방법, 토지가격, 수리조합 관여 정도 등에 반영되었다. 그러나 실제로 그들이 한국에서 행한 소작제 농업경영 방식이나 농민운동 탄압, 그리고 권력기관과의 결탁관계 및 각종 식민지 농업정책에의 적극적인 참여라는 점에서는 차별성을 찾을 수 없기 때문이다.

따라서 일본인 대지주의 일본 경제사에서의 위상 규명보다도 한국 근대 농업구조의 왜곡과 수탈, 그리고 일제 식민지 지배과정에서의 역할과 존속방법, 권력기관 및 금융·수리조합과의 상호관계, 한국민에 대한 경제 및 경제외적 지배관계와 '재래 지주-소작인' 관계의 변질과 그 모순점, 한국인 지주의 경영방법 및 규모와의 비교, 한국인의 저항과 그에 대한 억압 등에 관한 실증적 검토가 일차적으로 이루어져야 할 것이라고 생각된다. 또한 이러한 연구의 노력이 '식민지 근대화론 내지 시혜론'[2]으로까지 귀결되고 있는 해외학계의 연구경향과 국내 일

---

2) 식민지 근대화론에 대한 논쟁은 1980년대 중반 이후 식민지 시기의 한국인의 경제 활동에 대한 연구가 활발해지면서 특히 공업 부문에 있어서 한국인들의 일제하 경제적 지위는 일본인에 비하여 하락하였으나, 그 양적인 경제 활동은 성장하였다는 논지의 '근대화론'이 나오면서 본격화되었다. 즉, 安秉直, 中村哲, 李大根, 梶村秀樹 엮음의 『近代朝鮮의 經濟構造』(比峰出版社, 1989)가 그것이다. 곧이어 安秉直, 中村哲 共編의 『近代朝鮮工業化의 研究』(일조각, 1993)가 잇달아 나와 근대화론을 뒷받침하였고, 미국에서도 전라도 고창 김씨 일가의 지주 경영 사례를 바탕으로 한국 자본주의의 식민지적 기원을 밝히는 논문이 나왔다. Eckert J. Carter의 *The Kochang Kims and Colonial Origins of Korean Capitalism, 1876~1945* (Seattle and London, University of Washington Press, 1991)이 그것이다. 이후 일본의 지배가 한국 사회에 초래한 사회·경제적 변동에 대한 비판적 해석의 초점도 바뀌기 시작하였는데, 일본의 지배가 초래한 긍정적인 측면을 부정할 수는 없지만, 그것이 초래한 부정적인 측면이 더욱 크다는 주장도 나왔다.(권태억, 「한국 근현대사와 일제의 식민지 지배」, 『자본주의 세계 체제와 한국 사회』, 한울, 1991) 현재 한국 근현대 역사학계의 '근대화론' 논쟁은 아직 그 논쟁의 결말과 합의를 보지 못한 상황에서 '수탈론', '근대화론', '개발과 수탈론' 등 다양한 주장이 대립하고 있다. 대체로

부의 연구시각에 대한 실증적 대응의 논리가 될 수 있을 것으로 기대
한다.3)

근대화론의 입장에는 안병직, 이영훈, 박섭, 김낙년, 주익종 등의 연구자들이
있고, 신용하, 이만열, 정연태, 정태헌, 주종환 등에 의해서 '수탈론과 내재적
발전론'이 강조되었다. 또한 조석곤의 경우 수탈과 개발의 공존성을 지적하면
서 식민지 시기에 대한 이분법적 성격 구분에 문제점을 제기하였다. 이에 대
하여서는 현재 학계에서 충분한 논쟁 및 정리가 이루어진 관계로 여기서는
대표적인 것만을 소개하기로 한다. 愼鏞廈, 「日本帝國主義 擁護論과 그 批
判」, 『한국독립운동사연구』 6, 독립기념관, 1992 ; 同, 「'식민지 근대화론' 재
정립 시도에 대한 비판」, 『창작과 비평』 98, 창작과 비평사, 1997년 겨울호 ;
同, 『일제의 식민지정책과 식민지근대화론 비판』, 문학과 지성사, 2006 ; 高東
煥, 「近代化論爭」, 『한국사시민강좌』 20, 일조각, 1997 ; 권태억, 「'식민지기
조선 근대화론'에 대한 斷想」, 『한국민족운동사연구 - 于松趙東杰先生停年紀
念論叢刊行委員會』, 1997 ; 同, 「근대화·동화·식민지유산」, 『한국사연구』
108, 한국사연구회, 2000 ; 李萬烈, 「일제 식민지 근대화론 문제 검토」, 『한국
독립운동사연구』 11, 한국독립운동사연구소, 1997 ; 조석곤, 「수탈론과 근대화
론을 넘어서」, 『창작과 비평』 96, 창작과 비평사, 1997년 여름호 ; 同, 「식민지
근대화론과 내재적 발전론 재검토」, 『동향과 전망』 38, 한국사회연구소, 199
8 ; 同, 「식민지 근대화론 연구 성과의 비판적 수용을 위한 제언」, 『역사비평』
75, 역사문제연구소, 2006 ; 정태헌, 「수탈론의 속류화 속에 사라진 식민지」,
『창작과 비평』 97, 창작과 비평사, 1997년 가을호 ; 안병직, 「한국근현대사 연
구의 새로운 패러다임」, 『창작과 비평』 98, 창작과 비평사, 1997년 겨울호 ;
유재건, 「식민지 근대와 세계사적 시야의 모색」, 『창작과 비평』 98, 창작과 비
평사, 1997년 겨울호 ; 김동노, 「식민지 시대의 근대적 수탈과 수탈을 통한 근
대화」, 『창작과 비평』 99, 창작과 비평사, 1998년 봄호 ; 정병욱, 「역사의 주체
를 묻는다 : 식민지 근대화론 논쟁을 둘러싸고」, 『역사비평』 43, 역사문제연
구소, 1998 ; 주종환, 「일제 조선토지조사사업에 관한 '식민지 근대화론' 비
판 - 근대성을 강조하는 나까무라 교수의 역사이론에 대하여 - 」, 『역사비평』
47, 역사문제연구소, 1999 ; 정연태, 「'식민지근대화론' 논쟁의 비판과 신근대
사론의 모색」, 『창작과 비평』 103, 창작과 비평사, 1999년 봄호 ; 同, 「식민지
근대화론의 새로운 성과에 대한 비판적 검토 - 안병직 편, 맛질의 농민들 한
국 경제성장사」, 『역사비평』 58, 역사문제연구소, 2002 ; 박환, 「20세기 한국
근현대사의 쟁점 : 근대의 기점, 식민지 근대화론, 민족운동주도론」, 『한국독
립운동사연구』 15, 독립기념관 한국독립운동사연구소, 2000 ; 김낙년, 「"식민
지 근대화" 재론」, 『경제사학』 43, 서울, 경제사학회, 2007 참조.

3) 이른바 '수탈론'과 '식민지 근대화론'의 논쟁에 대해서는 다음의 연구에서 잘

　'식민지 지주제'를 연구함에 있어서, 사료의 해석과 그 성격을 도출해 내는 과정에서 가장 주의를 요하는 부분이 바로 일본인 지주 내지 농업회사의 '농업경영의 식민성과 자본주의적 합리성 혹은 선진성'의 문제이다. 후자의 성격이 바로 '근대성'의 문제이다.[4] 일본에서 진행되

정리되어 있다. 정연태, 「21세기의 한국근대사 연구와 신근대사론의 모색」, 한국역사연구회 편, 『20세기 역사학, 21세기 역사학』, 역사비평사, 2000 ; 정재정, 「식민지 공업화와 한국의 경제 발전」, 중앙일보 통일문화연구소 현대사연구팀 편, 『일본의 본질을 다시 묻는다』, 한길사, 1996 ; 同, 「1980년대 일제시기 경제사 연구의 성과와 과제」, 역사문제연구소 편, 『한국의 '근대'와 '근대성' 비판』, 역사비평사, 1996 ; 同, 「한국근대와 식민지 근대화론」, 『새로운 한국사 길잡이 하』, 서울, 지식산업사, 2008 ; 정태헌, 「연구사를 통해 본 경제성장론 식민지상의 대두배경과 문제점」, 박섭 외, 『식민지 근대화론의 이해와 비판』, 백산서당, 2004 ; 同, 『한국의 식민지적 근대 성찰』, 선인, 2007 ; 신용하, 전상숙, 고숙화, 하지연, 김은정, 나애자, 김석근, 김경일 공저, 『식민지 근대화론에 대한 비판적 성찰』, 나남, 2009. 한편 식민지기의 한국사회와 경제의 근대적 변동은 일본의 정책이 아니라 한국인의 자발적 노력에 기인한다고 하는 주장도 제기되었다. 허수열은 '수탈'이란 용어 대신 식민지 한국인이 철저하게 배제된 개발 이익의 일본인 독점이라는 식민지적 특성에 주안점을 두고, '개발 없는 개발'이라는 키워드로 해당시기의 특성을 설명했다.(허수열, 「'개발과 수탈'론 비판」, 『역사비평』 48호, 역사비평사, 1999 ; 同, 『개발 없는 개발』, 은행나무, 2005 ; 同, 「『해방 전후사의 재인식』의 식민지 경제에 대한 인식 오류」, 『역사비평』 75호, 역사비평사, 2006 ; 同, 「식민지 근대화론의 쟁점 - 근대적 경제성장과 관련하여」, 『동양학』 41집, 단국대 동양학연구소, 2007.) 허수열은 철저한 실증을 통해 이른바 성장사학 즉, 근대화론을 비판했다. 그는 교환관계를 수탈로 묘사하는 것이 부적절하다고 하여 '수탈'이란 용어를 사용하지 않았는데 사실상 그가 도출한 결론은 '수탈론'과 다르지 않다.

4) 식민지 근대화론과 수탈론의 논쟁의 선상에서 이른바 '식민성'과 '근대성'에 대한 개념 정립과 성격 규정에 대한 연구가 상당히 진척되면서 그 양면성과 공존성 내지 이중성에 대한 조명도 이루어지고 있다. 사실상 식민지 시기는 근대성과 식민성이 공존하면서 이 양 개념은 상반된 것이 아니라 상호간 서로 상승효과를 낼 수밖에 없는 구조적 모순의 시기였다.(역사문제연구소, 『한국의 '근대'와 '근대성' 비판』, 역사비평사, 1996 ; 천화숙, 「동아시아의 근대화와 제문제 : 근대성과 근대화의 의미를 중심으로」, 『아세아문화연구』 2, 1997 ; 신광영, 「근대성, 근대주의, 근대화와 민족주의」, 『아시아문화』 14호, 한림대학교 아시아문화연구소, 1999 ; 김영근, 「일제하 식민지적 근대성의 한 특

어 온 식민지의 일본인 지주에 대한 연구에서는 이들의 경영 합리화와 낙후된 한국 농업의 근대화 및 생산성의 비약적 증대에 초점을 맞추어 왔다. 그래서 특히 전라도 일대에 집중되어 있는 다수의 일본인 농장에 대하여 '動態的 지주', '肥料貸的 지주', '기업가 지주' 등으로까지 명명해 왔다.[5]

그러나 경영구조의 근대화와 농장조직 운영의 효율성, 최소한의 투자와 최대한도의 이윤창출이라는 자본주의적 합리성으로 평가되고 있는 식민지 근대성의 문제에서 주체 문제, 즉, 개발의 주체와 그 창출된 이윤의 수혜대상은 누구였는가, 또한 개발과 근대의 목적은 식민지 농업 그 자체의 개발과 근대화인가, 아니면 일제 식민권력과 그를 등에 업은 일본인 지주, 식민 종주국의 일본인들이었는가 등의 문제에까지 나아가면 근대성의 문제는 식민지 소작농에 대한 과도한 수탈과 한국

징 - 경성에서의 도시경험을 중심으로」, 『사회와 역사』 통권 57호, 한국사회사학회, 2000 ; 김동노, 「식민지시기 일상생활의 근대성과 식민지성」, 연세대학교 국학연구원 편, 『일제의 식민지배와 일상생활』, 혜안, 2004 ; 윤해동, 「한국 민족주의의 근대성 비판」, 『역사문제연구』 4, 역사문제연구소, 2000 ; 同, 『식민지의 회색지대』, 역사비평사, 2003 ; 공제욱, 정근식 편, 『식민지의 일상 : 지배와 균열』, 문학과학사, 2006 ; 임지현, 「'전지구적 근대성'과 민족주의」, 『역사문제연구』 4, 역사문제연구소, 2000 ; 신기욱, 마이클 로빈슨 저, 도면회 역, 『한국의 식민지 근대성 - 내재적 발전론과 식민지 근대화론을 넘어서』, 삼인, 2006 ; 이승렬, 「"식민지 근대"론과 민족주의」, 『역사비평』 통권 80호, 역사비평사, 2007 ; 조형근, 「근대성의 내재하는 외부로서 식민지성 - 식민지적 차이와 변이의 문제」, 『사회와 역사』 통권 73집, 한국사회사학회, 2007 ; 정용화·김영희 외, 『일제하 서구문화의 수용과 근대성』, 혜안, 2008 외 다수.

5) 山田龍雄, 「全羅北道における農業經營の諸相」, 『農業と經濟』 8-8, 1941 ; 大野保, 『朝鮮農村の實態的研究』, 滿洲大同學院, 1941 ; 宮嶋博史, 「植民地下朝鮮人大地主の存在形態に關する試論」, 『朝鮮史叢』 5·6합병호, 1982. 특히 宮嶋博史는 이러한 유형을 한국인 지주에까지 확장시켜 '전북형 지주'라고 했다. 또한 홍성찬 역시 '기업가적 지주'라는 표현을 사용하였다.(홍성찬, 「일제하 기업가적 농장형 지주제의 역사적 성격」, 『동방학지』 제63호, 연세대학교 국학연구원, 1989)

농업의 피폐화라는 결과에서 볼 때 수치적 성장 그 이상일 수 없다.

개발과 수탈의 병존 문제는 결국 근대성과 식민성의 병존 문제이다. 여기서 무게 중심을 식민성에 두고자 할 때, 개발과 근대의 주체와 수혜대상자가 결코 식민지 한국인이 아니었다는 점을 부각시키고자 한다. 또한 단순한 산술 수치적 생산력의 증대와 식민지 농업의 발달이라는 근대성의 논리에 앞서 이를 위해 필연적으로 수반된 식민지 한국민들에 대한 최대한 짜냄(수탈)과 이를 일본으로 이출하여 투자자본에 대한 수익을 확보하였던 일본인 지주자본의 식민성을 보고자 한다.

일본인 지주 스스로는 자신들을 한국에 대규모 농업자본을 투자하여 농지를 개량하고 농사법을 개선하여 미곡을 생산하였던 농업 자본가들이고 자신들은 모든 희생과 위험을 감내하면서 농업에 거액을 투자한 일종의 모험자본가로서 그렇지 않은 일본의 지주들과는 근본적으로 성격이 다른 존재라고 주장하고 있다.[6] 그러나 이들의 농장경영 방식은 일본에서는 보기 드문 식민지적 현상이다. 그들이 식민지에서 기업가적 지주로서 최대이윤을 확보할 수 있었던 근대성과 효율성은 그 터전이 식민지였고, 식민지 공권력과 각종 일본 국책은행의 신탁제도에 힘입은 식민지 농업의 '증산을 통한 수탈', '수탈을 위한 증산'으로서 가능했던 것이다.

'식민지'란 정상적 상태의 국가라고 할 수 없다.[7] 식민통치국 즉, 제국주의 국가는 자국의 정치·군사적 우세로 약소국의 영토와 주권을 유린하고, 식민지를 다만 정치적으로 지배하는 것을 넘어 경제적 수탈을 통해 최대한의 이익을 확보했다는 데에서도 분명하고 근본적인 침략 목적을 갖고 있었다. 사전적 정의에서도 알 수 있듯이 '식민지'란 정치적으로 주권을 상실한 나라일 뿐만 아니라 경제적으로는 식민지 종

---

6) 三好豊太郎, 「農場經營者の犧牲的改良事業に就て當局の理解を求む」, 『朝鮮農會報』 4-2, 1930.

7) '식민지, 식민주의, 식민화, 식민국가, 식민사회' 등의 개념에 대해서는 위르겐 오스터함멜 지음, 박은영·이유재 옮김, 『식민주의』, 역사비평사, 2006 참조.

주국에 대한 원료 및 식량 공급지, 상품시장, 자본수출의 기능을 하는 종속국이었다. 따라서 '식민지'의 역사적 성격, 즉 시대성은 지배와 압박, 수탈이라고 하는 식민통치의 본질적 성격과 목적을 가장 구조적이고 근본적 특성으로 한다. 그런데 그 식민통치 목적의 달성과정에서 필연적으로 발생하는 자본주의적 합리성과 효율성을 띤 수탈의 메커니즘을 '근대성'이라는 키워드로 풀어내고, 또한 이 '근대성'을 마치 기존의 수탈론과 내재적 발전론의 한계를 넘어 새로운 연구의 시야를 확보하고 식민지 시기를 이해할 수 있는 주요 키워드로 설정하는 것은 당 시대의 가장 근본적인 모순구조와 비정상적인 시대상황에 대한 몰이해 내지 의도된 왜곡이라고 할 수밖에 없을 것이다. '근대성'이란 단지 경제논리로만 설명될 수 없는 정치, 사회, 문화적 총체성을 띤 거대담론이다. 그 식민지 시기는 해당 시기 자체가 이미 강제된 '피지배와 종속'이라는 왜곡된 구조이므로 거기서 발현되는 '발전과 성장, 그리고 근대'라는 요소들 역시 필연적으로 한계와 모순 그리고 일방성을 띨 수밖에 없다. 결론적으로 소위 식민지 시기의 근대성은 식민성 없이 존재할 수 없고, 식민성은 근대성과 결합된 형태로 기능했다. 근대가 내세우는 합리성과 효율성은 실제로는 억압의 고도화나 은폐된 폭력성을 수반한다는 사실은 본국에서도 적용되지만 식민지 같은 약한 고리에서 한층 집중적으로 표현되었던 것이다.[8]

따라서 식민지 한국의 일본인 회사지주의 성격은 자본축적, 최대이윤 확보를 위해 수단과 방법을 가리지 않던 제국주의 시대, 제국주의 국가의 식민지 지주, 식민지 자본가 그 이상도 그 이하도 아니었다[9]는 것에 기본하여 일제하 일본인 회사지주의 농업경영의 실상을 보고자

---

8) 유재건, 앞 글(1997), 67쪽 참조.

9) 홍성찬, 「일제하 전북지역 일본인 농장의 농업경영 - 1930, 40년대 熊本農場 地境支場의 사례를 중심으로 - 」, 홍성찬·최원규·이준식·우대형·이경란 공저, 『일제하 만경강 유역의 사회사 - 수리조합, 지주제, 지역정치』, 혜안, 2006. 참조.

한다.

본서에서는 기본적으로 식민지 시기 일제에 의한 '수탈과 개발', '식민성과 근대성'의 상반된 두 측면에 대하여 수탈의 측면에 무게 중심을 두고자 하며, 개발 부분에 대해서는 그 성과 여부와 근대성의 '선' 혹은 '악'이라는 이분법적 해석 및 의미부여를 떠나 그것이 수탈을 위한, 그리고 일본인을 위한 개발임과 동시에 그 방법과 목적면에서의 수탈성 및 식민성에 다름 아니었음을 규명하고자 한다.

개항 이후 불평등조약을 이용한 일본인들의 토지 불법 잠매, 농장경영 및 확대는 러일전쟁을 전후로 본격화되면서 대규모화하였다. 그 중 일본재벌들은 점탈 토지의 면적 및 위치, 토지 확보과정에서 우세한 자본력과 일제 공권력의 지원 등에서 기타 일본인 지주들에 비하여 한국농업에서의 비교우위가 단연 높았다. 본서에서는 위와 같은 문제의식을 갖고, 한말·일제하 한국에 진출한 일본인 지주들 중에서도 일제의 권력기관과 깊이 결탁하고, 대규모 자본력을 바탕으로 비교적 큰 영향력을 행사했던 일본 대재벌의 한국농업 경영의 사례를 살펴보고자 한다. 선별한 사례는 淺田喬二가 재벌지주로 분류한 大倉재벌의 大倉농장,[10) 澁澤재벌의 朝鮮興業株式會社(이하 '朝鮮興業'으로 약칭), 三菱재벌의 東山農事株式會社(이하 '東山農場'으로 약칭) 가운데

---

10) 大倉재벌은 幕末 이래 西南전쟁, 대만원정, 청일전쟁, 러일전쟁에 이르기까지 일본의 대외침략 전쟁을 발판으로 무기판매 및 군사물자 공급에 적극 관여한 관계로 大倉喜八郎을 '죽음의 상인', 또는 '전쟁의 상인'이라고 불렀다고 한다.(渡邊渡, 「大倉財閥と大陸」, 『大倉財閥の硏究』, 大倉財閥硏究會, 近藤出版社, 1982, 20쪽) 그의 政商的 성격은 한국에서 러일전쟁 당시 경부·경의철도 건설에서도 적극적이어서 375만 엔을 상회하는 막대한 공사를 청부했을 뿐만 아니라 일본 제국주의 권력이 한국에서 발주한 각종의 침략기관 공사를 청부 시공하여 200여 만 엔에 달하는 공사비를 획득하였다.(경부·경의 철도 등 각종의 한국 내 大倉재벌의 건설공사 발주 및 이를 통한 자본축적과정에 대해서는 정재정, 「京釜·京義鐵道의 敷設과 韓·日土建會社의 請負工事活動」, 『歷史敎育』 37·38 합집, 역사교육연구회, 1985. 참조)

조선흥업을 택하였다. 이들 재벌은 三井, 安田, 住友재벌과 함께 일본 내 최대 재벌에 속한다. 이들 재벌을 가리켜 '政商'이라고 명명한 것에서 알 수 있듯이 일본 제국주의의 성장과 대외 침략과정에서 이들은 정치권과 매우 밀착되어 있었다.[11] 특히 일본 국립 제일은행장인 澁澤榮一은 잘 알려진 바와 같이 일본 제국주의의 한국 침략과정에서 경제정책과 수탈을 주도하였으며,[12] 大倉과 三菱 역시 일본의 대외침략 전쟁에 적극 협조하며 전쟁을 기화로 성장해 온 대표적 어용상인자본이었다.[13]

이 가운데 大倉농장의 경우 1903년 전라북도 群山 지역에 설치되어 시기적으로 진출이 가장 빨랐다.[14] 그러나 동산농장이나 조선흥업이 주식회사 형태의 농업회사였던 것과 달리 大倉농장은 大倉喜八郎의 개인농장이었으며, 설립 이후 장기지속성과 전문성을 가진 농장이라기보다는 토지 매매상의 수익을 주된 투자 목적으로 했던 것으로 보인다. 三菱재벌은 1907년 전라, 경기, 강원 일대에 걸쳐 농장을 설치하였

---

11) 石井寬治 지음, 李炳天, 金潤子 옮김,『日本 經濟史』, 동녘, 1984, 74쪽.

12) 澁澤榮一의 對韓 경제침략에 관해서는 李培鎔,「澁澤榮一과 對韓經濟侵略」,『국사관논총』6, 국사편찬위원회, 1989. 참조.

13) 전시 및 평상시의 군사비 살포에 소위 죽음의 상인으로 달라붙어 다대한 이익을 거둔 자본은 三井物産, 大倉組, 高田商會(1908년 3자가 병기를 수출하는 泰平組合 결성) 등이다. 병기나 병기 재료의 생산에 주력한 것이 三菱造船所, 川崎造船所(松方系), 住友伸銅場・鑄銅場, 日本製銅所(三井系) 등이었던 점은 政商=재벌자본의 축적기반이 어디에 있었는가를 잘 보여주며, 일본 자본주의의 군사성이라는 특징도 알 수 있다.(石井寬治, 앞 책(1984), 130~131쪽 ; 同,「成立期 日本帝國主義の斷面」,『歷史學硏究』383호, 1972 ; 佐藤昌一郎,「國家資本」, 大石嘉一郎 編,『日本産業革命の硏究』(上), 東京大學出版會, 1975 참조)

14) 한국에서의 大倉재벌의 사업 상황 및 大倉농장에 대해서는 河智姸,「대한제국기 일본 대자본의 지주화 과정 연구」,『이화사학연구』제33집, 이화사학연구소, 2006 ; 同,「한말 일본 대자본의 對韓 경제침탈 - 大倉組를 중심으로 -」, 이화여대 한국근현대사연구실 편,『한국 근현대 대외관계사의 재조명』, 국학자료원, 2007. 참조.

는데, 규모면에서나 이윤 창출면에서 조선흥업만 못했다.[15] 게다가 동산농장은 한국뿐만 아니라 인도네시아와 브라질 등 세계 각지로도 진출한 농업 및 목축회사로서 한국에서의 식민지적 소작제 농업경영에 주력한 회사가 아니었다. 반면 조선흥업은 1904년부터 1945년까지 한말·일제하 전 시기에 걸쳐 전국적인 농장망을 갖추고 소작제 농장경영에 주력한 농업회사였다. 그 규모와 실적은 국책회사인 동척을 제외하고는 단연 한국 내 일본 농업회사 중 최대였다. 그리고 경영방식과 성격, 일제 공권력과의 상호관계는 식민지 지주의 전형을 보여주는 것이었다.

일본 대자본의 한국농업 침탈에 대해서는 기존의 연구에서 이미 규명된 일본인 지주의 식민지 지주적 성격과 근대적 경영이라는 미명하에 왜곡·강화된 수탈의 신구조를 조선흥업이라는 구체적 사례를 통하여 실증적으로 재조명함으로써 식민지 시기 한국인들의 정치·경제·사회적 삶의 실상 보다 경제 수치적 성장에 주목한 '식민지 근대화론'에 대한 분명한 반론을 제기할 수 있을 것으로 기대한다. 따라서 이 글은 다음과 같은 문제의식과 연구목적을 가지고 논리를 전개하고자 한다.

첫째, 조선흥업의 한국농업 침탈은 그 시기면에서도 다른 일본인 지주에 비하여 매우 일렀으며, 그 자본 규모의 거대성이나 회사 존속기간의 장기 지속성, 일본인들의 한국진출과 지주화 과정에서의 선도적 역할 등에서 볼 때, 이후 일본인들의 한국농업 및 토지침탈의 기초적 기반을 제공하였던 것이다. 특히 토지침탈과 확대과정에서의 불법성과 폭력성, 그리고 일제 공권력과의 긴밀한 유착관계는 한말·일제 강점기를 거치면서 식민지 농업정책과 상호관계를 맺으며 지속·강화되었

---

15) 三菱재벌의 東山農事株式會社에 관해서는 하지연, 「日本人 會社地主의 植民地 農業經營 - 三菱재벌의 東山農事株式會社를 중심으로 - 」,『史學硏究』 88호, 한국사학회, 2007. 참조.

다. 즉, 한말의 각종의 토지권법 시행을 통한 토지소유 합법화, 강점 이후 토지조사사업을 통한 토지수탈과 경영확대, 산미증식계획에 편승한 미곡의 대량 생산과 수출을 통한 식민지 초과이윤의 극대화, 일제의 육지면 재배 증산책과 면화재배업 등을 대표적인 사례로 꼽을 수 있을 것이다.

둘째, 澁澤자본은 가장 먼저 일본의 국익팽창을 위한 한국침탈에 나서 개항 이후부터 일제 강점기 전반을 통하여 광산, 철도, 전기, 금융, 농업 등 경제 전반에 걸쳐 침탈을 하지 않은 분야가 없었다. 조선흥업은 당시 한국 경제생산력의 80%에 육박하고 있던 농업부분에서 식량 및 원료공급이라는 일제의 식민지 경제정책을 담당한 중요 주체로, 국책회사인 동양척식주식회사를 제외하고는 개별지주로서는 최대의 규모였다. 이권 사업과 달리 농업부분은 한국 사회구조에서 근간을 형성하는 농민계급에 대하여 직접적으로 지배권을 행사함으로써 일제의 국가권력이 미처 미치지 못하는 미세한 부분에까지 그 통치를 대행할 수 있었다. 즉 조선흥업은 한국 내 관할 지역에서의 사회·경제적 영향력 등에서 볼 때 식민지 한국 사회를 지배하는 또 하나의 권력체였다. 따라서 조선흥업의 존재형태 및 경영방식, 일제 권력기관과의 상호 밀착관계는 식민지 지주제의 전형을 보여줄 수 있는 사례라고 본다.

셋째, 한국에서의 농업경영은 일본 자본주의의 순조로운 발전을 위한 식량 및 원료 공급지, 일본 과잉인구의 분산과 실질적 한국지배를 가능케 할 사업이었다. 澁澤은 한국의 쌀과 농토 확보라는 국가시책의 충실한 수행을 위하여 선도적으로 한국농업에 진출하였다. 따라서 조선흥업 사례의 연구를 통하여 明治期 일본 대자본의 일제 국가권력과의 유착관계와 일본의 對韓 침략정책, 이 가운데 澁澤자본의 비중과 역할을 조명할 수 있을 것으로 본다.

넷째, 조선흥업은 회사의 경영진과 대주주의 구성에서 철저하게 한국인을 배제하였고, 식민지로부터 창출된 이윤은 일본인 대주주와 회사 보유금으로 흡수됨으로써 생산 및 수익증대 과정에 있어서 한국인은 그에 따른 수탈의 대상이었을 뿐이었다.

다섯째, 소위 '개량농법', '농업의 근대화'로 선전되고 있는 일본인 회사지주, 특히 조선흥업의 일본종자 강요와 과다한 비료시용 강제, 그로 인한 한국 농업구조의 왜곡된 변형과 '근대와 개발'이라는 미명하에 국권적으로 추진된 수탈의 구조는 봉건적 지주-소작관계의 기본 틀에 자본제적 허울을 덮어 씌워서 수탈의 메커니즘을 합리적이고 효율적으로 재창출한 것이었다. 그리고 일본의 한국농법개량과 종자개량은 궁극적으로 자국의 충실한 식량공급지로서의 기반조성사업이었고, 그에 의해 증산되고 창출된 이윤은 고스란히 일본으로 흡수되었다. 이 과정에서 한국민은 철저하게 배제되었으며, 결국 한국 소작농의 경제실태는 생계유지가 어려울 정도의 참담한 몰락의 상황으로 치닫게 되었음을 증명함으로써 식민지 시기 한국의 경제성장을 논하는 일부의 주장에 대한 반증을 시도하였다.

여섯째, 조선흥업의 한국농민에 대한 폭압적이고 치밀한 지배구조는 '소작인오인조합'과 '흥농회'를 통하여 조직적으로 통제되었는데, 전자의 경우 일본의 幕府시대 봉건지주들의 소작인에 대한 통제체제를 식민지에서 실현한 것이었고, 특히 '흥농회'는 한국에 진출한 다른 일본인 농업회사에서도 찾아볼 수 없었던 조선흥업만의 특이한 회사조직으로서 한국민에 대한 경제적이고 생존권적인 지배구조에서 더 나아가 인신적 지배까지 가능케 한 특수한 통제조직이었다. 조선흥업의 이러한 소작인 통제체제의 성격을 규명하는 것은 식민지하 일본인 지주의 경영 성격을 극명하게 보여 주는 대표적 주제라고 생각한다.

따라서 조선흥업의 한국농업 진출 계기와 시기 및 방법, 농지 확보 과정에서의 불법성, 경영과정에서의 수탈성, 회사경영이익과 분배과정에서의 형평성 문제, 식민지 소작농 통제의 성격 등에 대한 면밀한 고찰은 일제의 對韓 식민지정책과 그에 편승한 한말·일제하 일본인 대

지주의 식민지 농업경영의 특징, 그리고 그것이 남긴 한국농업의 기형
적 변형구조와 피폐상, 근대화의 실체를 밝힐 수 있는 기초 작업이 될
것으로 본다.

2. 연구 현황 및 연구 방법

1) 연구 현황

한말·일제하 일본인 대지주 내지 농업회사에 대한 연구는 사료접
근과 연구방법상의 어려움으로 인해 한국 사학계에서는 매우 부진한
편이다. 즉 일제 식민통치에 있어서 한국민에 대한 가장 직접적이고,
또한 강력한 지배력을 행사할 수 있었던 일본인 지주에 대한 본격적인
사례연구는 사료 검토가 비교적 용이한 동양척식주식회사에 대한 연
구가 주류를 이루고 있다.[16]

---

16) 한국에서의 동양척식주식회사에 대한 연구는 조기준, 「日人농업이민과 동양
    척식주식회사」, 『한국경제사학논총(崔虎鎭박사화갑기념논총) 제1권』, 박영사,
    1974 ; 안병태, 「조선인 지주와 동양척식주식회사의 토지경영 방식의 차이」,
    『한국 근대 경제와 일본 제국주의』, 백산서당, 1982 ; 김석준, 「동양척식주식
    회사의 사업 전개 과정」, 『사회와 역사』 2, 한국사회사학회, 1986 ; 同, 「동양
    척식주식회사의 농장 확장과 그 경영형태」, 『한국의 사회와 문화』 9집, 한국
    정신문화연구원, 1988 ; 高承濟, 「東拓移民의 社會史的 分析」, 『백산학보』
    14, 백산학회, 1973 ; 姜泰景, 『동양척식회사의 조선 경제 수탈사』, 계명대학
    교출판부, 1995 ; 同, 「東洋拓植株式會社의 土地 收奪經營」, 『경영사학』 13,
    한국경영사학회, 1996 ; 최원규, 「동양척식주식회사의 移民事業과 동척이민
    반대운동」, 『한국민족문화』 16집, 부산대 한국민족문화연구소, 2000 ; 손경희,
    「1920년대 경북지역 동양척식주식회사 및 일본인 농장 경영」, 『계명사학』 13,
    계명사학회, 2002 ; 李圭洙, 「전남 나주군 '궁삼면'의 토지소유관계의 변동과
    동양척식주식회사의 토지집적」, 『한국독립운동사연구』 제14집, 독립기념관
    한국독립운동사연구소, 2000 ; 同, 「전시체제기 동양척식주식회사의 '중견인
    물' 양성과 농업연성시설」, 『鄕土서울』 제69호, 서울특별시사편찬위원회,
    2007 등이 있다. 일본에서의 연구는 李圭洙, 『近代朝鮮における植民地地主

 반면 일제의 식민통치기 한국인 지주의 적극적인 대응양상과 그 변화·발전상의 조명에 주안점을 두어 식민지 농업의 성격을 규명하고자 주로 한국인 대지주의 실태 분석에 집중하여 상당한 연구 성과가 축적되어 왔다.[17] 김용섭, 장시원, 홍성찬 등은 개항기나 식민지기 한국인 지주경영의 사례분석을 통해 조선후기 이래 상품경제의 발전에 따라 성장했던 새로운 형의 지주가 존재했음을 규명했고, 식민지기에도 자본주의 상품경제에 적극 조응했던 한국인 지주의 존재를 확인했다. 뿐만 아니라 식민지기 한국인 지주에 대하여 기존 일본인 학자들

制と農民運動』, 信山出版社, 1996(一橋대학 박사논문) ; 君島和彦, 「東洋拓植株式會社の設立過程(上,下)」, 『歷史評論』 第282, 285號, 1973, 1974 ; 同, 「朝鮮における東拓移民の展開過程」, 『日本史硏究』 161號, 日本史硏究會, 1976 ; 黑瀬郁二, 「日露戰後の朝鮮經營と東洋拓植株式會社」, 『朝鮮史硏究會論文集』 12集, 朝鮮史硏究會, 1975 등이 있다.

17) 김용섭, 「韓末·日帝下의 地主制 - 사례 2 : 載寧 東拓農場에서의 지주 경영의 변동」, 『한국사연구』 8, 한국사연구회, 1972 ; 同, 「한말·일제하의 지주제 - 사례 3 : 나주 이씨가」, 『震檀學報』 제42호, 진단학회, 1976 ; 同, 「한말·일제하의 지주제 - 사례 4 : 고부 김씨가」, 『한국사연구』 제19호, 1978 ; 同, 『한국근현대농업사연구』, 일조각, 1992.(2004년 지식산업사에서 증보 재발간) ; 宮嶋博史, 앞 글(1982) ; 홍성찬, 앞 글(1989) ; 同, 「日帝下 企業家的 農場型 地主制의 存在 形態 - 同福 吳氏家의 同皐農場經營構造分析」, 『경제사학』 제10호, 경제사학회, 1986 ; 同, 「韓末·日帝下의 地主制 - 江華 洪氏家의 秋收記와 長冊分析을 중심으로」, 연세대학교 경제학과 석사학위논문, 1981.(『韓國史硏究』 제33호, 1981에 再錄) ; 同, 「韓末·日帝下의 地主制 - 寶城 李氏家의 地主經營事例」, 『東方學志』 제53호, 1986 ; 同, 「韓末·日帝下의 地主制硏究 - 谷城 曺氏家의 地主로의 成長과 그 變動」, 『東方學志』 제49호, 1985 ; 同, 『한국 근대 농촌사회의 변동과 지주층』, 지식산업사, 1992 ; 장시원, 「식민지하 朝鮮人大地主 範疇에 관한 硏究」, 『경제사학』 7, 경제사학회, 1984 ; 同, 『日帝下 大地主의 存在形態에 관한 硏究』, 서울대 경제학과 박사학위논문, 1989 ; 정연태, 『1910年代 日帝의 農業政策과 植民地地主制 - 소위 ‘米作改良政策’을 중심으로』, 서울대학교 국사학과 석사학위논문, 1988 ; 정승진, 「일제시기 식민지 지주제의 기본 추이」, 『역사와 현실』 26, 한국역사연구회, 1997 ; 同, 「식민지 지주제의 동향(1914~1945)」, 『한국경제연구』 12, 2004.

에 의하여 주장되었던 '조선인 지주=정태적 지주, 일본인 지주=동태적 지주'라는 통설[18]을 '조선인 지주에 대한 두 가지 유형론'(정태적 지주와 동태적 지주)으로 반박했다. 즉, 김용섭의 경우 자본가적 기업농, 宮嶋博史는 경기형 지주와 전북형 지주, 장시원은 경영형 지주, 홍성찬은 기업가적 농장형 지주라는 새로운 유형을 제기하기도 하였다.

한편 한국에 진출한 일본인 지주에 관한 연구는 주로 일본 경제사 연구의 일환으로 일본인 학자들에 의하여 이루어졌다. 그 중 본격적인 일본인 지주에 대한 유형론적 연구로 주목되는 것이 淺田喬二의『日本帝國主義と舊植民地地主制』이다. 그런데 淺田의 기본인식은 일본 근대경제사의 일부분인 식민지사로서의 대만, 만주, 한국의 지주제를 검토한 것이다. 때문에 이들 연구에서는 일본의 지주제가 일본 제국주의의 급속한 성장과 침략전쟁, 그리고 일본 농촌경제의 붕괴과정에서 어떻게 기능하였고, 변모되어 갔는가, 또한 식민지로 진출한 일본인 지주들이 일본 지주제에서 차지하는 위상은 어떠하였는가를 목적으로 하여 진행되었다. 즉, 일본인 지주들의 한국진출 이전의 출신지역 및 자본의 성격과 규모에 대한 계보별 유형화와 분석에 주안점을 둔 일본 경제사 연구였다.

淺田은 위 연구에서 재벌지주의 사례로서 澁澤榮一의 조선흥업에 관하여 검토하였다. 그는 이 연구에서 조선흥업이 澁澤과 제일은행계 임원을 중심으로 설립된 농업회사였으며, 고율의 소작료 수취와 흥농회와 같은 소작인 통제조직을 이용한 또 하나의 식민지 권력체였음을 논하였다. 그러나 회사연구의 기본이 되는『영업보고서』의 분석을 결여한 자료적 한계로 인하여 연구의 범위를 1904년 회사 설립에서부터 1936년까지로 한정하였다. 따라서 이후 1945년까지의 조선흥업의 전체적인 영업변화 과정에 대한 분석을 하지 못하였고, 실무 경영진과 대주주들의 주식배당 및 회사의 연간 수익률 등 조선흥업의 사세확장 과

---

18) 大川一司, 東畑精一,『朝鮮米穀經濟論』, 日本學術振興會, 1935.

정에 대한 상세한 검토가 없었다. 또한 조선흥업의 각 농장별 특징이나 토지개량사업 및 생산과정에서의 식민지 농업시책의 충실한 이행자로서의 총독부 권력과의 상호원조관계, 이에 따른 한국 소작농민의 수탈과 몰락상황, 저항의 모습 등도 규명하지 못하였다. 이후 그는 石川縣株式會社의 존재형태를 토지취득상황, 소작 경영상의 특징, 농장경영형태 분석 등을 통해 규명하였다.[19) 石川縣農業株式會社에 관한 연구로는 이외에도 田中喜南의 연구가 있다.[20)

그 외에 일본인 대지주 내지 대농장에 관한 개별 사례연구로는 山崎隆三, 森元辰昭, 田中愼一의 성과가 있다.[21) 그러나 이들의 연구도 일본 지주제에서 큰 비중을 차지하는 사례를 선택한 것으로, 실제 한국에서 진행된 일본인 지주의 침탈상을 충분히 살펴볼 수 있는 것은 아니었다.

한편 재일 한국인 사학자 李在茂는 1910년 강점 이전 일제에 의한 한국의 토지침탈에 관하여 연구하였고,[22) 裵民植은 전라북도의 일본인 대지주에 관하여 검토하여[23) 강점 이전 일본인들의 불법적 한국 토지침탈 사례연구의 기초를 제공하였다. 李圭洙는 『近代朝鮮における植民地地主制と農民運動』에서 동양척식주식회사와 불이흥업주식회사의 토지집적과정과 식민지 지주제 경영실태, 한국민의 저항을 다루었다.[24) 淺田이 일본 국내에서의 자본성격에 기준을 두고 일본인 지주의 유형을 분류한 반면, 이규수는 한국에 진출한 일본인들의 토지매득과정에서 기간지 위주의 매입이었나 아니면 미간지 위주의 매입이었

---

19) 淺田喬二, 앞 글(1979).

20) 田中喜南, 앞 글(1967과 1968).

21) 山崎隆三, 앞 글(1971) ; 森元辰昭, 앞 글(1979, 1985) ; 田中愼一, 앞 글(1979).

22) 李在茂, 「いわゆる＜日韓併合＞＝＜强占＞前における 日本帝國主義による朝鮮植民地化の基礎的諸指標」, 『社會科學研究』第9卷 6號, 1958.

23) 裵民植, 「韓國・全羅北道における日本人大地主の形成 - ＜群山農事組合＞を中心に - 」, 『農業史研究』第22號, 1989.

24) 이규수, 앞 책(1996).

는가에 기준을 둔 유형화를 시도하였다. 또한 통감부 시기 이전 일본인들의 불법적 토지수탈 사례를 群山農事組合을 통하여 고찰하였다.[25]

한국학계에서의 일본인 대지주에 관한 연구는 역사학보다는 주로 사회·경제학에서 약간씩 진행되어 왔다. 그리고 그 연구대상 지역으로는 일본인 대지주의 최대 밀집지대였던 전라북도를 주로 택하였는데, 구체적인 일본인 개별농장이나 지주에 관한 사례 연구보다는 일본인들의 불법적 토지침탈, 수리조합 연구의 일환으로 이루어졌다.[26]

高承濟는 한국에 진출한 일본인 지주를 일본에서의 사회적 신분에 근거하여 유형화하였는데, 앞서의 淺田喬二의 연구에서 크게 벗어나지 않는다.[27] 그는 일본인 지주를 (가) 봉건 귀족층, (나) 재벌 귀족층, (다) 政商型企業家層으로 구분하여 (가)형의 예로 西園寺公望·侯爵 細川護立·德川賴倫 등, (나)형의 예로 澁澤榮一·三菱의 岩崎久彌, 三井合名會社의 朝鮮農林事務所·大倉재벌의 大倉農場, (다)형의 예로 富田儀作·迫間房太郎·大池忠助·藤井寬太郎 등을 소개하였다.

---

25) 李圭洙,「日本人地主の土地集積過程と群山農事組合」,『一橋論叢』第116卷 第2號, 1996.

26) 사회학계에서의 연구로는 문소정, 박명규, 역사학계에서는 배영순, 조항래 등의 연구가 있다. 문소정,「대한제국기 일본인 대지주의 형성」,『한국 근대 농촌 사회와 일본 제국주의 - 한국사회사연구회논문집』제2집, 문학과 지성사, 1986 ; 박명규,「식민지 지주제의 형성 배경 - 한말 전북 지역을 중심으로 - 」,『한국 근대 농촌사회와 일본 제국주의 - 한국사회사연구회논문집』제2집, 한국사회사학회, 문학과 지성사, 1986 ; 同,「1910년대 식민지 농업 개발의 성격 - 전북 지역 농업 변동을 중심으로 - 」,『사회와 역사』33, 한국사회사학회, 1992 ; 同,「일본인 대지주의 형성과 성격에 관한 연구」,『한국학보』86집, 일지사, 1997 ; 裵英淳,「韓末·日帝初 日本人 大地主의 農場經營 - 水田農場을 중심으로 - 」,『인문연구』3, 영남대학교 인문과학연구소, 1983 ; 趙恒來,「韓末 日帝의 農地 收奪과 그 實際」,『又仁金龍德博士停年紀念史學論叢』, 同간행위원회, 1988.

27) 고승제,「植民地 小作農의 社會的 身分規定」,『학술원논문집』18집(인문사회과학편), 서울, 학술원, 1979.

그러나 이 같은 유형화는 淺田喬二가 일본 내에서의 사회적 신분과 자본규모에 근거를 두고 분류한 것의 답습이다. 더구나 (다) 政商型 기업가층이라는 명칭에서 政商이란 개념은 본래 明治期 三井·三菱·大倉·安田과 같은 중앙재벌급의 정치권과의 긴밀한 결탁관계에 주목하여 설정된 개념이다. 고승제는 (다)형으로 분류한 일본인 대지주들이 한국에 진출한 이후 일본영사관이나, 이후 통감부·총독부와 같은 권력기관과의 결탁으로 성공했음을 강조하기 위하여 政商型으로 분류했으나, (가), (나), (다)형에 해당하는 모든 일본인 지주들이 식민지권력과의 결탁관계를 바탕으로 하고 있었기 때문에 적절한 분류기준이 될 수는 없다. 오히려 일본에 거주하면서 한국 내 보유했던 대농장을 대리인에게 위탁 경영시켰던 (나)형에 비하여 (다)형은 한국에 완전히 이주하여 정착한 후 직접 농장경영에 참여한 형태이므로 이를 "이주·정착형 지주"라고 보는 것이 더 적절할 것으로 생각된다. 또한 (가), (나), (다)형은 모두 일본 본국에 있어서 지주로서의 사회적 지위가 크게 차이가 나므로 일본의 지주제에 있어서 분류의 의미가 있을지는 몰라도 한국에 일단 진출한 이후 이들의 차별성은 자본 및 경영규모의 대소라는 일반적 차이 이외에는 크게 부각되지 않는다.

한편 1990년대부터 식민지 일본인 농장 내지 회사지주에 대한 구체적 사례 연구가 진척되고 있다. 소순열은 熊本利平의 熊本農場에 대한 실증적 검토를 통하여 한말에서 일제 강점기에 걸친 일본인 대지주의 대표적 사례를 분석하였다.[28] 그는 지금까지 한국에 진출한 일본인 지주 연구, 특히 淺田의 연구에서는 '일본인 지주=식민지 지주'라는 도식화된 선입견이 늘 기조에 깔려 있었고, 이러한 시각은 농민운동론 연구에까지 그대로 적용되어[29] 한국에서의 '소작쟁의=항일운동'이라

---

28) 蘇淳烈, 「戰時體制期植民地朝鮮における日本人大地主の存在形態 - 熊本農場の事例分析」, 『農業史研究』第25號, 1992 ; 소순열·주봉규 공저, 『근대 지역농업사 연구』, 서울대학교출판부, 1996.

29) 淺田喬二, 앞 책(1973) 참조.

는 고정화된 이해로 이어졌다고 비판하였다. 소순열에 의하면 일본인 지주 집중지대인 전북지역에서 1930년대 후반기 빈발했던 소작쟁의는 거의 항일투쟁으로 발전하지 못하였고,[30] 淺田이 '폭동적 형태'라고 규정한 1934년 熊本농장 쟁의가 어떠한 '폭동적 형태'도 취하지 않고, 오히려 관청의 중재로 원만하게 타결되었다고 반증하였다. 그럼에도 불구하고 기본적으로 소순열은 일제의 식민지 농업정책에 대하여 일본인의 구미에 맞는 쌀의 수급을 위해 한국의 실정을 무시한 강제된 일본품종의 재배와 수탈을 위한 농업개량이라는 시각을 가지고 연구를 진행하였다.[31] 홍성찬은 보다 구체적으로 1930, 40년대 전북지역 熊本농장 地境支場의 사례를 분석하였다.[32]

또한 한말·일제하 전라북도의 대표적인 일본인 대지주이자 '조선의 수리왕'이라고 불리던 藤井寬太郎의 不二興業株式會社에 관해서는 黃明水, 金容達, 李貞仁, 이규수 등의 연구가 있고[33] 大倉재벌의 大倉농장, 三菱재벌의 東山농장, 川崎滕太郎의 川崎농장에 관해서는 하지연의 연구가 있다.[34] 이영학은 한말 일제하 경상도 창원과 김해를 중

---

30) 소순열, 「小作立法と小作爭議」, 『農林業問題硏究』 제29권 제1호, 1993년 3월 참조.

31) 소순열·주봉규 공저, 앞 책(1996), 243~277쪽.

32) 홍성찬, 앞 글(2006).

33) 黃明水, 「不二興業會社와 農民收奪」, 『産業硏究』 4집, 단국대부설 산업연구소, 1982 ; 金容達, 「不二西鮮農場 小作爭議調査報告」, 『한국근현대사연구』 25, 한국근현대사연구회, 2003 ; 李貞仁, 「日帝下 日人大地主의 農場經營에 關한 硏究-不二興業株式會社의 事例分析」, 숙명여자대학교 사학과 석사학위논문, 1989. 이 중 황명수의 연구는 수리조합사업을 중심으로 하였고, 김용달의 연구는 농민운동에 초점을 둔 것이다. 이규수는 『近代朝鮮における植民地地主制と農民運動』에서 다루었던 不二興業株式會社를 기반으로 후지이 간타로(藤井寬太郎)의 농장 설립 및 임익수리조합 사업, 소작제 농장경영 및 호남지역 일본인에 대한 연구 성과를 내었다.(이규수, 「후지이 간타로(藤井寬太郎)의 한국진출과 농장경영」, 『대동문화연구』 49, 대동문화연구소, 2005 ; 同 ,『식민지 조선과 일본, 일본인 - 호남지역 일본인의 사회사』, 서울, 다할미디어, 2007.)

심으로 일본인 지주의 농장 형성과 특질을 분석하였다.[35]

澁澤자본의 조선흥업에 관해서는 윤수종의 성과가 있다.[36] 윤수종은 주로 조선흥업 자체에서 편찬한 會社誌에 의거하여 조선흥업의 각 농장별 특징과 소작료 징수실태 등 전반적인 경영의 모습을 상세하게 검토하였다. 그러나 회사지의 충실한 해석에 치중한 관계로 보다 심층적인 조선흥업의 수탈적 농업경영의 성격은 제대로 규명되지 못했다. 또 영업보고서와 해당 지역 지방 사료 및 일제하의 농업관련 사료의 분석 또한 결여되어, 조선흥업의 경영진 및 대주주, 연도별 각 사업부의 영업실태 등에 대한 검증이 없어 淺田의 연구에서 크게 진전되지 못하였다. 한국인 소작농의 항일 소작쟁의에 관해서도 국내 사료 및 신문 기사에 대한 면밀한 검토를 하지 못하였다. 그러나 1936년 무렵까지 조선흥업의 경작지 규모와 소작료 징수실태 등에 관해 분석하여 조선흥업의 전반적인 영업성격과 유형을 파악하는 기초를 마련하였다.

한편 일제하 전라북도, 특히 만경강 유역의 식민지 지주제에 관한 종합적 연구성과로 홍성찬, 최원규, 이준식, 우대형, 이경란 등에 의한 『일제하 만경강 유역의 사회사 - 수리조합, 지주제, 지역정치』가 있다. 이 책은 해당 지역의 토지대장 및 등기부 자료에 대한 정확한 검토와 분석을 토대로 일제하 식민지 지주제의 전형이라고 할 수 있는 전라북도 沃溝 및 臨陂, 群山 지역의 일본인 및 한국인 지주의 농장경영 규모와 실태, 토지 확대 및 담보대부 실태, 농외 투자 및 자본전환 문제,

---

34) 하지연, 「대한제국기 일본 대자본의 지주화 과정 연구」(2006) ; 同, 「한말 일본 대자본의 對韓 경제침탈 - 大倉組를 중심으로 - 」(2007) ; 同, 「日本人 會社地主의 植民地 農業經營 - 三菱재벌의 東山農事株式會社를 중심으로 - 」(2007) ; 同, 「일제하 한국농업의 식민성과 근대성 - 일본인 대농장 가와사키 농장의 소작제 경영사례를 통하여 - 」, 신용하 外, 앞 책(2009).
35) 이영학, 「한말 일제하 식민지주의 형성과 그 특질 - 村井進永農場을 중심으로 - 」, 『지역과 역사』 21, 부경역사연구소, 2007.
36) 윤수종, 「일제하 일본인 지주회사의 농장 경영 분석 - 조선흥업주식회사의 사례」, 『한국사회사연구회논문집』 12집, 한국사회사연구회, 1988.

유력자 집단 및 지역 정치 등을 면밀하게 분석했다.[37]

한말·일제하 2,000정보 이상의 대규모 농장을 소유하였던 대표적인 일본인 대지주로는 三菱의 東山농장, 大倉재벌의 大倉농장, 澁澤자본의 조선흥업, 일본 華族 細川護立의 細川농장, 일본 내 대지주 鎌田勝太郎의 농장(朝鮮實業株式會社 포함), 不二興業株式會社, 熊本농장 등이 있다.[38] 이들은 東山농장의 경우만을 제외하고, 러일전쟁 이전부터 불법적인 방법으로 토지를 대량 매입해 한국 전역에 걸쳐 대농장을 경영하고, 해당 지역사회에서 정치·사회·경제적 실권자로 존재했다. 따라서 이들 일본인 대지주에 관한 검토는 향후 한말·일제하 일본인 지주의 존재형태 및 '수탈', '근대화', '개발과 수탈'의 논란의 중심에 있는 식민지 지주제의 성격규정과 관련하여 반드시 검토되어야 할 중요한 연구 과제라고 본다.

2) 연구 방법 및 자료 소개

조선흥업은 일제의 한국 강점 이전인 1904년부터 토지매입 및 농사 경영에 착수하여 한국 전역에 걸쳐 1만 7천 여 정보에 달하는 거대농장을 개설하고, 식민지 공권력의 지원과 일제의 농업정책에 대한 적극적 협력 사업을 통하여 1945년까지 고율의 수익을 창출하였다. 본서는 저자의 박사학위논문인 『韓末·日帝 强占期 日本人 會社地主의 農業經營 硏究 – 澁澤榮一 資本의 朝鮮興業株式會社를 중심으로 –』를 정리한 것이다.[39] 이 연구에서는 일본인 회사지주 조선흥업의 영업실태와 성격을 규명함으로써 '개발과 근대화'로 호도되고 있는 일본의 과거

---

37) 홍성찬·최원규·이준식·우대형·이경란 공저, 앞 책(2006).

38) 본서의 [부록 1] 참조.

39) 하지연, 『韓末·日帝 强占期 日本人 會社地主의 農業經營 硏究 – 澁澤榮一 資本의 朝鮮興業株式會社를 중심으로 –』, 梨花女子大學校 大學院 史學科 博士學位論文, 2006.

식민지 통치에 대한 합리론에 적극적으로 반론을 제기하고자 한다.

본서는 본론을 총 5개장으로 나누어 논의를 전개하였다. 제2장에서는 먼저 일본 자본주의의 성립과 발전에서 澁澤자본이 차지하는 위상과 경영성격을 검토하여 澁澤자본이 동 시기 기타 일본재벌과 달리 일찌감치 일본의 국책에 적극 협력하여 한국의 경제침탈에 선봉으로 나선 배경을 볼 것이다. 그리고 한국의 화폐금융, 광산 및 철도 이권, 전기 및 기타 분야에서 澁澤이 주도한 경제침탈 상황을 간략하게 점검함으로써 일본 자본주의의 발전을 위해 한국의 경제를 그 발판으로 침탈해 간 구체적 사례를 보기로 하겠다. 또한 본서에서 집중적으로 다룰 농업분야, 즉 조선흥업의 설립경위, 영업목적을 검토함으로써 당시 일본의 한국 식민지화와 한국에 대한 농업정책, 농업 및 토지침탈의 유형을 파악하고자 한다.

제3장에서는 조선흥업의 토지침탈 과정과 사업의 확장 및 규모를 분석해 보고, 농업부의 지점별 경영구조를 보기로 하겠다. 조선흥업의 농업부는 크게 북부지역의 황주 및 해주 지점, 남부지역의 목포, 대전, 삼랑진, 경산 관리소의 총 6개 지점으로 구별된다. 여기서는 각 지점의 규모와 위치, 주력 작물 등에 대한 구체적 분석을 시도할 것이다.

제4장에서는 조선흥업의 자본규모와 경영진의 분석, 회사 수익구조의 구체적 분석을 시도하였다. 즉, 조선흥업의 경영진과 대주주의 분석을 통하여 澁澤자본과 제일은행과의 유착관계를 살핌으로써 일본재벌의 한국 농업경영의 유형을 제시하고자 하였다. 그리고 조선흥업의 연간 수익구조와 주식배당률, 영업실적을 검토함으로써 수탈적 농업경영을 통한 대규모의 이윤 창출과정을 살펴보고, 그 분배과정에서 일본인 주주들의 이윤독점을 증명하고자 한다.

제5장에서는 조선흥업의 농장경영 실태와 소작농가 경제의 실상을 분석할 것이다. 즉 종자선택과 구체적 생산과정, 고율의 소작료 징수 실태, 회사와 소작인간의 지배－종속 관계, 조선흥업 소작농가의 생계

실상을 검토할 것이다. 그리고 여기서 일본인 회사지주의 농업경영에 있어서의 식민성 즉, 반봉건적 수탈의 심화와 식민지 착취의 극대화, 그로 인한 소작농가 경제의 참상을 증명할 수 있을 것으로 본다.

제6장에서는 조선흥업의 소작인 관리통제조직인 '小作人五人組合' 및 일제 강점기 기타의 일본인 농업회사에서도 보기 힘들었던 조선흥업 특유의 소작인 관리통제조직인 '興農會'의 성격을 규명할 것이다. 또한 조선흥업의 식민지 농업경영에 대한 한국민의 저항을 소극적 저항과 적극적 저항의 양상으로 분류하여 특히 신문자료에 나타난 구체적 소작쟁의 사례를 검토함으로써, 이 시기 일본인 거대지주에 대한 한국민의 저항원인과 형태, 양상, 해결과정을 살펴보고자 한다. 여기서는 막강한 식민지 공권력과 결탁한 일본 거대자본의 위력으로 대부분이 희생, 좌절되는 소작농민들의 생존권적·민족적 투쟁의 모습을 밝혀낼 수 있을 것으로 본다.

본서는 지금까지도 첨예하게 논란이 되고 있는 소위 '식민지 근대화론'과 '개발과 수탈' '근대성과 식민성'의 논쟁에서 '근대화와 개발'의 명분을 내걸은 '식민지 수탈의 심화와 한국민의 몰락'이라는 명백한 역사적 현실에 비중을 두고 있다. 즉 일제하 '개발'의 과정에서 그 주체로서의 능동성을 유린당하고, '개발'의 결과인 이윤의 분배에서 철저하게 배제된 한국민의 실태를 분석함으로써 '정상적이고 합리적' 노선에 따른 합당한 개발이 아닌, 왜곡·변질되고 수탈로 일관된 식민 종주국 일본을 위한 전형적인 식민지 개발이었다는 것을 규명하고자 하였다.

이를 위하여 기존의 淺田과 윤수종의 연구를 비판적으로 수용하면서 다음의 사료들을 집중적으로 검토하였다. 먼저 澁澤榮一에 관한 기본 사료인 『澁澤榮一傳記資料』[40]에는 회사 창설의 동기와 설립을 위한 발기대회, 주식의 공모과정, 한국 현지답사, 설립취지와 회사의 정

---

40) 『澁澤榮一傳記資料』 第16卷, 澁澤榮一傳記資料刊行會刊, 澁澤靑淵記念財團龍門社, 1957.

관 등이 상세하게 소개되어 있다. 조선흥업의 자체 會社誌에 해당하는
『旣往十年事業槪況』[41]과 『(朝鮮興業株式會社)旣往十五年事業槪說』
(이하『十五年事業槪說』)[42]에는 설립 당초부터 조선흥업이 토지를 점
차 확장해 갔던 초반 10여 년간의 각 기별 토지매수 상황과 각 관리소
별 토지면적, 소작료 수납고 圖錄, 각 관리소 사진 등 생생한 자료가 수
록되어 있다. 『朝鮮興業株式會社二十五年誌』(이하『二十五年誌』)[43]
와 『朝鮮興業株式會社三十周年記念誌』(이하『三十周年記念誌』)[44]에
는 조선흥업의 자본금 및 그 불입상황, 수익구조, 경영진, 특히 조선흥
업의 실질적 농업 및 소작인 통제조직이었던 흥농회에 관한 자료가 있
다. 한편 『朝鮮興業株式會社營業報告書』(이하『營業報告書』)[45]는 이
제까지 조선흥업 연구에서 활용되지 않은 자료이다. 조선흥업 설립 초
기 부분을 제외하고 1917년(제14기)부터 일제의 패망으로 영업이 종료
되는 1945년까지의 상황이 상세하게 기재되어 있는데, 농업부, 창고부,
축산부의 실적 상황과, 매년 소작료 징수과정, 주주분석, 수입과 지출
의 대차대조표 등에서 조선흥업의 영업실적이 정확하게 산출된다. 특
히 회사편찬 자료에서는 1936년 무렵까지의 상황만이 파악되는데, 영
업보고서에 의하여 1936년 이후 1945년 3월까지의 실태파악이 가능하
다. 그러나 이들 자료는 편찬 주체인 조선흥업의 편의와 영업실적에
관한 보고서로, 선전·광고 효과를 기대한 출판물의 성격이 강하다. 따
라서 조선흥업 소속 한국 소작농의 생계실태와 조선흥업의 수탈적 식
민지 농업경영의 성격이 드러나지 않아 자료의 보완이 필요하다. 그래
서 久間健一의 『朝鮮農政の課題』[46]에서 위의 사료에서 부족한 부분

---

41) 朝鮮興業株式會社 編, 『旣往十年事業槪況』, 1915.
42) 朝鮮興業株式會社 編, 『(朝鮮興業株式會社)旣往十五年事業槪說』, 1919.
43) 鹿沼良三 著, 朝鮮興業株式會社 編, 『朝鮮興業株式會社二十五年誌』, 1929.
44) 鼓義男 著, 朝鮮興業株式會社 編, 『朝鮮興業株式會社三十周年記念誌』, 1936.
45) 朝鮮興業株式會社 編, 『朝鮮興業株式會社營業報告書』(1917~1945).
46) 久間健一, 『朝鮮農政の課題』, 成美堂, 1943.

을 보충하였고, 그 밖에『朝鮮の農業』[47]과『朝鮮に於ける小作に關する 參考事項摘要』,[48]『朝鮮の小作慣習』,[49]『朝鮮の小作慣行(上)・(下)』,[50]『中樞院調査資料 - 小作制度調査(慶尙南北道, 全羅南道)』[51]에서 해당 시기의 일반적 농업현황과 일본인 지주의 구체적 소작제 경영실태를 참조하였다. 또한 한국 농민들의 저항과 조선흥업의 가혹한 경영실태에 관해서는『동아일보』를 비롯한 신문자료를 중심으로 검토하였다.

---

47) 朝鮮總督府 農林局,『朝鮮の農業』, 각년도판.
48) 朝鮮總督府 農林局,『朝鮮に於ける小作に關する參考事項摘要』, 1934.
49) 朝鮮總督府 編, 善生永助 著,『朝鮮の小作慣習』, 1929.
50) 朝鮮總督府,『朝鮮の小作慣行 (上), (下)』, 1932.
51) 朝鮮總督府中樞院,『中樞院調査資料 - 小作制度調査(慶尙南北道, 全羅南道)』, 1913.

제2장 澁澤榮一자본의 형성과정과 한국농업 진출

1. 일본 자본주의의 형성과정과 澁澤榮一

<그림 1> 澁澤榮一

澁澤榮一(1840~1931). 일본 明治시대 자본주의 성립과 성장을 이끈 최고의 지도자, 수많은 합자회사와 단체의 컨설턴트, 일본 근대기업의 아버지, 일본 자본주의 정신의 주창자……

이러한 평가는 당대에도, 그리고 지금까지도 일본에서 澁澤榮一을 표현할 때 반드시 따라 나오는 수식어들이다. 그가 1873년 大藏省에서 퇴임한 후 92세의 나이로 죽을 때까지 관여하거나, 발기시키고, 혹은 직접 경영에 참여한 기업은 500여 개에 달하였고,1) 교육, 사회·복지, 문화, 국제친선 등의 사회문화

관계 조직은 600여 개 이상이었다. 여명기 일본 자본주의를 확립하고, 발전시키는 데 그 전 생애를 바친 澁澤은 이 때문에 지금도 일본인들에게 일본 근대 자본주의의 아버지라고 추앙받고 있다.[2]

그는 일본의 입장에서 보면 단순히 사적인 영리추구만을 최고의 경영목표로 삼았던 동 시기의 기타 政商[3]들과 달리 국가차원의 殖産興業이나 상공업 발전을 주도한[4] 존경받는 경제 지도자였다. 그러나 한국인의 입장에서 볼 때는 일본 자본주의의 성장을 위하여 인접 약소국을 침략하고, 수탈계획을 입안·실행해 나간 대표적 약탈자였다. 사실

---

1) 澁澤이 설립을 주도하였거나 혹은 설립과 운영의 지원 및 지도자, 취체역 회장(사장), 취체역, 감사역, 상담역, 고문 등의 역할로 관여하였던 사업체들에 관하여서는 다음의 자료가 참고된다. 『龍門雜誌』 481호(靑淵先生米壽祝賀記念號), 龍門社, 1928년 권말 부록 ; 西野入愛一, 『澁澤コンシェルン』, 東京, 春秋社, 1937, 112~115쪽 ; 大島淸, 『人物, 日本資本主義』 3(明治初期の企業家), 東京大學出版會, 1976, 903쪽.

2) 土屋喬雄, 『澁澤榮一傳』, 改造社, 1931, 314쪽 ; 同, 「澁澤榮一」, 『日本資本主義史上の指導者たち』, 岩波書店, 1939, 105~128쪽.

3) 政商이란 학문적으로 개념정의가 되어 있지 않은 주관적이고 애매모호한 용어이다. 일반적으로 幕末 維新期 내지 일본 자본주의의 형성기에 정부와 특권적으로 결합한 前期的 자본가(商人, 高利貸金業者)이며, 정부의 보호정책을 배경으로 산업적 기반을 얻음으로써 재벌로 성장해 간 자본을 가리킨다. 山路愛山이 "최초의 明治政府 특히 그 중심격인 岩倉具視, 大久保利通이 국가가 스스로 주동하여 民業에 간섭하고, 人民보다 앞서서 국가가 먼저 나아가 보호와 장려를 통해 하루라도 빨리 일본을 서양의 모습에 이르도록 하였다. 그래서 정부가 스스로 民業에 간섭하여 발달을 도모하였다. 이것과 관련하여 만들어진 한 계급이 있는데 우리는 이것을 이름하여 政商이라고 한다."고 설명하였다.(『山路愛山集』(『明治文學全集』 35), 筑摩書房, 1965, 11쪽.) 政商 가운데에는 三井, 小野, 住友처럼 幕藩制 사회에서 이미 거대한 자본을 축적하고 있었던 것이 있는가 하면, 三菱, 五代, 安田, 古河, 大倉, 澁澤, 淺野, 藤田처럼 幕末維新期에 급속히 치부한 것도 있고, 또한 권력과의 결합방식도 다양하다.(石井寬治, 앞 책(1984), 74쪽) 澁澤은 明治정부의 관료에서 실업계로 전향한 유형으로 三井, 三菱, 住友, 安田과 같은 기존 재벌과는 구별되며 스스로 政商을 창출하고, 그 성장을 육성하는 역할을 하였다.

4) 西野入愛一, 앞 책(1937), 111~112쪽.

明治期 일본의 자본가와 상인은 제국주의 경제침략의 선봉장들이었고, 그것이 일본의 국가적 공익과 기업가의 사익을 모두 실현하는 최선의 길이었다. 특히 澁澤은 민간 경제계 차원에서 일찍부터 한국침탈을 추진했다.[5]

제일은행으로 대표되는 화폐·금융권의 장악과 침탈, 경인·경부철도 등의 철도 이권, 금광, 전기, 농업, 창고와 축산업까지 재원이 되는 것은 모두 침탈했고, 澁澤의 주도하에 한국은 일본의 국부를 증대시키는 전형적인 식민지 종속경제로 재편되어 갔다.

본 절에서는 澁澤자본이 한국에서 행한 각종의 경제침탈 사업 중 농업분야에 진출하게 된 동기와 배경으로, 먼저 일본 자본주의에서 澁澤자본이 차지하는 위상과 국가시책을 우선으로 하는 기업경영 성격, 그리고 한국 경제침략에서의 선봉적 역할을 살펴 볼 것이다. 또한 한말 일본 대자본의 한국농업 침탈의 배경과 진출 사례를 살펴봄으로써 조선흥업이 성립되는 국내외적 여건도 함께 보고자 한다.

1) 澁澤자본의 형성과 국익우선주의 경영

⑴ 澁澤榮一의 財界입문과 澁澤자본의 형성

澁澤은 1840년 2월 13일 武藏國 棒澤郡 安部領 血洗島村(지금의 東京 부근인 埼玉縣 大里郡 八基村)에서 상급 무사의 어용상인이었던 澁澤市郎右衛門의 아들로 태어났다.[6] 그의 집안은 농경 이외에 藍玉을 제조, 판매했고, 재력으로 치자면 마을의 두 번째 부호였다.

澁澤은 6세 때 아버지로부터 『小學』, 四書, 三經 등을 배웠고, 다음 해부터 尾高惇忠에게 사사하였다.[7] 그리고 뒷날 澁澤은 1859년 스승

---

5) 土屋喬雄, 앞 책(1931), 316쪽 참조.
6) 澁澤의 생애와 활동에 관해서는 다음의 자료가 참고된다. 西野入愛一, 앞 책(1937) ; 土屋喬雄, 앞 책(1931) ; 幸田露伴, 『澁澤榮一傳』, 岩波書店, 1939 ; 龍門社編, 『靑淵先生六十年史-一名近世實業發達史』1,2권, 龍門社, 1900.

의 여동생 千代와 결혼하게 되는데 尾高家와의 관계는 澁澤이 관여했던 기업의 중역 및 대주주를 분석해 볼 때 매우 긴밀한 관계임을 확인할 수 있다.

澁澤은 14세 때부터 할아버지를 대신하여 인근 농촌을 돌아다니며 藍葉(쪽빛 염료인 남옥의 재료)의 정확한 감별과 구입을 주관했고, 남옥을 제조하여 다시 여러 지역에 판매하였다. 그러면서 그는 1853년 미국 페리제독(M.C. Perry)에 의한 일본의 문호개방, 1858년 미국·영국·네덜란드·러시아·프랑스 등의 구미열강과의 통상조약 체결, 일본 내 존왕양이 운동의 격화를 목도했다. 澁澤은 존왕양이를 주장하던 스승 尾高의 동생 尾高長七郎, 종형 澁澤喜作으로부터 反막부적 영향을 받았다. 그는 1863년 24세 때 長七郎, 喜作과 함께 무력을 통한 존왕양이 운동을 준비하였는데 京都에 나가있던 長七郎이 거사의 무모함을 주장하면서 계획은 포기되었다.[8] 그러나 거사계획이 누설되면서 澁澤은 1863년 京都로 떠났고, 다음해 신변의 안전을 위하여 澁澤喜作과 함께 一橋慶喜의 가신이 되었다.[9]

一橋慶喜는 水戶藩의 藩主이고, 京都 수호총독의 중책을 지닌 당대의 세력가로 그의 부하가 되었다는 것은 곧 막부의 신하가 된 것을 의미했다. 이때 澁澤은 一橋家의 재원확충과 병력증강을 위한 민병모집의 책임을 맡아 상당한 성과를 거두었다.[10]

---

7) 西野入愛一, 앞 책(1937), 98~99쪽. 스승 尾高는 幕府 타도와 천황 옹립의 뜻을 지니고 있었고, 그 교육방법은 현실사회에서 요구되는 자유주의적·실학적 학풍에 기반을 둔 유연성 있는 인물이었다. 이 덕분에 澁澤은 幕末·明治 초기 '변신의 귀재'라는 비난을 받을 만큼 현실에 능동적으로 대응하는 소양을 갖출 수 있었다. 또한 澁澤은 『논어』에서 근대 경제사상과 경영의 이념인 '경제·도덕 합일설'을 추출해 낸 실학적 학문연구 방법론을 이때 터득했을 것으로 보인다.

8) 이에 관해서는 服部之總, 「維新史方法上の諸問題」, 『歷史科學』, 1933. 참조.

9) 田中彰, 「幕府の倒壞」, 『日本歷史』 13권, 岩波書店, 1930, 318쪽 ; 大島淸, 앞 책(1976), 294~302쪽.

1866년 7월 제15대 將軍으로 一橋慶喜가 선출되어 德川慶喜가 되었다.[11] 그 해 12월 將軍의 동생 德川昭武가 프랑스 만국박람회의 막부 대표사절로 파견되자 澁澤은 25명으로 구성된 사절단의 회계담당자로 참여하게 되었다.[12] 유럽 순방 중 그는 하루도 빠짐없이 선진 자본주의 문명의 제도와 문물을 조사, 연구하여 기록으로 남겼다.[13]

1868년 明治維新 이후 프랑스에 있던 막부 사절단은 귀국했으나 澁澤은 조금 더 파리에 머물면서 프랑스의 근대적 회계법과 금융제도, 주식회사의 자본증식 과정을 익혔다. 1868년 12월 귀국 후 澁澤은 德川慶喜가 근신 중인 靜岡의 재정총괄 직책을 맡아 '靜岡商法會所'를 만들고 금융·상업 활동을 추진했다.[14] 한편 三井家를 경영하던 三野村利左衛門은 富商들과 금융인의 공동출자로 동경무역상사를 설립하

---

10) 西野入愛一, 앞 책(1937), 102쪽.

11) 池田敵正,「幕府の動搖と改革」,『日本歷史』13, 岩波書店, 1930, 200쪽. 澁澤은 뒷날 한때 자신이 섬기던 德川慶喜에 관한 전기를 직접 집필하였다.(『德川慶喜公傳』1~8卷, 龍門社, 발행년 미상)

12) 田中彰, 앞 글(1930), 333~336쪽. 개항 이래 막부는 존왕양이파의 반대에도 불구하고, 구미열강과 외교 사무를 처리하고, 근대적 정치개혁을 수행하기 위해 해외사절을 파견하였는데, 1860년 첫 파견 이래 1868년 明治維新까지 총 6차례 이루어졌으며, 德川昭武 사절은 막부 최후의 해외 사절단이었다.

13) 土屋喬雄, 앞 책(1931), 148쪽 ; 이배용, 앞 글(1989), 188쪽. 개인적 기록으로 <航西日記>(1891), <歐美紀行>(1903)과 공적인 기록으로 <巴里御在館日記>, <御巡國日記>가 있다. 이 기록들에 의하면 澁澤이 유럽 시찰에서 얻은 최대의 수확은 영국에서 배운 영국 국립은행의 '政府換錢局', '金銀貨幣栻改所 및 저장소', '地金積置場', '지폐제작소' 등 철도, 주식거래소, 주식과 공채, 유가증권 매매 등의 경제제도였다. 그리고 뒷날 澁澤은 '合本 組織' 즉, 주식회사제도를 고안하여 주창했다.

14) 楫西光速, 大內力 編,『日本資本主義の成立』II, 東京大學出版會, 1960, 355~356쪽. 靜岡상법회소는 明治정부로부터 대여 받은 太政官札(明治維新 후 재정난을 타개하기 위해 신정부가 발행한 지폐) 50만 냥을 자금으로 하여 東京·大阪 등지에서 비료와 미곡을 구입하여 靜岡이나 다른 지방에 판매하였다. 또 상인들에게 사업자금 및 개간자금을 대부하는 예금업무도 취급하였다. 즉 상법회소는 금융업과 상업을 혼합한 주식회사의 실험이었다.

50

였는데, 澁澤의 靜岡상법회소를 참고했으며, 이 일로 그는 澁澤을 젊고 유능한 경제인으로 인정하게 되었다. 그리하여 三野村은 三井의 정계인맥인 大久保利通과 井上馨에게 澁澤을 강력하게 추천하였다. 1870년 大久保와 井上의 추천과 大藏大輔 大隈重信의 요청으로 澁澤은 대장성 大藏少丞에 임명되었고, 이듬해 8월에는 大藏大丞, 12월에는 紙幣頭를 겸하였다.[15]

澁澤은 대장성에서 정책조사·기획을 담당하는 改正局을 신설하여 책임자가 되었고, 조세제도 개정·도량형 개정·화폐제도 개혁·철도부설안·공채제도 및 지폐제도·은행조례와 회계법 등을 직접 입안하였다. 즉 1871년 5월 공포된 '新貨幣條例'의 초안을 마련했다. 1872년 11월에는 국립은행 조례를 제정, 1873년 第一銀行을 비롯한 각종의 은행을 설립하여 국립제일은행장에 취임함과 동시에 官金취급의 명령도 받았다.

그러던 중 그는 井上과 함께 수입과 지출의 균형을 맞추는 예산편성을 주장하여 각 省의 경비팽창을 적극적으로 요구하던 大久保 등과 대립하였다. 경제정책의 방향을 둘러싼 대장성 내부의 갈등이었다. 澁澤은 결국 식산흥업을 스스로 실현하고자 실업계에 직접 투신하기로 결정하였다.

5년 6개월간의 관료 생활을 청산하고, 실업계에 투신한 그는 1873년 6월 三井과 小野의 출자로 설립된 국립제일은행의 總監役에 취임하여 사실상 제일은행을 통솔하였다.[16]

당시로서는 일반인은 물론 정부 관리나 심지어 은행에서 근무하는 사람조차도 은행의 구조와 업무를 거의 이해하지 못하고 있었다. 澁澤은 영국인 은행가 알렉산더 상드(A. Shand)를 초빙하여 '은행사무강습

---

15) 西野入愛一, 앞 책(1937), 108~109쪽.
16) 第一銀行 編,『第一銀行五十年小史』, 第一銀行, 1926, 1~22쪽. 이 시기 국립은행은 국영이 아니라 국법에 의해 설립된 은행이라는 뜻으로 순수 민간은행이었다.

<그림 2> 국립은행 시대의 第一銀行 본점

소'를 설치하고, 은행업무의 교육과 보급에 노력하였다. 澁澤의 지도하에 제일은행은 三井, 三菱, 住友은행 등과 함께 보통은행의 선두주자로 발전하였다. 澁澤은 1916년까지 42년간 제일은행장직에 있으면서 여러 은행의 설립에 참가하였고, 지도를 해줌으로써 '일본 근대 은행제도의 창시자'로도 불리었다. 이후 제일은행은 몇 차례의 합병과 독립을 거쳐, 1971년 日本勸業銀行과 합병하여 현재의 제일권업은행으로 발전하였다.

제일은행의 주요업무는 조세 등의 관금 출납사무, 은행권 발행, 관공예금과 은행권을 자금원으로 대부하는 것이며 이후 금찰인환공채금의 교환사무, 각종 정부지폐·태환증권의 파손 시 정리, 신구공채증서의 매입, 일반은행 업무 등으로 업무가 확대되었다.[17] 그러던 중 1874년 관공금 출납을 담당하던 小野재벌이 파산하자 정부는 공금 유용을 방지하기 위하여 국립은행이 취급하였던 대장성 관공금 출납사무를

---

17) 『第一銀行五十年小史』, 26~55쪽.

대장성 직할로 바꾸면서 공금 예금이 고갈되었다. 또한 1873년부터 세계적인 銀貨 하락과 무역수지 적자로 인한 금의 유출로 금화태환의 의무가 있는 은행권의 발행이 곤란해지게 되었다. 澁澤은 1875년 은행경영의 쇄신을 강구하여 순수한 상업은행으로서의 기반을 닦았다.[18]

한편 1880년 8월 東京銀行集會所를 설립하여 1916년까지 위원장이나 처장직을 맡았다.[19] 여기서 그는 공채응모, 어음교환소 설립, 국립은행권의 처분, 은행통신록 발행, 동경흥신소 설립 등을 솔선하였다.

1870년대 말부터 澁澤은 민간 경제인의 지위향상과 기업 설립의 컨설턴트 활동을 시작하였다. 유럽 시찰 이래 그는 빈약한 자본구조를 가진 당시 일본의 자본주의를 육성하기 위하여 주식회사제도 보급에 앞장섰다. 澁澤은 자신이 가진 지식과 인맥, 신용 등 모든 역량을 총동원하여 효과적인 투자처를 물색하고 있던 자산가들에게 투자의 방향을 제시하고, 여러 투자자 상호간의 이해와 대립을 중간에서 조정하여 합자의 형태로 기업을 설립한 후 능력 있는 경영자까지 선정해 주었다. 그리고 자신은 고문 내지 자문역으로 경영에 관계하였다. 그가 관여했던 주요 사업을 보면, 크게 해운·철도·제사 및 방적사업·제지업·시멘트·석유·광산·신탁·보험·제강·도기·조선·와기·전기·토목 등 일본 경제계의 거의 전 사업을 망라하여 근대 일본 자본주의의 기초를 밑에서부터 쌓아올렸다. 澁澤은 방적분야에서 1883년 설립한 大阪紡績會社와 1886년의 三重방적, 1887년의 鐘淵방적에 관여했다. 교통·운수사업 분야에서는 1881년 일본철도를 설립하여 1891년 東京－靑森간 일본철도회사를 설립하고 일본 제일의 철도회사로 키웠다. 1886년부터 1899년까지의 호경기 때 총 42개의 철도회사가 성립되었는데, 澁澤은 이 중 19개 회사의 창립에 관여했거나, 중역 및 상담역으로 경영에 참가하였다. 해운업에서 그는 三菱 기선회사의 해상 독점

---

18) 이배용, 앞 글(1989), 190쪽.
19) 西野入愛一, 앞 책(1937), 109쪽 ; 土屋喬雄, 앞 책(1931), 222~226쪽.

을 견제하기 위하여 1880년 三井과 함께 東京風船會社를 설립하여 경쟁에 들어갔고, 이후 정부지원을 받아 北海道運輸會社, 이후 越中風帆船會社를 합병하여 1883년 共同運輸會社로 발전시켰다.[20] 澁澤은 이 회사의 주주, 취체역을 지냈고, 청일전쟁 후 '전후 경영'의 일환으로 제정된 항해장려법과 造船장려법에 힘입어 1896년 동양기선회사를 창립하기도 하였다. 제지업에서는 일본 최초의 제지회사인 王子製紙회사의 설립과 경영에도 관계하였다. 실업교육에도 관심이 컸던 그는 도쿄 상법강습소를 모체로 하여 설립된 도쿄상과대학(현 一橋大學)을 비롯하여 東京高等商業學校, 岩倉철도학교 등의 창설과 발전에 기여했다.[21]

또한 澁澤은 기업의 조직화와 자본가 계급의 조직화, 민간 경제계와 정부간의 상호 교류 및 협조를 위하여 1878년 상법회의소를 설립하였고, 1883년 東京商工會를 조직한 후 1890년에는 이를 東京商工會議所로 확대시켰다. 곧이어 1892년에는 전국상업회의소 연합회를 조직하고, 1893년에는 전국적 연합의 결성을 주도하였다.[22] 그 뒤 澁澤은 이른바 실업계의 참모본부라고 하는 '商工高等會議'(1896년 10월~1898년 10월, 3회 개최)와 '생산조사회'(러일전쟁 후 1910년까지 3회 개최), '화폐제도조사회'(1893년 설치) 등에 참여하였다.[23] 이를 통해 澁澤은 다른 유력한 자본가들과 더불어 정부의 매우 복잡 다난한 정책을 심의하였다.

그 외 三井물산 전무이사 益田孝 등 도쿄의 유력한 자본가를 망라하여 1900년 有樂會를 설립하였다. 그는 관민 사정에 모두 정통한 井

---

20) 이에 관하여서는 羅愛子, 『韓國近代海運業史硏究』, 국학자료원, 1998 참조 ; 日本郵船株式會社, 『日本郵船株式會社五十年史』, 日本郵船株式會社, 1935, 22~42쪽.
21) 西野入愛一, 앞 책(1937), 111~119쪽 ; 土屋喬雄, 앞 책(1931), 24~34쪽.
22) 土屋喬雄, 앞 책(1931), 217쪽.
23) 石井寬治, 앞 책(1984), 125쪽.

54

上馨을 초대하여 유락회 규정을 제정하였다. 그 설립 목적은 경제정책의 입안 검토, 정부 당국자와의 담화를 통하여 무역·금융·외자도입·교통운수·공장법·경제계 구제책·러일전쟁 후의 재정정책 등의 문제를 순조롭게 해결하는 것이었다.[24] 즉, 그의 재계활동은 정부와의 긴밀한 협조 속에 일본의 경제발전을 위한 사회 기간사업의 토대를 닦은 초석의 역할을 했던 것이다.

(2) 일본 재계에서의 위상과 국익우선주의 경영

澁澤은 1909년 古稀 때 제일은행장, 동경저축, 은행집회소를 제외한 80여 종의 관계 사업에서 은퇴하였다. 그리고 1916년 77세에는 재계에서 완전히 은퇴하고, 사회사업에만 진력하였다.

그는 당대에도 그리고 지금도 일본에서는 '일본 자본주의의 최고 지도자', '일본 자본주의의 여명기로부터 발전기까지 민간 경제계의 최고 리더', '財界의 大家', '實業王'으로 추앙받고 있으며, 심지어는 "세계 위인사에 내놓아도 부끄럽지 않은" 일본의 위대한 인물이고, "일본의 고금을 통하여 1, 2위를 다투는 위인"[25]이라고까지 평가되고 있어 일본 근대사에 있어서 그의 위상을 짐작할 수 있다. 뿐만 아니라 재계를 은퇴한 후에 그는 사회복지 사업과[26] 민간 외교가로 자처하여 구미 각국과 일본과의 정치·경제적 관계개선 및 일본의 국익선양에 전력을 다하였다.[27] 당연히 이런 그의 경력은 일본 근대사에서 위대한 위인으로 추앙받기에 부족함이 없다.

---

24) 中村正則, 鈴木正幸, 「近代天皇制國家の確立」, 『大系日本國家史』V, 東京大出版部, 1975, 62～67쪽.
25) 西野入愛一, 앞 책(1937), 97쪽 ; 中川敬一郎·由井常彦 編集·解說, 『財界人思想全集』 1(經營哲學·經營理念 - 明治·大正 編), ダイヤモンド社, 1969, 227쪽.
26) 西野入愛一, 앞 책(1937), 123～126쪽.
27) 木村昌人, 『澁澤榮一 - 民間經濟外交の創始者』, 東京, 中央公論社, 1991. 참조.

일본 자본주의는 澁澤없이는 실현될 수 없었을 것이라는 극찬과 실제로 수백 개의 기업을 창설하고, 혹은 그 창설을 지도한 화려한 경력에도 불구하고 막상 澁澤콘체른 자체는 三井, 三菱, 住友, 安田, 大川을 5대 재벌이라고 할 때 여기에 포함되지 못하는 소재벌이었다. 그것을 두고 일본 경제계에서는 일신의 私利만을 추구하지 않는 경제 도덕주의라고 설명하고 있다.[28]

1887년 당시 澁澤의 연간 소득이 9萬 圓대라는 것은 岩崎家(94만 원대), 三井家(불명)에는 도저히 미치지 못한다고 하더라도 住友(7만 원대), 鴻池(6만 원대)를 상회하며 安田(4만 원대), 大倉(3만 원대), 古河(同)를 훨씬 능가하는 금액으로,[29] 澁澤이 은행업을 거점으로 유력 재벌을 구축하는 것도 불가능한 것은 아니었다.

실제로 은행가라는 점에서 三井, 安田과 필적하고, 재계 전체의 지도자라는 점에서 최고의 지위에 있었던 그는 예금면에서 단연 막대한 자본금을 가진 華族銀行(第十五國立銀行)까지 크게 능가하여, 三井 다음으로 거액의 예금을 전국에서 유치하는 등 은행의 지위가 초기에는 상당했다.[30] 그러나 澁澤은 '銀行王'의 지위도 安田에게 내어주면서 수백 개에 이르는 산업기업의 설립·원조와 '國策'협력에 주력하였다. 그러한 의미에서 澁澤은 政商적 측면을 가지고 있었고, 또한 '在野의 官僚'로서 정치와 경제를 결부시켜 가는 독특한 활동을 하고 있었다.[31]

그의 경제관과 국가관, 말하자면 國益과 私益의 실현에 있어서 국익 우선주의가 반영된 기업경영의 성격을 다음 자료는 잘 나타내고 있다.

---

28) 西野入愛一, 앞 책(1937), 126~128쪽.
29) 石井寬治, 「成立期日本帝國主義の斷面」, 『歷史學硏究』383호, 1972의 <표 50> 참조.
30) 이에 대하여서는 西野入愛一, 앞 책(1937), 152~155쪽의 민간 5대 은행 비교 참조.
31) 石井寬治, 앞 책(1984), 84~85쪽.

　……국가와 인민을 이해하는 길은 私利와 公利의 양자를 동일시하는 것이고,……상공인이 사업을 경영하는 것은 오직 자신의 영예와 영화를 위하고 싶은 것 때문에 상공업을 경영하고, 자신의 처자에게 행복을 주는 私慾에 관한 것에만 한한다고 여기는 폐단이 있다.

　사업을 행하여 얻은 私利益이라고 하는 것도 공공의 이익이 되고, 공익사업을 행하면 그것이 一家의 이익이고 자손의 미래를 윤택하게 하는 것이다.……32)

　사실 "私利는 公益의 기초"라는 것은 '官尊民卑, 賤商'의 막부적 인식을 타파하고, 근대 자본주의와 근대적 기업가를 길러내기 위하여 당시 일본 계몽학자들이 주창했던 이론이었다.33) 그런데 상공업에 대한 사회의 낮은 인식을 전환시키기 위한 私利의 강조는 결과적으로 국가발전에서 상공업의 중요성을 강조하게 되었고, 역으로 상공업자들은 강한 국가의식을 사명감으로 확신하게 되었던 것이다.

2) 일본의 對韓 경제침략과 澁澤榮一

(1) 澁澤榮一의 對韓觀

　澁澤은 明治정부가 청일전쟁과 러일전쟁 후 기본 국책으로 내세운 군비확장과 增稅라는 '전후경영'에 대하여 반대 입장에 서서 자본가의 견해를 대표하였다. 그 이유는 정부가 직접 경제계에 관여하는 부작용이 있다는 것에 있었다.34) 그는 러일전쟁 후의 경제침체는 전쟁 중 호황을 누리던 군수산업이 종전 후 부진해졌기 때문이므로, 그 처방책으로는 경비절감, 만주와 한국경영에서 운수·교통·금융기관의 정비 등을 제시하였다.35) 즉 그가 정부의 재정팽창정책에 반대한 것은 '증세'

---

32) 土屋喬雄, 앞 책(1931), 335~336쪽.

33) 『澤福諭吉全集』 19권, 岩波書店, 1962, 634쪽.

34) 「澁澤の內外政策」, 『東洋經濟新報』 3호, 1895년 12월.(中村正則, 鈴木正幸, 앞 글(1975), 10쪽에서 재인용)

의 문제였지 사실 전쟁에 대비한 군비확장이나 국력신장을 전면 부인한 것은 아니었다. 오히려 만주와 한국에 대한 경제침략을 일본 경제불황의 타개책으로 제시한 것이다.

청일전쟁 발발 직후 그는 福澤諭吉과 함께 報國會를 조직하여 헌금을 모으고 제일은행과 자신의 이름으로 100萬 圓의 공채를 신청하였다.[36] 그리고 1900년 4월에는 그간 재계활동의 공로를 인정받아 남작의 작위를 받았다.[37] 러일전쟁 때는 의사의 면회금지령이 내려진 중병을 앓으면서도 제일은행 중역들을 모아 군사공채응모에 헌신적으로 나설 것을 당부할 정도로 일본의 대외침략을 적극 지지하고 후원했다.[38]

그는 청일전쟁 이후 보다 적극화된 일본 자본주의의 한국침략에 대하여 이를 합리화시키는 논리로서 선동하였다. 즉, 1898년 5월 刻印付 圓銀 통용문제로 방한하여 일본인 상업회의소에서 행한 연설을 보면 그의 한국관을 알 수 있다.

일본의 한국경영은 일본의 국력을 신장시키며, 한국은 우리나라(일본 : 필자) 인민이 유도 개발해야 할 토대로 흡사 우리 일본을 어머니 나라와 같이 여긴다.[39]

그 외에 澁澤의 한국관을 엿볼 수 있는 각종 연설문이나 보고서의 내용들을 보면 다음과 같다.

---

35) 「戰後の經濟界」上, 『時事新報』, 1905년 9월 22일.(中村正則, 鈴木正幸, 앞 글 (1975), 14쪽에서 재인용)
36) 土屋喬雄, 앞 책(1931), 276쪽.
37) 『龍門雜誌』 481호, 부록의 연보 참조.
38) 土屋喬雄, 앞 책(1931), 293쪽.
39) 『靑淵先生六十年史』 제2권, 345~352, 378~379쪽.

……한국철도의 기적소리를 듣는 것은 일본의 山陽철도의 기적소리
보다 훨씬 더 쾌감있는 듣기 좋은 소리이다. 그리고 京仁철도의 기적
소리를 일본인의 청각에 부여하는데, 그 기쁨을 느끼지 못하는 것은
일본을 사랑하지 않는 것이다.[40]

특히 1900년 7월 京仁철도 全線개통식에 참석한 후 廣島상업회의소
귀국 환영회 석상에서는 한국을 둘러싼 러시아와 미국의 전기, 철도,
광산 등의 이권침탈과 영국의 한국세관 장악에 대하여 전 일본이 분기
하여 일어날 것을 촉구하였다. 또한 그는 한반도의 보전은 바로 일본
의 상업상의 이해관계를 넘어 국방상, 정치상으로도 매우 중요한 것으
로 파악하고 있었다. 즉 일본의 自衛를 온전하게 할 일본의 이익선으
로 한국의 보전이 곧 일본의 권익 보전이라고 역설하였다.[41] 여기서
澁澤은 일본의 자본주의를 넘어서 제국주의적 침탈의 의도를 명백히
하였고, 그 선두주자로서 막중한 책임과 사명감을 지니고 있었음을 알
수 있다.

한편 그는 한국에 일본어 교육 등 일본 자본주의의 진출과 확대를
위한 기반조성에도 주력하였다. 1899년 서울에서 일본어를 교육하는
京城學堂의 확장 기금모집을 위해 帝國호텔 회의를 주도하고 다음과
같은 연설을 하였다. 이때 그는 千圓을, 伊藤博文과 大隈重信도 각각
千圓을 기부하였고, 그외 실업가들로부터 10萬 圓의 거금을 모집하였
다.

한국인이 일본어에 의하여 교육되고 있는 모양을 보고 크게 반기는
마음을 가지게 되었고, 감사한다.
……(일본어 : 필자) 교육을 하여 말을 통하게 하고, 그 가운데 좋은
사람을 뽑아 상회라던가, 은행이라던가, 회사라던가 하는 것을 경영하

---

40) 土屋喬雄, 앞 책(1931), 320~323쪽.
41) 위와 같음.

게 하는 것은 결코 그들(한국 : 필자)에게 이익을 부여하는 것은 아니
다. 차라리 우리(일본 : 필자)의 편익을 만드는 방법, 우리의 편리와 이
익을 가져오게 될 것이라고 생각한다.[42]

澁澤은 러일전쟁 후 동경상업회의소 회장직을 내놓는 등 80여 개의
관계 사업의 절반을 사퇴하면서도 1908년 東洋拓植會社 설립위원으로
서 그 창립에 진력하고, 1909년 한국은행 창립에도 큰 힘을 썼다.[43]
이상과 같이 자본주의 맹아기 일본에서 산업을 육성, 발달시키는 최
대 급선무의 실현에 전력을 다한 지도자형 기업가로 평가되고 있는[44]
그는 우리에게는 일본의 한국침략과 식민지화의 대표적 선두주자로
기억되고 있다. 그는 당시 일본 지도층이 가지고 있던 왜곡된 천황제
국가의식을 바탕으로 일본 자본주의가 침략적 본질을 가지고 발전하
는 데 주도적 역할을 담당했던 것이다.

(2) 澁澤榮一자본의 對韓 경제침략

澁澤의 對韓경제침략 활동은 화폐·금융, 철도, 광산, 전기 등의 이
권, 상업과 무역, 농업분야에 이르기까지 광범위하여 손을 뻗지 않은
분야가 없었다.
이에 대해서는 이미 많은 선행 연구 성과가 축적되어 있으므로 본
연구에서는 이를 바탕으로 간단하게 침탈분야를 소개하는 것으로 대
신하겠다.[45]

---

42) 위 책, 324쪽.
43) 『龍門雜誌』 481호, 年譜 ; 土屋喬雄, 앞 책(1931), 313쪽.
44) 山口和雄, 『日本經濟史』, 筑摩書房, 1976, 142~144쪽.
45) 澁澤이 주도한 각종의 이권에 관해서는 다음의 연구 성과들이 있다.
　　먼저 이권 전반에 관한 연구로는 이배용, 「列强의 利權侵奪과 朝鮮의 對應」,
　　『한국사시민강좌』 7, 일조각, 1990 ; 김정기, 「자본주의 열강의 이권침탈연구」,
　　『역사비평』 11, 역사문제연구소, 1990 등이 있다. 그리고 澁澤의 對韓 경제침
　　략 전반에 관해서는 이배용의 앞 글(1989)이 있다.

60

화폐 및 제일은행을 필두로 한 금융 분야 침탈과 관련한 연구 성과는 다음과 같다. 羅愛子, 「이용익의 화폐개혁론과 일본제일은행권」, 『한국사연구』 45, 한국사연구회, 1984 ; 村上勝彦, 정문종 역, 『식민지』, 한울, 1984(原典은 大石嘉一郎 編, 『日本産業革命の研究』(下), 東京大學出版會, 1975) ; 波形昭一, 『日本植民地金融政策史の研究』, 早稻田대학출판부, 1985 ; 金正起, 「朝鮮政府의 日本借款導入(1882~1894)」, 『韓沽劤博士停年紀念史學論叢』, 知識産業社, 1981 ; 金賢淑, 「韓末顧問 J. M. Brown에 대한 연구」, 『한국사연구』 66, 한국사연구회, 1989 ; 한우근, 「開港後 金의 海外流出」, 『역사학보』 22, 역사학회, 1964 ; 崔柳吉, 「日本における金本位制の成立と李氏朝鮮」, 『社會經濟史學』 36卷 6號, 1971 ; 吳斗煥, 「韓國開港期의 貨幣制度 및 流通에 관한 研究」, 서울대학교 경제학과 박사논문, 1984.

광산이권에 관하여서는 朴萬圭, 「開港以後의 金鑛業實態와 日帝侵略」, 『韓國史論』 10, 서울대학교 국사학과, 1984 ; 李培鎔, 「列強의 利權侵奪과 鑛山採掘」, 『한국사연구입문』, 한국사연구회편, 지식산업사, 1987 ; 同, 『韓國近代鑛業侵奪史研究』, 일조각, 1989 ; 劉元東, 「韓末 日本의 借款攻勢와 鑛山接近에 관한 研究」, 『국사관논총』 20, 국사편찬위원회, 1990.

철도이권에 관하여서는 田保橋潔, 「國際關係上の朝鮮鐵道利權」, 『歷史地理』 57-4, 1931 ; 朴萬圭, 「韓末 日帝의 鐵道敷設支配와 韓國人動向」, 『韓國史論』 8, 서울대학교 국사학과, 1982 ; 朴性根, 「京仁鐵道敷設權과 美日關係」, 『南都泳博士화갑기념사학논총』, 1984 ; 鄭在貞, 「韓末日帝初期鐵道運輸의 植民地的 性格」(上, 下), 『韓國學報』 28, 29, 1982 ; 同, 「京釜鐵道의 敷設에 나타난 日本의 韓國侵略政策의 性格」, 『韓國史研究』 44, 한국사연구회, 1984 ; 同, 「韓末京釜,京義鐵道敷地의 수용과 연선 주민의 저항운동」, 『이원순박사화갑기념사학논총』, 교학사, 1986 ; 同, 『일제침략과 한국철도』, 서울대학교출판부, 1999 ; 同, 「日本의 對韓 侵略政策과 京仁鐵道 敷設權의 獲得」, 『歷史敎育』 77, 역사교육연구회, 2001. 참조.

澁澤이 관여한 전기 이권문제에 관해서는 다음의 연구 성과가 참조된다. 『韓國電氣百年史』(上), 韓國電力公社, 1989 ; 堀和生, 「植民地朝鮮の電力業と統制政策 - 1930年 以後を中心に - 」, 『日本史研究』 265, 1984 ; 金景林, 「1930년대 식민지 朝鮮의 電氣事業」, 『史學研究』 42, 한국사학회, 1990 ; 同, 「일제말 전시하 조선의 전력 통제 정책」, 『국사관논총』 66, 국사편찬위원회, 1996 ; 同, 「식민지 조선 전기사업의 발흥」, 『梨大史苑』 30, 梨大史學會, 1997 ; 同, 「식민지시기 독점적 전기사업체제의 형성」, 『이대사원』 32, 1999 ; 吳鎭錫, 「1910~20년대 京城電氣(株)의 設立과 經營變動」, 『동방학지』 121, 연세대 국학연구원, 2003 ; 同, 「1904~1909년 일본의 전력사업 침탈과 장악과정」, 『한국근현대사연구』 44집, 한국근현대사학회, 2008.

<표 2-1> 澁澤榮一의 對韓 經濟침탈

연도	침탈분야	비고
1878	사설 제일은행 설립	1876년 大倉喜八郞과 공동출자. 이후 澁澤이 경영. 한국정부에 대한 각종 차관 제공.
1894	日韓通商協會 창설	
1898	京仁鐵道 인수 京釜鐵道 부설권 획득	
1899	京城學堂 확장 지원	
1900	稷山金鑛採掘權 획득	澁澤·淺野 광산조합.
1902	朝鮮協會 창립	大倉喜八郞 등
1904	朝鮮興業株式會社 설립	
1906	韓國拓植株式會社 설립	1910년 조선흥업의 경산관리소로 인수합병됨.
1906	棉花栽培協會 설립	
1907	日韓瓦斯株式會社	大倉喜八郞, 淺野總一郞과 합자 설립
1909	한국은행	제일은행 한국지점이 한국 중앙은행으로 승격

* 자료 : 土屋喬雄, 앞 책(1931) ;『靑淵先生六十年史』1·2권 ; 西野入愛一, 앞 책(1937) ;『澁澤榮一傳記資料』第16卷.

① 금융 침탈

가. 제일은행 한국지점의 설치

제일은행장 澁澤은 1874년부터 해외진출을 계획하던 중 1876년 강화도조약 체결 후 大倉喜八郞과 부산에 사설은행을 개설하였다. 그러나 이는 '국립은행조례'에 의거하여 영업이 인정되지 않았다. 정부가 은행과 商社간의 동업을 금지함에 따라 澁澤은 大倉과 결별하고 제일은행 단독으로 교환소를 경영하였다. 그리고 1878년 3월 자본금의 절반인 5萬 圓을 대부받아 부산에 지점을 설치하고, 6월에 개업하였다.[46] 1880년에는 유통자본으로서 新銅貨 1萬 圓을 대부받고, 부산 영사관의 官金출납사무와 東京海上保險會社의 대리점 사무를 인수하였다.

국립제일은행의 부산지점 설치는 일본 은행자본의 해외진출의 효시를 이루었는데, 당시 일본 경제발전 단계에서 볼 때 매우 일찍 이루어졌다.[47] 그러나 그것은 어디까지나 정부의 지원에 의하여 가능했다. 근

---

46)『澁澤榮一傳記資料』第16卷, 6~12쪽.

62

대적인 화폐제도를 확립하지도 못한 후진적 단계에서 금융기관의 해외 진출은 결국 침략적 성격을 강하게 띨 것은 자명한 것이었다. 원산출장소는 금흡수를 목적으로 설치되었으며(1880), 인천출장소는 해관설치에 따른 해관세 취급을 목적으로 개설되었다.(1883년, 1888년 지점으로 승격) 한성출장소는 한성거류 일본상인의 요청에 의하여 설치되었는데(1888), 이때 특히 외국상인과 외국은행의 한성진출을 미리 막으려는 일본의 의도가 강력히 작용하였다. 한성출장소는 이후 제일은행측에서 적자를 이유로 폐지론을 제기하였을 때 일본 외무성과 대장성당국의 요청에 의하여 존속할 수 있었고, 1903년에는 지점으로 승격하였다가 1907년에는 한국 총지점이 되었다.[48] 1904년에는 평양출장소(1906년 지점 승격)까지 설치하여 1900년대 후반에는 한국에서 5개 지점, 9개 출장소의 조직을 거느렸고, 한국 내 금융권 중 예금의 59.2% 이상, 예금 잔고의 65.9%, 총 대출액의 54.2%, 대출금잔고의 60.4%, 순익금의 61.5% 이상을 거두어 들였다.[49]

국립제일은행은 제3차 국립은행조례개정에 따라 1896년 9월에 영업만기를 맞이하여 주식회사 제일은행으로서 사립은행이 되었다. 이때일본국내 東北, 北陸, 關東지방의 지점은 영업수지악화로 상당수가 폐지되었으나, 한국지점의 경우는 높은 이윤을 보장받으면서 크게 성장하였다. 그 이유는 첫째, 한국지점은 일본 국내에 비하여 대출이자가높았고, 해관세 취급 등 여러 가지 특권을 맡아 특별 이윤을 획득할 수있었기 때문이었다.[50]

해관세 예금과 한국재정자금과 같은 공금예금은 청일전쟁 이후 전체예금에서 차지하는 비율이 40~60%였다. 이는 일본국내 지점의 공

---

47) 村上勝彦, 정문종 역, 앞 책(1984), 49~57쪽 참조.
48) 『澁澤榮一傳記資料』第16卷, 46~47쪽.
49) 村上勝彦, 정문종 역, 앞 책(1984), 50쪽 ; 波形昭一, 『日本植民地金融政策史の硏究』, 早稻田大學出版部, 1985. 참조.
50) 村上勝彦, 정문종 역, 앞 책(1984), 43~47쪽.

금예금 구성 비율이 1887년 일본 국고제도 완비 후 10%이하로 저하된 것과 비교하여 매우 높은 비율이었다. 청일전쟁 중 한국지점은 임시 중앙금고파출소로 지정되어 군용금을 보관, 출납하는 사무까지 맡았다.[51]

나. 해관은행으로서의 제일은행 한국지점

개항 초기 일본 상인들은 한국의 개항장에서는 일본 화폐를 사용할 수 있었으나, 수출입무역에서는 한국통화인 葉錢으로 바꾸어야 했다. 이에 국립제일은행 부산지점은 1883년 6월 외무성에 제일은행이 각 개항장 관세를 취급하도록 할 것과 납입관세는 모두 국립제일은행 발행 어음을 쓰도록 할 것 등을 청원하였다.[52]

일본정부는 한국정부의 재정난을 약점으로 이용하여 한국정부에 墨銀 24,000달러의 차관을 해 주는 대신 해관세 취급권을 받아냈다.[53] 그리하여 한국의 관세·수수료·벌금은 日本은화와 墨銀으로 제일은행 각 지점 및 분점에서 수납하게 되었고, 이로써 국립제일은행 지점, 출장소는 총세무국(당시는 독일인 묄렌도르프)의 지휘를 받아 관세를 수납할 해관은행이 되었다. 그리고 한국통화인 엽전은 수납이 금지된 반면 국립제일은행 어음 사용이 허용되었고, 圓銀과 묵은이 법화로 공인받게 되었다.

해관세 취급특전의 유리한 점은 해관세 예금에 대한 이자부담 없이 수수료를 취할 수 있고, 한국의 재정수입 중에서 가장 확실하고, 안정된 해관세 예금을 운영하여 빈약한 거류지 무역의 상업금융자본으로 융통할 수 있다는 데 있었다.[54] 국립제일은행은 1896년 주식회사 제일은행이 된 후에도 해관세 취급사무를 맡았고, 1908년 2월에 한국 국고

---

51) 『澁澤榮一傳記資料』第16卷, 47~48쪽.
52) 『第一銀行五十年小史』, 73~74쪽.
53) 『澁澤榮一傳記資料』第16卷, 22~31쪽.
54) 위 책, 30~31쪽.

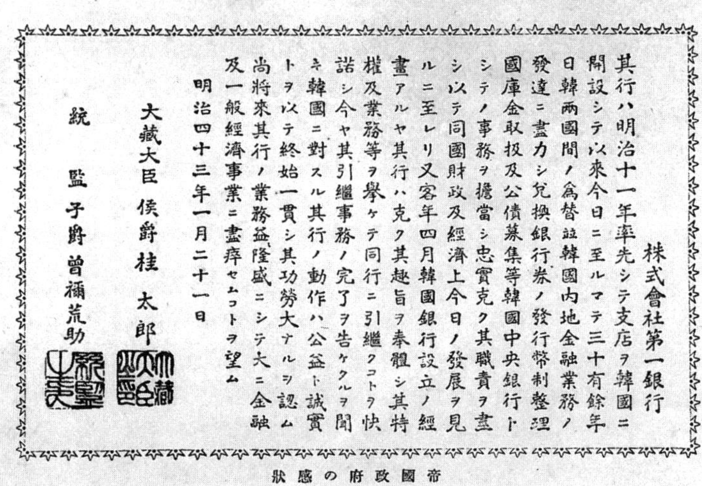

株式會社第一銀行

其行ハ明治十一年率先シテ以テ支店ヲ韓國ニ開設シテ以來今日ニ至ルマテ三十有餘年日韓兩國間ノ爲替並韓國内地金融業務ノ發達ニ盡力シ兌換銀行券ノ發行幣制整理國庫金取扱及公債募集等韓國中央銀行トシテノ事務ヲ擔當シ忠實克ク其職責ヲ盡シ以テ同國財政及經濟上今日ノ發展ヲ見ルニ至レリ又客年四月韓國銀行設立ノ經畫アルヤ其行ハ克ク其趣旨ヲ奉體シ其特權及業務等ヲ擧ケテ同行ニ引繼クコトヲ快諾シ今ヤ其引繼事務ノ完了ヲ告ケルヲ間ク韓國ニ對スル其行ノ動作ハ公益ト誠實トヲ以テ終始一貫シ其功勞大ナルヲ認ム尚將來其行ノ業務益隆盛ニシテ大ニ金融及一般經濟事業ニ盡瘁セムコトヲ望ム

明治四十三年一月二十一日

大藏大臣 侯爵 桂 太郎

統監 子爵 曾禰荒助

帝國政府の感狀

<그림 3> 주식회사 제일은행이 한국에서 태환은행권 발행과 폐제정리, 국고금 취급, 공채 모집 등 한국 중앙은행으로서의 사무에 충실히 했고, 한국은행 설립으로 한국에서의 공로를 치하한다는 일본제국 정부의 감사장.

금 출납 사무의 일부로서 그 징수를 담당하였다.

제일은행이 해관은행으로 있으면서 한국에 미친 영향은 무엇이었을까. 제일은행이 해관은행이 된 후 1886년부터 1894년까지 한국에 50여 차례의 차관(총 40만 圓)을 제공했는데, 이는 담보설정을 하지 않은 단기차관이었다.[55] 이때 영국인 총세무사 브라운(J. Mcleavy Brown)이 해관세 관리권을 쥐고, 동아시아에서 러시아를 견제하고, 일본을 지원하는 영국정부의 외교정책을 충실히 수행했던 것이다.

澁澤은 1900년 브라운과 교섭하여 차관제공의 대가로 '해관지폐 발행권'과 차관 상환 후에도 25~30년간 해관은행의 지위를 유지시켜 주도록 요청했으나 교섭내용이 누설되면서 한국정부의 반대운동으로 실

---

55) 金正起, 앞 글(1981), 535~541쪽 ; 土屋喬雄, 앞 책(1931), 326~327쪽. 1899년 이후 열강들은 차관 공세를 통해 이권을 확보하고자 하였고, 제일은행은 제1급 담보가 되는 해관세 취급은행이라는 지위를 이용하여 이들 차관교섭을 모두 무산시켰다.(나애자, 앞 글(1984), 70~74쪽)

패하였다.56) 한국정부는 중앙은행 설립을 통해 국고금 수납 및 해관세 등 각종 세금수납계획을 했으나 러일전쟁 발발로 좌절되었고, 제일은행은 해관은행으로서의 지위를 계속 유지하게 되었다.

다. 금의 대량 유출과 刻印付圓銀의 유통

澁澤은 1877년 8월 大倉과 연서로 대장성에 올린 청원서에서57) 한국으로부터의 수입품 중 우피와 금이 중요함을 강조하였는데, 이는 국립제일은행 한국지점의 한국산금 매수로 실현되었다. 당시 일본은 계속되는 무역수지 적자와 인플레이션으로 금은의 해외유출이 심각하였던 상황이었다.58)

澁澤은 1884년 대장성에 한국산 砂金의 수입을 위한 원조를 요청했고, 제일은행 공채증서를 저당으로 지폐 30만 원을 지원받았다. 그 이자는 연 4%의 저리로 한국산 금 흡수 업무는 제일은행 한국지점의 초기 영업부진을 보완해주기 시작했다.59)

1886년 5월 들어서 대장성 지령으로 제일은행은 일본은행과 地金銀 도입에 관한 약정을 체결하여 본격적으로 한국산 금 매수업무에 종사하였다. 그것은 일본은행에서 제일은행에 예치한 매입원금으로 한국 사금의 매입을 담당하는 것이었다.60) 계속하여 제일은행은 1886년 9월 다시 3개년 기한(1886년 5월~1889년 8월)의 10만 원 대부를 받아 사금 매입을 했고, 제일은행이 일본은행에 납부한 地金銀은 총 260여만 원에 달하였다. 이 액수는 같은 기간 일본 국내 산금량의 무려 4배였고, 일본 금수입 총액의 거의 전부였다.61)

---

56) 『澁澤榮一傳記資料』第16卷, 110쪽. 이에 관해서는 金賢淑, 앞 글(1989) 참조.
57) 『澁澤榮一傳記資料』第16卷, 639~640쪽.
58) 위 책, 6쪽.
59) 村上勝彦, 앞 책(1984), 32쪽.
60) 『澁澤榮一傳記資料』第16卷, 21쪽.
61) 이에 대해서는 다음의 연구가 참조된다. 한우근, 앞 글(1964) ; 崔柳吉, 앞 글

계속하여 澁澤은 일본은행으로부터 한국산금 도입을 위한 각종의 조약을 체결하여 더욱 금 매입에 열을 올렸다. 1899년에는 구입 자금 20만 원을, 1900년 5월에는 50만 원을 대부받았다. 한편 澁澤은 일본은행에 「조선국 경성금은 분석소 설치에 관한 각서」까지 제출하여 1900년 11월 한성 분석소를 설치했고, 이어 평양(1904), 원산(1906)에 추가 설치하였다. 그리고 1907년까지 8년간 제일은행이 일본은행에 납부한 한국산 금은 총 5,760貫, 2,542만 3천 圓에 달하였다.[62]

한편 1897년 3월 일본은 금본위제를 채용함에 따라 한국에서 유통되던 1圓 은화와 일본은행 태환권을 회수해 들여야만 했다. 그런데 당시 圓銀은 무역통화로서 본위제의 지위에 있었으므로, 금화로 인환되기 위해 일본으로 일시에 회수되면 무역통화가 결핍되어 일본상인은 큰 곤란을 겪게 되었다. 그리하여 한국에서는 은화시장을 존속시키고, 종래 통용되어 온 1圓 은화에 '銀'자를 각인한 '刻印付圓銀'의 통용문제가 제기되었다.[63]

澁澤은 1897년 8월 「朝鮮國幣制和議」를 일본은행에 제출하여 한국 개항장에서의 각인부원은의 유통의 길을 열어줄 것을 요청하였다.[64] 그리고 澁澤은 제일은행 부산지점장과 加藤增雄 주한공사를 총세무사 겸 탁지부 재정고문인 브라운과 교섭시켜 각인부원은을 해관세로 수납할 수 있게 했다. 1897년 10월 각인부원은은 대장성에서 일본은행을 경유하여 제일은행에 3만 원이 교부된 이래 총 33만 원이 유포되었다.

(1971) 참조. 일본이 이처럼 자금 매입을 통한 正貨 축적을 꾀한 이유는 개항 후 한일무역이 수입초과로 인한 적자가 지속되었기에 무관세로 한국산금을 약탈함으로써 그 균형을 꾀하고자 했기 때문이었다. 明治 초기부터 청일전쟁 승리 후 청국 배상금을 얻기 전까지 일본이 수입한 금의 전액이 한국으로부터였다. 결국 한국산금 흡수는 청일전쟁의 침략 목적과도 결부되는 것이었고, 일본의 금본위제 이행과 확립에서도 그 중요성이 대단히 절실했던 것이다.

62) 『澁澤榮一傳記資料』第16卷, 86∼89, 93쪽 ; 이배용, 앞 글(1989), 200쪽.

63) 『澁澤榮一傳記資料』第16卷, 69∼70쪽.

64) 위 책, 62쪽.

이 각인부원은은 브라운의 협조로 종래 유통되던 무각인 1圓은화와 같은 가격으로 원활하게 교환되었으므로, 일본이 금본위제로 이행한 후에도 한국에서 유통되는 일본 통화는 당장 큰 영향을 받지 않았다.[65]

그런데 1897년 11월 브라운의 후임으로 탁지부 재정 고문으로 취임한 러시아인 알렉세이예프(Karl Alexeieff)의 강력한 건의에 따라 1898년 2월 각인부원은은 한국정부에 의하여 통용이 금지되었다.[66] 그리고 이 금지령은 3월 18일 알렉세이예프를 비롯한 러시아 군사고문의 해임, 4월 한러은행의 폐쇄 등 러시아 세력이 물러난 뒤에도 한국정부대신들의 지지를 받아 계속되었다.[67]

상황이 이렇게 돌아가자 澁澤은 1898년 4월 고종을 직접 만나 각인부원은의 통용금지령을 해제해 줄 것을 여러 차례 강청하였다. 그러나 고종은 澁澤에게 은행설립과 은화주조를 위한 차관을 제공해 준다면 각인부원은의 통용을 허락하겠다고 하였다. 澁澤의 판단으로 고종이 구상하는 은행설립 계획이 실현된다면 각인부원은의 통용금지령이 해제되지 않을 것은 너무나 자명한 것이었다. 澁澤은 이번에는 한국정부 대신들을 상대로 설득작업에 나섰다. 외국차관 도입으로 화폐주조를 하는 것보다 차라리 있는 각인부원은의 통용허가가 더 이롭다고 집요하게 설득하였다.[68] 결국 1898년 7월 한국정부는 각인부원은의 통용금지령을 해제하였다. 그러나 한국의 관리와 일반민들은 모두 각인부원은의 수수를 거부하여 통용이 원활하지는 못하였다. 마침내 각인부원

---

65) 위 책, 64~68쪽.
66) 위 책, 70쪽. 알렉세이예프는 다음과 같은 근거로 각인부원은의 통용 금지를 주장하였다. "만약 일본정부에서 무기한 교환을 보증한다면 한국의 법화로 삼아도 좋다. 그러나 그러한 조건이 붙지 않는다면 은가하락과 함께 정부는 경제적으로 적지 않은 타격을 입을 것이고, 일반국민 역시 경제상 지대한 손해를 면하지 못할 것이다. 그러므로 장차 다가올 손해를 예방하려면 이 圓銀의 통용을 금지시켜야 한다."
67) 이배용, 앞 글(1989), 202쪽.
68) 『澁澤榮一傳記資料』第16卷, 73~82쪽 ; 土屋喬雄, 앞 글(1931), 318~319쪽.

<그림 4> 제일은행권(십원권, 일원권)

은은 1900년 의화단 사건을 계기로 국외 유출되고, 1901년 한국정부의 「화폐조례」 반포 때 유통이 금지되었음에도 불구하고 일본의 식민지 금융지배의 문을 열어준 것이었다.[69]

라. 제일은행권의 발행

한국정부가 부득이 각인부원은의 통용을 허가했던 것은 폐제개혁을 단행할 자금이 부족했기 때문이었다. 그런데, 당시 일본은화들은 교환을 위하여 일본으로 회수되어 국내유통량이 격감하였다. 1900년 의화단 사건으로 상해, 홍콩 등지의 은가가 폭등하자 은 유출이 급증했다.

게다가 1900년경부터 백동화 인플레이션으로 그 가치가 폭락하여 한국 내 화폐제도는 극도로 문란한 상황이었다.[70]

한국정부는 근대적인 본위화제도를 수립하려고 노력했다. 반면 澁澤은 한국 화폐 자체를 폐지하는 방안으로 제일은행권의 발행과 한화 정리구상을 하였다.[71] 그는 1900년 2월 한국의 중앙은행 설립 및 폐제개혁에 대해 일본정부 당국자들과 논의하고, 한국에서의 은행권 발행 계획을 추진하였다. 그리고 새로운 은행권 발행 특권을 일본 대장성에 요청하였고, 제일은행은 강제유통이 아닌 임의유통의 신용증권 형식으

---

69) 이배용, 앞 글(1989), 202~203쪽.

70) 나애자, 앞 글(1984), 61~76쪽.

71) 吳斗煥, 앞 글(1984), 198~203쪽.

72) 『澁澤榮一傳記資料』第16卷, 120, 132~139쪽.

73) 『駐韓日本公使館記錄』, 「第一銀行一覽拂手形發行に關する件」, 1902년 8월

로 한국에서의 화폐 발행허가를 받았다.72)

그리하여 1902년 5월 부산 제일은행에서는 1圓券을 발행하기 시작하였는데, 그 액면에 제일은행장 澁澤의 초상을 넣었다. 당시 일본인들 말대로 한국민은 그들 황제의 초상은 몰라도 일본의 일개 사립은행장의 얼굴은 알았다. 그리고 8월에 5원권, 12월에 10원권을 발행하였다.73)

이 화폐의 중앙 아래 부분에는 "이 화폐 금액은 한국의 제일은행 각 지점에서 일본통화를 가지고 태환함"이라고 되어 있었고,74) 이때 일본통화는 금화가 아니라 도쿄에서만 태환이 되는 일본은행 태환권이었다.75) 결국 제일은행권은 한국민에게 있어서는 사실상의 식민지 화폐였던 것이다.76)

일이 이 지경이 되었는데도 한국정부는 그 화폐의 통용을 묵인하고 있었다. 결국 한국 상인들이 중심이 되어 문제를 제기하고 제일은행권 배척운동을 전개하였다.77) 뒤늦게 한국정부는 1902년 8월 5원권이 유통된 후에야 각 개항장에 제일은행권의 통용금지령을 내렸다. 그러나 일본공사 林權助의 강경한 통용금지령 철회요구와 브라운의 제일은행권 해관세수납 강행 조치로 제일은행권 통용 금지령은 실효를 거두지 못하였다.78)

제일은행권 통용은 당시 이용익이 추진하던 폐제개혁 사업에 장애가 되었다. 이용익은 다시 제일은행권 망국론을 역설하면서 통용금지령을 내렸다. 그러나 일본공사의 강경한 손해보상 청구와 일본 군함

---

72)『澁澤榮一傳記資料』第16卷, 120, 132~139쪽.
73)『駐韓日本公使館記錄』,「第一銀行一覽拂手形發行に關する件」, 1902년 8월 14일자.
74) 韓國造幣公社,『貨幣圖鑑』, 韓國造幣公社, 1970, 94쪽.
75)『澁澤榮一傳記資料』第16卷, 147~148쪽.
76) 村上勝彦, 앞 책(1984), 52쪽.
77) 나애자, 앞 글(1984), 79쪽 ;『澁澤榮一傳記資料』第16卷, 148~149쪽.
78) 이배용, 앞 글(1989), 205쪽.

파견의 협박 등에 결국 고종은 은행권 통용 금지령 해제를 선포하였다.[79]

한편 『황성신문』도 한국 상인들의 제일은행권 배척운동에 적극 동조했다. 2월 16일자 논설에서 제일은행권 발행이 식민지에서 필요한 비용을 모두 조달하려는 식민지 확장정책이라고 정확하게 침략성을 지적하였고, 3월 20일, 21일자 논설에서는 화폐정리책을 시행할 것을 촉구하였다. 전국적으로 일어난 제일은행권 배척운동은 제일은행 한국 각 지점과 출장소에 비상사태를 야기하였다. 태환요구가 빗발친 것이었다. 이 운동은 일제의 식민지 금융지배기구에 대한 구국운동이었다. 그러나 일본의 수 차례에 걸친 은행권 통용 방해자 처벌 요구에 한국 정부는 굴복하였다.

그래도 제일은행권은 그 신용력 만으로 유통고가 증가하지 않았다. 유통고가 늘어난 것은 러일전쟁과 함께 일본이 군용수표를 사용하고, "임의 軍隊需用"에 응하기 위하여 50전, 20전, 10전의 소액은행권을 발행하는 등 제일은행권을 전국적으로 사용하기 시작한 이후였다. 마침내 제일은행권은 「한일의정서」에서 법인되고, '화폐정리사업'에서 강제 유통이 확대되었다.[80]

② 철도 이권 침탈

일본은 1880년대부터 한국 전역을 샅샅이 조사하고, 군사적·경제적 목적을 동반한 각종의 이권을 강압적으로 한국정부에 요청했다. 그 요구가 관철되지 않으면 무력적 불법 침탈도 주저하지 않았다. 그런 일본의 이권 침탈을 선두에서 주도해 간 인물이 澁澤이다.

가. 경인철도부설권의 인수

---

79) 『澁澤榮一傳記資料』 第16卷, 167쪽.
80) 위 책, 170~174쪽 ; 이배용, 앞 글(1989), 206~207쪽.

일본은 이미 청일전쟁 이전부터 한국의 철도, 전선, 광산 등의 이권을 확보하고자 한국정부에 압력을 가하였다. 그러나 그때마다 영국, 미국, 독일, 러시아의 간섭으로 좌절되었는데, 1896년부터는 미국과 영국의 이해와 협조를 얻어 구미열강이 미처 차지하지 못했던 이권을 사들이거나 이양 받는 형태로 목적을 달성해 갔다. 그 대표적인 것이 경인철도부설권의 획득이었다.[81]

1896년 3월 경인철도부설권은 미국인 제임스 모오스(James. R. Morse)에게 허가되었다. 당시 일본의 陸奧 외무대신은 이것이 1894년 8월 체결된 '한일잠정합동조관'에 위배된다고 강력히 항의하였으나[82] 외무대신 李完用은 오히려 잠정합동조관 자체가 이행에 무리가 있다는 점을 들어 반박하였다. 이에 일본은 竹內綱을 중심으로 경부선 부설권을 확보하기 위하여 1896년 7월 澁澤을 위원장으로 하는 '경부철도부설발기위원회'를 조직하였다. 그리고 그 해 9월 경부철도부설권을 요구하였으나 거절당했다.[83]

그러던 중 모오스가 자금조달 문제에 봉착했다는 소식을 접하자 경부철도발기위원회는 모오스에게 매수의사를 비췄다. 1897년 1월 모오스는 경부철도발기위원장인 澁澤에게 경인철도 특허권 양도의 의사를 전해왔다. 이에 경부철도 위원들은 공사가 비교적 수월한 경인철도 부설부터 하기로 합의를 보았다.

1897년 5월 澁澤은 신디케이트(Syndicate) 형태로 경인철도 인수조합을 조직하고, 모오스와 경인철도 양도조약을 체결하였다.[84] 경인철도

---

81) 이에 관해서는 정재정, 앞 글(2001) 참조.

82) 朴性根, 앞 글(1984), 635~638쪽 ;『日本外交文書』, 29권, 1896년 3월 31일자, 4월 11일자.

83) 田保橋潔,「國際關係上の朝鮮鐵道利權」,『歷史地理』57-4, 1931. 참조.

84) 朝鮮總督府,『朝鮮鐵道史』1권, 1937, 74~75쪽, 203~205쪽. 모오스는 5만 달러의 계약금을 받고 공사를 완성한 후 5만 달러를 포함한 100만 달러에 모든 것을 양도하기로 했다. 그런데 7월에 가서 모오스는 기탁금을 30만 달러로 증액할 것을 요구하였는데, 일본정부는 모오스가 부설권을 러시아나 프랑스

인수조합은 澁澤을 비롯하여 岩崎久彌, 三井高保, 大倉喜八郎, 安田善次郎, 今村淸之助, 益田孝, 中上川彦次郎, 瓜生震, 莊田平五郎, 前島密, 松本重太郎, 原六郎, 原善三郎, 大谷嘉兵衛의 15명으로 구성되었고, 당시 일본 재계의 1급 자본이 총망라되어 있었다. 1899년 5월 '경인철도합자회사'를 창립, 澁澤이 사장이 되어 1899년 9월에 한강 노량진에서 인천까지 개통하였다.[85]

나. 경부철도의 건설

1896년 경인철도, 경의철도 부설권이 미국인과 프랑스에 양도되자 竹內綱, 尾崎三良, 大三輪長兵衛 등 관료자본가들은 민간차원에서 경부철도 부설을 추진하였다.[86] 그들은 伊藤博文 수상에게 경부철도주식회사 설립특허를 청원했고,[87] 澁澤 등 일급자본가를 총망라한 150명의 경부철도주식회사 발기위원회를 발족시켰다.[88] 澁澤은 발기위원회를 이끌면서 '경부철도합동'이 체결되기까지 2년여 동안 부설권 확보를 위해 끈질기게 교섭하였고, 경인철도를 매수하여 경부철도를 장악하기 위한 발판을 마련하였다. 1898년 5월 澁澤은 직접 내한하여 한국정부와 교섭을 벌였고, 8월에는 총리대신 伊藤이 고종을 알현하는 등 총력을 기울였다. 그리고 9월 8일 한일 양국의 공동경영을 전제로 한 총 15개조의 '경부철도합동조약'이 체결되었다.[89]

등에게 매각할 것을 우려하여 일본정부가 손실보증을 서고, 모오스에게 100萬 圓의 차관을 제공하여 기탁금 증액 요구를 철회시켰다. 10월에 가서는 공사 진행에 어려움을 겪은 모오스가 현재의 공사상태에서 상당한 대가를 받고 일본 측에 양도하는 것을 제의해 왔다. 이에 경부철도부설조합은 일본정부의 지원을 받아 모오스로부터 완전히 경인철도를 인수받기에 이르렀다. 모오스는 일본으로부터 총 170만 달러를 챙겼다.(정재정, 앞 글(2001), 114쪽.)

85) 土屋喬雄, 앞 책(1931), 324~326쪽 ;『京城府史』제1권, 680~681쪽 ;『澁澤榮一傳記資料』第16卷, 559~560쪽.

86) 정재정, 앞 글(1984) 참조.

87)『朝鮮鐵道史』2권, 9쪽.

88)『京釜鐵道京營回顧錄』, 7~8쪽 ;『澁澤榮一傳記資料』第16卷, 380~381쪽.

그런데 당시 일본의 상황은 방대한 자본이 소요되는 해외철도의 건설을 추진할 입장이 못되었다. 澁澤은 1899년 1월 한국철도 지배를 적극 지지하던 山縣有朋 수상에게 경부철도주식회사 설립에 대한 특별 보조를 요청하였고, 회사 자본금 2,500만 圓에 대하여 정부의 연 6%의 이자 보조지급을 15년간 대여해 줄 것을 청원하여 허가받았다.[90]

경부철도주식회사에 대한 일본정부의 지원은 주식과 공채에 대한 이자보조지급 보증에서 더 확고해졌다. 발기위원들이 경부철도주식회사 창립을 위한 주식 불입금 및 사채에 대한 이자 보조지급을 청원하자 일본정부는 1900년 9월 27일 경부철도주식회사에 대한 특별 보조지급 명령을 내렸다. 이로써 澁澤을 취체역 사장으로 하는 경부철도주식회사가 정식으로 설립되었다.[91]

澁澤은 경부철도의 부설이 일본이 한국의 민간 무역을 독점하기 위한 제1의 급무라고 역설하면서 지방관들은 각 지방의 상당한 자본가 혹은 유력자에게 권하여 그들을 경부철도주식회사의 주주로 참여시킬 것을 호소하였다. 경부철도회사의 간부들은 일본 전국을 돌면서 애국심에 호소하여 주식을 모집했는데, 이 전국적인 운동의 정점에 있었던 것은 일본 황실과 국가 권력이었다. 이리하여 위로는 천황가, 대자본가들을 대주주로 하여 아래로는 일반 백성에 이르기까지 광범한 계층을 주주로 결집시켰다.[92] 무려 2,500만 원에 달하는 방대한 자본이 외채도입 없이 달성되었던 것이다.[93]

한국의 경부철도는 한국민이 아닌 일본국민의 열망에 의해 2년여 동안 150여㎞에 달하는 철도를 부설했다.[94] 러일전쟁 도발을 앞두고 세계 철도부설사상 유례없는 속성 완공을 강행하였고,[95] 이는 한국민

---

89) 『朝鮮鐵道史』 1권, 1937, 52~56쪽.
90) 『京釜鐵道京營回顧錄』, 24~25쪽.
91) 『東京經濟雜誌』, 1901년 7월, 40쪽.
92) 『澁澤榮一傳記資料』 第16卷, 434쪽.
93) <경부철도주식회사 500 주 이상 소유 주주> (1903년 2월 1일자)

74

의 피와 땀을 착취하여, 그리고 철도 연선지역 주민들의 강제 철거와
가옥 및 토지 강탈, 무자비한 노역 동원 등을 통해 가능했다.[96]

　경부철도를 포함한 일본의 한국철도 건설은 한국인에게 있어서는
조상 대대로 내려오는 광대한 토지를 하루아침에 빼앗긴 것이었다. 그

보유 주수	주주명
5,000	일본 황실
2,000	조선 황실
1,000	岩崎久彌(男), 三井高保, 大倉喜八郎, 澁澤榮一(男), 大和田莊七, 조선황실(侍講院)
864	住友吉左衛門
509	阿部くに
500	岡部長職(子), 安田善次郎, 前田利爲(侯), 松平直德(子), 古河市兵衛, 薩摩治兵衛, 平沼專藏, 市島德兵衛, 若尾逸平, 白石和太郎, 浦賀銀行, 조선황실(영친왕)

* 출전 : 村上勝彦 저, 정문종 옮김, 앞 책(1984), 75쪽 <표 12>

94) 朴萬圭, 앞 글(1982) 참조.
95) 『澁澤榮一傳記資料』 第16卷, 473~474쪽.
96) 일제의 군용철도용지 및 군용지 수용에 대하여서는 다음의 연구가 참조된다.
　　정재정, 앞 글(1986) ; 同, 앞 글(1982) ; 同, 「일제의 한국철도 침략과 한국인의
　　대응」, 서울대 박사학위논문, 1991 ; 송지연, 「러일전쟁 이후 일제의 군용지
　　수용과 한국민의 저항 - 서울(용산), 평양, 의주를 중심으로 - , 『梨大史苑』 30,
　　이대사학회, 1997. 당초 '경부철도합동조약'에서는 토지는 한국정부가, 자본
　　및 기술은 일본이 부담한다고 되어 있었다. 따라서 일본 측은 철도의 부설권
　　과 기한부사용권(경영권)을 갖고 소유권은 없었다. 그런데 이 규정은 각종 세
　　금의 면세, 토지의 무료 취득이라는 극히 유리한 조건을 경부철도주식회사에
　　부여한 것을 의미하였다. 당시 일본의 京都 등 주요 정거장은 기껏해야 3만
　　평도 되지 않았던 데 비하여 한국에서는 예를 들어 경성에서는 남대문(11만
　　평 요구, 당장은 5만 2천평 결정), 영등포(6만평 요구, 4만 1천평 결정), 부산의
　　초량(8만평+해면 8만평 요구, 5만평 결정)과 부산진(21만평 요구, 3만평 결정)
　　등 광대한 토지를 무료로 획득하였다. 군용선인 경의본・지선, 마산선 및 경
　　원선의 일부 예정노선 및 정거장만으로도 1,795만 평이라는 놀랄 만큼 광대
　　한 토지를 수용하였다. 예를 들면 용산(45만평), 평양(73만평), 겸이포(117만
　　평), 신의주(105만평) 등이고, 중간 소정거장에서도 평균 7만 2천평이었다. 일
　　본은 전시 상황을 이용하여 경부선 부지의 10배에 달하는 규모의 토지를 경
　　의선 부지로 수용하였다.

리고 농경을 위한 소와 일부 철도용 목재까지 가져감으로써 사라져가고 있었던 군역부담이 외국 침탈자에 의하여 재현되었다. 그러니 경부철도는 원재료를 미국 카네기사 철궤도를 수입해 건설했음에도 불구하고 값싸게 완공할 수 있었던 것이다. 이때 일본이 속성공사와 공사비용 문제로 보다 저렴한 협궤를 사용하지 않은 이유는 당초부터 경부철도를 대륙철도와 연결시킬 전망이었기 때문이었다.

이후 경부철도는 통감부경부관리국에 이관되었고, 군용철도로 부설된 경의철도와 통합되어 한국 식민지화를 위한 주요 수단이 되었다. 그리고 경부철도 건설은 일본의 경기 침체 속에 도산 위기에 처한 일본의 건축업계, 철도업계의 불황 타개를 위한 확실한 자본 투하대상이었다. 이 와중에 한국자본에 의한 철도부설이나 경부철도부설 중 한국토목건축 회사들의 공사 참여는 사실상 차단되었던 것이다.[97]

③ 광산 이권

1899년 전환국장 이용익은 화폐개혁을 위한 자금으로 500만 원의 차관을 일본 공사에게 요청하였다. 당시 이용익은 광산 감독을 겸하고 있으면서 담보로서 광산 개발권을 시사하였다. 이때 일본의 유력한 재벌인 三菱, 三井 등은 별로 큰 관심을 보이지 않았는데, 澁澤이 이에 응하였다.[98]

澁澤은 이미 1898년부터 淺野總一郎과 광산조합을 설립했고, 한국 내 광산조사를 마친 상황이었다. 澁澤은 1898년 4월 고종을 알현한 자리에서 1,000圓의 한국농민구휼 자금을 기부하면서 이권교섭을 시도하기도 하였다.[99]

---

97) 이에 대해서는 정재정, 앞 글(1985) 참조.
98) 『澁澤榮一傳記資料』 第16卷, 577~588쪽. 광산이권에 관해서는 이배용, 앞 책(1989) 참조.
99) 고려대학교 아세아연구소 편, 『舊韓國外交文書日案』(이하 『日案』) 제4권, 문서번호 4649, 4560, 4661, 4662.

1896년 미국이 雲山금광을, 1898년 독일이 堂峴금광을 차지하고, 영국이 殷山금광을 얻기 위하여 무력충돌까지 일으키자 澁澤은 이미 조사를 마친 5개 광산지역의 채굴권을 요구하였다. 그는 자신의 심복이었던 한국 경성 소재 제일은행 지배인 佐佐木淸麿를 내세워 교섭을 시도하였고, 일본공사 林權助가 또 전면에 나서 지원을 하였다.[100] 그러나 한국정부는 일본이 요구한 5개 처가·궁내부 소속임을 이유로 허가를 하지 않았다. 澁澤은 5개 처 중 가장 유망할 것으로 보이는 稷山을 선정하여 다시 교섭을 전개하였으나 한국정부는 채굴권을 인정하지 않았다.

澁澤은 영국과 똑같이 "선 채굴강행 후 특허권 요구"의 방식을 취하여 직산금광에서는 연일 불법 채굴하는 일본인과 이를 저지하는 한국 관리간의 충돌이 발생하였다. 한국정부의 계속되는 철거명령에도 불구하고 林權助공사는 오히려 채굴을 막는 한국 관리의 처벌까지 요구하며 불법채굴을 강행시켰다.[101]

澁澤은 직산금광 이권 획득이 한국정부의 강경한 반대로 난관에 부딪히자 외교적 방법을 통해 직산금광채굴권의 특허를 강청하였다.[102] 林權助는 본국정부 외무성에 다음의 두 가지 계획을 의뢰하였다.

1. 영국이 은산금광을 강제 점거하여 끝내 이를 공인받은 예에 비추어 강경한 시위의 필요성을 말한 뒤 군함을 인천항에 파견해 줄 것.
2. 직산금광 청원 당사자인 澁澤이 계약 체결 때 상납금 및 운동비용 조로 5~6만 원의 금액을 지출할 용의가 있는지를 문의해 줄 것.[103]

---

100)『日案』제4권, 문서번호 5435, 1899년 12월 4일자 ; 문서번호 5458, 1899년 12월 23일.

101) 이배용, 앞 글(1989), 213~215쪽.

102)『日案』제4권, 문서번호 5590, 1900년 4월 2일자.

103)『日本外交文書』37-1, 517~519쪽 ; 이배용, 앞 책(1989), 175~176쪽.

결국 끈질기게 교섭한 결과 林權助 공사가 1900년 7월에 고종으로 부터 직접 직산금광 특허권을 받아내었다. 그리고 1900년 8월 궁내부 대신서리 尹定求와 일본의 澁澤-淺野 광산조합의 대리인 佐佐木淸麿 사이에 '직산금광채굴합동조약'이 체결되었다.

이 조약 내용은 한국정부가 이전 영국이나 미국과 체결한 조약과 내용이 거의 비슷하다. 금광을 25년 기한에 이익금의 25%를 한국 황실에 상납하도록 규정하였다. 그런데 구미열강에는 광구를 1년 이내에 정하도록 하였던 것에 비하여 일본 측에게는 2년 이내에 직산 일대를 조사한 후 정하도록 해주었다. 그 외 고용인 중 한국인을 90% 채용한다는 것, 토지 배상문제, 면세 규정 등이 명시되었다.

그런데 일본은 광구를 정하기까지 2년 동안 채굴은 하면서도 광구를 정하지도 않았고, 상납도 하지 않았다.[104] 그들은 광구 선정을 질질 끌면서 채광활동의 영역을 확대하였고, 한국민들의 개인 사유지까지 마구잡이로 침범하였다. 그리고 1905년에는 일부 악덕관리와 결탁하여 한국인 金晩秀를 압박, 그의 직산군 二東面 薛田里의 사유지를 강제로 매입하여 무단채굴에 들어갔다.[105] 澁澤-淺野 광산조합은 1905년 9월 함흥과 갑산 광산 채굴권까지 요구하기도 하였다.[106]

④ 전기 및 기타 분야 침탈

澁澤은 전기이권사업에도 관여하였다. 그는 한국에서 수력전기사업을 일으킬 목적으로 1906년 4월 大倉, 日下義雄 등 4명의 발기로 공사장 설치의 원서를 통감부를 거쳐 농상공부대신에게 제출하였다. 계획인 즉 경기도 광주 공덕리에 발전소를 설치하여 한강물을 이용한 수력전기사업을 하려는 것과 이 지역으로부터 하류 4리의 영등포까지 전선

---

104) 『日案』 제6권, 문서번호 7133, 7167.
105) 『日案』 제7권, 문서번호 7327.
106) 『日本外交文書』 37-1, 문서번호 633, 673, 674.

을 가설하여 부근에 전력을 공급한다는 것이었다. 또 평안도 상원군에 발전소를 설치하여 대동강 물로 전력을 일으켜 하류 4리의 평양까지 전선을 가설하고, 그 지역에 역시 전등과 전력을 공급한다는 계획도 하였다.[107] 본 전기공사의 조건은 영업기간을 공사 준공 후 30년, 그 기한 내에는 필요한 토지와 공작물 등을 시가로 매수할 권리를 가진다는 것과 영업 중 순익금의 5/100를 매번 정부에 납입하고, 기타 일체 경비는 자체 부담한다는 것이었다. 결국 澁澤은 전기이권을 얻어냈고, 당장 1907년부터 사업에 착수하여 평양과 진남포의 전기철도 부설 및 전등사업 개시원서를 제출하여 平安電氣鐵道株式會社를 설립했다. 전기사업은 그 자체사업 외에 토지 침탈의 한 방편이었던 것이다.

그 외에도 澁澤자본은 1907년 日韓瓦斯株式會社를 설립하여 연료 사업까지 손을 뻗쳤다.[108] 그리고 한국정부로부터 25년간 독점권과 회사구입 기계의 면세특권을 얻었고, 1만 4천여 평의 땅까지 불하받았다.[109] 1906년에는 한국의 황무지 개간과 획득 등 토지침탈을 목적으로 韓國拓植株式會社를 설립하였는데 이 회사는 후술할 바와 같이 1910년 朝鮮興業株式會社 慶山농장으로 합병되었다.

그는 한국과 일본의 통상을 보호한다는 명목으로 1894년 日韓通商協會를 출범시켰고, 1902년에는 朝鮮協會를 설립하여 국가적 차원에서 일본 상인의 한국 무역 지원을 촉구하였다. 그리고 1906년에는 棉花栽培協會를 창설하여[110] 한국에서 일본 면방직 사업을 위한 원료의 충실한 공급을 꾀하기 위하여 육지면 재배를 장려하였다.

澁澤은 선진 서구열강의 압박 하에 있었던 후진국 일본의 근대화와 자본주의 발달을 최대 급선무로 삼고 그 실현에 전력을 기울이면서 초인직인 활동을 했다. 분명 그는 일본 근대 자본주의의 아버지라고 불

---

107) 『澁澤榮一傳記資料』第16卷, 613~615쪽.
108) 위 책, 622~635쪽.
109) 위 책, 622~628쪽.
110) 위 책, 643~667쪽.

릴 만하다. 그러나 1876년 한국의 개항 이후 수십 년에 걸쳐 한국의 모든 경제 분야에서의 침략과 수탈을 기획하고, 실행한 그의 맹활약은 伊藤博文, 福澤諭吉과 더불어 한국 식민지화의 3인방이라는 수식어가 붙기에 재론의 여지가 없을 것이다. 그는 자신의 조국 일본의 근대화를 위하여 한국을 희생시키는데 앞장섰고, 그것은 일본의 국가적 목표와 澁澤자본의 상업적 이익을 동시에 구현하는 것이었다. 그리고 각종의 이권과 사업을 수탈적으로 강행하면서 늘 林權助 같은 일본 외교관이나 일본 정부의 공권력을 배경으로 불법 행위를 마치 합법적 사업인 양 추진해 왔다. 한국은 1910년 일본에 강점당하기 전에 이미 개항 이후부터 澁澤에 의하여 경제적으로 식민지로 재편되어 갔던 것이다.

2. 澁澤자본의 한국농업 진출

1) 대한제국기 일본 대자본의 한국농업 침탈

⑴ 개항 이후 일본인의 토지 침탈 배경

개항 이후 일본인들은 한국에서 외국인의 토지소유가 국법으로 금지되어 있음에도 불구하고 불평등조약을 이용하여 불법적으로 토지소유를 확대해 갔다.[111]

1876년의 강화도 조약 제4조에 의하면 일본인들은 개항장 범위 내

---

[111] 개항 이후 외국인 특히 일본인들의 불법적 토지 집적과 지주화에 관해서는 지금까지 많은 연구가 축적되어 왔다. 본 절에서는 이들 기존의 선행 연구를 바탕으로 하여 이 시기 일본인 대자본의 한국 농업 진출의 배경과 상황을 간략하게 살펴봄으로써 조선흥업의 한국 농업 진출의 동기와 과정의 한 일면으로 이해하고자 한다. 淺田喬二, 앞 책(1968) ; 同, 앞 글(1979) ; 李在茂, 앞 글(1958) ; 문소정, 앞 글(1986) ; 박명규, 앞 글(1986) ; 同, 앞 글(1992) ; 同, 앞 글(1997) ; 배영순, 앞 글(1983) ; 조항래, 앞 글(1988) ; 윤수종, 앞 글(1988) ; 권태억, 「統監府시기 日帝의 對韓農業施策」, 『露日戰爭前後 日帝의 韓國侵略』, 歷史學會 편, 일조각, 1986. 등.

에 한하여 토지와 가옥 등의 부동산을 임대차할 수 있을 뿐이었다.[112] 그 후 1883년 11월 한영수호조약 제4조에 의하여 영국인의 거류를 허가한 2개 항구와 그 주위 10리까지는 禁令에서 제외하도록 규정하였다.[113] 그리하여 이 조항으로 인해 최혜국 대우의 적용을 받아 영국 이외의 외국인에게도 토지 가옥 등 부동산에 대한 賃貸借가 허용되었으며 그것은 사실상 소유권을 인정하는 결과가 되어 특히 일본인들은 한국에서 손쉽게 토지와 가옥을 매수하였다.[114] 물론 일본인들의 이러한 토지매수는 법적으로 그 소유권이 이전된 것은 아니었다. 그러나 일본인들은 단지 매매계약서를 갖고 있는 것만으로도 사실상의 소유권을 인정받기에 충분했던 것이다.[115]

사실 당시 외국인 특히 일본인들이 토지를 매수해 들이는 데에는 여러 가지 방해요인이 많았다. 일단 외국인의 토지소유를 법적으로 금지하고 있었다는 법률상의 문제 이외에도 일본인에 대한 배일감정이 당시 한국에 팽배해 있었기 때문에 토지 구매를 원하는 일본인들은 무장을 하고 다녔다.[116] 당시 일본인들의 보고서에는 한국인들이 일본인에게 토지를 처분할 때 보이는 모습에 대하여 상반된 기록이 있다. 즉,

---

112) 國會圖書館立法調査局, 『舊韓末條約彙纂』(上卷), 서울, 1964, 10쪽. "조선국 정부는 2개 항구(부산이 기정 개항장임을 확인하고, 그 밖의 2개 항구)를 개항하고, 일본인이 왕래 通商함을 허가한다. 이 개항장 내에서 地面을 賃借하여 家屋을 營造하며 또 所在의 조선 人民의 가옥을 임차함은 각기 隨意에 맡긴다."

113) 위 책, 중권, 316쪽. "영국 臣民은 외국 조계구역 이외에서 토지 및 가옥을 임차하며 구매할 수 있되 該지역으로부터 조선 里數 10里 이내로 한다."

114) 加藤末郎, 『韓國農業論』, 東京, 裳華房, 1904, 246~248쪽 ; 日本農商務省, 『韓國土地農産調査報告 - 慶尙道, 全羅道 篇』, 東京, 1904, 542~543쪽 ; 吉倉凡農, 『企業案內 實利之朝鮮』, 東京, 新橋堂書店・文星堂書店, 1904, 64쪽.

115) 加藤末郎, 앞 책(1904), 171쪽.

116) 朝鮮農會, 『朝鮮農會報』, 第9卷 11號(始政25주년 기념, 農事回顧座談會號), 1935, 40~42쪽.

일본인들에게 잘 팔려고 하는 경향과 반대로 강한 배외사상을 갖고 판매에 불응하는 경향을 서술하고 있다. 다음은 전자의 예이다.

> 한국인들은 일본인에게 토지를 팔고 싶어하는 경향이 있다. 이것은 일본인들이 높이 가격을 쳐주는 것과 즉시 대금 전액을 지불해 주는 것으로 매각이 안전하고, 영구히 소작을 할 수 있는 등의 사정에 기인한다.[117]

당시 일본인들이 한국에서 토지를 매수해 들인 일반적인 방법으로는 현금을 통한 직접 구입과 토지를 저당으로 잡은 고리대금업 즉, '抵當流質'의 두 가지였고, 더러 양자를 혼용한 방법도 있었다. 대개 현금으로 토지를 직접 구입하는 경우는 후자에 의한 토지확보에 비하여 비교적 자본규모가 큰 경우였다.[118]

고리대에 의한 저당물 즉 토지 유실의 발생 원인은 借貸人이 그 대금을 종자나 농기구와 같은 생산수단에 사용하지 않고, 생존을 위한 식량이나 의복 같은 소비재에 사용해버림으로써 사실상 원리금의 상환이 불가능한 데에서 기인한다.[119] 이처럼 일본인의 입장에서는 저당 유질이 토지 획득의 가장 편리한 방법이었으므로, 개항장, 대도시는 물론 지방 소도시에 이르기까지 일본 거류민의 80~90%가 대금업을 하

---

117) 『韓國土地農産調査報告 - 慶尙道, 全羅道』, 547쪽.

118) 『韓國土地農産調査報告 - 慶尙道, 全羅道』, 545~546쪽 ; 靑柳綱太郞, 『韓國農事案內』, 1904, 57쪽 ; 吉倉凡農, 앞 책(1904), 71쪽.

119) 부채로 괴로워하는 소지주가 지가의 등귀에 따라 그 괴로운 지경에서 벗어나기 위해 소유지를 거침없이 판매하는 것은 한국인에게 있어 대개 당연한 일이었다.(朝鮮總督府 中樞院, 『中樞院調査資料 - 小作制度調査(경상남북도, 전라남도)』, 제10장. 조선인의 토지 판매원인 및 판매 후의 생활상. 1913) 농가에서 금융을 필요로 하는 시기는 5월경부터 9월에 이르는 사이이며, 주로 자가 식량을 위한 금융이며, 비료농구의 구입을 위하여 특히 자금을 필요로 하는 것이 아니기 때문에 자금의 반환이라는 것은 10중 5,6 내지 7,8이며, 그 외는 모두 抵當流失이 되고 만다.(加藤末郞, 앞 책(1904), 161쪽)

였다고 할 정도로 성행하고 있었다.[120)]

당시 일본인들의 고리대금업이 얼마나 무자비하게 한국인들의 토지를 헐값으로 단기간 내에 수탈해 갔는가는 <표 2-2>에서도 확인된다.

<표 2-2> 土地抵當貸付金利率表 (1904년) (단위 : 圓)

대부金額	50이하	50～100	100～200	200～300	300～500	500～800	800～1,000
月利子率(割)	1.2	1.1	1.0	0.9	0.8	0.7	0.6

* 출전 : 島根縣 第三部 編,『韓國實業調査復命書』, 1906, 256쪽.

대개 대부금은 토지 견적가격의 30～50% 선에서 결정되었는데, 그 변제기간은 길어야 6개월이었다.[121)] 그리고 원리금을 상환 받는 경우에도 1년만에 원금의 2배를 징수할 수 있었던 것이다.

한편 고리대금업에 의한 토지획득 이외에 당시 일본인들이 한국에서 불법적으로 토지소유를 확대시켜 나갈 수 있었던 구체적인 정치·사회·경제적 제반 요인들은 다음과 같이 정리된다.

첫째, 당시 한국의 지가는 일본 지가의 1/10에도 미치지 못할 정도로 저렴했다.[122)] 한국의 저렴한 지가에 관해서는 다음의 자료가 참고된다.

조선에서 할 만한 사업은 우선 토지를 매입하여 농업을 경영하는 일이 국가적으로도 영리적으로도 유리 유망한 급무이다. 최소한의 토지로부터 연 2할의 이익이 있으며, 이것을 개량하면 3, 4할도 가능하다.……巨億의 군자를 소비하고 巨萬의 국민을 희생하여 전쟁을 치르기보다 오히려 2억원으로 조선 전토를 매수하면 이것보다 확실한 併略

---

120)『韓國土地農産調査報告 - 京畿道, 忠淸道, 江原道』, 1905, 483쪽 ; 信夫淳平,『韓半島』, 東京, 東京堂書店, 1901, 48～49쪽 ; 梶川半三郎,『實業之朝鮮』, 朝鮮硏究會, 1912, 491쪽.

121) 島根縣 第三部 編,『韓國實業調査復命書』, 1906, 286쪽.

122) 이에 관하여서는 淺田喬二, 앞 책(1968), 74～76쪽 ; 同,「舊植民地朝鮮における日本人大地主階級の變貌過程(上)」,『農業總合硏究』第19권 제4호, 1965, 114쪽 제5, 6표 참조.

은 없다.[123]

　茫茫한 전주 평야의 下游一望 五萬石이 내다보이는 곳에 一反步 4~5圓이니 더 말하여 무엇하랴 한국에 이주하라 한국에 이주할 지어다.[124]

　또한 일본처럼 비료를 쓰지 않고도 상당한 수익을 올릴 수 있는 비옥한 토양, 고율의 소작제 관행 등 토지가 주는 수익성은 일본의 한국 식민사업 중 농업을 가장 유망한 투자 사업으로 선정하는데 재론의 여지가 없었다. 당시 농장 경영상의 수지에 관해서는 단순 소작으로도 연 12~13%의 수익을 올렸다는 기록이 있고, 일반적인 토지 이윤은 연 10~17, 18%였는데, 생산물가의 등귀에 비하여 지가는 상승폭이 극히 적어 대략 지주들의 수익은 1905년 무렵 연 20% 선이었다고 한다.[125] 당시 소작제 농업경영의 수입성에 관해서는 다음의 자료가 참고된다.

　현금 일본인으로서 토지를 매수한 자는 누구든 한국인에게 소작시켜 그 소작료에 만족하고 덧붙여 토지가격의 등귀를 기다리는 정도의 것이다. 그렇다 하더라도 일본에서의 농업 수익에 비한다면 한국에서 田畓을 매수해서 韓人에게 소작시키는 것이 연평균 1할, 2,3분의 이익을 거둘 수 있는 까닭에 훨씬 유리하다는 것이 명백하다.[126]

　둘째, 대한제국기에 국가재정의 궁핍으로 인하여 강화된 봉건적 수탈, 지세수취의 강화, 지방관들의 농민수탈, 그로 인한 농민의 몰락은 생존을 위하여 토지를 방매할 수밖에 없는 여건을 조성하였고, 외국인

---

123) 藤井寬太郎, 『朝鮮土地談』, 1911, 5~15쪽.
124) 志賀重昂, 『大役小志』, 東京, 博文館, 1909, 1354쪽.
125) 『韓國土地農産調査報告-慶尙道, 全羅道』, 537쪽 ; 加藤末郎, 앞 책(1904), 156쪽.
126) 度支部司稅局, 『韓國の土地に關する調査』, 1907, 20~21쪽.

84

의 토지소유가 금지되었음에도 불구하고, 한국 지방관들의 묵인과 방관 속에 일본인들의 토지집적은 확대되어 갔다. 특히 광무정권의 양전지계사업과 왕실의 토지지배권 강화로 인해 20세기 초 불거진 '均田問題'의 경우를 들 수 있다.[127)

대한제국 정부가 실시한 양전사업으로 실태 파악이 된 全羅北道 11郡의 외국인 토지소유현황을 보면,[128)] 일본인에 의해 불법적으로 매매 점탈된 토지의 규모와 그 토지의 성격이 왕실과의 토지소유권 문제가 발생했었던 均田이었음을 알 수 있다. 즉, 11개 군에서 일본인에게 토지를 방매한 농민들은 총 1,300명에 달했는데, 이들 중에는 영세 빈농층도 있었으나, 10여 石落을 매도한 부농층과 지주층도 있었다.[129)] 방매원인은 가계의 파탄, 혹은 시세보다 좋은 값을 받기 위해서 판매한 자도 있었고, 왕실과의 사이에 토지의 소유권 문제로 오랫동안 분쟁이 계속되고 있는 '균전문제'가 시끄러워 방매하는 농민도 있었던 것이다. 그리고 이 세 가지 방매 이유 중 '균전문제'가 가장 큰 이유였다. 왕실에서는 均畓을 公田, 즉 왕실의 소유로 주장하고 있었으나 농민들은 이것을 私畓, 즉 자기 소유지로 방매하고 있었던 것이다. 그리하여 규모는 均畓은 489石 2斗 2升落이나 되었고, 그 밖의 私畓은 285石 5斗 3升落이었다.[130)] 실제로 이 지역에서 일본재벌 大倉喜八郞이 1903년 11월 2,500정보의 대토지를 매수해 들여 大倉농장을 창설하고 소작제

---

127) 이에 관해서는 김용섭, 「光武年間의 量田·地契事業」, 『亞細亞研究』 31, 1968(『한국근대농업사연구II』, 지식산업사, 2004에 재수록) ; 同, 「高宗朝 王室의 均田收賭問題」, 『東亞文化』 8, 1968.(『한국근대농업사연구II』, 2004에 재수록) 참조.

128) 奎章閣 문서번호 21973. 「全羅北道十一郡公私田土山麓外人潛賣成冊」, 光武 8년(1904) 6월.

129) 김용섭, 「光武年間의 量田·地契事業」, 앞 책(2004), 389쪽의 <표 34, 35> 참조.

130) 김용섭, 「光武年間의 量田·地契事業」(2004)과 「高宗朝 王室의 均田收賭問題」(2004) 참조.

농경사업에 착수하였다.[131]

또 다른 형태로 봉건 권력의 가혹한 조세수탈이 대한제국기 일본인의 대지주화를 초래하였다. 조선흥업의 경우도 조세수탈의 과중한 부담을 면하고자 하는 중소지주들이 토지경작권을 팔고, 해당 토지에 대한 각종의 공과금 부담을 회사 측에 넘기고자 하는 당시 분위기에 편승하여 대규모로 토지를 매입할 수 있었다.[132]

다음은 당시 가혹한 조세수탈로 소유 토지를 방매하는 현상을 보여주는 사례이다.

한국농민 대다수는 빈곤이 극도에 달해 채무 때문에 고통받는다. 특히 1903년에 종래 지조가 1결에 5관문되는 것을 8관문으로 증징한 뒤부터 토지를 방매하는 자가 증가하는 경향이 있다. 그리고 그 매주를 일본인으로 구하는 것은 즉시 대금을 지불하고 매각 후에도 자신이 안전하게 영원히 소작할 수 있다는 등의 사정에 기인한다. 그리고 한국인이 토지를 방매하는 경우 이로부터 얻는 자금은 생산적으로 이용되는 것이 아니라 대부분은 생계비에 쫓겨서 부득이 방매하는 것이다.[133]

토지를 저당하는 자에 관하여 목포의 어느 사람의 말에 의하면 한국인이 농촌에서 특별한 사정이 없으면서 고리로 돈을 차입하는 것은 조세 체납 때문이다. 그리고 한번 차입하면 이것을 반환하는 것이 심히 희소하다. 왜냐하면 고리이므로 1, 2년 연장하여 반환할 수 없으면 원금의 2배 이상으로 되기 때문이다.[134]

---

131) 保高正記, 『群山開港史』, 1925, 69쪽 ; 하지연, 「한말 일본 대자본의 對韓 경제침탈 - 大倉組를 중심으로 - 」(2007) 참조.

132) 『동아일보』, 1928년 3월 28일 ; 『중외일보』, 1928년 3월 25일.

133) 島根縣 第三部 編, 앞 책(1906), 251~253쪽 ; 『韓國土地農産調査報告 - 慶尙道, 全羅道』, 547쪽.

134) 『韓國土地農産調査報告 - 慶尙道, 全羅道』, 438쪽.

셋째, 정치적 부패요인을 들 수 있다. 즉, 지방 관리들은 관할 지역 내에서 갖은 이유를 붙여서 토지소유자에게 억울한 누명을 뒤집어씌우고 혹은 그 속죄금의 명목으로 금전을 갈취하였고, 그 과정에서 농민들, 특히 부농의 경우는 금전 마련을 위하여 일본인들에게 토지를 급매하기도 했다.[135] 또한 지방관들은 외국인들의 토지소유에 대한 단속을 형식적으로 하고 오히려 토지를 매입한 외국인에게 세금 고지서를 발부함으로써 그 소유를 공인하기까지 하였다.[136] 일본인들은 부패한 지방관청의 허가를 받아 한국인 명의를 차용하기도 하고, 혹은 청탁에 의하여 자기명의로 공공연하게 등록까지 하여 50년씩 토지사용 기간을 설정하는 식으로 반영구적인 토지 사용권을 획득하기도 하였다.[137] 또 賣主 명의가 없는 文記의 제작,[138] 저당증서와 放賣文記의 이중 작성 등 갖가지 수단을 동원하였다. 그 밖의 이유로 낭비욕을 채우기 위하여 그리고 일시에 토지를 현금으로 고가에 팔기 위하여 일본인에게 방매하는 부농층의 경우도 있었다.

한편 토지를 판매한 대부분의 한국인 지주들은 매각 후 그 토지의 소작인이 되었다. 그들은 토지를 판매할 당시 대부분이 장래 소작인이 되는 것을 조건으로 하여 소작료를 낮은 액수로 결정하면서 판매가격을 저가로 설정하였다. 조선흥업도 이 방법을 이용하여 50년에 달하는

---

135) 島根縣 第三部 編, 앞 책(1906), 251~253쪽.

136) 『韓國土地農産調査報告 - 慶尙道, 全羅道』, 303, 542쪽 ; 加藤末郞, 앞 책(1904), 247쪽 ; 吉倉凡農, 앞 책(1904), 74~92쪽 ; 島根縣 第三部 編, 앞 책(1906), 250쪽.

137) 『韓國土地農産調査報告 - 京畿道, 忠淸道, 江原道』, 329쪽 ; 吉川祐輝, 『韓國農業經營論』, 1904, 133쪽 ; 島根縣 第三部 編, 앞 책(1906), 243쪽.

138) 舊文記는 "흡사, 우리나라(일본 : 필자)의 옛 地券과 같은 것으로 처음 加耕한 자의 이름을 쓰고, 洞長의 이름, 혹은 里長의 이름을 쓴다."라고 되어 있고, 신문기라고 하는 것은 토지매매의 시기에 "새로이 매도 증서를 작성하여 토지소유주, 보증인 및 집필자의 연서를 써서 구문기에 첨부하는 매도증서"라고 한다.(『韓國土地農産調査報告 - 京畿道, 忠淸道, 江原道』, 328~329쪽)

장기 경작권을 넘겨받고, 해당 토지의 지주를 소작인으로 **흡수**하였던 것이다. 물론 매입가격은 시세보다 훨씬 저렴하였다.[139)]

결국 대한제국의 가혹한 수탈과 농정의 피폐, 농가의 몰락, 한국의 저렴한 지가와 토지 수익성, 여기에 곡가의 등귀와 지가 상승으로 일본 대자본의 한국 토지에 대한 구매열은 높아갔고, 이것이 일본인 대농장이 단기간에 대규모로 형성되어 갔던 복합적 배경이었던 것이다.

한국에서 일본인이 대지주化 할 수 있었던 대한제국의 정치·사회·경제적 배경과 함께 또 다른 측면 즉, 일본의 식민지 농업개발정책과[140)] 이민정책[141)] 등 일본 제국주의의 침략 정책적 측면에서 한국 농업 침탈의 배경을 살펴볼 필요가 있다.

일본 자본주의에 있어서 한국농업의 중요성은 1890년대 이래 급속히 전개된 한국산 쌀과 大豆의 수입, 한국으로의 면제품 수출의 진전에 의하여 급속도로 높아졌다.[142)] 大隈重信의 1902년 '朝鮮協會' 창립 총회 연설에서는 이러한 당시 일본의 한국 식민정책에 대한 구체적 방향을 여실히 보여주고 있다.

> ……우리들이 本會에 대하여 촉망하는 바는 제1 한국의 농업을 개량하고, 미개의 땅을 개발함으로써 한국민의 구매력을 증진시키는 데에 있고, 근년 우리나라의 인구는 굉장한 속도로 증진하고 있어도, 농사의 진보는 이에 수반하지 않아서 식량 부족이 생기고, 풍작 시기에도 불구하고 도저히 외국쌀의 수입을 그만 둘 수 없을 뿐만 아니라, 더더욱 식료품의 공급을 외국에 의지하는데 이르는 상황에 빠졌다. 그런데 한

---

139) 朝鮮總督府 中樞院, 앞 글(1913), 제4장 참조.
140) 이에 대해서는 권태억, 앞 글(1986) 참조.
141) 일본의 농업이민에 관해서는 다음의 연구가 참조된다. 최원규, 「일제의 초기 한국 식민책과 일본인 '농업이민'」, 『동방학지』 77·78·79 합집, 연세대학교 국학연구원, 1993 ; 정연태, 『일제의 韓國農地政策(1905~1945)』, 서울대학교 국사학과 박사학위논문, 1994.
142) 村上勝彦 저, 정문종 역, 앞 책(1984) 참조.

국은 인구가 희박한데 경지면적은 광대하여 이를 개간하고, 그 쌀과
보리를 일본으로 수입하고, 일본에 있어서 식량 보충의 길을 열어주는
것은 일본에게도 이익일 뿐만 아니라, 저들의 무역을 진전시키는 것으
로 심대한 영향을 미치게 되는 것으로 한반도의 농사 개량 미개지의
開耕은 크게 노력하지 않으면 안 되는……143)

러일전쟁을 전후하여서는 일제는 한국농업 경영을 위하여 이민을
장려하고, 각종의 농업 시찰과 조사서를 발간하여 해외투자를 유치하
기 시작했다. 그리하여 구체적으로 한국을 식량 및 원료의 공급지로
개편하고, 일본 농업이민을 장려했던 것이다.144) 이민정책의 이면에는
한국 지역사회에서 일본인 지주층을 형성하여 실질적으로 한국민을
통제하는 통치의 기반을 조성한다는 목적이 강했다.145)

결국 일제가 과잉인구와 식량문제를 명목으로 내걸었던 ‘滿韓拓植’,
‘滿蒙拓植’은 실질적으로 대외 침략을 정당화하기 위한 하나의 명분이
었고, 일본은 1901년 이민법을 개정하여 한국과 중국으로의 자유로운
도항을 허용하였다. 본격적으로 한국농업에 대한 조사를 실시한 것도
이 무렵이었다.146) 加藤末郎도 1898년부터 1904년 사이에 4차례나 한
국을 방문하여 『韓國出張復命書』,147) 『韓國農業論』을 간행하였다.148)

---

143) 「朝鮮協會の創立」, 『中外商業新報』 제6038호, 1902년 3월 11일자 ; 『澁澤榮
　　一傳記資料』 第16卷, 656쪽.

144) 권태억, 앞 글(1986), 182~183쪽.

145) 久間健一, 앞 책(1943), 13~15쪽.

146) 당시 일본정부는 農商務省 관리나 농업전문가를 파견하여 한국농업에 대한
　　본격적인 조사를 하였다. 정치가와 언론, 지식인들도 東亞同文會(1898), 朝鮮
　　協會(1902), 淸韓協會(1902) 등 각종의 식민단체를 조직하여 한국과 중국에
　　대한 실태 조사, 이주 및 통상을 지원하였다. 이때 조사·보고 된 대표적인
　　결과물들은 다음과 같다. 岡庸一, 『最近韓國事情-韓國經濟指針』, 1903 ; 吉
　　川祐輝, 앞 책(1904) ; 山本庫太郎, 『朝鮮移住案內』, 1904 ; 島根縣 第三部,
　　앞 책(1906) ; 德永勳美, 『韓國總覽』, 1907 ; 靑柳綱太郎, 『韓國植民策』, 190
　　8 ; 谷崎新五郎, 森一兵, 『韓國産業視察報告書』, 1904 ; 統監府 編, 『韓國に
　　おける農業の經營』, 1907 ; 京都府知事 編, 『韓國農業視察復命書』, 1908 등.

대자본의 회사나 농장이 주체가 된 일본인 농업이주사업의 대표적인 예는 石川縣農業株式會社나 細川농장, 國武농장의 경우가 있고, 농업조합에 의한 이주 사례로는 岡山縣 韓國農業獎勵組合의 경우가 있었다.[149] 그리고 마침내 1908년 일본정부가 국책회사인 東洋拓植株式會社를 설립함으로써 한국으로의 일본인 이주 사업을 본격화하게 되었던 것이다.[150]

그런데 일본의 한국으로의 농업식민사업은 외국인의 토지소유 자체를 금지하는 한국과 외국과의 조약 및 한국정부의 법령 등 여러 가지 장애요인이 있었다.[151] 앞서 살펴본 바와 같이 1883년 한영조약에서도 사실은 외국인의 토지소유를 개항장 이외 10里 범위로 제한하였고, 그외 지역에서의 소유는 불법이었기 때문이었다. 또한 갑오개혁 때 軍國機務處는 "土地山林鑛山非本國入籍人 不許占有及賣買事"라고 하여 역시 외국인의 토지점유 및 매매를 금지하였다.[152]

대한제국 수립 후 1900년에 개정된 「依賴外國致損國體者處斷例」에

---

147) 加藤末郎, 『韓國出張復命書』, 農商務省農務局 編, 1901.

148) 정연태, 앞 글(1994), 12~35쪽.

149) 최원규, 앞 글(1993), 721~726쪽 참조.

150) 동척이민에 관한 연구로는 다음의 성과가 참조된다. 君島和彦, 「東洋拓植株式會社の設立過程(上,下)」, 『歷史評論』 第282, 285號, 1973, 1974 ; 同, 「朝鮮における東拓移民の展開過程」, 『日本史硏究』 161號, 日本史硏究會, 1976 ; 黑瀨郁二, 「日露戰後の朝鮮經營と東洋拓植株式會社」, 『朝鮮史硏究會論文集』 12集, 朝鮮史硏究會, 1975 ; 김석준, 앞 글(1986) ; 同, 앞 글(1988) ; 高承濟, 앞 글(1973) ; 姜泰景, 앞 책(1995) ; 同, 앞 글(1996) ; 최원규, 앞 글(2000) ; 손경희, 앞 글(2002).

151) 대한제국기 광무 정권이 외국인의 토지소유를 제한한 조치에 관하여서는 김용섭, 「光武年間의 量田·地契事業」(2004) 참조. 또한 본 절에서의 토지권법 제정에 관하여서는 다음의 연구 성과를 참조하였다. 정연태, 앞 글(1994)과 최원규, 「1900년대 일제의 토지권 침탈과 그 관리조직」, 『부대사학』 19집, 부산대학교 사학회, 1995 ; 同, 「대한제국과 일제의 토지권법 제정과정과 그 지향」, 『동방학지』 94, 연세대학교 국학연구원, 1996.

152) 宋炳基 外, 『韓末近代法令資料集』 1, 1970, 97쪽.

서는 조약에 의하여 허용된 토지 외에 田土, 森林, 川澤을 외국인에게
잠매하거나 명의를 빌려준 자나 토지를 매도한 자는 明律에 謀叛條를
적용하여 처벌하도록 하였고, 1904년에 재개정으로 외국인을 위하여
田土, 森林, 川澤의 매입 명의를 빌려준 자 역시 처벌 대상으로 추가
하였다.153) 그 외에는 1901년 「地契衙門職員及處務規定」에서 개항장
이외의 지역에서 외국인의 토지소유를 인정하지 않았고,154) 「田畓山林
川澤舍官契細則」에서는 보다 적극적으로 외국인 특히 일본인의 잠매
행위에 대한 처벌 행위를 강화하였다.155) 1905년 5월 『刑法大全』 제4
절 「國權壞損律」 제200조 제5항에서는 아예 개항장 10里 범위 밖에서
외국인에게 토지를 잠매하는 자와 토지소유의 명의를 외국인에게 대
여하거나 명의 대여인 줄을 알면서도 토지를 매도한 자는 교수형에 처
하고, 이를 허락한 관리도 동일한 처벌을 내린다고 규정하였다.156)

그러나 이러한 대한제국의 일련의 노력에도 불구하고, 사실상 외국
인의 토지소유를 제한한 조약과 법령들은 실제로 법적 집행력이 뒷받
침되지를 못하였고 일본인의 토지 침탈에 속수무책이었다.157) 매매과
정에서는 단지 매매계약서를 갖고 있는 것만으로도 충분했었는데158)
한국농민들이 대개 소박하여 매매 후 일본인의 토지소유권이 법적으
로 불안정한 약점을 이용하여 말썽을 일으키지 않아 법적으로는 소유

---

153) 朴秉濠, 『한국의 전통사회와 법』, 서울대학교출판부, 1985, 51~54쪽.
154) 김용섭, 「光武年間의 量田·地契事業」(2004), 324~325쪽.
155) 위 글, 337~348쪽.
156) 『舊韓國官報』, 光武 9년 5월 29일 附錄 546쪽. 대한제국 정부가 발표한 토지
관계 법령 및 규칙은 신용하, 「日帝下의 <朝鮮土地調査事業>에 대한 一考
察」(『한국사연구』 15, 1977)의 <제1표> 참조.
157) 木浦誌編纂會, 『木浦誌』, 1914, 458쪽 ; 『韓國土地農産調査報告 - 慶尙道, 全
羅道』, 542쪽. 대한제국기 일제의 전반적인 토지 침탈에 대하여서는 다음의
선행 연구가 있다. 趙璣濬, 「일제의 토지 占奪과 農業移民」, 『韓國資本主義
成立史論』, 1982 ; 이배용, 「농민의 토지수호운동」, 『한민족독립운동사』 1, 국
사편찬위원회, 1987 ; 趙恒來, 앞 글(1988) ; 문소정, 앞 글(1986) 등.
158) 加藤末郎, 앞 책(1904), 171쪽.

권을 인정받지 못했어도 사실상 일본인들은 전혀 불편함 없이 자유로운 토지 매수가 가능했었다.[159] 그러나 엄연히 불법과 편법에 의한 불안정한 토지소유였기 때문에 일본인 지주와 토지 투자가들은 木浦興農協會나[160] 群山農事組合[161]과 같은 일본인 상공업자나 지주들의 자체 부동산 관리 기구를 조직하여 자신들의 권익을 보호하고자 하였다.

한편 일제는 일본인의 토지소유와 그 소유권의 제도적 보장을 위하여 「對韓施設綱領」에서 "한국정부가 내륙지방에서 일본인의 토지소유권이나 永代借地權 혹은 用地權을 인정하도록 한다."고 정책방침을 정하였다.[162] 그리고 통감부 설치 이후 伊藤博文의 주도로 일제의 토지침탈을 합법화하기 위한 부동산 증명제도를 마련하기 시작했다. 일제는 1906년 10월 발포된 「土地家屋證明規則」(칙령 제18호)과 「同시행세칙」(法部令 제4호)을 비롯한 일련의 임시법령을 공표하였다.[163] 그리고 이들 부동산 증명제도는 불안정했던 일본인들의 소유권에 안정성을 부여함으로써 일본인 지주들에 의하여 적극 이용되었다.[164] 조선흥업의 경우도 1906년 이후 목포, 삼랑진, 대전, 부산, 경산 등의 각 관리소를 단기간 내에 설치해 갔는데, 이러한 외국인의 토지소유권에 대

---

159) 위 책, 250쪽 ; 吉倉凡農, 앞 책(1904), 64쪽.

160) 목포흥농협회에 관해서는 『木浦誌』(1914), 456~465쪽 ; 島根縣 第三部, 앞 책 (1906), 302~329쪽 ;『韓國土地農産調査報告 - 慶尙道, 全羅道』, 550쪽 참조. 木浦興農協會는 1902년 8월 9일 농업척식과 토지투자의 목적으로 설립된 최초의 단체이다. "한국농사의 진흥을 기도하고, 彼我의 이익을 다하고, 통상무역의 降運을 기하기 위하여 목포지방에서의 농사개량 試作을 행할 목적" 아래 영리단체이면서도 협회라는 명칭을 사용하였다. 한국과의 국제 관계상 노골적인 경지매수와 농장경영, 토지저당 貸金業을 표면에 내걸기는 곤란했으므로 당연히 미사여구로서 위와 같은 사업 목적을 위장한 이익단체였던 것이다. 조선흥업의 목포 관리소 역시 1906년 설치 당시 목포흥농협회의 주선으로 토지를 매입해 들였다.

161) 군산농사조합에 관해서는 배민식, 앞 글(1989)과 이규수, 앞 글(1996) 참조.

162)『日本外交文書』37-1, 「對韓方針竝に對韓施設綱領決定の件」, 1904, 355쪽.

163) 이에 대해서는 신용하, 앞 글(1977) ; 최원규, 앞 글(1996) 참조.

164) 정연태, 앞 글(1994), 50~59쪽.

한 합법화 조치가 큰 요인으로 작용했을 것으로 보인다.

(2) 러일전쟁 전후 일본인의 지주화 사례

이렇게 대한제국의 국내적 제반 여건과 일본의 식민정책을 배경으로 일본인들, 특히 대자본가들에 의한 한국 토지 점탈은 러일전쟁 전후가 정점이었다. <표 2-3>과 <표 2-4>는 한말, 일제초기의 일본인 대지주의 진출상황이다.

<표 2-3> 한말·일제초기의 일본인 대지주의 소유면적별 戶數

	1903	1904	1905	1906	1907	1908	1909	계
30~50町	1	4	3	2	3	7	-	20
50~100	3	6	7	4	7	3	-	30
100~200	2	5	5	12	6	-	1	31
200~300	3	5	2	2	-	-	-	12
300~500	2	2	5	10	2	-	-	21
500~1,000	1	3	1	3	3	1	-	12
1,000~2,000	-	1	1	1	2	-	-	5
2,000~5,000	1	-	1	-	-	-	-	2
5,000 이상	-	1	-	-	-	1	-	2
계	13	27	25	34	23	12	1	135

* 출전 : 『第三次統監府統計年報』, 247~256쪽.

<표 2-4> 한말·일제초기의 일본인 대지주의 자본규모별 戶數

	1903	1904	1905	1906	1907	1908	1909	계	평균소유 면적(町)
1~5萬圓	4	18	13	21	15	9	4	84	139
5~10만원	2	4	3	12	6	-	-	27	395
10만원 이상	3	2	1	2	7	1	2	18	1,182
계	9	24	17	35	28	10	6	129	

* 출전 : 『第三次統監府統計年報』, 247~256쪽.

<표 2-3>에 의하면 1903년부터 1909년까지 병합 이전 한국에 진출한 30정보 이상의 일본인 대지주는 총 135명이었는데, 특히 러일전쟁

을 전후로 하여 진출 시기가 집중되어 있다. 또한 500정보 이상의 거대 지주일수록 그 시기가 빨랐다. <표 2-4>에서도 자본 규모가 클수록 그 진출 시기가 빨랐음을 확인할 수 있다.

또한 일본인 자본가들이 실질적으로 토지매수에 착수하여 대규모 농장을 창설한 경우는 <표 2-4>에서처럼 러일전쟁 직전에 집중되었음을 알 수 있다. 그것은 러일전쟁 전후로 일제가 군용지 수용과 철도 연선 주변의 토지 약탈을 대대적으로 추진한 것과도 관련이 컸다.[165]

또한 러일전쟁의 승패여부와 관련하여, 일본인에게 토지를 팔면 러시아가 승리할 경우 일본인들이 토지를 버리고 본국으로 돌아갈 것이고, 그렇게 되면 다시 토지를 되찾게 될 것이라는 소문이 돌면서 일본인들에게 방매하는 경향이 있었다.[166]

또 <표 2-4>에서 1906년 무렵 일본인 戶數가 이전보다 증가한 것은 통감부 설치 이후 일제에 의하여 제도적으로 일본인 농업이민과 그들의 정착을 위한 법적 장치들이 마련되자 일본인들의 한국 토지에 대한 투자에 가속도가 붙었던 것이다. 그리하여 주로 곡창지대인 전라남북도를 중심으로 하여 일본인 대농장 및 농업회사가 들어서기 시작했다. 그리고 그 경영규모는 일본에서도 유례가 드물 정도로 대규모였다.[167]

群山理事官 天野氏 등의 안내로 大師山에 올랐다. 설계 중의 공원에서 일본인은 이미 일찍이 引法大師의 사당을 건립하였다. 일본인의 농업경영의 초점인 錦江의 대평야를 山上에서 조망하고 산을 반쯤 내려와 일본인이 새로이 개척하고 있는 대도로를 통행하고 있으려니 韓人의 한 壯漢이 炎天下에 大字로 누워 도로변에서 낮잠을 자고 있었

---

165) 러일전쟁 이후 일제에 의한 군용지 수용(철도 용지 포함)에 관해서는 다음의 연구가 참조된다. 임종국, 『일본군의 조선침략사』 1,2, 일월서각, 1988 ; 송지연, 앞 글(1997) ; 정재정, 앞 글(1982) ; 同, 앞 글(1986) ; 박만규, 앞 글(1982).
166) 島根縣 第三部, 앞 책(1906), 251~253쪽.
167) 小早川九郎, 『朝鮮農業發達史 - 發達篇』, 서울, 朝鮮農會刊, 1944, 590쪽.

94

다. 그 꼴이 우스워 나는 그를 손짓하며 웃으니 理事官은 "이렇게 낮
잠 자고 있는 사이에 일본의 세력은 대거 진출하고 있는 것"이라고 말
하였다. 실로 32년(1889) 5월 群山개항 이래 한인들이 낮잠 자고 있는
사이에 일본의 세력은 부단히 진출하여 온 것……지난 5월 1일 개항 8
주년 기념식을 하였는데 어찌하여 그간 이렇게 장족의 진보를 달성하
였는가. 同港은 실로 錦江, 東津江, 萬頃江의 3대 유역에 連延하는 30
만 정보의 대평원의 문전에 해당하기 때문이다. 뿐만 아니라 이 광범
한 농업지의 1/10은 이미 일본인 소유에 귀속되었다.168)

[부록 1]은 러일전쟁 전후 이미 거대농장을 형성한 대표적인 일본인
대농장의 사례를 창업 연도가 병합 이전인 경우만 선정하여 도표화한
것이다.169)

한국에서의 일본인들에 의한 대규모 토지침탈과 대농장의 창설은
미간지와 기간지를 아우르는 모든 토지에서 행해졌는데,170) [부록 1]에
서 제시된 대표적인 일본인 회사지주 가운데 대규모 자본을 갖춘 조선
흥업의 경우 기간지 위주의 매입 유형이었다. 그리고 이들 일본자본이
집중적으로 진출한 시기는 일본의 입장에서 볼 때 明治 30年代(대략
1897~1906년까지의 시기) 즉, 청일전쟁 이후부터 러일전쟁을 거쳐 통
감부가 설치되는 약 10년간의 기간이었다. 그리고 지역적으로는 비옥
한 곡창지대인 전라남북도 지역에 대거 진출하였으며, 차츰 북상하여
전국으로 확대되었다.171)

그런데 이 시기 한국에 진출한 일본인 대농장은 앞서 언급한 대로
대부분 자본이 큰 투자가의 경우 기간지 위주로 매입해 들이기는 하였
으나, 실제로 당시 기간지에 일본인들이 쉽게 대규모로 농장을 설치하

---

168) 志賀重昂, 앞 책(1909), 1221~1222쪽.
169) [부록 1]에 제시된 대표적인 일본인 농장에 관해서는 하지연, 「대한제국기 일
　　　본 대자본의 지주화 과정 연구」(2006) 참조.
170) 李圭洙, 앞 책(1996) 참조.
171) 久間健一, 앞 책(1943), 15쪽.

기는 쉽지 않았다. 즉 조선후기 이래 지주적 토지소유의 진전을 기반으로 지주들에 의하여 이미 토지분할이 끝난 상태에서 한국에 진출한 일본인들이 양질의 논을 대규모로 매입할 수 있는 여지는 거의 없었다. 따라서 후술할 바와 같이 조선흥업도 전라도 일대의 토지매입을 처음에 포기하고, 북서쪽으로 눈을 돌려 황해도지역에서부터 매입을 시작했던 것이다.

이들 일본인 농업 경영자들이 집적할 수 있었던 토지는 고리대를 통하여 流質된 빈농의 하등지이거나, 거의 버려진 상태의 미간지, 잡종지 등이었다. 기경지라고는 하지만 상태가 불량하여 황무지화 된 값싼 토지나 빈농층의 저당 잡힌 하등지는 수리조건을 개선하면 양질의 논이 될 수 있었으므로, 일본인의 주된 집적대상이 되었던 것이다. 大倉도 그의 농장 가운데 군산 지역의 500정보나 되는 땅을 동척에 매각한 배경은 그것이 침수피해가 잦았던 천수답으로 관리가 힘들었고, 수익성이 떨어졌기 때문이었다. 따라서 이들이 처음부터 대대적인 토지개량사업을 시작하거나, 수리조합 사업을 선도해 간 것은 당연한 것이었다.[172] 이렇게 볼 때 후술할 바와 같이 조선흥업처럼 당초부터 비옥한 논을 중심으로 토지를 집적하고, 대부분 기경지 위주로 매입해 들여 수리조합의 몽리혜택 의존도가 높지 않았던 것은 매우 드문 사례였다.

2) 澁澤자본의 조선흥업주식회사 설립

⑴ 창설경위와 목적

조선흥업은 1904년 9월 澁澤榮一의 주도로 일본 내 유력한 자산가와 제일은행계열 직원의 출자로 설립된 농업회사였다.[173] 澁澤은 자타

---

172) 李愛淑, 「日帝下 水利組合의 設立과 運營」, 『韓國史研究』50·51합집, 韓國史研究會, 1984, 336~338쪽.
173) 『澁澤榮一傳記資料』第16卷, 592~593쪽, 中外商業新報 제6768호, 1904년 7월 24일 ; 『二十五年誌』, 1쪽.

96

가 공인하는 한국의 광산, 철도, 전기, 수도 등 각종의 이권문제, 금융과 화폐 문제에서 단연 독보적인 인물이었다.[174] 그런 그가 국책회사인 東洋拓植株式會社를 제외하고는 한국에서 최대 규모의 일본인 농업회사를 설립하여 운영하게 된 데에는 그만큼의 수익성이 보장되기 때문이었다.

또한 일본인 지주로서 한국인 소작인과 농토를 지배한다는 것은 단지 경제적 지배관계를 떠나 통감부나 이후 총독부라는 식민통치기구의 지배를 사회·경제적으로 보완하며 한국 농촌사회의 최하부구조인 소작인에 대한 또 하나의 권력체로 군림하는 것을 의미하였다. 그는 한국 내 조선흥업과 같은 기업경영에서 기업가는 개별의 사적 이윤추구와 더불어 일본 내 과잉인구문제의 해소, 자본주의 공업국가 일본의 식량공급지와 상품시장의 확보라는 국가적 과제에도 반드시 참여해야 할 의무가 있다고 생각했다. 그래서 澁澤은 한국농업의 발달은 곧 '제국의 농토'를 증가시키는 것이라고 노골적으로 표현하였다.[175] 또한 그는 한국은 기본적으로 비옥한 농토, 천연의 기후, 관개용수로 사용되는 수량의 풍부함, 기질적으로 순종적인 한국인의 품성 등에서 볼 때 농업부문에의 투자가 여러 가지 면에서 유망함을 시국 강연이나, 각종의 언론매체를 통하여 자주 강조하였다.[176]

한편 澁澤이 한국에서 농업회사를 경영하고자 할 때 해당 분야 전문가로 섭외하여 실질적으로 한국의 토질과 농업 수익성 등 면밀한 사전 조사작업을 일임한 사람은 일본 農商務省 기사였던 加藤末郎과 宇

<hr />

174) 『澁澤榮一傳記資料』 第16卷, 603쪽, 龍門雜誌 제220호 제1~2쪽. 1906년 9월. 靑淵先生의 經濟界前途談.

175) 『澁澤榮一傳記資料』 第16卷, 603~604쪽, 龍門雜誌 제222호, 제1~9쪽. 1906년 11월. 神戶高等商業學校에서 한 靑淵先生의 演說.

176) 『澁澤榮一傳記資料』 第16卷, 602쪽, 龍門雜誌 제219호 제2쪽. 1906년 8월. 『大阪朝日新聞』, 1906년 7월 13일, 靑淵先生의 韓國視察談 ; 602~603쪽, 龍門雜誌 219호 제7쪽. 1906년 8월. 『新知新聞』 7월 21일. 靑淵先生의 韓國視察談 ; 604~605쪽, 龍門雜誌 제232호 제4쪽. 1907년 9월.

都曾一이었다. 이들은 농상무성을 사직하고, 조선흥업의 기사장으로 특채된다. 그리고 제일은행 부산 및 인천지점장을 역임하고, 1903년 동경본점 監査役으로 전근된 尾高次郎과 함께 조선흥업의 창립을 위한 사전 조사를 위하여 1904년 한국에 왔다.[177] 이때 加藤의 조사 결과와 그의 저서『韓國農業論』및『韓國出張復命書』는 澁澤이 한국에서 농업회사를 설립하는 데 결정적인 영향을 주었다. 加藤은『韓國農業論』에서 다음과 같이 한국에서의 농업경영이 향후 개발을 가할 경우 상당한 수익을 가져올 수 있을 것으로 판단하였다.

農法이 극히 유치하여 자본, 노력, 지식 하등의 것을 보아도 집약된 것을 볼 수 없다. 田地는 많은 곳이 1모작으로서, 벼를 刈取 한 후에는 다음 해 봄경에 이르기까지 방치하고 있다. 토지를 이용하는 일이 극히 적고, 토지경작도 극히 불완전하여, 토지를 세분하는 일, 노력이 없고, 제초는 2, 3회에 불과하다.……특히 해충 구제 같은 것, 자금보다도 노력을 긴요하다고 할 만한 것……오직 자연의 발생에 의한다. 농업상의 자본으로서 가장 필요한 비료도 그 施用하는 것도 극히 드물다. 종류는 근소하여 人糞尿, 堆積肥料, 靑草, 枯草 등으로서 人造비료 같은 것을 구입하는 것은 절대로 없다.……그리고 농업상 智力에 이르러서는 전무하다. 한국은 토양기후 모두 농업상 양호한 요소를 가지고 있음에도 불구하고, 또한 이러한 상태에 있는데, 인위적 시설을 진전시켜 개량한다면 농업상 增殖期로서 가질 만하다고 본다.……[178]

마침내 澁澤은 1904년 7월 23일 동경의 제일은행 본점에서 창립을 위한 발기인 대회를 개최하였다. 창립 발기인은 澁澤, 大倉喜八郎, 淺野總一郎, 大橋新太郎, 服部金太郎, 西園寺公成, 佐佐木勇之助, 日下義雄, 土岐僙, 添田壽一, 岡本善七, 渡邊嘉一, 茂木保平, 渡邊福三郎,

---

177)『澁澤榮一傳記資料』第16卷, 594쪽.
178) 加藤末郎, 앞 책(1904), 127~129쪽.

<그림 5> 1902년(明治 35년) 以後 第一銀行 本店

安部幸兵衛, 平沼延二郎, 增田增藏, 朝田又七 씨 등 총 28인이었다.

<표 2-5>에서 보면 이들은 모두 일본의 제1급 자본가들이었고, 또한 澁澤계 회사의 중역들이었다.

발기인 대회에서는 발기인의 引受株, 기타 창립상의 사무에 관하여 합의하였는데, 자본금 100만 圓(1/4 불입), 총주식수 10,000주, 이 10,000주 가운데 6,000주를 발기인이 인수하고, 나머지 4,000주는 일반에서 공모하는 것으로 결정하였다. 이 일반 공모로 할당된 4,000주에 대하여 인수 출원자는 108명, 7,253주에 달하였다.[179]

조선흥업은 창립을 위한 발기인 대회가 열리기 전부터 일본 내 언론과 일반인들 및 재계의 집중적인 관심을 받았다. 일본 내 유력 일간지나 잡지들은 연일 회사 창립 준비 상황을 상세하게 보도하였는데,[180]

---

179) 『澁澤榮一傳記資料』 第16卷, 592～593쪽, 中外商業新報 제6768호 1904년 7월 24일, 594쪽. 銀行通信錄 第38卷 제226호, 제97～98쪽, 1904년 8월 ;『三十周年記念誌』, 61쪽에는 發起人株引受名簿 사진자료가 있다.

180) 『澁澤榮一傳記資料』 第16卷, 592쪽, 中外商業新報 제6762호 1904년 7월 17

<표 2-5> 조선흥업주식회사 發起人의 引受株數 및 役職名 (단위 : 株)

성 명	주식수	役 職 名
澁澤榮一	1,000	第一銀行頭取
大橋新太郎	500	博文館主, 共同印刷社主, 東京瓦斯이사, 日韓瓦斯(后에 京城電氣)이사
淺野總一郎	500	淺野財閥창설자
大倉喜八郎	300	大倉財閥창설자
佐佐木勇之助	200	제일은행취체역, 京釜鐵道常務取締役
日下義雄	200	제일은행감사역
尾高次郎	200	제일은행부산・인천지점지배인, 제일은행감사역
土岐僙	200	제일은행한국지점지배인, 제일은행감사역
服部金太郎	200	服部時計店主
清水泰吉	200	제일은행경성지점지배인
渡邊福三郎	200	
茂木保平	200	대무역상
安部幸兵衛	200	대무역상
增田增藏	200	대무역상
清水滿之助	200	土建業清水組대표자, 경부철도의 각종 공사 청부
西園寺公成	200	제일은행취체역
平沼延治郎	200	
諸井時三郎	100	
岡本善七	100	
柴田清之助	100	
高橋幸兵衛	100	
西協長太郎	100	제일은행인천지점지배인
西園寺龜次郎	100	제일은행취체역
眞田重作	100	
添田壽一	100	日本興業銀行總裁
澁澤作太郎	100	澁澤榮一從弟善作의 長男
朝田又七	100	
渡邊嘉一	100	土木學者, 工學博士
계 28명	6,000	

일자 韓國興業會社株式歡迎, 592~593쪽, 中外商業新報 제6768호 1904년 7월 24일, 593쪽, 龍門雜誌 제194호 제26~27쪽, 1904년 7월, 韓國興業會社 創立計劃, 594쪽, 銀行通信錄 제38권 제226호, 제97~98쪽, 1904년 8월, 589쪽, 中外商業新報 제6756호 1904년 7월 10일 韓國興業株式會社創立, 593쪽, 東京經濟雜誌 제50권 제1245호, 230~231쪽, 1904년 7월 30일 韓國興業會社의 成立, 593쪽, 東京經濟雜誌 제50권 제1247호, 319쪽, 1904년 8월 13일, 韓國興業會社.

* 자료 : 1. 發起人의 역직명은 회사 창립전후의 것이다. 第一銀行八十年史
　　　編纂室, 『第一銀行史』(上・下), 1957・1958 ;『澁澤榮一傳記資料』
　　　제16권・제29권, 1957・1960 ; 樋口弘, 『日本財閥論』, 1942 ; 山口
　　　平八, 『澁澤榮一』, 1963 ;『三十周年記念誌』, 61쪽 ; 淺田喬二, 앞
　　　책(1968), 147쪽, 3.26표에서 재작성.

이같이 주식공모가 성황을 이루고, 언론의 관심을 모은 이유는 우선
澁澤재벌의 자본력에 대한 신뢰, 둘째, 당시 財界와 정계의 중간 알선
책 내지 중재자였던 澁澤榮一 개인에 대한 信用, 셋째, 발기인으로 당
시 일본의 일급 무역상・자본가가 망라되었다는 점, 넷째, 제일은행・
澁澤재벌이 한국에서 경영하는 사업에 대한 신뢰 등이 고려된다.[181]
　한편 일본 내 유력한 재력가들과 제일은행원들의 철저한 사전 준비
작업으로 회사 설립준비가 이루어졌다는 점은 창립총회 전부터 주도
면밀하게 마련된 創立趣意書,[182] 계획서,[183] 회사定款草案[184] 및 영업
예산서[185]에서도 확인된다.
　1904년 7월 발기인 28명의 결의로 채택된 취의서에 의하면 조선흥업
의 사업목적이 구체적으로 드러난다.

韓國興業株式會社設立趣意書

　한국의 內地를 개발하여 농업의 개량을 계획하고, 물산의 증식을 장
려함은 우리나라(필자 : 일본)의 책무로서 한일무역을 발달시키는 유일
한 策이다. 그런데, 종래 한국에 있어서의 일본의 경영은 오직 거류지

---

181) 淺田喬二, 앞 책(1968), 146쪽.
182) 『澁澤榮一傳記資料』第16卷, 589쪽, 中外商業新報 제6756호 1904년 7월 10
　　일, 韓國興業株式會社設立趣意書.
183) 『澁澤榮一傳記資料』第16卷, 589~590쪽, 中外商業新報 제6756호 1904년 7
　　월 10일, 韓國興業株式會社計劃書.
184) 『澁澤榮一傳記資料』第16卷, 590~591쪽. 中外商業新報 제6756호 1904년 7
　　월 10일, 韓國興業株式會社定款草案.
185) 『澁澤榮一傳記資料』第16卷, 591~592쪽. 中外商業新報 제6756호 1904년 7
　　월 10일, 韓國興業株式會社營業豫算書.

의 작은 구역에 한정되어 일본척식의 사업과 같이 보아서는 안 된다. 한국의 땅은 옥토가 廣茫하여 도처에 식산홍업의 길이 있어 일본인의 施設을 기다리는 것이 적지 않다. 만약 經國의 사업에 뜻이 있는 자는 나아가 한국경영의 길을 강구하여, 농업을 권하여 利源을 열어 한일무역의 발달에 도움이 되는 까닭으로 이에 同志와 상의하여 한국홍업주식회사를 설립하고, 한국의 토지에 대하여 금융의 편의를 열고, 크게 農耕의 모범을 보여 산업의 진보를 계획하려고 한다. 이에 동감한 諸君은 별책에서 제시한 바, 계획서, 豫算書 및 定款草案 등을 閱覽하고, 그 취지를 찬성 받아서 株主가 되는 것이다.

1904년 7월 1일
發起人[186]

즉, 우월한 일본이 한국의 농업을 개발시킨다는 명분을 표면적으로 내걸고 있으나 실은 미개발 상태의 한국토지를 본격적으로 개발하여 거류지에만 국한되지 않는 전국토의 개발과 척식사업을 도모하여 향후 한국의 경영을 준비하겠다는 침략적 의도가 분명히 나타나고 있다.

또한 계획서에서는 농업개량, 모범농장의 설치, 종자개량, 비료, 植林사업, 養蠶과 牧畜 등 구체적 영업종목과 방향을 제시하였다.[187] 그리고 본점은 동경에 설치하며 한국 각 지역에 지점 혹은 대리점을 둘 것을 명시하였다. 그것은 定款 草案에서 더 구체화된다. 조선홍업의 사업목적은 다음과 같다.[188]

---

186) 『澁澤榮一傳記資料』第16卷, 589쪽. 中外商業新報 제6756호 1904년 7월 10일.

187) 1. 한국농업의 개량을 도모하기 위하여 모범농장을 설치하고, 韓人의 의뢰에 응하여 토지의 鑑定, 논밭 정리, 種苗, 비료 등의 선택을 하는 일.
2. 植林, 養蜂, 牧畜의 사업 및 관개 排水의 공사에 관하여, 韓人의 의뢰에 응하여 그 모범을 보여, 또는 그 지도, 도와주는 일을 한다.(『澁澤榮一傳記資料』第16卷, 593쪽, 東京經濟雜誌 제50卷 제1247호, 319쪽, 1904년 8월 13일.)

188) 『旣往十五年事業槪說』, 1쪽 ;『二十五年誌』, 1쪽.

1. 한국 내 토지를 담보로 하여 貸附金을 받는다.
2. 한국 내륙에 있어서 토지를 매입하고, 또는 租借하여 농업을 경영하고, 또는 이를 소작시킨다.
3. 한국 농사개량에 관한 각종의 사업을 운영한다.
4. 전 3항의 사업을 조성하는 업무를 경영한다.

그런데 이 중 대부금 업무를 명시한 점은 자본력을 바탕으로 토지매수 특히 황무지가 아닌 비교적 비옥하고 영업상 손실의 위험이 적은 기경지를 매수하고자 하는 의도를 분명히 한 것이고, 실제로 조선흥업은 후술할 바와 같이 토지선정과정에서 기경지 위주의 매수방침을 정해 놓고 있었다.

조선흥업은 사업개시 당시 토지매수과정에서 일본 외무성의 협조를 받아 주한일본공사 林權助의 지원을 받았다. 林공사는 널리 알려진 바와 같이 이미 광산과 화폐·금융문제에서 澁澤과 긴밀한 협조관계에 있었다.[189] 조선흥업 설립에 있어서도 역시 林공사의 지원이 컸다. 일본 국가기관이 자국 대자본가의 한국 토지매입과 농장창설에 대해 적극적으로 후원한 것은 久間健一의 표현대로 회사지주나 대농장이 일본정부를 대신하는 또 하나의 공권력, 혹은 그 대행기관이었기 때문이었다.[190] 大倉재벌의 전북 沃溝·益山 지역 大倉농장이나 三菱재벌의 전북 東山農事株式會社 설립 과정에서 보이는 일본 국가권력의 적극적 지원 사례가 대표적인 경우이다.[191] 일본정부는 일본인 자영농이나 중소지주의 한국농업 경영도 지원하였으나, 대자본에 의한 확실한 한국지배에 보다 큰 비중을 두었고, 그 실현을 위하여 대표적으로 조선

---

189) 이에 관하여서는 이배용, 앞 글(1989)과 앞 책(1989) 참조.
190) 久間健一, 앞 책(1943), 12~13쪽.
191) 이에 관해서는 하지연, 「대한제국기 일본 대자본의 지주화 과정 연구」(2006) ; 同, 「한말 일본 대자본의 對韓 경제침탈 - 大倉組를 중심으로 - 」(2007) ; 同, 「日本人 會社地主의 植民地 農業經營 - 三菱재벌의 東山農事株式會社 를 중심으로 - 」(2007) 참조.

홍업, 大倉, 三菱의 한국 진출을 적극 후원했던 것이다.

澁澤이 1906년 한국을 방문했을 때 伊藤博文 통감은 물론이고, 目賀田種太郎 재정고문, 長谷川好道 대장[192]을 만나 한국 내 사업경영에서의 협조를 약속받았고, 특히 目賀田과는 일본에서도 자주 왕래하면서 한국 내 각종 경제 및 조선홍업 설립문제를 논의했다.[193] 또한 평양 理事廳 이사관 菊池가 澁澤과 조선홍업 문제를 두고 매우 밀도 있게 접촉하면서 澁澤의 한국 방문을 계속 수행했다.[194] 게다가 조선홍업의 기사로 특채된 전 농상무성 기사 加藤末郎도 실은 조선홍업측이 농상무성에 파견을 요청했고, 이를 농상무성에서 받아들인 것이었다.[195] 따라서 조선홍업은 설립 때부터 일본 본국뿐 아니라 한국에서도 澁澤의 영향력과 일본 공권력의 탄탄한 지원을 바탕으로 창업을 준비했음을 알 수 있다.

尾高次郎은 그간의 한국농업에 대한 조사에 기초를 두고 佐佐木勇之助와 大橋新太郎의 자문과 淸水泰吉, 彬田富, 織田雄次 등을 보좌역으로 하여 창업을 서둘렀다. 그리고 마침내 澁澤은 1904년 9월 6일 동경제일은행 내에서 창립총회를 개최하였다.

총회에서는 창업에 관한 제반 보고를 한 뒤, 重役의 선거를 행하고, 取締役에 尾高次郎, 日下義雄, 大橋新太郎의 3명을, 그리고 監査役에 土岐僙, 服部金太郎의 2명을 선출하였다. 그리고 澁澤은 총회에서 만

---

192) 長谷川好道(1850~1924)는 청일전쟁 당시 混成旅團長으로 남만주에서의 공로를 인정받아 남작의 작위를 하사받았고, 러일전쟁에서는 近衛師團을 지휘하여 전쟁 중 대장으로 승진하였다. 러일전쟁 후 그는 子爵으로 승진하였다. 1904년 韓國駐箚司令官에 임명되었고, 1915년 元帥府의 반열에 오르고, 1916년에는 백작의 작위를 하사받았다. 1916년 10월부터 1919년 8월까지 제2대 조선 총독으로 재임하면서 무단정치를 행했다. 1919년 3·1운동 발발에 책임을 지고 사임하였다.(阿部薰 編, 『朝鮮功勞者銘鑑』, 京城, 1935, 12쪽)

193) 『澁澤榮一傳記資料』 第16卷, 598쪽.

194) 위 책, 601~602쪽.

195) 『三十周年記念誌』, 60쪽.

104

장일치로 監督에 취임하여 총괄책임을 맡게 되었다. 또 중역들의 互選으로 尾高次郎을 전무 취체역에 선출하였고, 1905년 第一期 주주총회에서 佐佐木勇之助를 相談役에 지명하였다.196)

⑵ 조선흥업주식회사의 연혁

조선흥업은 1904년 9월 소작제 대농장을 경영목적으로 하여 본점은 동경에, 한국에는 경성에 임시사무소를 설치하였다.197) 그리고 1905년 4월 황해도 兼二浦에 임시출장소를 설치하고 그 해 논밭 약 2,280정보를 매수하여 농사경영에 착수하였다. 겸이포 임시출장소는 1906년 9월에 黃州 관리소로 변경되었고, 1909년 4월 다시 지점으로 승격되었다.198)

계속하여 1906년과 1907년에 걸쳐 경부선 沿線의 平澤, 大田, 三浪津 및 木浦 각 농장의 정비를 이루었다. 1909년에는 부산지점을 개설하여 창고업 및 移出牛管理業을 개시하였고, 다음 해에는 鎌田勝太郎(1908년부터 조선흥업 취체역) 경영의 韓國拓植株式會社의 사업을 병합하여, 경상북도 慶山에 지점을 설치하였다. 그 중간에 1909년과 1910년 두 번의 자본금 증액을 거쳐 1913년에 자본금 300만 원, 회사명은 한국흥업에서 조선흥업으로 개칭하였다.199) 그리고 1929년에 海州 출장소를 설치하면서 1만 7천 300여 정보의 거대 농장망을 형성하였고, 이 규모는 1945년까지 꾸준히 유지된다.

1945년에는 조선총독부가 朝鮮國有林野部分林令을 발표하면서 함

---

196) 『旣往十五年事業槪說』, 1919, 1~2쪽 ; 『二十五年誌』, 1929, 1~2쪽 ; 『澁澤榮一傳記資料』 第16卷, 594쪽 ; 『旣往十年事業槪況』, 45쪽.

197) 『三十周年記念誌』, 61쪽.

198) 『旣往十年事業槪況』, 45쪽 ; 『旣往十五年事業槪說』, 2~3쪽 ; 朝鮮興業株式會社 黃州興農會編, 『創立拾周年記念會報』, 1931, 朝鮮興業株式會社 黃州支店事務所 전경 참조.

199) 『旣往十年事業槪況』, 45쪽 ; 『三十周年記念誌』, 61쪽.

경남도 文川郡 및 강원도 伊川郡에 국유임야 16,255町 9反步를 불하 받기도 하였다.[200] 그러나 일제의 패망으로 조선흥업의 관할 경작지는 남한의 경우 新韓公社에 귀속되었으며, 북쪽의 황주와 해주 관리소의 경우 몰수되어 국유화된 것으로 추정된다.[201] <표 2-6>은 조선흥업의 본 지점 설치 연도 및 소재지를 도표화한 것이다.

<표 2-6> 조선흥업주식회사의 本支店 설치 연도 및 所在地

店名	설치 연도	소재지	관할 소재지	비고	1935년 현재
本店	1904년 9월	東京市 日本橋區 蠣穀町 1丁目 3番地			동경시 일본 麴町區 丸之內 1丁目 1번지-2.
黃州 支店	1905년 4월	黃海道 黃州郡 齋安面(京義線 黃州驛부근)	황해도 黃州와 鳳山 兩郡내의 집단지 관할	1905년 4월 황해도 겸이포 임시출장소에서 1906년 9월 황주로 이전. 1944년 5월 황주 농장관리소로 개칭	黃海道 黃州郡 黃州面 禮洞里 388번지
木浦 管理所	1906년 1월	전라남도 木浦府 寶町(湖南線 木浦譯부근)	木浦, 羅州, 光州, 務安, 咸平, 珍島, 海南의 各府郡.		전라남도 목포부 寶町 3丁目 4番地
三浪津 관리소	1906년 3월	경상남도 密陽郡 下東面(京釜線 삼랑진역 부근)	경상남도 金海, 密陽, 馬山, 東萊, 昌寧, 경상북도 淸道, 高靈의 各郡		密陽郡 三浪津面 松旨里 409번지
大田 관리소	1907년 6월	충청남도 大田郡 大田 榮町(경부선 대전역 부근)	경기도 水原, 振威, 安城, 始興, 富川, 金浦, 충청남도 大田, 燕岐, 公州, 天安, 牙山, 충청북도 淸州의 各郡	1906년 4월 설치한 평택 파출소를 합병관리	大田府 榮町 1丁目 31번지

---

200) 『영업보고서』 제41기(1944년 4월 1일~1945년 3월 31일), 1~5쪽.

201) 農林水産部 韓國農村經濟硏究院, 『農地改革史關係資料集』第6輯(新韓公社 編), 1987. 참조.

釜山 지점	1909년 6월	경상남도 釜山府 佐藤町 (경부선 부산역 부근)	창고업, 釜山鎭 檢疫所의 移出牛 飼養管理	1934년 창고부 사업 철수. 1940년 축산사업 철수	부산부 水晶町 1028번지**
慶山 관리소	1910년 7월	경상북도 慶山郡 慶山面(경부선 경산역 부근)	경상북도 永川, 慶山, 大邱, 淸道, 迎日의 각 府郡		경산군 경산면 士亭洞 51번지
海州 出張所	1929년 8월	黃海道 海州郡 龍塘浦		1943년 해주 농장 관리소로 승격, 개칭	해주군 海州邑 龍塘里 176번지
京城 事務所	1943년 9월	京城府 中區 南大門通 2丁目 9番地		1943년부터는 본점, 경성사무소와 각 농장관리소 체제	
함경남도 文川郡 및 강원도 伊川郡	1945년 1월	함경남도 文川郡 및 강원도 伊川郡	국유임야 16,255町 9反步	1945년 조선총독부가 朝鮮國有林野部分林令	

* 자료 :『영업보고서』 7쪽 및 각 연도판 ;『旣往十年事業槪況』, 47~48쪽 ;『二十五年誌』, 62쪽.
** 『영업보고서』 제31기(1934년 4월 1일~1935년 3월 31일) 3쪽. 1934년 9월 1일 부산지점을 釜山府 大廳町 4丁目 86번지로 이전하는 건에 부쳐 9월 11일까지의 기간에 본 지점 관할 등기소에 지점 변경을 등기 받음.

澁澤은 일본 자본주의의 성립과 발전을 주도한 일본 근대경제의 아버지로 추앙받았고, 그 평가는 현재에도 마찬가지이다. 특히 그의 기업경영 성격은 국익을 우선하는 것이 기타 동 시기 재벌과 크게 구별되는 점으로, 이러한 특성상 일본 제국주의의 식민지 침탈에 적극적으로 나섰고, 실제로 경제침탈 정책을 스스로 입안, 실행했던 인물이었다.

그리하여 한국의 금융, 광산, 철도, 전기, 농업 등의 경제 전반을 침탈했고, 특히 농업부분에 있어서는 조선흥업이라는 거대 농업회사를 경영하였다. 그것은 일본의 식량 및 원료 공급지 확보라는 일본 자본주의의 발달을 위한 기본 숙제의 해결이었고, 한국민에 대한 수탈과 희생의 강제였다. 그리하여 러일전쟁기를 틈타 한국 전역에 농장망을 형성해 갔으며, 특히 그 창립 및 운영의 주요 구성원은 일본 재계의 유력인사와 澁澤자본계 회사 및 제일은행 임원으로 이루어졌다. 그 규모는 1936년 현재 총 경지 면적 17,291정보에 달하는 거대 규모였고, 이는 三菱재벌의 동산농장이 5,000여 정보였던 것에 비하면 동척을 제외한 식민지 한국 내 일본인 회사지주로서는 단연 최대 규모였던 것이다.

제3장 조선흥업주식회사의 사업확장과 지점별 경영구조

1. 토지침탈 과정과 사업의 확장

1) 토지침탈의 과정

조선흥업은 1904년 9월 소작제 대농장을 경영목적으로 하여 본점은 동경에, 한국에는 경성에 사무소를 설치하였다.[1]

조선흥업의 專務取締役 尾高次郎은 토지조사와 선정, 매수까지 직접 실무를 담당한 조선흥업 사업출범의 주역이었다. 그는 총회 직후 加藤末郎과 宇都曾一, 회계담당 專務 織田雄次를 대동하고, 경성에 도착하여 우선 임시사무소를 설치하고, 토지담보의 대부업무부터 개시하였다.[2] 동시에 전라북도 방면의 농장개설도 추진하였는데 마침 韓錢 폭등으로 포기하고, 북쪽지방으로 방향을 전환하였다.

1905년 4월 황해도의 鎭南浦로부터 동쪽으로 약 5里, 대동강 연안, 兼二浦에 임시출장소를 설치하고 그 해 논밭 약 2,280정보를 매수하여 농사경영에 착수하였다. 그리고 1906년 9월에는 사무소를 京義鐵道 연선의 黃州驛 부근으로 옮겨 황주 관리소로 변경했고, 1909년 4월 다시 지점으로 승격시켰다.[3]

---

1) 『三十周年記念誌』, 61쪽.
2) 『澁澤榮一傳記資料』第16卷, 594쪽, 龍門雜誌 제196호 제24쪽, 1904년 9월 ; 『三十周年記念誌』, 61쪽.

조선흥업이 이때 황해도 겸이포를 첫 사업지로 선정한 이유는 무엇이었을까? 황해도 黃州郡의 黃州江과 大同江의 東北연안을 중심으로 농장설치가 이루어졌는데, 우선 당시의 한전폭등이 첫째 이유이다. 그러나 단순히 그 원인만은 아닌 것으로 보인다. 그것은 <표 2-6>에서 보듯이 조선흥업이 1906년부터 통감부의 각종의 부동산 증명제도 마련에 힘입어 지가가 비싼 전라남도 木浦, 경상남도 三浪津, 충청남도 大田, 경상북도 慶山 등지에 짧은 기간 내에 농장을 설치하고 있었기 때문이다. 더군다나 그 단일농장의 경작면적만을 놓고 보더라도 다른 일본인 대지주의 농지면적에 비하여 월등하게 광대하였음을 볼 때 조선흥업의 황해도 농장설치는 다른 배경이 더 있었다. 즉 한국의 곡창이라고 할 수 있는 전라도 지역이 이미 기존의 한국인 지주들은 물론이고 大倉재벌, 細川, 藤井寬太郞 등 일본 자본가들에 의하여 선점되어 있었다는 점, 한화폭등으로 오른 지가를 고려할 때 사업의 타산이 맞지 않는다는 점이 그 직접적인 원인이기는 하다. 그러나 1906년 설치되는 목포 관리소의 면적은 1936년 당시 거의 3,500정보에 달하는 거대 규모였으므로, 전라도 지역이 이미 기타 일본인 지주들에게 선점되었다는 이유로 황해도 지역을 사업의 주요거점으로 삼았다고는 볼 수 없다. 그 보다는 한국 사정에 정통한 尾高次郞이 역시 한국농업을 이미 상세하게 파악하고 있던 농상무성 기사 加藤까지 동원하여 직접 한국 전역을 답사한 결과 황해도 지역이 이미 대지주가 밀집된 전라도 지역과 달리 보다 대규모의 집단농장을 용이하게 설치할 수 있었다는 점 이외에도 지가가 비교적 저렴했다는 점, 토지의 비옥도, 수리관개시설 및 교통의 편리함 등의 다각적인 원인이 검토되었을 것으로 보인다. 이는 尾高와 加藤이 북쪽지역 토질을 감정한 결과 상당히 좋은 양질의 토양으로 경영상 차질이 없다고 결론내린 것을 통해서도 알 수 있다.[4]

---

3) 『旣往十年事業槪況』, 45쪽 ; 『旣往十五年事業槪說』, 2~3쪽.

尾高는 1905년 약 2,280정보의 경지를 매수하여 大豆농사를 개시하였다.[5] 그리고 1906년과 1907년 兩年에 걸쳐 경부선 沿線의 平澤, 大田, 三浪津 및 목포 각 농장의 정비를 이루었다.[6]

조선흥업이 황해도 겸이포 출장소(황주농장)를 필두로 한국 각 지점을 설치하는 과정에서 나타나는 특징은 다음의 몇 가지로 정리된다. 첫째, 농장을 한국 각 지역에 분산·배치시키고, 재배작물을 다양화하여 풍·흉과 米價변동으로 인한 손실을 최소화하였다. 조선흥업은 농장 집단화 원칙을 실현하고 수확불안정으로 인한 위험을 분산하며, 매년 수입의 균형을 위해 농장과 작물을 한국 각지에 분산·배치시켰다. 그 가장 큰 이유는 조선흥업이 주식회사의 형태였기 때문이었다.[7] 즉 투자가의 손실을 방지하고, 매년 회사의 이윤확보는 물론 주주들에게 배당금까지 할당해야 하는 주식회사의 특성상 해마다 비교적 고른 이윤을 창출해야 했다.

특히 전국에 걸친 고른 농장분포는 풍흉에 따른 위험을 방지한다는 목적 이외에 지역적 특성에 맞는 다양한 작물을 재배할 수 있다는 점에서도 반드시 지켜졌다. 즉 농작물 작황과 그 수익은 기후와 토양, 자연재해 등의 요인에 의하여 좌우되기도 하나 시장경제 사정의 변동에 따라 농산물의 가격이 등귀하느냐 혹은 하락하느냐도 안정된 회사 수익확보의 중요한 관건이었다. 따라서 조선흥업은 황주, 목포, 대전, 삼랑진, 경산, 해주의 6개 농장에 쌀을 기본으로 하고, 황주와 목포에 각각 대두와 면화를 주작물로 배치하였다. 각 농장의 기후와 토양에 따른 다양한 작물의 분포는 역시 시장에서의 곡물 가격의 등락으로 인한 손실을 서로 보상해 주는 보완 효과를 가져왔던 것이다.[8] 조선흥업 측

---

4) 『澁澤榮一傳記資料』第16卷, 596~597쪽.

5) 『旣往十五年事業槪說』, 2~3쪽 ; 『三十周年記念誌』, 68쪽.

6) 『旣往十年事業槪況』, 45쪽 ; 『三十周年記念誌』, 61쪽.

7) 『旣往十五年事業槪說』, 3~4쪽 ; 『旣往十年事業槪況』, 46쪽 ; 『二十五年誌』, 4쪽 ; 『三十周年記念誌』, 68~69쪽.

은 이러한 농장분산 배치를 두고 "甲地의 흉년을 乙地의 풍작으로 보상하고, 쌀의 不作은 大豆의 대수확으로 구하고, 해마다 평균하여 수익을 올려……"[9]라고 자평하였고, 해마다 일정한 주주배당을 할 수 있었다. 위험분산과 이윤균형은 '농장배치의 묘미'[10]였던 것이다.

조선흥업의 경우 다양한 작물의 재배는 일본의 식량공급지로서 미작과 대두작을 기본으로 하고, 그 위에 일본 방적사업의 원료공급지로서 면화까지 재배하는 등 일본의 국책 사업적 성격이 강하였다. 이렇게 수익 안정성을 도모한 농장 및 작물의 분산배치 관리로 회사는 물론 주주들의 수익은 해마다 안정적으로, 그것도 고율배당으로 보장되었다. 그러나 그것이 한국인 소작인의 생계와 생활안정까지 담보하는 것은 아니었다.

둘째, 자금력이 풍부했던 澁澤재벌은 藤井寬太郎의 不二興業농장과 같은 미간지형 지주[11]와 달리 수확 안정지역을 매수하였다. 그리고 매수토지의 소작인이나 혹은 한국인 소유주를 그대로 소작인으로 흡수하기도 했다. 아울러 매수된 토지 가운데 관리가 불편하거나 수확이 예상에 못 미칠 경우는 처분하는 식으로 경지를 조정 · 정리하였다.[12]

조선흥업은 해마다 농사를 지어 잘 길들여진 熟田을 매수하여 적당한 개량 및 가공을 하고, 비료를 사용하여 점차 수확안정을 도모한다고 당초부터 경영방침을 정하고 있었다. 즉, 일단 원칙적으로 기간지 위주로 매수하되 그 숙전을 수확 안정지, 불안정지, 天水畓의 3종으로 나누었다. 그리고 비료시용에 따라서 金肥主用田, 堆肥主用田, 綠肥主用田으로 다시 구분하여 가공개량 사업을 추진하였다. 투자자들에게 확실한 이윤을 보장해야 하는 주식회사의 특성상 수확이 안정적으

---

8) 『三十周年記念誌』, 68~69쪽.

9) 위 책, 68쪽 ;『二十五年誌』, 4쪽.

10) 『二十五年誌』, 4쪽.

11) 李圭洙, 앞 책(1996) 참조.

12) 『三十周年記念誌』, 68쪽 ;『二十五年誌』, 4쪽.

로 보장되어야 했고, 따라서 처음부터 양질의 토지를 구입해야 했다. 대규모의 간척지나 황무지를 매입하여 개간하는 식의 위험부담이 큰 토지매수보다는 적당한 가공개량을 실시하면 곧 안정된 수확이 보장되는 정도의 숙전을 매수했던 것이다.[13] 따라서 조선흥업의 개간 공사나 토지개량사업은 황무지 개간과는 달리 비교적 저렴한 비용투자로 쉽게 美田化시킬 수 있는 숙전의 개량사업이었다.

셋째, <지도 3-1>의 조선흥업의 사업지 일람도[14]에서도 확인되듯이 각 농장은 경부선과 경의선, 그리고 큰 하천을 따라 설치되었다. 즉 산출곡물의 편리한 수송과 유통, 일본으로의 이출과정에서 물류비용의 절감, 소작료 수취에서의 용이함 등을 충분히 고려하였던 것이다.

넷째, 조선흥업의 토지취득 과정에서 나타나는 폭압성과 편법의 문제이다. 조선흥업은 러일전쟁 당시 한국 내 만연한 반일 기운 속에 겸이포 주둔 일본군부대까지 동원하여 겨우 토지거래를 성사시켰다고 밝히고 있다.[15] 당시 겸이포 일대에는 일본인 거주자들이 없었고, 한국인들의 항일감정이 강했었다.[16]

일본인들이 토지매수에 어려움을 겪었던 또 다른 중요한 요인은 앞서 살펴본 바와 같이 당시 한국에서 외국인에게는 토지매매가 국법으로 금지되어 있었다는 점이다. 당연히 외국인의 토지소유도 불법이었다. 또한 불법으로 외국인이 취득한 토지의 소유권에 대한 법적 보장

---

13) 『三十周年記念誌』, 67쪽 ; 『二十五年誌』, 15~17쪽.

14) 『三十周年記念誌』, 63쪽.

15) 大橋淸三郎, 『朝鮮産業指針』, 1915, 285~286쪽.

16) 일본인들의 토지매수과정에서 표출되는 한국인들의 배외사상이 매우 강하였다는 것은 藤井寬太郎을 비롯한 기타 일본인들의 기록에서도 확인된다. 藤井은 『朝鮮土地談』에서 일본인들이 한국에서 토지를 매수하는데 저해요인으로 5가지를 들고 있는데 그 중 하나가 폭도들의 습격이었다. 藤井寬太郎, 앞 책(1911), 16쪽. 여기서 지적한 5가지 저해요인은 ① 토지소유권의 불안, ② 조선관리의 토지 매입 방해, ③ 중복 매수의 손해, ④ 지리불통의 손해, ⑤ 폭도의 습격이었다.

114

장치가 당시 한국에는 없었다는 것이다. 부동산은 등기제도 없이 단순히 私署증서를 권리증으로 사용했는데, 이 와중에 이중·삼중으로 매매, 또는 없는 땅의 방매 등 토지거래에서 매입자가 떠안는 위험부담이 컸다.

조선흥업은 일본군대의 보호아래 공포분위기를 조성하는 심리적 압박감으로 앞서 언급한 한국인들의 사기판매행위를 어느 정도 피할 수 있었을 것으로 보인다. 당시 한국에서 행해지던 일본인들의 전형적인 토지취득방법은 한국인 명의의 借用, 한국인 관리에게 청탁하여 자기 명의등록, 반영구적인 土地使用受益權 획득, 買主명의가 없는 文記作成, 저당증서와 방매문기의 이중 작성 등 다양했다. 그리고 자본력이 탄탄한 자는 주로 그 지불을 직접 현금으로 교부하였고, 자본이 적은 자는 貸金의 抵當·流質의 방법을 썼다. 조선흥업의 경우는 직접 현금을 교부하는 방법을 썼다.17)

조선흥업은 또한 다른 일본인 지주들처럼 중개인을 통하여 토지를 구입하였다. 즉 직접 한국인을 상대하여 토지를 매수하지 않고, 각 지역의 坊長 혹은 面長 등 한국인 유력자에 접근하여 이들을 회유하고, 중개인으로 하였다. 중개인들은 촌락의 대표자로서, 촌락민들 가운데 토지매각 희망자를 대표하여 매각 의지가 있는 토지소유자의 이름, 토지의 소재지와 면적 등을 중간에서 회사 측에 전달하였다. 그 매매 양도과정은 일반적으로 매우 간단하여 상호 가격타진 등의 교섭이 끝나면 일본의 地券에 해당되는 구문기·신문기를 일본인 買主에게 양도

---

17) 『既往十年事業槪況』, 11쪽 사진 참조. "당 회사 농사경영의 제1 착수로서, 兼二浦 출장소에 있어서 매수한 토지의 대금 數萬圓을 지불할 때, 그 혼잡함을 염려하여, 수백의 토지 매도인으로서, 相當하는 總代를 선정하여 이들에게 돈을 지불, 건네게 하고, 또 회사의 韓人에 대한 방침을 설명하고, 넓은 신뢰를 쌓기 위하여 1905년 4월 13일 지방의 유력자, 즉, 坊長, 執綱, 頭民 등을 地主總代와 함께 출장소에 招集하고, 尾高專務取締役은 일장 연설을 하여, 대금의 지불, 양도를 완료하였다." ; 『三十周年記念誌』, 66쪽, 사진 참조. 제1회 土地代金 支拂. 清源坊의 토지대금 지불 후 기념촬영이다.

하고, 일체의 매매수속은 완료되었던 것이다. 그런데 조선흥업은 보다 더 치밀하게 토지매수의 안정을 기하였다. 조선흥업은 일일이 賣買증서를 작성하고, 보증인을 連署시켰고, 文券 및 『草役民冊量案』 등을 첨부시켜 다시 坊長, 里長 등에게 증인시키는 치밀한 보완장치를 자체적으로 마련하여 거래하였다. 그렇기 때문에 地籍의 근본이 전부 확립되었고, 일체의 분쟁이 발생할 여지가 없었으며, 소송 판결의 번거로움도 없이 매매가 성사되었다.[18] 조선흥업이 지방 유력자를 중개인으로 한 것은 일본 국가공권력의 지원 이외에 한국민을 최말단에서 실질적으로 지배하였던 지방 관리층까지 매수하여 이중으로 토지매수의 안정성을 확보하려 했던 것으로 보인다.

러일전쟁 무렵 한국에서 떠돌던 풍문에 의하면 "만일 러시아가 승리하면 일본인은 토지를 버리고 퇴거할 것이므로 토지를 그들에게 팔면 그 대금은 무상의 이익이 될 것"[19]이라는 풍설의 영향으로 토지의 방매자가 급증하였다고 한다. 조선흥업도 이러한 분위기를 타고 손쉽게 토지를 매수할 수 있었다.[20]

또한 조선흥업이 이때 매수한 토지는 실상 토지의 소유권이 아니라 경작권이었다는 점이 주목된다. 이는 외국인의 토지소유가 불법이었기 때문에 나온 방법 중의 하나였다. 이때 해당 토지의 경작기간은 50년으로 사실상의 영구 경작권을 설정했다. 그러나 이후 1906년의 土地家屋證明規則, 1908년 土地家屋所有權證明規則 등의 시행으로 외국인의 토지소유가 합법화되고, 마침내 1910년 병합으로 인하여 경작권 임

---

18) 大橋淸三郞, 앞 책(1915), 285~286쪽.

19) 菊池揔 等, 『韓國實業調査復命書』, 松江, 1905, 251~253쪽 ; 大橋淸三郞, 앞 책(1915), 286쪽.

20) 이러한 이유 이외에도 대한제국기 국가권력에 의한 봉건적 수탈이 농민들의 토지방매를 초래하였다는 점, 일본인들이 시세보다 높은 가격에 일시 현금으로 사들였다는 점, 빈곤층은 일본인들의 고리대의 결과 저당유질로 토지를 수탈당했다는 점 등 다양한 원인이 있다. 이에 관하여서는 제2장에서 살펴본 바와 같다.

대의 개념은 막강한 식민지 권력과 거대한 자본의 강압 아래 흐지부지 되면서 한국인 원지주는 토지를 잃게 되었다. 즉 토지조사사업 당시 조선흥업은 원지주의 승낙도 없이 해당 토지를 조선흥업 명의로 변경 신고하는 식으로 조선흥업의 농지는 편법과 물리적 강제력을 동원한 수탈로 확대되어 갔다.[21] 그 구체적 사례를 보면 다음과 같다.

1904년 당시 조선흥업의 황주지점 관계자 일본인 太田과 加藤이란 자가 황주지방의 각 坊首와 里頭民을 협박하여 약 8,000여 정보나 되는 민간토지에 대하여 50개년을 기한으로 경작권을 매득하였다. 외국인에게 토지매매가 불법이었기 때문에 조선흥업은 소유권이 아닌 경작권을 매수한 것이었다. 그런데 토지조사사업 당시 원지주에게 전혀 통고하지 않은 채 해당 토지를 그대로 조선흥업 명의로 등록하였다. 그리고 조선흥업은 경작권을 매수할 당시에는 한국인 원지주를 소작인으로 채용하면서 소작료를 생산고의 1/3만 받기로 하였던 것을 24년이 지난 1928년에 와서는 50%이상 60~70%까지 징수하였고, 소작권 이동까지 빈번히 자의적으로 행사하였다. 이에 원지주들은 조선흥업의 횡포한 조치에 대응하고, 또한 회사가 토지의 명의까지 변경하여 전혀 반환의 의사를 보이지 않자 매매 당시 50개년 기한의 경작권 매매 계약서를 증거로 하여 강경하게 항의하였다.[22]

러일전쟁 무렵 조선흥업은 근대적 거래와 계약서 작성에 대한 지식이 부족했던 한국민을 속였다. 또한 당시 한국인 토지소유자들은 대한제국의 수탈에 대한 재산 은닉책으로 자신의 재산을 일본인 회사에 경작권 매매 형식으로 넘기고, 각종의 토지에 대한 제세공과금을 회피할 수 있었다. 문제는 토지에 대한 세금을 회사 측이 전담한다는 점과 소작료는 토지가격에 비례하여 고하가 결정되므로, 한국인 지주들이 소

---

21) 『동아일보』, 1928년 3월 28일 ; 『중외일보』, 1928년 3월 25일.
22) 『중외일보』, 1928년 3월 25일, 27일 ; 『동아일보』, 1928년 3월 28일 ; 『조선일보』, 1928년 3월 25일 ; 『朝楊報』, 1928년 10월 25일자 제12호.

작료를 적게 할 작정으로 토지가격을 되도록 적게 받았다는 데 있었다. 조선흥업 측은 매매 당시 매도자이자 소작인이 된 한국인 지주들과의 약속과는 달리 수시로 소작권 이동을 단행했고, 그때마다 소작료율도 70%까지 인상했다.[23]

조선흥업의 불법적 행위는 다음의 사례를 통해서도 확인된다. 李在重을 비롯한 당시 조선흥업 황주지점에 경작권을 매각한 한국인 지주들은 회사 측의 횡포에 아무리 진정을 넣어도 받아들여지지 않자 결국 1928년 6월 山梨총독이 서북지방을 순회할 때, 다음과 같은 장문의 진정서를 제출하였다. 그러나 역시 시정되지 않았다.

1. 황주흥업회사가 토지 경작권을 매수하기는 1905년 러일전쟁 당시인데, 정당한 수단으로 매수한 것이 아니라, 각 面長 및 里長에게 무리한 명령을 하여 민간 토지 전부를 매수하도록 노력케 함과 동시에 토지개량 소작료 감액 등을 운운 등 감언이설로 설득당한 부민, 인민을 사칭하여 매수한 사실.
2. 경작기한은 50개년으로 계약을 체결한 것이 명확한 사실.
3. 소작료는 경작권비, 토지대금으로 작정한 사실.[24]

이에 따르면 조선흥업은 토지의 소유권이 아닌 경작권을 매수하였고, 또한 이때 한국인 원지주에게 토지개량 소작료 감면과 경작기한 50개년을 명시하였지만 사실상 이를 무시하고, 자의적으로 소작료를 증징하여 소작쟁의를 불러 일으켰던 것이다. 게다가 실제로 1905년 당시 조선흥업 측과 체결하였던 계약증서의 대부분이 회사의 술책으로 거의 다 회사 당국자의 손에 넘어갔고, 지금은 거우 황주 청수면 일대에 2~3개 정도만 남아서 한국인 원지주들이 토지를 회수받을 가능성이나 소작료를 1/3로 확정할 여지가 없었던 것이다.[25] 이렇게 온갖 편

---

23) 『중외일보』, 1928년 3월 29일.
24) 『중외일보』, 1928년 6월 19일.

법과 폭력적 방법을 다 동원하여 조선홍업은 식민지 한국 내에서 동척
에 이은 일본인 최대의 농업회사로 군림하였다.

2) 사업의 확장과 경영규모

조선홍업은 1904년 창업 이래 10년간을 자칭 '창업시대'로 구분하였
다. 이 기간 동안 조선홍업은 꾸준히 관할 경작지를 확대하여 사업의
기초를 마련하였다.[26] 사업은 주로 농업부에 주력하였고, 창고부과 축
산부, 그리고 기타 부업부분에까지 영업영역을 확대하였다.[27]

창업기를 지나 영업 10년(1914년)을 기하여 자칭 '守成의 시대'로[28]
들어서면서부터는 토지의 확대는 물론이고, 지속적인 농장정리를 통하
여 관리가 불편한 지역이나 수확불량 내지 수확불안정지역 토지를 처
분하고, 관리가 편리한 양질의 토지를 추가로 매수하였다. 그리하여
1919년 토지조사국의 地積査定에 의하면 소유 논밭의 지적이 총
14,600여 정보에 달했는데,[29] 1912년부터 시행된 토지조사사업에 힘입
은 바가 큰 것으로 보인다. 그리고 1926년에는 황주지점 내 1,200정보
의 거대한 집단지를 매수하기도 하였다.[30]

조선홍업은 경제계의 다년간의 불황과 米價저락으로 토지처분 물량
이 많아진 1928년 상황에서 더욱더 투자를 늘려 양질의 토지를 확보했
다. 그만큼 자본규모가 컸고, 또한 1920년대 산미증식계획에 따른 수년
간 높은 영업이익으로 회사의 재무구조가 탄탄한 상황이었으며, 제일
은행 등의 금융권과의 긴밀한 관계와 후원에 의해 가능한 일이었다.
각 연도의 영업보고서를 보면 자산 중 부채비율 적요란에서 금융권의

---

25) 『동아일보』, 1928년 3월 28일.
26) 『旣往十年事業槪況』, 45~46쪽.
27) 『영업보고서』 제15기(1918년 4월 1일~1919년 3월 31일), 4쪽.
28) 『旣往十年事業槪況』, 45쪽.
29) 『영업보고서』 제16기(1919년 4월 1일~1920년 3월 31일), 4쪽.
30) 『영업보고서』 제23기(1926년 4월 1일~1927년 3월 31일), 4~5쪽.

융자가 장기 저리로 이루어지고 있음을 확인할 수 있다.31)

<지도 3-1> 조선흥업주식회사의 전국 사업지

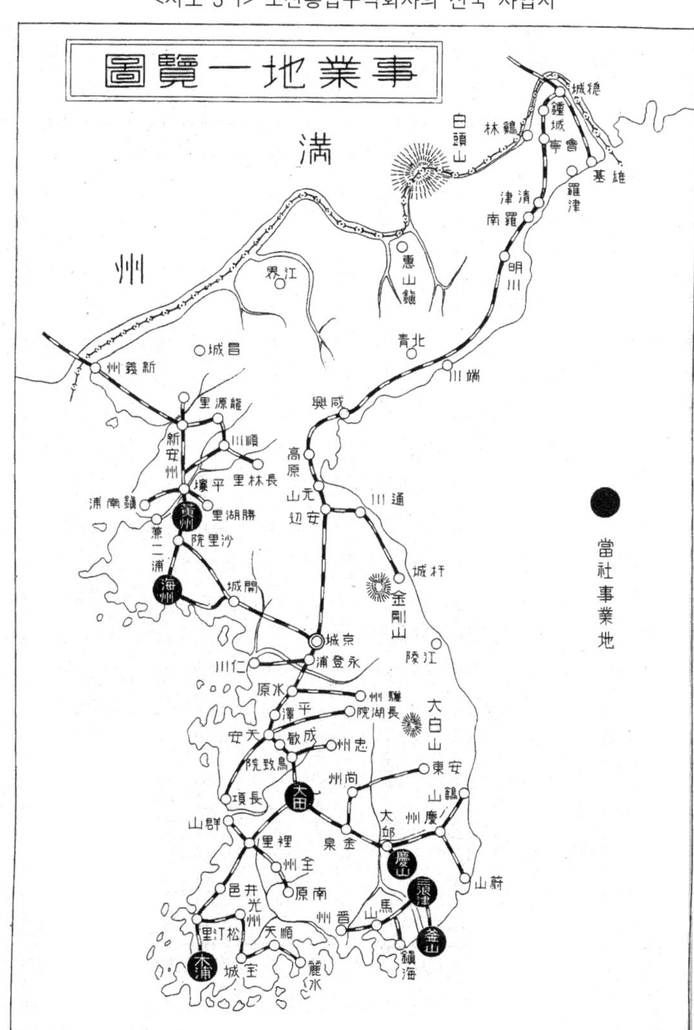

* 출전 :『三十周年記念誌』, 63쪽.

---

31)『영업보고서』제25기(1928년 4월 1일~1929년 3월 31일), 3쪽 및 각 연도판 영
   업보고서 참조.

120

특히 황주와 목포 양대 농장에 중점을 두고 토지를 확대시켰음을 확인할 수 있다. <표 3-1>의 1936년 당시 양대 농장의 전체 조선흥업 소유면적에 대한 비율은 전체 경지면적 17,291정보 중 12,847정보로 74.3%에 달하고 있다. 또한 <지도 3-1>에서 보면 경부선과 경의선을 따라 중요 하천을 기본으로 끼고 형성된 최적의 입지조건을 갖춘 농장망을 형성했음이 확인된다. <표 3-1>은 1936년 당시 조선흥업의 지점별 논밭 면적으로 조선흥업의 관할 경작지는 이 무렵 이후 크게 변동이 없다. 거의 1만 7천여 정보 선에서 1945년까지 유지되므로 지점별 관할면적 역시 대동소이할 것으로 추정된다.[32]

<표 3-1> 지점별 논밭면적 (1936년 현재) (단위 : 町)

지점별	밭	논	기타	합계
黃州	7,375	670	322	8,367
木浦	2,149	1,268	63	3,480
三浪津	534	755	374	1,663
大田	276	922	83	1,281
慶山	564	902	30	1,496
海州	448	466	90	1,004
合計	11,346	4,983	962	17,291

* 출전 :『三十周年記念誌』, 62쪽.

다음은 다시 조선흥업의 논밭별 경지면적 및 토지대금(1904~1945년)과 총 경지면적 중 논밭별 경지면적 및 비율(1904~1945년), 총 토지대금 중 논밭별 토지대금 및 비율(1904~1945년)을 나타낸 것이다.

<표 3-2>에 의하면 토지 전체의 면적은 꾸준히 증가하다가 1929년 이후로는 대략 17,500정보 가량 올라가 거의 큰 변동이 없이 유지된다.

---

32) 1936년 이후 각 지점별 논밭면적은 파악할 수가 없다.『영업보고서』에서도 지점이 아닌 조선흥업 전체의 논밭면적만 표기되어 있다. 그러나 <표 3-2>에서 확인되듯이 1936년 이후 1945년까지(1945년 3월 31일 현재 총 17,501정보) 조선흥업의 총 경지면적은 큰 변화가 없다. 따라서 지점별 논밭소유면적도 1936년 자료의 수치에서 크게 변화가 없을 것으로 추정된다.

<표 3-2> 논밭별 경지면적 및 토지대금 (1904~1945년) (단위 : 町步, 圓)

期別	연도	논		밭		기타		합계	
		면적	토지대금	면적	토지대금	면적	토지대금	면적	토지대금
1	1904	-	-	-	-	-	-	-	-
2	1905	400	40,753	2,381	135,131	76	1,491	2,857	177,375
3	1906	989	167,703	5,097	309,827	198	5,143	6,284	482,673
4	1907	1,363	253,781	6,650	417,758	327	10,428	8,340	681,967
5	1908	1,441	268,969	6,725	451,213	328	10,485	8,494	730,667
6	1909	1,643	279,366	6,582	395,230	613	12,960	8,838	687,556
7	1910	1,934	358,076	6,920	432,974	610	11,956	9,464	803,006
8	1911	2,103	421,737	7,163	469,695	649	12,386	9,915	903,818
9	1912	2,548	638,084	7,509	533,865	752	15,381	10,810	1,187,330
10	1913	3,028	951,200	8,221	617,546	539	20,050	11,788	1,588,796
11	1914	3,124	1,004,384	8,293	630,031	568	20,135	11,985	1,654,550
12	1915	3,351	1,107,842	8,521	658,226	550	19,790	12,422	1,785,853
13	1916	3,466	1,151,473	8,639	679,087	539	19,791	12,644	1,850,351
14	1917	3,573	1,185,777	8,690	686,446	504	18,661	12,767	1,890,883
15	1918	3,593	1,198,706	8,697	687,981	506	19,032	12,796	1,905,719
16	1919	4,061	1,201,153	9,810	664,764	736	57,458	14,605	1,923,375
17	1920	4,073	1,213,469	9,836	675,464	735	57,121	14,645	1,946,054
18	1921	4,148	1,335,230	9,862	680,272	733	57,094	14,742	2,072,596
19	1922	4,196	1,418,217	9,921	698,602	738	58,330	14,856	2,175,149
20	1923	4,312	1,474,634	9,937	703,757	772	62,318	15,021	2,240,709
21	1924	3,986	1,413,177	9,916	719,688	755	60,562	14,657	2,193,427
22	1925	3,827	1,346,436	9,871	720,803	843	61,173	14,541	2,128,412
23	1926	3,887	1,469,614	10,960	960,202	888	72,427	15,735	2,502,243
24	1927	3,979	1,571,547	10,979	966,988	840	84,599	15,798	2,623,134
25	1928	4,097	1,799,103	11,166	1,125,697	850	95,819	16,113	3,020,619
26	1929	4,669	2,296,797	11,638	1,308,716	922	122,419	17,229	3,727,932
27	1930	4,846	2,436,620	11,597	1,325,450	988	130,509	17,431	3,892,579
28	1931	5,110	2,564,450	11,451	1,254,151	991	132,099	17,552	3,950,700
29	1932	5,133	2,625,574	11,434	1,268,033	1,000	137,649	17,567	4,031,256
30	1933	5,049	2,584,710	11,384	1,256,825	991	170,259	17,424	4,011,794
31	1934	5,035	2,574,472	11,362	1,262,371	993	174,542	17,390	4,011,385
32	1935	4,983	2,559,935	11,346	1,296,092	962	178,596	17,291	4,034,623
33	1936	4,951	2,609,454	11,311	1,294,750	963	153,404	17,225	4,057,608
34	1937	5,107	2,709,057	11,222	1,282,393	910	146,008	17,239	4,137,458
35	1938	5,124	2,752,830	11,235	1,320,204	841	127,709	17,200	4,200,743
36	1939	5,313	3,081,347	11,404	1,699,843	849	137,910	17,566	4,919,100
37	1940	5,353	3,096,981	11,336	1,553,910	816	119,040	17,505	4,769,931
38	1941	5,355	3,151,726	11,331	1,605,036	814	118,756	17,500	4,875,518
39	1942	5,672	3,417,258	11,025	1,420,035	800	112,504	17,497	4,949,797
40	1943	5,694	3,388,284	10,990	1,408,097	802	115,747	17,486	4,912,128
41	1944	5,713	3,795,767	10,968	1,424,124	820	127,873	17,501	5,347,764
42	1945								

* 자료 :『三十周年記念誌』68쪽 및 『영업보고서』 각 연도판에서 재작성.

<표 3-3> 논밭별 경지면적 및 비율 (1904~1945년) (단위 : 町, %)

연도	논		밭		기타		합계
	면적	비율	면적	비율	면적	비율	총면적
1904	-	-	-	-	-	-	-
1905	400	14.0	2,381	83.3	76	2.7	2,857
1906	989	15.7	5,097	81.1	198	3.2	6,284
1907	1,363	16.3	6,650	79.7	327	3.9	8,340
1908	1,441	17.0	6,725	79.2	328	3.9	8,494
1909	1,643	18.6	6,582	74.4	613	6.9	8,838
1910	1,934	20.4	6,920	73.1	610	6.4	9,464
1911	2,103	21.2	7,163	72.2	649	6.5	9,915
1912	2,548	23.6	7,509	69.5	752	7.0	10,810
1913	3,028	25.7	8,221	69.7	539	4.6	11,788
1914	3,124	26.1	8,293	69.2	568	4.7	11,985
1915	3,351	27.0	8,521	68.6	550	4.4	12,422
1916	3,466	27.4	8,639	68.3	539	4.3	12,644
1917	3,573	28.0	8,690	68.1	504	3.9	12,767
1918	3,593	28.1	8,697	68.0	506	4.0	12,796
1919	4,061	27.8	9,810	67.2	736	5.0	14,606
1920	4,073	27.8	9,836	67.2	735	5.0	14,645
1921	4,148	28.1	9,862	66.9	733	5.0	14,743
1922	4,196	28.2	9,922	66.8	738	5.0	14,856
1923	4,312	28.7	9,937	66.1	772	5.1	15,022
1924	3,986	27.2	9,916	67.6	755	5.2	14,657
1925	3,827	26.3	9,871	67.9	843	5.8	14,541
1926	3,887	24.7	10,960	69.7	888	5.6	15,735
1927	3,979	25.2	10,979	69.5	840	5.3	15,798
1928	4,097	25.4	11,166	69.3	851	5.3	16,113
1929	4,669	27.1	11,638	67.5	922	5.4	17,229
1930	4,846	27.8	11,597	66.5	988	5.7	17,431
1931	5,110	29.1	11,451	65.2	991	5.6	17,552
1932	5,133	29.2	11,434	65.1	1,000	5.7	17,567
1933	5,049	29.0	11,384	65.3	991	5.7	17,424
1934	5,035	29.0	11,362	65.3	993	5.7	17,390
1935	4,983	28.8	11,346	65.6	962	5.6	17,291
1936	4,951	28.7	11,311	65.7	963	5.6	17,225
1937	5,107	29.6	11,222	65.1	910	5.3	17,239
1938	5,124	29.8	11,235	65.3	841	4.9	17,200
1939	5,313	30.2	11,404	64.9	849	4.8	17,566
1940	5,353	30.6	11,336	64.8	816	4.7	17,505
1941	5,355	30.6	11,331	64.7	814	4.7	17,500
1942	5,672	32.4	11,025	63.0	800	4.6	17,497
1943	5,694	32.6	10,990	62.9	802	4.6	17,486
1944	5,713	32.6	10,968	62.8	820	4.7	17,501
1945							

* 자료 : 『三十周年記念誌』 68쪽 및 『영업보고서』 각 연도판에서 재작성.

<표 3-4> 논밭별 토지대금 및 비율 (1905~1945년) (단위 : 圓, %)

연도	논		밭		기타		합계
	토지대금	비율	토지대금	비율	토지대금	비율	토지대금
1904	-		-		-		-
1905	40,753	22.97	135,131	76.18	1,491	0.84	177,375
1906	167,703	34.74	309,827	64.19	5,143	1.07	482,673
1907	253,781	37.21	417,758	61.26	10,428	1.53	681,967
1908	268,969	36.81	451,213	61.75	10,485	1.43	730,667
1909	279,366	40.63	395,230	57.48	12,960	1.89	687,556
1910	358,076	44.59	432,974	53.92	11,956	1.49	803,006
1911	421,737	46.66	469,695	51.97	12,386	1.37	903,818
1912	638,084	53.74	533,865	44.96	15,381	1.30	1,187,330
1913	951,200	59.87	617,546	38.87	20,050	1.26	1,588,796
1914	1,004,384	60.70	630,031	38.08	20,135	1.22	1,654,550
1915	1,107,842	62.03	658,226	36.86	19,790	1.11	1,785,853
1916	1,151,473	62.22	679,087	36.70	19,791	1.07	1,850,351
1917	1,185,777	62.71	686,446	36.30	18,661	0.99	1,890,883
1918	1,198,706	62.90	687,981	36.10	19,032	1.00	1,905,719
1919	1,201,153	62.45	664,764	34.56	57,458	2.99	1,923,375
1920	1,213,469	62.35	675,464	34.71	57,121	2.94	1,946,054
1921	1,335,230	64.42	680,272	32.82	57,094	2.75	2,072,596
1922	1,418,217	65.20	698,602	32.12	58,330	2.68	2,175,149
1923	1,474,634	65.81	703,757	31.41	62,318	2.78	2,240,709
1924	1,413,177	64.42	719,688	32.81	60,562	2.76	2,193,427
1925	1,346,436	63.26	720,803	33.87	61,173	2.87	2,128,412
1926	1,469,614	58.73	960,202	38.37	72,427	2.89	2,502,243
1927	1,571,547	59.91	966,988	36.86	84,599	3.22	2,623,134
1928	1,799,103	59.56	1,125,697	37.26	95,819	3.17	3,020,619
1929	2,296,797	61.61	1,308,716	35.10	122,419	3.28	3,727,932
1930	2,436,620	62.59	1,325,450	34.05	130,509	3.35	3,892,579
1931	2,564,450	64.91	1,254,151	31.74	132,099	3.34	3,950,700
1932	2,625,574	65.13	1,268,033	31.46	137,649	3.41	4,031,256
1933	2,584,710	64.42	1,256,825	31.33	170,259	4.24	4,011,794
1934	2,574,472	62.58	1,262,371	31.47	174,542	4.35	4,011,385
1935	2,559,935	63.44	1,296,092	32.12	178,596	4.43	4,034,623
1936	2,609,454	64.31	1,294,750	31.91	153,404	3.78	4,057,608
1937	2,709,057	65.47	1,282,393	30.99	146,008	3.53	4,137,458
1938	2,752,830	65.53	1,320,204	31.43	127,709	3.04	4,200,743
1939	3,081,347	62.64	1,699,843	34.56	137,910	2.80	4,919,100
1940	3,096,981	64.92	1,553,910	32.58	119,040	2.50	4,769,931
1941	3,151,726	64.64	1,605,036	32.92	118,756	2.43	4,875,518
1942	3,417,258	69.03	1,420,035	28.69	112,504	2.27	4,949,797
1943	3,388,284	68.98	1,408,097	28.67	115,747	2.36	4,912,128
1944	3,795,767	70.98	1,424,124	26.63	127,873	2.39	5,347,764
1945							

 * 자료 :『三十周年記念誌』 68쪽 및 『영업보고서』 각 연도판에서 재작성.
 * <표 3-2>, <표 3-3>, <표 3-4>에서 1904년과 1945년이 공란으로 처리
   된 것은 조선흥업이 1904년 9월 창설되었지만 정작 토지매수에 착수한
   것은 1905년부터였고, 1945년 8월 일제의 패망으로 영업보고서가 작성되
   지 않았기 때문임.

<표 3-3>에서 논은 총 경지면적에서 30% 내외를 차지하고 있는데,
총 면적은 비교적 꾸준히 증가하고 있는 추세이다.

그러나 <표 3-4>에서 보면 논은 그 토지대금 비중이 1914년 이후
벌써 전체 경작지 대금의 60~70%대에 육박하는 추세를 보이고 있다.
확실히 경작지 면적에서 논의 비중은 밭이 차지하는 60~70%대의 비
중에 비하여 절반가량이나, 토지대금면에서는 반대로 밭의 대금이 전
체 토지대금 중 30%선으로 논 대금의 절반수준이다. 아울러 <표 3-4>
에서 보듯이 전체 토지대금도 꾸준히 증대되어 1944년에는 500만 원대
를 훨씬 넘어섰다. 총 경지면적의 변화가 거의 없는 1930년대 토지대
금은 100만 원 이상 올랐는데 이는 밭의 토지대금도 많이 상승했으나,
논의 지가가 그 상승폭이 매우 컸기 때문이었다.

조선흥업은 사실상 1929년 이후 총경작지 면적이 거의 늘지 않는다.
그런데도 그 토지대금이 꾸준히 상승하면서 자산이 증대되었다.[33] 뿐
만 아니라 이를 소작료 수입과 비교하였을 때 1929년 이후 경제공황의
여파로 잠시 소작료 수입이 감소했을 뿐이고, 이후 곧 소작료 수입은
100만 원대로 올라 1935년 말에는 140만 원을 넘어섰다.[34] 즉 앞서의
지적처럼 곡가변동과 상승에 따라 조선흥업은 총수익과 순익면에서
꾸준하고 안정된 증가세를 보였다.

이상 조선흥업의 토지면적 및 대금표에서 다른 일본인 대지주들에
비하여 특이하게 부각되는 점은 밭이 전체 토지면적에서 차지하는 비

---

33)『旣往十五年事業槪說』, 7쪽.
34)『三十周年記念誌』, 序.

중이 초창기 80% 이상이었다는 점이다. 이후 밭의 비중이 60%대로 낮아지기는 하나 당시 일본인 농업회사나 대지주들이 주로 논농사에 치중하던 것과 좋은 대비가 된다. 조선흥업은 주력 밭작물이 대두와 면화로 일제의 식민지 농정에 부합하는 운영을 하였다. 그리고 논의 비중이 20~30%로 전체 경작지 면적 중 차지하는 비율이 낮다고 하더라도 그 대금면에서는 1912년부터 이미 밭의 대금을 추월하여 1944년 70%대로 들어섰다. 즉 논은 그 경작면적의 절대수치로만 보아도 <표 3-3>에서 보는 바와 같이 5,000~6,000정보의 거대 규모였다. 거대지주의 기준이 500~1,000정보이고, 당시 조선총독부가 정한 일반적인 대지주 기준을 30정보로 보았을 때 조선흥업은 논 규모만으로도 三菱재벌의 東山농사주식회사의 규모를 능가하는 거대 회사지주였던 것이다.

이에 대하여 윤수종은 당시 밭보다는 논의 수익률이 높았고, 그 때문에 논이 밭보다 비쌌다고 분석했다. 따라서 논의 토지대금 비중이 컸다고 해석하였다.[35] 그러나 반대로 논보다 밭이 지가가 쌌기 때문에 수익률이 논에 비하여 높을 수 있었다. 그러므로 일률적으로 밭의 수익률이 논의 그것보다 낮았다고 결론내릴 수는 없다. 오히려 저렴한 지가로 밭이 내는 수익성이 높았고, 이것은 조선흥업이 황주나 목포지역에서 밭의 비중이 높았던 여러 이유 중의 하나였을 것으로 보인다. 또한 황주지역은 지역적 특성상 밭농사 적합지역이기는 하나 그렇다고 하여 논농사가 어려운 지역은 결코 아니었다. 그것은 황주지점이 논의 면적이 1936년 당시 670정보에 이르는 거대면적이었고, 또한 기술한 바와 같이 대동강과 재령강을 낀 옥토라는 점에서도 확인된다.

한편 조선흥업의 토지 이익률의 추이를 보면 다음 <표 3-5>와 같다.[36]

---

35) 윤수종, 앞 글(1988), 24쪽.

36) 본 통계는 1936년 이후 『영업보고서』에 나타난 소작료 수입부분을 참고하지 못하였다. 그러나 1936년 이후 소작료는 뒤의 <표 5-6>에서처럼 금액으로 환산부분이 불분명하여 1935년까지의 토지 이윤만 산출이 가능하다.

<표 3-5> 조선흥업주식회사의 토지이윤의 추이 (1905~1935년) (단위 : 圓, %)

연도	논밭가격	순수익	토지이윤
1905	177,375	19,015	10.72
1906	482,673	52,187	10.81
1907	681,967	99,446	14.58
1908	730,667	85,206	11.66
1909	687,556	85,386	12.42
1910	803,006	113,538	14.14
1911	903,818	142,341	15.75
1912	1,187,330	194,128	16.35
1913	1,588,796	232,845	14.66
1914	1,654,550	226,970	13.72
1915	1,785,858	208,096	11.65
1916	1,850,351	286,608	15.49
1917	1,890,883	458,913	24.27
1918	1,905,719	676,463	35.50
1919	1,923,375	871,522	45.31
1920	1,946,054	412,800	21.21
1921	2,072,596	635,051	30.64
1922	2,175,149	556,085	25.57
1923	2,240,710	644,861	28.78
1924	2,193,427	707,296	32.25
1925	2,128,412	713,111	33.50
1926	2,502,243	731,648	29.24
1927	2,623,134	725,005	27.64
1928	3,020,619	668,504	22.13
1929	3,727,932	644,231	17.28
1930	3,892,579	508,943	13.07
1931	3,950,700	646,408	16.36
1932	4,031,256	692,262	17.17
1933	4,011,794	777,725	19.39
1934	4,011,385	958,504	23.89
1935	4,034,623	1,088,923	26.99

* 출전 : 淺田喬二, 앞 책(1968), 159쪽의 3.36표.

1. 公課・管理費・기타의 小作料高에 대한 비율은 1928~1940년까지의 13개년 평균이고, 中等田 17.3%, 中等畑 18.0%이었는데(앞의 『第13回全鮮畓田賣買價格及收益調』, 16, 20쪽에서 산출), 소작료고에 대한 순수익비율은 82%로서 계산.

2. 『三十周年記念誌』, 68~69쪽에서 작성.

참고로 일제 강점기 한국의 평균 토지수익률이 8~9%였고, 주식이 익률은 6~7%, 보통은행 정기예금의 이윤이 4~6%였다. 그런데 조선흥업의 토지이윤은 무려 20~45%대에까지 이르고 있다. 이는 낮은 지가에도 그 원인이 있겠으나, 고율의 소작료와 이를 바탕으로 한 최대 이윤의 창출에 그 구조적 원인이 있었던 것이다.[37]

한편 일제하 일본인들이 한국에서 소유한 경지면적에 대한 공식통계는 발표되어 있지 않다. 다만 1930년 조사된 경지면적 규모 30정보 이상의 지주가 소유한 총 경지면적과 조선흥업의 것을 비교해 보면 조선흥업이 당시 한국 전체, 그리고 한국 내 일본인 지주의 경영규모에서 차지하는 비중을 대략 파악할 수 있다.

<표 3-6> 1930년 30정보 이상 지주의 민족별 경지소유면적 및
조선흥업주식회사의 경지면적 (단위 : 町步, 명, %)

전국 총경작지 (A)	30정보 이상 지주의 소유면적						조선 흥업 (D)	A에 대한 비율	B에 대한 비율	C에 대한 비율
	한국인		일본인(B)		합계(C)					
	면적	인원	면적	인원	면적	인원				
4,569,387	343,830	4,159	218,214	842	562,044	5,001	17,431	0.38%	7.99%	3.10%

* 자료 : 장시원, 앞 글(1989), 46쪽의 표 6-1에서 재작성.
* 전국 총경작지(A)면적은 미등록지를 포함함. 등록토지면적은 4,388,664정보임.

<표 3-6>에 의하면 1930년 현재 조선흥업은 30정보 이상을 소유한 지주의 소유면적에서 3.10%에 달하는 비중을 차지하였고, 특히 30정보 이상 소유 일본인 지주의 소유면적에 대하여서는 무려 8%에 달하는 수치를 보이고 있다. 개별지주로서도 당시 한국 전체 경작지의 0.38%에 달하는 비중을 차지하고 있었다는 것은 조선흥업의 막강한 사회·경제적 영향력과 식민지 한국농업에서 거대 일본인 회사지주로서의 위치를 짐작할 수 있게 한다. 사실상 조선총독부가 정한 대지주의 분

---

37) 淺田喬二, 앞 책(1968), 103쪽.

류의 기준을 30정보라고 할 때 조선흥업은 그것의 거의 600배에 가까운 거대면적을 차지하고 있었다.

2. 지점별 경영구조 및 특징

1) 황주지점과 해주 출장소

⑴ 황주지점

① 농장 설치과정

황주지점은 조선흥업이 한국에서 처음 사업을 발흥할 당시 1905년 4월 兼二浦 출장소로 설치되어 조선흥업의 각 지점 중 가장 광대한 토지를 관리하였다.[38] 초기 황주지점 소장은 기사장 출신 小西文之로 尾高次郎과 함께 한국 각 지역을 답사하여 사업 적합지역을 직접 선정한 실무진이었다. 농장설치 당시의 황주지역 상황과 토지매수 과정을 보면 다음과 같다. 尾高는 1904년 9월 황주지점 설치를 위한 사무소를 겸이포에 설치하고, 매수 토지를 조사하던 중 경의선이 통과하며 대동강 지류가 흐르는 이 지역을 택했다.

조선흥업은 당시 이 지역이 토지가 윤택한 반면 인구가 희박하여 황무지가 각처에 산재해 있었으므로 대농장 경영은 물론 척식이민 사업에도 적합지역이라고 판단하였다. 특히 황주는 겸이포 철도의 분기점으로 평양까지 1시간 거리이며, 서남쪽방향으로 載寧평야가 있었다. 그리하여 곧바로 토지매수에 착수하였는데, 부근에 거류 일본인들이 전혀 없었고, 한국인들의 배일감정이 매우 강하여 토지매수과정은 순조롭지 못하였다. 이에 당시 러일전쟁 수행을 위하여 겸이포에 주둔하고 있던 일본 제1軍의 보호를 받아 겨우 안전을 확보하였다. 또한 황

---

38) 『旣往十年事業槪況』, 7, 10, 45쪽 ; 『旣往十五年事業槪說』, 2~3쪽 ; 『二十五年誌』, 2, 62쪽 ; 『三十周年記念誌』, 61쪽.

주지역 부근의 坊長(현재의 面長) 등 한국인 유력자들에게 접근하여 토지매수의 의사를 알리고, 이들을 매개로 수백의 토지 매도인으로부터 토지를 매수할 수 있었다. 앞서 언급한 대로 러일전쟁에서 러시아가 승리하면 일본인이 토지를 버리고 퇴거할 것이고, 그 대금은 무상의 이익이 된다는 풍문 때문에 토지 방매자가 꽤 많이 나왔다.[39]

尾高 취체역은 1905년 4월 13일 한국인 坊長과 執綱, 頭民 등 한국인 地主와 그 대표인 지주 總代를 겸이포 출장소로 초대하여 토지매도에 적극 협조할 것을 요구하였다. 그리고 대금지불도 이들을 통하여 한국인 매도자에게 전달하게 하였다.[40] 조선흥업은 특히 겸이포 일대에 주둔하던 일본군부대를 앞세워 강압적인 분위기 속에서 松林, 慕聖, 淸源, 九林, 木德, 德水, 永豊, 三田 등 8개 坊의 坊長을 모아 黃州署理載寧郡守 秦熙晟에게 田畓結에 대한 修成冊까지 요구하였다. 또한 거래상의 안전을 기하기 위하여 田畓永賣文券까지 작성하여 지급할 것도 추가로 요구하였다. 조선흥업은 토지매수 과정에서 지방 유력자들을 통해 해당 관청에 매수 예정지역의 소유권 관계를 사전에 면밀하게 조사함으로써 토지거래 완료 후 혹시라도 발생할지 모르는 소유권 분쟁의 여지를 없앴던 것이다. 이에 대하여 황해도 관찰사 金鶴洙는 外部에 조선흥업의 토지거래가 국법에 위배되므로 엄중 조치해 줄 것을 요청하였음에도 불구하고, 조선흥업의 불법 토지매매는 계속되었다.[41] 그리고 조선흥업은 이때 50년을 기한으로 하는 定期耕作權을 매

---

39) 『三十周年記念誌』, 113쪽 ; 大橋淸三郞, 앞 책(1915), 285~286쪽.

40) 『旣往十年事業槪況』, 11쪽. 사진자료 <황주지점 제1회 토지매수대금 지불의 실황>에는 조선흥업이 한국인 坊長 등을 통하여 한국인 매도자에게 토지대금을 지급하는 장면이 나와 있다. 『三十周年記念誌』, 66쪽 사진자료 <제1회 토지대금 지불> 참조.

41) 外部 編, 『黃海道來去案』 제3책(奎 17986), 황해도 관찰사 金鶴洙가 외부대신에게 발송(1905년 1월 6일) ; 의정부편 23책, 『起案』 11(奎 17746), 照會제6호 ; 의정부편 5책, 『各觀察道去來案』 2(奎 17990-3), 光武 10년 6월 25일자. 황해도 관찰사 高永喜가 의정부에 올린 보고.

수하였다.[42]

조선흥업의 이러한 토지매입 방법은 왕실의 宮庄土가 집중되어 있었던 황해도 載寧지방의 北栗面 일대를 주로 매입한 동척과 달리 매수지역의 전답결에 대한 소유주를 일일이 확인하고, 민유지를 중심으로 매수하는 방식으로 토지를 확보해 갔다는 점에서 차별성이 있다. 다음 <지도 3-2>에서 확인되는 바에 의하면 황주지점 봉산농장의 경우 鳳山郡 내 文井面의 대부분과 沙里院面의 극히 일부분을 차지하고 설치되었다. 그런데 봉산군의 경우 관내 萬泉面 및 雲泉面에 왕실의 광대한 宮房土가 자리하고 있어 中賭地의 관행이 있었던 곳이다. 조선흥업은 바로 만천면과 운천면을 제외하고, 문정면에 황주지점을 설치했던 것이다. 그것은 한국 재래의 일정 토지에 대한 중첩된 소유권 관계로 인하여 발생할 소유권분쟁에서 당초부터 법적 소유권문제에 확실성을 기한 주도면밀한 매수방식이었다.[43] 그러나 매수 토지 모두

---

42) 『중외일보』, 1928년 3월 25일.

43) 참고로 조선흥업의 황주지점이 자리 잡은 황해도 지역은 관내 상당수의 군과 면에 조선왕조 때부터 왕실의 宮房田이 설치되어 中賭地라고 하는 특이한 소작관행이 있었던 곳이다. 이에 관해서는 신용하, 「朝鮮王朝末期의 <賭地權>과 日帝下의 <永小作>의 관계」(『韓國近代社會史硏究』, 일지사, 1987)에 다음과 같이 정리되어 있다. 조선왕조 후기부터 말기에 걸쳐 경기, 경상, 충청, 전라, 강원, 황해, 함경도 등 전국에 걸쳐 나타난 소작농의 賭地權은 소작지에 대한 소작농의 토지소유권으로 성장하였다. 그것은 소작인의 소작지에 대한 단순한 借地權 이상의 지배권을 향상시킨 것이며 지주의 토지소유권에 제한을 가하여 '一田兩主', '一地二所有主'의 소작농의 토지소유권을 성립시킨 것으로 해석된다. 賭地權은 소작료를 총생산량의 1/3 정도로 절하시켰고, 지주의 승낙 없이 소작인은 그 소유권을 자유로이 매매, 양도, 전대할 수 있었다. 또 賭地權을 전대할 경우 그 소유자는 총생산량의 17~25%를 소작료로 징수할 수 있었다. 賭地權은 매매의 경우 지주의 소유권의 약 1/2, 전 토지소유권의 약 1/3 정도로 가격이 책정될 만큼 그 지배권이 매우 강대했던 것이다. 조선총독부의 조사에 의하면 賭地權 사례는 平安北道 義州郡 및 龍川郡 일대 原賭地, 平安南道 大同郡 및 中和郡 일대의 轉賭地(굴도지) 등이 있었고, 황해도의 載寧郡, 信川郡, 安岳郡, 鳳山郡 등에서는 압록강 및 대동강 유역의 賭地權과는 약간 다른 中賭地라는 특수한 지주-소작관행이 전답

가 민유지인 것은 아니었다. 1906년 황해도 관찰사 高永喜의 보고[44]에
서처럼 조선흥업은 외국인의 토지매매를 국법으로 금지하고 있는 현
실을 교묘하게 피하여 소위 추수권을 매수하였다. 게다가 1928년 무렵
소작료 문제로 회사 측과 소작인간에 분쟁이 발생했을 때 보도된 신문
자료에 의하면 조선흥업이 매수한 황해도 淸水面 일대 토지는 본래 군
용 소관이었다고 한다.[45] 조선흥업은 소유권이 아닌 추수권의 매입이

을 통해 매우 광범위하게 행하여졌다. 예컨대 황해도 재령군 右栗面과 左栗
面의 경우를 보면 논 소작지의 약 90%가 中賭地소작지여서 중도지 면적이
약 4만 두락, 中賭主가 약 300여 호, 소작농이 약 1,200여 호에 달했다.(朝鮮
總督府中樞院調査書類, 『中賭地ノ資料』, 197쪽 참조) 이 중도지 소작에 있
어서는 도지권을 경작자로서의 소작농이 갖는 경우보다는 중답주라고 하는
중간자가 개재하여 '中賭租', '中賭支'라고 불린 일종의 소작료를 징수하는 권
리를 행사하였다.(『朝鮮の小作慣行』, 下卷 참고편, 『從來ノ朝鮮ノ小作慣行
調査資料』, 418쪽.) 이 지방에서의 중도지의 소작관행을 원래 '宮房'이 그 소
속 토지를 개간하거나 또는 수해 예방을 위한 堤防을 축조하는 자에 대하여
그 보수로서 도지권을 인정해 주고 부호들이 宮房土地를 개간 또는 개량하
여 이를 일반 소작인들에게 轉貸함으로써 그 차액을 중간이득으로 취하게 되
어 나타난 소작관행이었다. 중답주는 원지주의 승낙을 구하지 않고, 일반 소
작인에게 소작지를 전대할 수 있었고, 중답주의 권리를 매매, 양도, 저당, 상
속할 수 있었다. 대신 중답주도 매년 풍흉에 상관없이 일정의 소작료를 납부
했는데, 황해도 재령지방의 중도지에서는 원지주(宮房)가 수취하는 소작료를
'支定'이라고 칭하고, 중답주가 수취하는 소작료를 '中賭支'라고 칭하기도 했
으나(『中賭地ノ資料』, 173쪽) 황해도의 다른 지방에서는 대체로 원지주가 수
취하는 소작료를 '元賭支', 중답주가 수취하는 소작료를 '中賭支', '中賭租'라
고 불렀다.(『中賭地ノ資料』, 76쪽) 그 소작료액은 원도지가 수확량의 1/4, 중
도지도 수확량의 1/4 정도 되는 것이 보통으로 소작인의 수입 부분은 수확량
의 1/2이었다.

44) 『各觀察道(去來)案』 2(奎 17990), 의정부편, 光武 10년 6월 25일. 이 보고문은
    황해도 관찰사 고영희가 의정부 議政에게 올린 보고문으로 내용상 관유지라
    는 표현이 나온다. 그런데 '관유지'가 왕실의 궁장토인지 여부는 확실하지가
    않다. 그리고 구체적인 지명이 거론되지 않아 조선흥업의 매수 토지가 동척
    의 경우처럼 궁장토의 중답주로부터의 도지권 매수인지에 대하여 확실한 규
    명이 어렵다.

45) 『朝楊報』, 1928년 10월 25일자 제12호. 이와 관련하여서는 러일전쟁 전후 일

므로 전혀 법에 저촉되지 않는다고 강변하였으나 이는 사실상의 소유
권 매매였던 것이다.

<지도 3-2> 황주지점 농장 지도

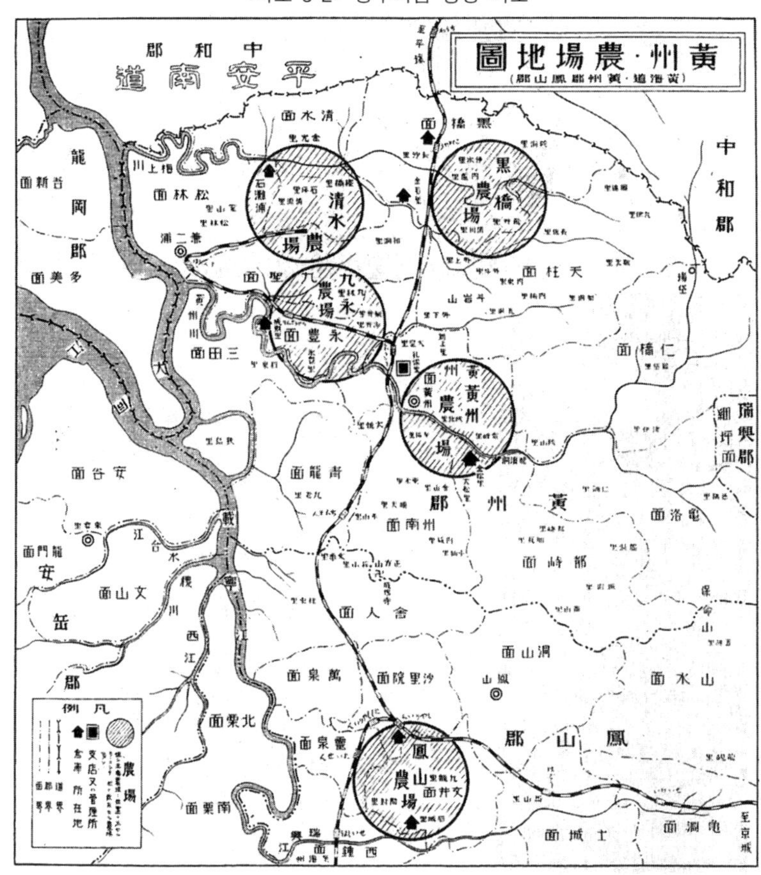

* 출전 : 『三十周年記念誌』, 112쪽.

조선흥업은 수천에 달하는 소작인을 관리하기 위하여 소작인 중 유

본의 군용지 수용에 대한 면밀한 사료적 검토가 요구된다. 본 고찰에서는 조
선흥업이 매수한 청수면 일대의 토지에 대하여 『朝楊報』에서 보도된 것 이
외의 사실은 확인할 수 없었다.

력자를 선정하여 面事務員으로 삼았다. 조선흥업은 이들 면사무원과 촌장들을 매년 소작료 징수기인 10월부터 11월의 사이에 지점으로 소집하고 지점장이 직접 그간의 소작인 관리의 노고를 포상하고, 앞으로의 소작료 징수와 그 외의 사무에 관하여 훈시하였다. 또 연회까지 주관하여 소작료 징수에 만전을 기할 것을 당부하였다.[46)]

② 농장 분포

황주지점의 정확한 소재지는 黃海道 黃州郡 黃州面 禮洞里 388番地이다. 1936년 당시는 社員 및 종업원이 총 28명에 달하였고, 소작인은 4,800명, 평년 소작료는 쌀 9,000石(東穗), 대두 18,000石(長湍・秋田)이었다.[47)] 농장 분포는 <표 3-7>과 같다.

<표 3-7> 황주지점 농장 분포표 (1936년 현재)

농장명	수납 장소	면적(町)		關係都面
黃州	黃州창고	1,700	黃州郡	黃州・州南・郡峙・仁橋・天柱
九永	黃州창고	1,860	黃州郡	九聖・永豊・三田・靑龍
淸水	石灘浦 창고	2,500	黃州郡	淸水・松林・九聖・兼二浦
黑橋	黑橋창고	1,630	黃州郡	黑橋・天柱・淸水・九聖
鳳山	沙里院 창고	720	鳳山郡	沙里院・靈泉・西鍾・文井・楚臥・土城・龜淵

* 출전 :『三十周年記念誌』, 112쪽.

황주지점의 농장은 <표 3-7>과 <지도 3-2>에서 확인되는 바와 같이 황주군 일대와 鳳山郡 각 면에 산재하였는데, 1904년 제1회 토지매수는 황주군 淸源, 慕聖, 九林, 永豊의 4坊으로 3,100여 정보였다.[48)] 그리고 1907년에는 약 5,200정보, 논 150정보에 달하였고, 그 매수대금

---

46)『旣往十年事業槪況』, 12쪽 사진자료 <黃州支店에 있어서 朝鮮人 事務員의 招待> 참조 ;『澁澤榮一傳記資料』第16卷, 605~606쪽.

47)『三十周年記念誌』, 112쪽.

48) 위 책, 113쪽.

134

은 33만 2,370圓이었다. 관계된 지역은 대략 위의 <표 3-7>에서와 같은데 포함된 邑만 115개이고, 그 買收地의 주위가 35里로 일주한다면 7일이 소요되었다고 한다.[49]

각 농장들은 모두 하천을 끼고 설치되었다. 지도에서 보이는 바와 같이 황주, 구영 농장은 대동강 지류인 황주천을, 청수, 흑교농장은 대동강 지류인 매상천을 끼고 있었다. 특히 재령강 상류의 봉산농장은 載寧평야에 자리 잡았는데, 이곳은 옛부터 한국 서북지방의 곡창으로 불리었고, 사리원은 그 쌀과 대두의 집산지였다. 사리원은 재령강과 瑞興江이 만나 광대한 5만 정보의 옥토를 만들어 낸 지역이었다. 그리고 경의선과 별도로 황해선이 지나가면서 1930년대에는 해주에 이어서 황해도 제2의 도시로 성장하였다.[50] 즉, 경의선과 황해선이라는 교통의 요지, 주요 하천을 끼고 설치된 비옥한 기경지라는 최상의 입지 조건으로 농경지를 확보한 것이었다.

황주지점은 1917년 당시 총 5,806정보에서 1921년에는 총 7,096정보로 확대되었고, 1936년에는 8,367정보까지 증가하였다. 이는 전체 조선흥업의 경지면적 17,291정보의 거의 절반에 달하는 48.4%의 비중으로 조선흥업 최대의 농장이었다.[51] 또한 본 농장이 설치되어 농사가 개시된 지 불과 3년째인 1907년 당시 황주지점의 1년 地租納額은 1만 3,600圓으로서 황주농장 하나만으로도 조선흥업은 한국 제1의 다액 납세회사가 되었다는 데에서 그 거대한 규모를 알 수 있다.[52]

황주지점의 사무소는 경의선 황주역으로부터 舊황주성으로 통하는 街道에 연해 있었고,[53] <표 3-7>에서처럼 5개의 대형창고를 보유하고 있었다. 그리고 여기에 점원을 주재시켜 토지 및 소작인의 감독과 소

---

49) 『澁澤榮一傳記資料』 第16卷, 605쪽.

50) 『三十周年記念誌』, 116~117쪽.

51) 위 책, 113쪽.

52) 『澁澤榮一傳記資料』 第16卷, 605쪽.

53) 『旣往十年事業槪況』, 10쪽.

작료 징수의 편의를 도모하였다.[54]

한편 황주지점은 조선흥업의 다른 농장들과 달리 개간 및 경지정리 사업이 비교적 많이 이루어졌다. 황무지 개간과 기경지의 정리사업이 동시에 이루어졌는데 그 사업의 결과 형성된 농장이 <표 3-8>이다.

<표 3-8> 황주지점 특수농장 (1936년 현재)

농장명	종류	면적(町)	工事完成
清水농장	개간·경지정리	280	공사중
黃州金松里농장	同	25	1928
黃州大松里농장	同	10	1928
黑橋金石里농장	同	15	1933
九永和洞里농장	同	20	1930
九永成財里농장	同	60	1929
清水棠山里농장	同	10	1928
清水石坪里농장	同	10	1932
鳳山石城里농장	同	30	1932

* 출전 :『三十周年記念誌』, 112쪽.

그런데 이들 농장의 규모는 총 470정보인데 황주지점 총 경지면적의 8,367정보에 비하면 불과 5.6%이다. 따라서 조선흥업이 그들의 사업성과를 정리한 『既往十年事業槪況』, 『既往十五年事業槪說』, 『二十五年誌』, 『三十周年記念誌』 등에서 대대적으로 선전하는 것처럼 개간과 간척 사업으로 한국의 농업개발에 거대한 공헌을 했다고 하는 주장에 대하여 그 이면을 살펴 볼 필요가 있다. 기본적으로 조선흥업은 기경지 위주로 매입하였고, 농사 불안정 지역을 매각하는 식의 경지정리를 했다. 다만 농장 집단화와 하천을 끼고 있는 농경지의 효율적 편입을 위해서 매수한 기경지들 중 개간이 필요한 일부 토지에만 개간사업을 한 것으로 추정된다. 그것도 한국의 기존 제언시설을 개보수하여 타 수리조합에 편입되는 식의 방식을 택하였다. 게다가 후술할 바와 같이

---

54) 大橋淸三郎, 앞 책(1915), 285쪽.

136

아예 흥농회와 소작계약서의 규정상 개간 및 경지정리비용은 소작료에 가산되어 고율의 소작료로 징수되었고, 결국 한국 소작인의 노동력과 자본을 수탈하여 추진된 사업이었다.

③ 주요 사업 내용

가. 개간 및 경지 정리사업

<표 3-8>에서 제시된 바와 같이 개간 및 경지 정리로 정비된 황주지점의 특수농장은 9개에 달한다. 그러나 그 면적은 앞서 언급한 대로 황주지점 전체 경지면적의 5.6% 수준이었다. 물론 각 특수농장의 자체 면적을 놓고 보았을 때는 결코 적은 면적은 아니다. 이 가운데 淸水농장 조성이 가장 대대적인 개간사업이었다. 청수농장 경지는 황주 관내 토지 중 경의선 黑橋驛 사방 8천㎞에 부근의 淸水面 三街浦에 있는 초생지를 개간한 것이었다.55) 이곳은 1906년 매수 당초 논이 여기저기 산재해 있었고, 대부분이 황무지로 불과 쌀 150여 石의 소작료를 거두었던 농장이었다. 그러나 지리적으로 梅上川을 끼고 띠모양으로 넓게 분포한 이점이 있었다.

조선흥업은 이곳에 개간 및 경지정리를 실시하여 防水堤, 用水路, 貯水堤, 水門 등 防水灌漑設備를 완료하였다. 그리하여 1919년에는 180정보의 논에서 1,400여 石을 소작료로 수취하게 되었으며, 또한 1936년에는 280정보까지 개간하였다. 총 공사비는 10萬 圓에 달하였고, 조선흥업의 '농장 중의 농장'이라고 불리었다.56) 그런데 청수농장 자체가 단일 규모만으로도 2,500정보에 달하는 황주 최대의 농장이었고, 개간한 경지는 이 중 280정보로 11.2%에 불과하였다. 나머지는 개

---

55) 『旣往十年事業槪況』, 18쪽. <草生地와 開墾地> 사진자료 ; 『旣往十五年事業槪說』, 16쪽 ; 『三十周年記念誌』, 70~71쪽. <淸水農場土地改良地域圖> 및 <淸水農場의 展望> 사진자료 참조.

56) 『三十周年記念誌』, 70~71쪽.

간을 필요로 하지 않았던 기경지였던 셈이다.

황주지점에서 실시한 개간 및 경지 정리 공사의 내용은 일제의 시정 5년을 기념하기 위하여 개최되었던 '공진회'에서 황주지점이 농사경영 방법 및 성적에서 '銀牌'를 수상함으로써 『朝鮮産業指針』에 잘 정리되어 있다.57)

먼저 미간지 개간에 관한 내용이다. 조선흥업이 황무지에서 새로이 제방을 축조하거나 개간을 시작한 것은 아니었다. 즉, 청수농장의 경우도 대동강 지류인 梅上川과 白石川을 끼고 있었던 지역으로 19세기 중반에 이미 개간을 목적으로 防水堤가 축조되어 있었다.58) 이것을 황주지점이 보수하여 홍수 및 범람을 막게 했고, 다시 제방 내부에서 연장 5,340여 間의 瀦水堤를 수축하여 用水를 저장함으로써 모내기의 안전을 도모하였다. 또한 三街浦用 및 白石川의 곳곳에 水門을 설치하여 모내기부터 수확까지 旱害의 위험을 방지했다고 한다. 1915년 당시 조선흥업은 향후 7,470여 間의 경작 겸 운반도로를 축조하고, 총 연장 10,998間(1구역을 길이 40間, 폭 15間(2反步)으로 정리)의 用水路를 구축하여 제방과 수로의 교차점에는 수문 및 도랑을 설치할 계획까지 수립하였다. 그리고 조선흥업은 10개년간 총 공사비 38,187圓을 투입하였다. 조선흥업은 이러한 개간지에 이민을 계획하기도 했다.59)

미간지 개간 후 그전까지의 주민은 6戶에 불과하던 촌락 三街浦가 1914년 현재 조선흥업의 파출소가 설치되고, 社員이 주재하게 되었으며 이주해 오는 주민이 증가했다고 대대적으로 선전하고 있다. 그러나 조선흥업은 개간의 방법으로 주로 일정 기한의 소작료를 면제하고 개간을 시키거나 혹은 이민을 유치하여 가옥, 농구, 종자, 비료, 耕牛 등을 대여하는 식으로 전 미간지의 80%에 달하는 220정보를 개간하였

---

57) 大橋淸三郎, 앞 책(1915), 287~289, 303~304쪽.

58) 위 책, 287쪽. 1850년대 三街浦用 및 白石川에 연해서 연장 2,560여 間에 달하는 규모에 개간의 목적으로 防水堤가 축조되어 있었다고 한다.

59) 위 책, 287~289쪽.

다.[60] 따라서 개간 후 주민의 수가 증가했다기보다 한국인의 농토를 매수하고, 그들을 소작인으로 흡수하여 개간사업을 추진했기 때문에 조선흥업으로서는 개간과 소작인의 확보라는 두 가지 이득을 모두 얻은 셈이었다. 게다가 개간지 일부에 일본인 이민 부락을 형성할 계획까지 세우기도 하였다.

한편 경지정리사업은 다음과 같이 전개되었다. 黃海道 黃州郡 淸水面 三街浦 開墾地의 주요 지역으로 개간지 중 防水堤 등 55정보를 제외하고 205정보를 경지정리 대상구역으로 하였다. 이 지역은 앞서 언급한 대로 조선흥업이 1905년 이래 총 공사비 11,000원을 들여 防水堤의 수축, 潴水堤의 신축, 白石川 및 三街浦用으로 洑를 설치하여 개간하였다. 또한 일본식의 집약농법에 적합하게 구조화하여 경지정리공사에 착공하였다.

공사에는 한국인 소작인을 강제 사역시켜 회사에서 직접 운영했으며, 시공 전 예정된 땅을 취득하여 먼저 道水路를 축조, 개비시키고, 그 후 농경지 구획을 정리하였다. 道水路는 1905년 축조된 潴水堤를 기초로 적합한 지역에 배치시켰다. 즉, 조선흥업의 경지정리사업은 개간 및 방수제 축조와 마찬가지로 모두 다 기존 한국의 제방 및 저수제 등을 개보수한 것에 불과했던 것이다.[61]

한편 이때 조선흥업이 투입한 공사비의 20~30% 정도는 총독부의 보조금을 받아 시행된 것이었고, 때에 따라 예외 규정에 의하여 초과로 지원되는 경우도 있었다.[62] 결국 일제의 한국농업 수탈을 위한 토지개량사업을 조선흥업이 대행하면서 그 자금 및 각종의 행정적 지원을 제공받았고, 한국인 노동력을 무상으로 수탈했다. 그리고 고액의 소작료를 통한 공사비용의 전가 등의 방법으로 조선흥업은 자체 자본의

---

60) 위와 같음.

61) 위 책, 303~304쪽.

62) 朝鮮總督府 土地改良部,『朝鮮の土地改良事業』, 1927, 20쪽.

투자 없이 식민지 이윤의 극대화를 실현시켰던 것이다.

나. 주요 작물

주작물인 대두는 당초부터 황해도 지역에서 큰 비중을 차지하는 작물은 아니었다. 밭농사 위주의 황해도에서는 주로 粟, 麥, 高粱(수수), 등 밭작물이 성행하였는데 조선흥업 측이 일본으로의 수출을 목적으로 소작료로서 대두를 강제로 지정하였다.63) 그리하여 당초 9천 石 정도 수확되던 대두가 1936년에는 1만 8천 石까지 증가했고, 황해도 대두경작 면적은 전국 최대 규모가 되었다.64)

창업 당시 황주지방의 대두는 小粒種이었는데, 1909년 조선흥업 측이 이를 일본에서 인기 있는 長端種으로 바꾸면서 일본 곡물시장에서 상등품으로 인정되기 시작하였다. 1925년 장단종의 이입 후에는 성숙기가 2, 3주 앞당겨져 재래의 2년 3作의 윤작재배에서 1년 2作의 집약농업으로 바뀌었다. 그러나 사실 장단종은 황주지방의 지질에 적합하지 않아 막상 수확량을 보면 이전 황주종의 70%선이었는데도 조선흥업 측은 일본시장에서 인정받는다는 이유와 재배기간이 짧아 1년 2작이 가능하다는 이유로 재배를 강제하였던 것이다.65)

그런데 종자는 아무리 우수한 신품종이라고 하더라도 同一種의 連作은 점차 품질을 퇴화시키기 때문에 농장 측은 다시 일본 秋田縣 등으로부터 原種을 들여오는 등 1922년부터는 아예 제도적으로 '종자교환제도'의 장치를 마련하였다. 그리고 종자의 선정 및 검사, 그리고 30여 정보에 달하는 직영 採種田경영을 통하여 일본품종을 소작인들에게 배포하였는데, 그 배포종자만 해도 연간 1천여 石에 달했다고 한다.66) 물론 종자 배부는 무상배급이 아니었다. 회사의 대부라는 형식으

---

63) 『중외일보』, 1928년 3월 27일.
64) 『三十周年記念誌』, 114쪽.
65) 『중외일보』, 1928년 3월 27일.
66) 『三十周年記念誌』, 115쪽.

140

로 종자 구입을 강요하여 소작료 수납 때 일괄 납부하게 했고, 그 종자 대금에는 본래 종자가격에 대부이자까지 가산되었다. 결국 일본 곡물시장으로의 수출을 위한 일본품종을 강제함으로써 한국농업을 종속적인 식민지 농업구조로 재편시켜 나갔던 것이다.

한편 황주지점은 파종법, 시비의 증가, 개량농구의 보급 등 각종의 재배법에까지 일일이 관여하였다. 그리고 일본에서조차 보기 드문 乾燥 및 調製에 관한 강습회와 품평회 개최, 社員의 순회 등을 통하여 철저하게 간섭·통제하였다.[67] 물론 일본품종의 대량보급과 대량수확, 그리고 일본으로의 수출이 목적이었으므로 항상 곡물품질의 기준은 그것이 일본시장에서 어떤 등급을 받느냐에 있었다. 일본은 대두, 소두, 소맥, 고량, 조 등의 대량 수입국이었고, 그 총액은 연간 1억 2천 내지 1억 3천만 원에 달하였다. 따라서 조선흥업 스스로가 인정했듯이 한국의 밭농사 증산은 단순히 한국 내 자급자족의 문제만은 아니었다.[68] 한국은 일본의 가장 중요한 식량과 원료의 공급지였던 것이다. 황주지점에서 생산된 대두는 진남포항을 통하여 직접 大阪, 神戶, 名古屋, 京都, 橫濱 지방에서 직거래되었고,[69] 石當 50錢 내지 1圓의 고가에 거래되었다.

1930년대 들어서서 조선총독부의 방침이 미곡증산계획의 일단락과 함께 밭농사에 치중하는 방향으로 정책전환이 이루어졌는데, 대두는 바로 맥주 제조용이나 밀가루 등의 식료품, 유과, 우유, 커피 대용품, 화약, 防水油 등 그 용도가 풍부하여 경제성이 유망한 작물이었다.[70] 일제는 일본 내 농촌 공황문제와 한국 쌀의 이입으로 인한 일본 농촌 경제의 붕괴현상을 막기 위해 1934년에는 산미증식계획을 중단하게 된다. 조선흥업은 이러한 시대 상황에 편승하여 황주지점의 밭농사가

67) 위와 같음.
68) 위 책, 117쪽.
69) 위 책, 120쪽.
70) 위 책, 115, 117쪽.

크게 덕을 본 셈이었고, 아울러 30년대 조선총독부의 정책에도 부합되는 것이었다.

다음으로 쌀은 황주지점에서 대두 다음가는 주작물이었다. 논의 비중도 <표 3-1>을 보면 1936년에는 670정보에 달하여 수전면적만으로도 그 규모는 충분히 거대농장이었다. 그리고 이 논에서 평균 소작료 9,000石까지 수취되었다.[71] 특히 봉산농장 소재지가 비옥한 재령평야였고, 재령강과 瑞興江이 교차하는 지대에 옥토가 형성되어 沙里院으로 그 쌀과 대두가 집산되었다. 그리고 이 황해도의 쌀은 진남포항을 통해 일본으로 이출되었다. 1934년에는 당시 총 1천 4백만 석이 이출되었다고 하는데 시내 新井, 加藤, 齋藤 등의 대규모 정미소에서 1차 도정작업을 거쳤다. 진남포는 '쌀의 진남포'라는 명성을 얻었고, 진남포 쌀 검사소를 거친 쌀은 'ㄨ'표를 붙여서, 그 명성과 가격이 일본쌀에 버금갔다고 한다. 그리고 조선흥업 황주지점 쌀은 京都, 橫濱 지방에서 거래되었다.[72]

한편 대두 외의 기타 작물로는 高粱, 杞柳(버들고리), 甛菜(사탕무우), 능금 등이 있었다. 이 중 고량과 기유는 황무지 이용 상, 그리고 농가의 부업으로서 매우 적절하여 주로 개간한 장소에 식부되었다.[73]

기유는 柳行李籠의 재료가 된다.[74] 기유는 1911년부터 황주지점에서 처음 재배를 시작하여 약 1畝步의 밭에 植付하였고, 1912년에는 淸水面 安坪里의 황무지에 약 3反步를 試植하고 1913년에는 4町 4反步, 1914년에는 2町 8반보, 1915년에는 다시 11정보,[75] 1919년에는 20정보까지 점차 그 경작면적을 넓혀 나갔다.[76] 그리고 동절기 유휴 노동력

---

71) 위 책, 112쪽.

72) 『三十周年記念誌』, 120쪽.

73) 『旣往十年事業槪況』, 19~20쪽 ;『旣往十五年事業槪說』, 20~21쪽 ; 大橋淸三郞, 앞 책(1915), 287쪽.

74) 『旣往十五年事業槪說』, 20쪽.

75) 大橋淸三郞, 앞 책(1915), 291쪽.

142

을 가동하여 부업에 종사시켜 역시 일본의 버들고리 수요를 충족시키기 위해 수출을 계획하였다. 황주지점은 일본으로부터 숙련된 직공을 고빙하여 교육시키며 장려하기도 했다.

甛菜는 1907년 조선권업모범장의 의탁으로 황주지점에서 처음으로 시범 재배하기 시작했다. 그리고 재배한 지 10년 즈음되어서 함유당분이 구미제품에 비하여 손색이 없게 수확되었고, 제당원료로서 정책적으로 재배가 장려되었다. 대두 그리고 후술할 면화와 마찬가지로 첨채 역시 식민지 농정의 정책을 충실히 대행한 것이었고, 첨채는 일본 제당사업의 원료 공급용으로 재배되었던 것이다.

황주지점은 당초에 권업모범장 의탁 후 구미에서 적당한 종류를 수입하여 시험 재배를 했는데, 1反步의 수확고가 평균 955貫(3톤 반)에 달하였고 糖分 15% 이상의 양질의 수확물을 재배하는 데 성공했다. 그러나 첨채는 병충해를 입기 쉬워 일반작물로서 보급되기 어려웠다.[77]

그 외 苹果, 黃色煙草, 아편원료인 罌粟(양귀비의 異稱)의 재배를 시도하였고, 그 중 苹果와 같은 것은 黃州 사과로서, 시장에서 명성이 자자하였다. 황주는 大邱와 함께 사과의 명산지로서 알려져 있고, 황주군 일대의 1930년대 중반 年産額은 倭錦, 祝, 國光, 紅玉 기타 합계 230萬 貫에 달하였다.[78] 1909년 황주지점은 3정보의 試作地를 개설하고, 농가의 부업으로서, 사과의 재배를 장려하기도 했다.[79] 그러나 기본적으로 농장의 주력 작물은 대두와 쌀이었다.

황주지점은 1944년 4월 명칭이 지점에서 황주농장 관리소로 개칭되었다.[80]

---

76) 『旣往十五年事業槪說』, 21쪽.
77) 『旣往十五年事業槪說』, 18~20쪽.
78) 『개벽』 제60호, 1925년 6월 1일자. <黃海道踏査記>.
79) 『三十周年記念誌』, 113쪽,
80) 『영업보고서』 제41기(1944년 4월 1일~1945년 3월 31일), 1~3쪽.

(2) 해주 출장소

① 설치 배경

황주지점은 황해도에 새로이 농장개설에 착수하여 이미 경지 약 800여 정보를 매수하였는데, 이것의 관리를 위하여 사무소, 창고, 사택 등을 신축하고, 투자액 65만 원을 들여 1929년 8월 1일부터 출장소를 신설하였다. 정확한 주소는 黃州支店 海州出張所 黃海道 海州郡 西邊面 龍塘里 176번지이다.[81]

해주는 황해도의 도청소재지이다. 지리적으로는 북으로 首陽山, 남으로는 南山, 동으로는 廣石川의 하천이 흐르고 서쪽으로 翠野평야가 있었다.[82] 이 취야평야는 해주군의 西席·茄佐·高山 3面에 이르는 5천 정보의 광대한 규모였고, 翠野川이 평야를 관통하여 翠野灣에 이른다. 그리고 서쪽으로는 長湍, 남쪽으로는 鳳山과 甕津에 이르고 곡물 및 축우의 집산지인 취야시장이 있었다. 이 평야의 주요부를 해주 출장소 취야농장이 약 310정보 가량 차지하고 있었다.[83]

특히 경의철도 본선이 통과하면서 信川, 安岳을 경유하여 진남포에 통하고, 해주항(龍塘浦)의 항만설비가 정비되어 당시 해주는 사통팔달의 교통·운수의 요지로 발달해 있었다. 조선흥업이 비옥한 취야평야까지 끼고 있는 이 지역에 출장소를 설치한 것은 1928년부터 5개년 사업으로 시작된 용당포항 축항계획도 크게 작용하였다. 용당포항은 1928년 착공 후 1932년 10월 준공되었고, 부두는 2천 톤 급 선박 여러 척을 체류시킬 수 있는 규모였다. 그리고 道內의 농산 및 광산의 개발과, 읍의 확장, 府制시행 등의 호재가 겹쳐서 조선흥업이 농장을 설치하기에 여러모로 유리한 조건이 충족되었던 지역이었다. 마침내 해주

---

81) 『二十五年誌』, 63쪽 ;『영업보고서』 제26기(1929년 4월 1일~1930년 3월 31일), 2~4쪽.

82) 『三十周年記念誌』, 121쪽.

83) 위 책, 124~125쪽.

144

출장소는 해주항 '小洞庭' 지역에 설치되었다.[84]

② 농장 분포

해주 출장소는 <표 3-9>에서처럼 翠野, 日興, 來城, 東江의 4개 농장으로 구성되어 있었고, 총 면적 1,000정보 가운데 논 530정보, 밭 390정보, 기타 잡종지 80정보로 이루어져 있었다. 그리고 1936년 당시 社員 및 회사 종업원 13명, 소작인 600명, 평년 소작료 벼 7,000석을 생산해 냈으며, 주작물은 일본품종 벼 東穗, 陸羽 132號, 中生銀坊主, 幾內早 22號였다.

<표 3-9> 해주 출장소 농장의 분포표 (1936년 현재)

농장명	수납장소	면적(町步)	關係郡面
翠野	龍塘里 창고	310	海州郡 茄佐, 高山
日興	日興洞 창고	450	해주군 西席
來城	龍塘里 창고	120	해주군 來城, 泳泉, 秋花
東江	東江面農業庫	120	해주군 江東

* 출전 : 『三十周年記念誌』, 124~125쪽.

생산된 쌀은 각 농장별 소작료 수납창고로 집산되었고, 해주항을 통하여 이출되었다. 4개 농장 중 취야, 일흥농장이 가장 큰 규모였는데, 이 농장은 국유 미간지를 불하 받아 翠野水利組合의 몽리구역에 편입되어 개답된 것이었다.

취야수리조합은 海州郡 西席面에 소재했고, 石潭堤(石潭川 上流, 滿水面積 225정보) 및 翠野堤(취야 상류, 滿水면적 193정보)의 양 저수지를 水源으로 하고 취야평야를 종횡하여 총몽리면적이 3,107정보에 달하였으며, 1929년 10월 30일에 설립이 인가되었다.[85] 이 중 해주농장 몽리구역은 433정보였다.

---

84) 위 책, 121쪽. <해주 출장소 전경> 사진자료 참조.
85) 『朝鮮總督府官報』, 1929년 11월 4일.

한편 지도에서 확인되는 바로는 해주 출장소의 來城농장이 延海水
利貯水堤 부근이다. 이 저수지의 鹽水는 潮의 干滿을 이용하여 산에
서 내려오는 大小流의 하천과 서로 교환되는 원리였다. 즉 그 물은 엔
진에 의하여 水路를 통해 황해도 延白과 海州 2郡의 9,500정보를 관개
하였다.86)

<지도 3-3> 해주 출장소 지도

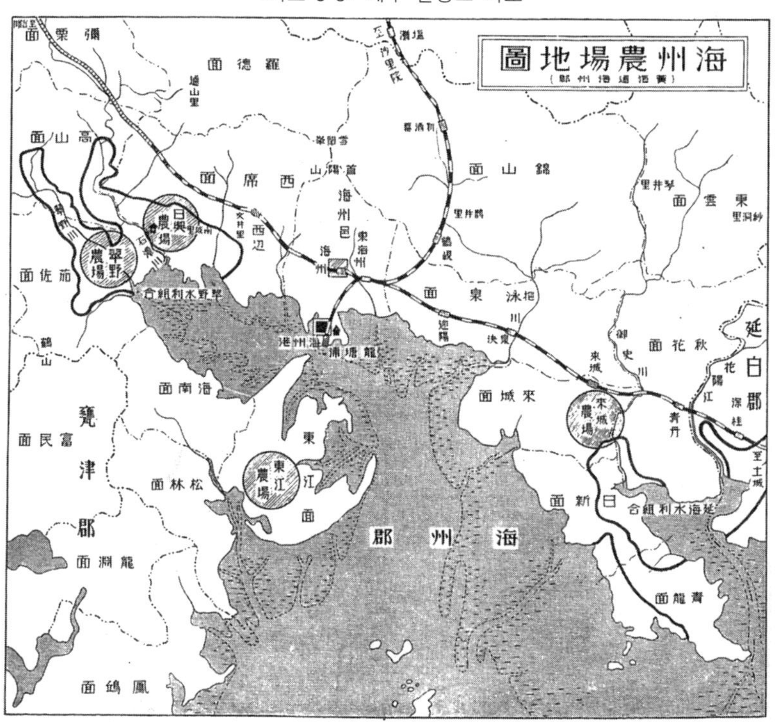

* 출전：『三十周年記念誌』, 124쪽.

---

86) 『三十周年記念誌』, 124~125쪽.

2) 목포, 대전, 삼랑진, 경산 관리소

(1) 목포 관리소

① 농장의 설치와 분포

목포 관리소는 1906년 1월 전라남도 木浦府 寶町 3丁目 4번지에 설치되었다.[87] 1936년 당시 조선흥업의 각 농장 분포를 <표 3-1>에서 보면 목포는 밭이 2,149정보, 논이 1,268정보, 잡종지가 63정보로 약 3,480정보에 달하고 있다. 또한 당시 관리를 담당한 社員 및 기타 종업원은 13명, 총 소작인 4,900명, 평년 소작료 쌀 10,000石(雄町, 東拓神力), 면화 577,000斤(陸地棉 キンゲス, イムップルーウド)의 규모였다.[88]

조선흥업 최대의 농장이었던 황주지점보다도 목포는 논이 630정보 가량 더 많아 수전면적에서는 조선흥업의 전체 농장 중 최대 규모였다. 밭 면적 또한 거대하여 '면의 목포'라는 명성에 걸맞게 조선총독부의 미국종 육지면 재배정책을 충실히 수행하여[89] 일본 면방직사업의 원료공급지로서의 역할을 톡톡히 수행하였다.

목포 관리소는 咸平, 海際, 望雲, 唐浦, 右水營, 珍島의 6개 농장으로 구분되어 <지도 3-4>에서 보는 바와 같이 해안 및 도서지역에 집중되어 있었다.

<표 3-10> 목포 관리소 농장 분포표 (1936년 현재)

농장명	수납장소	면적(町步)	關係郡面	
咸平	咸平 倉庫	260	咸平郡	孫佛, 新光, 大洞
海際	海際 창고	570	務安郡	海際, 玄慶
望雲	望雲 창고	700	務安郡	望雲, 玄慶, 押海
唐浦	唐浦 창고	240	海南郡	花源
右水營	右水營 창고	870	海南郡, 珍島郡	黃山, 門內, 花源 , 郡內
珍島	珍島 창고	840	珍島郡	珍島, 郡內, 古郡, 義新, 臨淮, 智山

* 출전 : 『三十周年記念誌』, 137쪽.

---

87) 『旣往十年事業槪況』, 32쪽 ; 『三十周年記念誌』, 137쪽.

88) 『三十周年記念誌』, 137쪽.

89) 『旣往十年事業槪況』, 32~36쪽.

그리고 각 농장에서 수확된 쌀과 면화는 농장별 수납창고에서 다시 목포로 집산되어 가공, 이출되었다. 목포는 '쌀과 면화' 즉, 일제의 식민지 농정을 대표하는 작물을 집중적으로 생산해냈던 조선흥업의 핵심적 관리소였다.

한편 간척에 의한 특수농장은 <표 3-11>에서 제시된 바와 같이 단일면적만 해도 웬만한 대농장 규모였다. 그리고 그 위치상 복잡한 해안선에 干潟地 개간사업을 통하여 開畓되었다.[90]

<표 3-11> 목포 관리소 특수농장 (1936년 현재)

농장명	종류	면적(町)	工事完成
唐浦月湖里農場	干拓	110	1933
望雲牧東里農場	干拓	50	1920
右水營石橋里農場	干拓	30	1919

* 출전 :『三十周年記念誌』, 137쪽.

<표 3-12> 목포 관리소 관계수리조합 (1936년 현재)

水利組合名	소재지	總蒙利面積(町)	총몽리면적 중 社有地면적(町)
黃山	海南郡 黃山面	81	14
龍山	珍島郡 臨淮面	197	1

* 출전 :『三十周年記念誌』, 137쪽.

이 중 목포로부터 남쪽 6海里의 海南郡 花源반도의 唐浦 月湖里 농장은 三方山으로 둘러싸여 있고, 북쪽으로 바닷길이 열려 있는 총면적 110정보의 干潟地였다. 1918년부터 15년간 공사가 진행되어 1933년 3월까지 공사비 약 10만 圓을 들여 저수지 및 防湖堤를 축조하였고, 경지개간 및 정리 등 여러 가지 공사를 시행하여 1936년 현재 개답면적 65정보, 쌀의 反當 수확량 2石 5斗를 생산하기에 이르렀다. 그리

---

90)『旣往十五年事業槪說』, 18쪽 ;『三十周年記念誌』, 71쪽. 사진자료 <唐浦干拓地>, <月湖里貯水池>(上), <防水堤 및 排水水閘門>(右), <唐浦干拓地全景>(下) 참조.

148

고 1920년에는 望雲牧東里農場의 50정보에 대한 간척사업을 완료하였
고, 右水營石橋里農場이 30정보로 1919년에 완성되었다.[91]

한편 관계수리조합은 해남군 黃山面 수리조합과 珍島郡 臨淮面의
龍山수리조합이었는데, 이들 수리조합에서 15정보만 수리혜택을 보았
을 뿐 기본적으로 비옥한 토양에 농장이 설치되었고,[92] 또한 간척사업
으로 관개수리 시설의존도가 높지 않았던 것으로 보인다.

<지도 3-4> 목포 관리소 지도

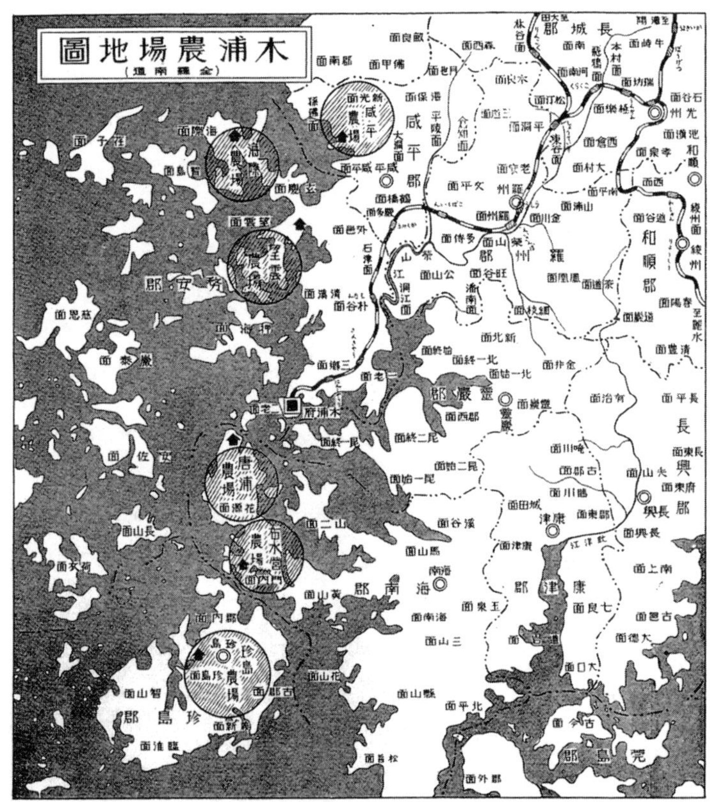

* 출전 : 『三十周年記念誌』, 137쪽.

---

91) 『三十周年記念誌』, 71쪽 사진자료 및 137쪽 참조.
92) 위 책, 137쪽.

② 면화

일본 방적업은 1883년 이후 급격히 발전하기 시작하여 1887년을 전후하여서는 근대적 방적업을 이룩하였고, 1890년에는 해외시장까지 개척하게 되면서 고급 면화의 수요가 증가하게 되었다. 일본의 재래면은 고급 방적사의 제조에 부적합했고, 인도산 면은 원료면화의 부족, 중국 면화는 공급 불안정 등의 여러 가지 문제가 있었다. 따라서 일본은 고급면화의 안정적 확보가 절실한 상황이었다.

일본은 미국종 육지면 종자가 한국 남부지방의 풍토와 기후에도 적응이 충분함을 발견하고 1904년부터 한국에서 처음으로 그 시험재배를 시작하였다. 1904년 農商務省 기사 加藤末郎이 목포항 부근 高下島에 미국종 육지면 13종(キングス、インップルーウド 種 등)을 試作을 하여 성과를 거둔 바 있었고, 1906년에는 棉花재배협회가 설립되기에 이르렀다.[93] 조선흥업은 이러한 일제의 면화증산정책의 선두 수행자 역할을 하였던 것이다.[94]

조선흥업이 목포에 농장을 설치한 것은 비옥한 수전이 집중되어 있는 지역이라는 점과 또한 면화재배지로서 적지였기 때문이었다. 당시 전남지방은 1936년 무렵 한국 전체의 면화작부 면적 20만 정보 가운데 5만 정보를 점하고 있었고, 수확량은 전국 총수확량 1억 6千萬 斤 가운데 5千萬 斤으로 35%를 넘었다고 한다.[95]

澁澤의 주도로 조선흥업은 1906년 1월 목포에 밭 70정보를 매수하면서 棉作을 개시하였다.[96] 본래 전남지역은 일제 강점 이전에는 면화

---

93) 면화재배협회에 관하여서는 『澁澤榮一傳記資料』 第16卷, 659~667쪽 참조.
94) 일제의 육지면 재배확장정책과 일본면화재배협회 창립에 관해서는 권태억, 「日帝의 陸地棉 재배 擴張政策 - 1904~1912년간을 중심으로 - 」, 『진단학보』 55, 진단학회, 1983. 참조.
95) 『三十周年記念誌』, 132쪽 ; 鎌田白堂, 『朝鮮の人物と事業』, 京城, 實業之朝鮮, 1936, 73~80쪽.
96) 『三十周年記念誌』, 68쪽.

<그림 6> 목포의 면화적출

재배 면적이 약 4만 정보 정도였고, 품종도 재래면이었다. 조선흥업이 목포에 면화재배를 시도한 것은 일본 면방직공업의 원료공급지로서의 역할을 수행하기 위한 국책 사업적 성격이 강했다. 실제로 조선흥업 목포 관리소는 밭이 2,149정보에 달하였고 한국인 소작인들에게 면화재배를 강요하고 종자개량을 강제하는 등 일제의 이른바 면화재배 및 증산정책에 적극 협조하였다.

조선흥업은 면화재배사업을 개시하면서 미국종 육지면 종자를 대부하며 품종개량을 강제하였다. 면화재배는 기후에 지배되는 바가 커서 온난한 기후, 生育期에는 고온다습, 開絮期에는 건조함을 요했다. 또한 병충해의 우려가 있어서 그 재배는 미국, 인도, 중국의 극소수의 나라에서만 재배되고 있었다. 따라서 재배의 어려움과 생소함, 그리고 일본인에 대한 배외감정으로 인하여 한국인 소작 농가는 배포종자를 버리기도 하고, 재배를 꺼렸다.[97] 소작농 입장에서 미국종 육지면의 재배는 생계와 관련하여 생소함을 넘어 모험이었던 것이다.

---

97) 위 책, 132~133쪽.

조선흥업은 1911년까지 목포농장 관내 대부분의 밭에 육지면 재배를 완전히 정착시켜 재래면 구축에 성공하였다. 이는 소작료 수납 때 면화 이외의 작물 수납을 거부하면서 "밭에는 반드시 육지면"이란 구호 아래 강제재배시킨 결과였다. 또한 해마다 연작에 의한 품종퇴화를 막기 위하여 종자개량을 최우선 과제로 했고, 棉作模範圃場, 試作圃場의 설치와 指導員의 순회와 棉作立毛 品評會의 개최 등 道郡의 일제 當局과 연계를 가지고 강제재배를 강행한 결과 反當收量은 1911년 당시 60斤에서 점차 진전되어 1936에는 110斤에 이르렀다. 조선흥업은 '<棉의 全南>이라는 이름을 획득하기 위하여 당사가 진력을 다한 것'을 자부하였다.98)

전남에서 산출되는 5천만 斤의 면은 '면의 목포'로99) 집중되어 늦은 가을부터 겨울 내내 出盛期에는 목포 부두가 '면화의 산'을 이루는 장관이었다고 한다. 목포에는 朝鮮棉花株式會社, 南北棉業株式會社를 시작으로 30여 개에 이르는 繰綿공장, 打綿공장이 해안을 따라서 즐비하게 늘어섰다. 1935년의 繰綿移出高는 1千萬 圓으로, 전국 생산량의 80%를 점하고 있었는데, 다시 조면공업에서 방적공업으로 진척되고 있었다. 조선흥업 목포 관리소에서는 1936년 당시 577,000斤을 산출하였다. 면화는 면사 방적사업 외에 綿火藥, 無煙火藥, 셀룰로이드 등의 화학공업의 원료였다. 또한 채취한 實綿은 繰綿機에 넣어서 種子를 제거하는 繰綿작업을 거쳤고 실면으로부터 분리된 棉實에서는 면실유가 제조되었다. 그리고 搾粕 즉, 棉實粕은 비료로 사용되었다. 면은 버릴 것이 없었다고 한다.100)

한편 목포 관리소에서는 양잠을 농가부업으로 장려하기도 하였다.

---

98) 『三十周年記念誌』, 132~133쪽 ; 『旣往十年事業槪況』, 35쪽, <木浦管理所 소작료 棉花의 搬入> 및 36쪽, <木浦管理所 소작료 면화의 精選> 사진자료 참조.
99) 『旣往十年事業槪況』, 32~33, 35~36쪽.
100) 『三十周年記念誌』, 134~135쪽.

152

그런데 이는 한국 소작인들을 대상으로 한 것이 아니었다. 1906년 桑園을 羅州郡 伏岩面에 설치하고, 일본인에게 임대하여 잠실을 만들었다.[101]

양잠은 기후가 온난한 남부지방에서 재배가 유리했다. 조선흥업은 일본에서 苗木을 수입하여 桑園을 조성하고, 蠶室도 만들었다. 그리고 한국정부의 위탁을 받아 견습생을 받고, 교육을 시키기도 하였다. 그런데 당초는 기본적으로 일본인 이민자의 수용을 위하여 일체의 설비를 대여하고 사업을 시작했었던 것이다. 그러나 수익성 등의 이유로 목포 관리소는 이후 양잠업부의 직영을 폐하고 면화 및 벼농사 경영에 주력하였다.[102]

(2) 대전 관리소

조선흥업은 1905년 7월 경기도 平澤에 논 480정보를 매수하여 八基 농장을 설치하고 米作을 개시하였다.[103] 경부선 평택역에 위치한 평택 파출소는 대전 관리소 관할이었다. 그 부속 팔기농장은 廣德江 하구에 위치하여 종종 침수의 피해를 입었는데 조선흥업이 제방을 쌓아 운영하였다. 평택 출장소는 1911년 3월 31일자로 대전 관리소에 합병되었다.[104]

---

101) 『旣往十年事業槪況』, 34쪽.

102) 『旣往十五年事業槪說』, 21~23쪽. 조선흥업의 잠사업에 관한 영업실적이나 상황은 사료에서 거의 찾아볼 수가 없다. 일제가 러일전쟁 이후 한국에 본격적으로 잠사업의 장려를 위하여 우량 蠶種을 보급하고, 부녀자에게 양잠을 장려하는 등의 잠사업 정책이 실시되었는데, 조선흥업의 양잠사업도 그 일환이었던 것으로 추정되나 목포 및 삼랑진 관리소에서 부분적으로 시행되다 중단된 것으로 보인다.(일제하 잠사업에 관해서는 정근식, 「일제하 鐘淵紡績의 蠶絲業 지배」, 『사회와 역사』 2, 한국사회사연구회, 1986 및 佐佐木隆爾, 「朝鮮における日本帝國主義の養蠶業政策」, 『人文學報』, 都立大, 1976. 참조.)

103) 『三十周年記念誌』, 68쪽 ; 『旣往十年事業槪況』, 30쪽, <平澤派出所 倉庫> 및 31쪽 <八基農場의 전망> 사진자료 참조.

104) 『二十五年誌』, 65쪽.

한편 조선흥업은 1907년 충청남도 대전에서 논농사를 개시하였다.[105] 설립 당시 柳等川 연안에 비옥한 수전을 매수했는데,[106] 벼농사 외에 1919년에는 桑園 및 蠶室을 설치하여 일본인들을 정착시켰다.[107]

대전 관리소는 대전 중심의 집단 농장 이외에 그 전후로 설치된 경기도 평택 파출소, 天安, 成歡, 永登浦 등지를 관할하고 있었다.[108] 1936년 현재 大田府 榮町 1丁目 31番地에 관리소가 있었고, 社員 및 종업원은 14명, 소작인 1,400명, 평년 소작료 벼 12,000石(재배품종 中生銀坊主101號・多摩錦)이었다. 총 면적 1,280정보 가운데 논 920정보, 밭 275정보, 기타 잡종지가 85정보에 달하였다.

한편 개간과 경지정리를 통한 특수 농장은 총 283정보에 달하였고, 관계 수리조합은 天安郡 成歡面의 大弘堤水利組合이었다. 그런데 그 총 몽리면적 235정보 가운데 대전 관리소는 17정보를 확보하고 있었을 뿐 수리조합 의존도는 조선흥업의 다른 농장들과 마찬가지로 낮았다.

<표 3-13> 대전 관리소 농장 분포표 (1936년 현재)

농장명	수납장소	면적(町步)	關係郡面	
大田	大田창고	50	大德郡	外南・東・大田
懷德	대전창고	110	대덕군	懷德・외남・대전
柳川	대전창고	340	대덕군	柳川・大田
儒城	대전창고	150	대덕군	儒城・柳川
鎭城	대전창고	120	대덕군	鎭岑・杞城・柳川
九北	대전창고	150	대덕군	九則・北
天安	천안창고	100	天安郡	天安・歡城・豊歲
成歡	성환창고	170	천안군	成歡・稷山・聖居
永登浦	영등포창고	70	京畿道 始興郡	東・西・北
井邑	정읍창고	20	全羅北道 井邑郡	井邑・笠岩

* 출전 :『三十周年記念誌』, 142~143쪽.

---

105)『三十周年記念誌』, 68쪽.
106)『旣往十年事業槪況』, 29쪽. <柳等川面 買收 水田> 사진자료 참조.
107)『旣往十五年事業槪說』, 24쪽 ;『二十五年誌』, 65쪽.
108)『三十周年記念誌』, 142쪽. <대전관리소 정문> 사진자료 및 설명 참조.

154

<표 3-14> 대전 관리소 특수농장 (1936년 현재)

농장명	종류	면적(町)	공사완성
大田 加午里 農場	防水開墾	8	1934
柳川 桃馬里農場	耕地整理開墾	15	1932
柳川 坪里 農場	耕地整理開墾	82	1927
成歡安宮里 農場	耕地整理	114	미착수
永登浦 農場	耕地整理開墾	64	공사중

* 출전 :『三十周年記念誌』, 143쪽.

대전 관리소 관할 농장 중 천안군 소재 成歡농장은 稷山郡에 분포한다.[109] 잘 알려진 바와 같이 澁澤이 1900년 淺野總一郎과 함께 직산 금광 채굴권을 획득하였던 지역이다.[110] 따라서 이 지역은 澁澤재벌의 영향력이 상당히 컸던 지역이었고, 일찌감치 지역상황을 조선흥업이 파악하고 있었던 것으로 보인다.

경기도 시흥군 소재의 영등포농장은 경부철도 본선과 한강의 운수를 이용하여 공업도시로 크게 성장한 영등포 시가지에서 서남쪽 인천 방향으로 위치해 있었다.

1932년부터 安春川을 정비하여 범람을 막고, 경지정리사업을 완료하였다.[111] 그런데 당시 영등포 지역은 皮革, 製絲, 精米, 建築材料, 釀造, 도자기 등의 공업이 발흥했고, 京城電氣의 大變電所, 朝鮮麥酒, 昭和麒麟麥酒 공장도 건설되어 있었다. 1936년 당시는 鐘淵紡績 및 東洋紡績의 2대 방적공장도 건설 중이었다. 특히 조선맥주주식회사는 대일본맥주회사의 자매회사이고, 그 사장이 조선흥업 최대 주주중의 한사람이며 취체역 회장을 역임한 大橋新太郎이었다.[112]

---

109)『三十周年記念誌』, 147쪽. <천안의 사금 채취> 사진자료 참조.

110) 이에 관하여서는 이배용, 앞 책(1989) 참조.

111)『三十周年記念誌』, 147쪽에 의하면 安春川으로 표기되어 있으나 이는 安養川의 오기로 보인다.

112) 위 책, 147쪽.

<지도 3-5> 대전 관리소 지도

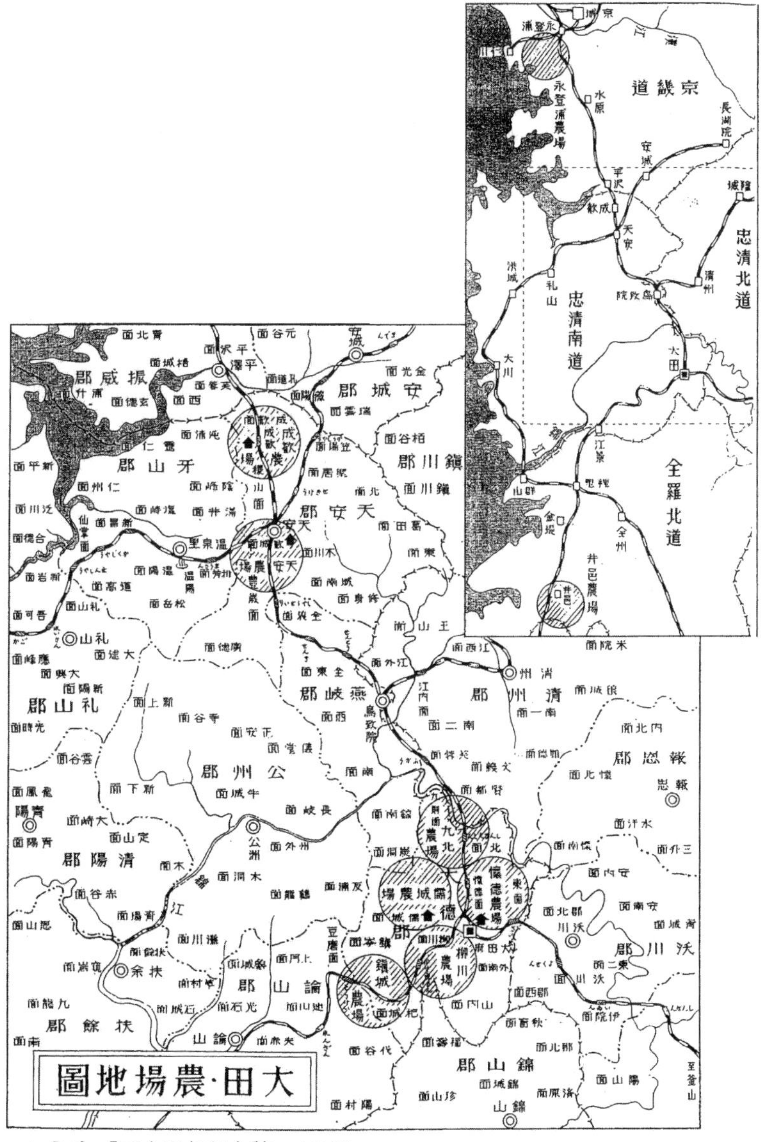

大田·農場地圖

대전 관리소 내 농장들은 조선흥업의 다른 농장들에 비하여 비교적 소규모였다. 그러나 교통의 요충지이고, 모든 농장이 철로를 끼고 있었으며, <표 3-1>에서 확인되듯이 논의 비율이 다른 농장과 비교하였을 때 단연 높았다.

(3) 三浪津 관리소

삼랑진 관리소는 1906년 3월 경상남도 密陽郡 下東面에 밭 70정보를 매수하여 삼랑진 임시 출장소를 가설하고, 양잠업을 개시한 것이 그 시작이었다. 하동면은 위치상 경부선 삼랑진역 부근으로 역시 교통의 요지였고, 소작료의 운반과 부산창고로의 수송이 편리한 지역이었다. 삼랑진역은 마산선 분기점에 위치해 있었고, 일본인 거주자가 많아 시가지를 이루고 있었다. 당초 임시 출장소로 부산지점의 관할을 받아오다가 1912년 관리소로 독립하였다.[113]

또한 관리지역은 대부분 낙동강과 밀양강 유역에 있었고, 풍요로운 이모작 지역으로 쌀과 보리의 단위 면적당 수확량도 단연 한국 최고였다. 그러나 지역적으로 낙동강과 밀양강이 만나는 합류점인 관계로 계속하여 수해를 입고 있었다.[114]

삼랑진 관리소는 1936년 당시 관리소를 慶尙南道 密陽郡 三浪津面 松旨里에 두었고, 社員 및 기타 종업원 14명, 소작인 2,400명, 평년 소작료 벼 15,000石(재배품종 : 穀良都, 大場神力, 銀坊き), 大麥 1,400石을 내고 있었다. 총 경지면적은 1,700정보, 그 가운데 논 760정보, 밭 570정보, 기타 370정보로 총 10개 농장으로 구성되어 있었다.[115]

이들 각 농장들은 <표 3-15>에서 제시된 바와 같이 그 단일 규모만

---

113) 『旣往十年事業槪況』, 21쪽, <三浪津 管理所> 사진자료 ;『二十五年誌』, 64
    쪽 ;『三十周年記念誌』, 68, 156쪽 참조.
114) 『三十周年記念誌』, 68, 156~157쪽.
115) 『三十周年記念誌』, 152쪽.

으로도 상당한 대농장이었는데, 낙동강 연안에 분포하면서 총 456정보
가량이 주변의 수리조합 몽리구역 내에 포함되어 있었다.

<표 3-15> 삼랑진 관리소 농장 분포표 (1936년 현재)

농장	수납장소	면적 (町步)	關係郡面	
密陽	밀양 창고	80	밀양군	武安, 上東, 府北, 밀양, 丹陽, 山外, 山內
上南	밀양 창고	180	밀양군	上南
洛東江	낙동강, 삼랑진 창고	550	밀양군, 김해군	삼랑진, 上南, 生林, 上東
守山	낙동강 창고	160	밀양군	下南, 初同, 武安
大山	낙동강 창고	100	昌原郡	大山
二北	進永 창고	110	김해군	二北
進永	진영 창고	260	김해군, 창원군	進永, 進禮, 二北, 東
金海	낙동강 창고	110	김해군	長有, 酒村, 金海
淸道	청도 창고	100	경상북도 청도군	大城, 華陽, 梅田, 伊西
豊角	청도 창고	50	경상북도 청도군	豊角, 角南, 角北

* 출전 : 『三十周年記念誌』, 152쪽.

주변 수리조합과의 관계는 <표 3-16>과 같다.

<표 3-16> 삼랑진 관리소 관계수리조합 (1936년 현재)

水利組合名	소재지	總蒙利面積(町)	同上中社有地 面積(町)
密陽	密陽郡 密陽邑外二面	778	71
제2 密陽	밀양군 上南面	450	107
下南	밀양군 下南面外二面	1,878	93
府北	밀양군 府北面外一面	1,010	22
初同	密陽郡 初同面	431	14
大山	昌原郡 大山面外一面	1,350	87
金海	金海郡 金海邑外二面	1,997	61
東面	昌原郡 東面外一面	833	1

* 자료 : 『三十周年記念誌』, 152쪽 ; 朝鮮總督府土地改良部, 앞 책(1927),
41~43쪽에서 재작성.

삼랑진 관리소 농장들 중 密陽, 上南, 洛東江, 守山, 大山, 金海 등

거의 대부분의 농장들이 관계 수리조합의 몽리구역 내에 편입되어 있었다. 이 중 제2 밀양수리조합에 관계되었던 상남면 소재 상남 및 낙동강농장이 총 몽리면적 중 24%의 몽리구역을 점하여 가장 그 혜택규모가 컸다. 그 외에는 밀양수리조합에 관계된 밀양농장이 총 몽리면적 중 약 9%를 차지하고 있었다. 이 비율은 조선흥업의 기타 관리소의 수리조합 관계 비율에 비하여 비교적 높은 것으로 삼랑진 관리소 농장들이 낙동강의 범람 지역에 위치하여 늘 수해를 많이 입었던 것에 기인한 것이다.

한편 조선흥업은 삼랑진 및 밀양에 잠업부를 설치하여 일본으로부터 기술자를 초빙하여 보급을 시도하였다. 澁澤은 1906년 방한했을 때 삼랑진에서 양잠업 전문가 鹿沼傳十郎(당시 한국흥업주식회사 사원)과 계속 양잠업에 관한 일을 논의했었고,[116] 특히 평택의 1,000평을 시작으로 삼랑진, 목포, 평양 방면에 뽕나무를 심을 것을 결정하였다. 삼랑진에는 25만 그루의 桑苗를 심었다.[117] 그리고 한국정부의 위탁생을 받아 교육했으며 일본인 희망자를 받아 양잠업을 경영할 수 있도록 일체의 설비를 대여하기도 하였다. 이것이 삼랑진 私立蠶業練習所였는데 1913년부터는 지방비 보조를 받기도 하였다. 그러나 잠업부는 수지타산의 이유로 계속 운영되지는 않았던 것으로 보인다. 이후 잠업부를 폐지하고, 농업부만 남겼다는 기록이 나오는데, 그 정확한 시기는 알 수 없다.[118]

조선흥업은 앞서 살펴본 바와 같이 목포 관리소에서도 1906년 桑園을 羅州郡 伏岩面에 설치하여 잠실을 만들었고, 1910년 대전 관리소에 있어서도 역시 柳等川面에 桑園蠶室을 구성하고, 일본인을 이주시켜 종사하게 하였다. 이렇게 목포, 대전, 삼랑진의 3개 관리소에서 경영하

---

116) 『澁澤榮一傳記資料』 第16卷, 601쪽.
117) 위 책, 602쪽.
118) 『二十五年誌』, 64쪽.

는 蠶業 설비로 창설 때 桑園의 栽成에 필요로 하는 苗樹 약 47萬本, 苗樹 代金과 각 蠶室의 建築 蠶具의 구입 및 그 경비 등의 합계 투자 금액은 30,000여 圓에 달하였다.[119)]

<지도 3-6> 삼랑진 관리소 지도

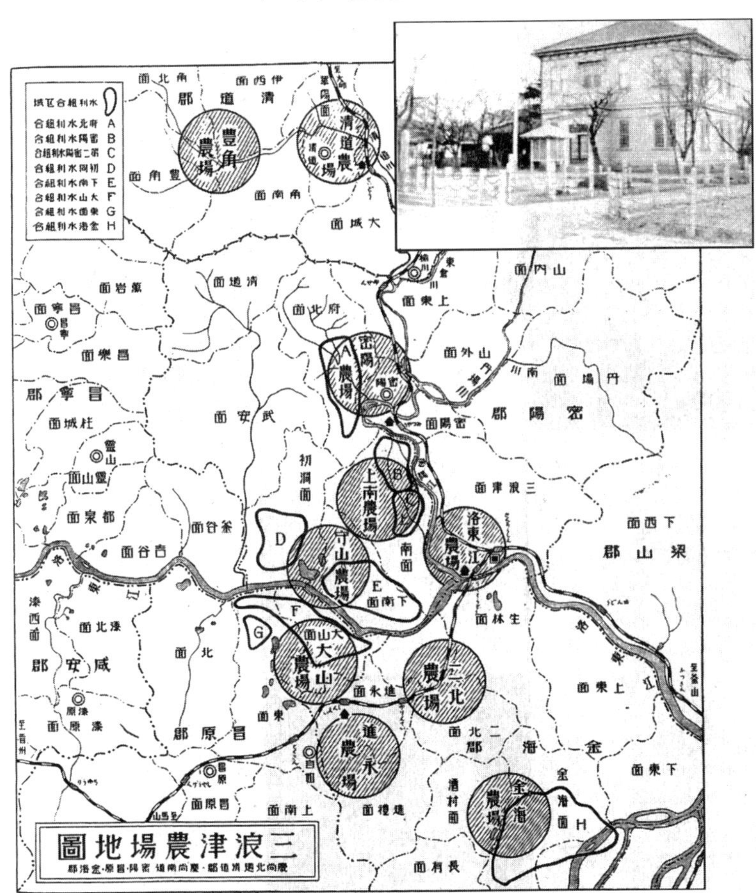

* 출전 : 『三十周年記念誌』, 152쪽.

---

119) 『旣往十五年事業槪說』, 22~25쪽.

⑷ 경산 관리소

① 韓國拓植株式會社와의 합병과 농장 설치

경산 관리소는 본래 조선흥업과 사업목적이 같았던 鎌田勝太郎의 韓國拓植株式會社를 1910년 7월 병합하여 그 소유 토지를 경산 출장소로 계승한 것이었다. 그리하여 조선흥업은 그 해 자본금이 150만 원으로 증자되었다.[120] 본래 한국척식주식회사도 澁澤에 의하여 설립이 주도된 농업회사였다. 이를 澁澤이 1909년 경제계 일선에서 물러나면서 조선흥업과 기본적으로 사업목적이 같았기 때문에 합병작업을 추진하였던 것으로 보인다.

澁澤은 경상도에 황무지 약 4만 정보의 개간권리를 획득하였고 中野武營, 大橋新太郎이 1905년부터 실측조사를 담당했다. 1906년 들어서서 조사작업이 1/3가량 진행되자 한국척식주식회사를 설립할 것을 계획하고, 사업종목으로 보리농사, 경지의 貸付, 수전 경영, 목장, 桑園 등을 선정하였다.

총 자본금은 100萬 圓으로 1기 사업비로 그 중 1/4을 불입하고, 총 주식 2만 주로 하였다. 이 중 10%인 2천 株는 한국인이 인수하고, 나머지는 발기인이 인수하기로 계획하였는데, 발기인은 中野武營, 大橋新太郎, 長森藤吉郎, 淺野總一郎, 中山佐市, 平沼專藏, 渡邊嘉一씨 등 34명이었다. 대주주들은 거의 발기인과 일치하는데, 대표적 대주주는 澁澤榮一, 淺野總一郎, 中野武營, 大橋新太郎, 鈴木兵右衛門, 臼井儀兵衛, 尾高次郎, 平沼專藏, 堀家虎三 등이었다.[121] 이들은 <표 2-5>의 조선흥업 발기인 및 대주주와도 거의 일치하고 있다.

발기대회를 거쳐서 한국척식주식회사는 1906년 12월 창립총회를 京橋區 日吉町 九州俱樂部에서 개회하고, 창립위원장 鎌田勝太郎을 회장에 선출하였다. 그리고 취체역에 鎌田勝太郎, 尾高次郎, 大橋新太

---

120) 『旣往十年事業槪況』, 45쪽 ;『旣往十五年事業槪說』, 5쪽.
121) 『澁澤榮一傳記資料』第16卷, 636쪽. 龍門雜誌 제222호 제45쪽 1906년 11월.

郞, 松尾寬三, 志岐信太郞, 渡邊嘉一, 伊丹彌太郞의 7명, 감사역에 德久恒範, 渡邊甚吉, 吉田三郞右衛門의 3명을 선임했으며, 澁澤은 相談役에 위촉되었다.[122]

취체역 회장인 鎌田勝太郞은 이미 조선흥업의 최대 주주 가운데 한 사람이었고, 또한 1908년 이래 취체역으로 경영에 직접 참여하고 있었다.[123] 또한 그는 1905년부터 전남 무안, 함평, 영암, 나주, 해남, 강진 등지에서 같은 사업목적의 농업회사인 朝鮮實業株式會社를 경영하고 있었다. 즉, 조선흥업과 한국척식주식회사의 병합은 조선흥업과 투자자를 공유하고 같은 사업목적을 갖고 있었던 농업회사를 합병한다는 차원도 있었고, 鎌田으로서도 역시 조선흥업의 임원이자 대주주로 참여하고 있었기 때문에 가능했던 것으로 보인다. 또한 인적 구성면에서 한국척식주식회사의 발기인 및 임원, 대주주가 거의 조선흥업의 그것과 일치하고 있어 당초부터 조선흥업과 병합 가능성이 매우 컸었던 것으로 보인다.

② 경산 관리소의 농장분포

경산 관리소의 정확한 소재지는 慶尙北道 慶山郡 慶山面 土亭洞이었다. 1936년 당시 社員 및 기타 종업원 13명, 소작인 2,100명이었으며, 평년 소작료 벼 15,000石(재배 품종 穀良都·大場神力 17호·幾內 22호)이었다.

<표 3-17>에 의하면 경산, 용남, 압량, 하양, 금호, 췌산, 조양, 청경의 8개 농장의 총 경작 면적은 1,500정보, 그 가운데 논 900정보, 밭 570정보, 기타 잡종지가 30정보였다. 역시 하나하나의 단일농장 규모만으로도 모두 100정보를 넘는 대농장이었다.[124]

---

122) 위 책, 636~637쪽. 東京經濟雜誌 제54권 제1366호, 제1051쪽. 1906년 12월 8일, 龍門雜誌 제223호, 제43쪽, 1906년 12월.

123) 『二十五年誌』, 8쪽. 鎌田에 관해서는 본서의 [부록 1]의 각주 1) 참조.

<표 3-17> 경산 관리소 농장 분포표 (1936년 현재)

농장명	수납장소	면적(町步)	關係 郡面	
慶山	경산 창고	120	경산군	慶山·孤山·南川
龍南	경산 창고	180	경산군	南山·龍城·慈仁·押梁·珍良
押梁	경산 창고	200	경산군	押梁·珍良·河陽·安心
河陽	경산 창고	200	경산군, 永川郡	河陽·珍良·瓦村·大昌
琴湖	금호 창고	190	영천군	琴湖·淸通·大昌
萃山	금호 창고	200	영천군	淸通·花山·新寧
朝陽	금호 창고	230	영천군	永川·華北·北安
淸鏡	금호 창고	180	영천군	古鏡·臨皐·永川

* 출전 : 『三十周年記念誌』, 153쪽.

<지도 3-7> 경산 관리소 농장 지도

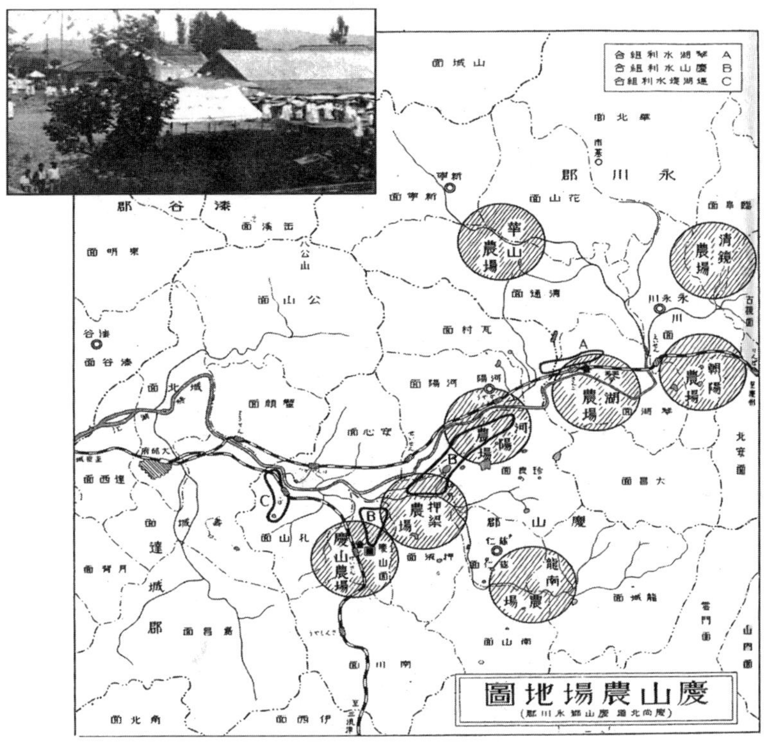

* 출전 : 『三十周年記念誌』, 153쪽.

---

124) 『三十周年記念誌』, 153쪽.

경산 관리소 농장들은 琴湖江을 끼고 있었다. 금호강은 迎日郡 竹北面에서 시작하여 대구의 서남으로 내려오는 낙동강의 지류 중 가장 중요한 것으로, 流路연장 116㎞, 永川으로부터 하류에 금호평야를 만들어 냈다. 평야는 동서 50㎞에 이르고 쌀, 보리, 콩의 주산지였다. 경산 관리소 관할 농장들은 이 금호평야의 주요부를 점하고 있었다.[125]

한편 금호평야는 본래 堤堰의 수가 많았다. 1750년 무렵 경산, 永川의 2郡에서만 472개에 달했다고 하는데 세도정치기 이후 황폐화되었다고 한다. 일제 강점 이후는 본래부터의 제언을 보수하여 약 441개소, 총 몽리면적 2만 1천 정보, 개답에 의한 면적 증가는 3,200정보였다.[126]

관계 수리조합은 <표 3-18>과 같다. 이 중 경산수리조합은 경산군 내 4개면 28개 洞에 걸쳐 총 몽리면적 1,404정보에 달하는 거대 수리조합으로 조선흥업의 경산 농장 또한 130정보나 그 몽리구역 내에 포함되어 있었다. 본 조합은 1926년 10월 총 공사비 55만 7천 圓을 들여 준공되었고, 洑 10개소를 소유하고 있었다.[127]

<표 3-18> 경산 관리소 관계수리조합 (1936년 현재)

수리조합명	소재지	총몽리면적(町)	총몽리면적 중 社有地면적(町)
慶山	慶山郡 慶山 외 3面	1,404	130
蓮湖堤	경산군 孤山面	96	7
琴湖	永川郡 琴湖 외 2面	532	50

* 출전 :『三十周年記念誌』, 153쪽 ;『朝鮮の土地改良事業』(1927), 41쪽에서 재작성.
* 『三十周年記念誌』, 45쪽에는 경산수리조합의 조선흥업 몽리면적이 129 정보로 기재되어 있다.

금호수리조합은 경북 永川郡 琴湖面을 중심으로 하는 2郡 3面 10개 洞에 걸쳐 성립되었고, 총 몽리면적 532정보에 달하였다. 水源은 저수

---

125) 위 책, 160쪽.
126) 위 책, 162쪽.
127) 위 책, 153쪽 및 161쪽의 <경산수리조합 저수지> 사진자료 참조.

지 5개, 洑 1개로, 총 공사비 15萬 7千 圓, 滿水 면적은 60정보를 넘었다. 1932년 5월에 준공되었으며 조선홍업은 그 몽리구역 내 약 50정보가 포함되어 있었다.[128] 경산 관리소는 당초 한국척식주식회사가 4만여 정보의 황무지 개간권을 확보한 지역을 인수한 것으로 조선홍업의 다른 관리소에 비하여 비교적 수리조합 의존도가 높았던 것으로 보인다.

---

128) 위 책, 162쪽. <琴湖水利組合 豊樂堤> 사진자료 참조.

제4장 조선흥업주식회사의 자본규모와 경영진 및 대주주 분석

1. 회사 자본의 규모

1) 자본의 규모와 영업성적

⑴ 자본규모

조선흥업은 1904년 창립 당시 자본금 100만 원으로 시작하였다. 당시 1株 액면금은 100圓, 株數 1만 주로 하여 이를 발기인에게 전부 인수하게 하였고, 제1회 拂入株金은 1주에 25원으로 총 25萬 圓을 불입하였다.[1]

다음으로 <표 4-1>에 정리된 것처럼 1906년 6월 20일에 제2회 불입주금으로서 1株에 付金 10원, 總額金 10만 원을 불입하였고, 다시 1907년 1월 26일에 제3회 불입주금으로서, 1주에 付金 15원, 총액금 15만 원을, 1908년 8월 11일에 제4회 불입 株金은 1주에 付金 10원, 총액금 10만 원을 불입함으로써 불입주금은 1주에 付金 60원, 총액금 60만 원이 되었다.

1909년 4월 27일 주주총회의 결의에 의하여 종래의 1주를 2分하여 총 주수 2만 주, 1주의 액면금 50원내 불입주금 30원으로서 이를 제1種

---

[1] 『澁澤榮一傳記資料』第16卷, 590~591쪽. 中外商業新報 제6756호 1904년 7월 10일 ;『既往十五年事業概說』, 5쪽 ;『二十五年誌』, 5쪽.

株式이라고 변경하였다. 또한 같은 해 7월 1일자로 자본금 30만 원을 증액하고, 1주 액면금 50원, 전액불입으로 제2종 주식 6,000주를 발행하였다. 그리고 韓國倉庫株式會社 주식 5주와 1종 주식 1주의 비율로 교환하였다. 그리하여 1909년 현재 총 자본금 130만 원, 총주식수 26,000주, 이 중 1종 주식 2만 주(1주 액면금 50원에 30원 불입으로 총 60만 원 불입), 제2종 주식 6,000주(1주 액면금 50원 전액불입으로 총 30만 원 불입)로 불입총액이 90만 원이 되었다.

<표 4-1> 자본금 및 舊株 불입상황 (단위 : 圓)

회차	연도	총자본금	불입금	株數	1株액면금	1株代金
1	1904	1,000,000	250,000	10,000	100	25
2	1906	1,000,000	100,000	10,000	100	10
3	1907	1,000,000	150,000	10,000	100	15
4	1908	1,000,000	100,000	10,000	100	10
증자	1909	1,300,000	300,000	26,000	50	
증자	1910	1,500,000	200,000	30,000	50	
5	1911	1,500,000	100,000	30,000	50	5
6	1912	1,500,000	150,000	30,000	50	7圓50錢
7	1913	1,500,000	150,000	30,000	50	7圓50錢
증자	1913	3,000,000		60,000	50	

* 자료 :『旣往十五年事業槪說』, 5~6쪽 ;『二十五年誌』, 5~7쪽에 의하여 작성함.

한편 1910년 4월 한국척식주식회사를 합병하면서 그 해 8월 자본금 20만 원을 증액하고, 제2종 주식 4,000주(1주 액면금 50원 전액 불입)를 발행하였다. 역시 한국척식주식회사 주식 5주와 1종 주식 1주의 비율로 교체하였다. 따라서 1910년에는 총 자본금 150만 원, 총주식수 3만 주, 이 중 1종 주식 2만 주(1주 액면금 50원내에 30원 불입으로 총 60만 원 불입), 제2종 주식 1만 주(1주 액면금 50원 내에 전액 불입으로 총 50만 원 불입)로 불입금 총액이 110만 원이 되었다. 그리고 제5회, 6회, 7회 불입으로 1913년 3월 현재 자본금 총액 150만 원에 전액 불입

을 완료하였다.[2]

그리하여 <표 4-2>에서 정리된 것처럼 1913년 4월 26일 주주총회에서 자본금을 배액으로 증가시키고, 자본금 총액 金 300만 원, 株數 6만 주 內 구주식 3만 주, 신주식 3만 주가 되는 건을 가결하고, 신주식 3만 주는 1913년 5월 31일 현재의 株主에 대하여 그 소유주식 1株에 付 신주식 1株의 비율로 배당하고, 제1회 불입주금 1주에 付金 12원 50전 총액 375,000원(12원 50전×3만 주)을 1913년 7월 31일까지 불입하였다.

<표 4-2> 자본금 및 新株 불입상황 (단위 : 圓)

회차	연도	총자본금	불입금		주식수		1주 액면 (신구주)	1주 代金
			구주	신주	구주	신주		
1	1913	3,000,000	1,500,000	375,000	30,000	30,000	50	12圓50錢
2	1916	3,000,000	1,500,000	225,000	30,000	30,000	50	7圓50錢
3	1923	3,000,000	1,500,000	300,000	30,000	30,000	50	10
4	1935	3,000,000	1,500,000	600,000	30,000	30,000	50	20

* 자료 : 『旣往十五年事業槪說』, 7쪽 ;『二十五年誌』, 7쪽 ;『영업보고서』 제32기(1935년 4월 1일~1936년 3월 31일), 1~2쪽에 의하여 작성함.

1916년에는 신주식 3만 주에 대하여 제2회 불입주금으로 1주에 代金 7원 50전, 총 225,000원을 불입하였고, 1923년에는 1주에 대금 10원으로 총액 300,000원을 불입하였다. 그리고 1935년 4월 중역회의에서 신주식 3만 주에 대한 제4회 불입금 60만 원(1주 代金 20원) 불입건을 결의하여 5월에 불입을 완료시켰다. 6월에 신구주의 통합을 변경 등기하여 1935년에 가서는 총자본금 300만 원에 대한 전액 불입완료를 보았다.[3]

(2) 영업성적

조선흥업은 이후 자본금의 증액을 하지 않았다. 그러나 안정된 재무

---

2) 『旣往十五年事業槪說』, 5~6쪽 ;『二十五年誌』, 5~7쪽.
3) 『영업보고서』 제32기(1935년 4월 1일~1936년 3월 31일), 1~2쪽.

구조 속에 지속적인 고수익으로 회사 사내 적립금은 <표 4-3>에서 확인되듯이 이미 1940년대 들어서서 회사 자본금 총액을 넘어섰다.

<표 4-3>에 의하면 조선흥업의 이익금은 1904년에는 토지매수와 창립준비로 제대로 영업이 이루어지지 못했다. 1904년을 제외하고는 꾸준히 이익 증가를 보이고 있다. 특히 1917년부터는 1차 대전기 재계 호황과 곡가폭등으로 이익금, 이익률, 배당금, 사내적립금, 후기 이월금 등이 급증하고 있다. <표 3-2> 논밭별 경지면적 및 토지대금(1904~1945년)을 보면 실제로 1917년 전후로 경지면적과 토지대금 면에서는 큰 변화가 없다. 그런데 <표 5-5>와 <표 5-6>의 <小作料累年比較表 1, 2>를 보면 1916년부터 1919년까지 소작료 수량에서의 큰 변화는 없으나 곡가 금액환산액을 보면 1915년 소작료 수입액이 253,776圓에서 1919년에는 1,062,932圓으로 불과 4년 사이에 4배까지 폭등하였다. 따라서 1917년 조선흥업의 순이익 급증과 재배당률 추가 4%(본 배당률 8%)로 배당률이 12%까지 올라가 이후 15~18% 이상의 고배당률을 보인 원인은 1차 대전기 세계 경제계의 호황과 곡가상승에 있었던 것을 확인할 수 있다.

1929년 이후 세계 대공황의 여파가 미치기 직전인 1928년에는 30%에 가까운 이익률을 냈고, 창업 25주년을 기념하여 20%의 특별 배당금이 지급되기도 했다. 1929년말부터 파급된 경제공황의 여파 속에서 1930년대 초까지 이익금이나 이익률이 1920년대보다는 다소 떨어졌다. 그러나 여전히 이익률은 20%선을 유지하였고, 배당률도 15% 이하로는 내려가지 않았다. 게다가 1934년에는 창업 30주년 기념으로 40%나 되는 배당금을 지급했고, 그 해는 36.74%에 달하는 이익률을 올려 조선흥업 창업 이래 최고의 이익률을 보였다. 1920년대의 고수익, 고배당은 산미증식계획에 따른 대일 수출미곡이 크게 증가하면서 가능했다.

또한 공황기를 빠져나가면서 1934년부터는 전시체제가 본격화됨에 편승하여 조선흥업의 곡물수출이 크게 호조를 보였던 것으로 보인다.

<표 4-3> 조선흥업주식회사의 영업성적 (1904~1945년) (단위 : 圓, %)

기별	연도	資本金 (圓)	期末拂込 資本金	總收入 (圓)	支出金 (圓)	諸消却金 (累計)	利益金	利益率 (%)	配當率 (%)	期末現在 諸積立金	社員恩給 및 퇴직급여금	후기 이월금
1	1904	1,000,000	250,000	5,900	9,100	-	△3,200	0	0	0	-	△3,200
2	1905	1,000,000	250,000	64,000	27,800	1,300	37,500	15.00	7.0	10,000	-	2,200
3	1906	1,000,000	500,000	103,000	61,900	1,400	41,200	8.24	7.0	20,000	-	4,500
4	1907	1,000,000	500,000	184,900	130,800	1,600	54,300	10.88	9.0	26,000	-	2,200
5	1908	1,000,000	600,000	164,500	161,400	2,900	4,400	0.73	0	26,000	-	5,200
6	1909	1,300,000	900,000	210,600	161,800	81,500	127,400	14.16	4.0	31,000	-	8,200
7	1910	1,500,000	1,100,000	238,000	147,000	106,200	115,700	10.52	6.0	42,000	-	18,000
8	1911	1,500,000	1,200,000	264,900	172,200	116,700	103,200	8.60	6.0	52,000	-	25,500
9	1912	1,500,000	1,484,640	324,500	189,300	128,100	146,600	9.87	7.0	90,000	-	25,100
10	1913	3,000,000	1,875,000	367,200	230,300	137,700	146,500	7.81	7.0	97,000	-	25,700
11	1914	3,000,000	1,875,000	339,000	249,400	144,600	96,500	5.15	6.0	92,000	-	3,500
12	1915	3,000,000	1,875,000	347,300	222,900	215,900	195,700	10.44	6.0	99,000	-	3,400
13	1916	3,000,000	2,100,000	458,400	226,300	260,400	276,600	13.17	8.0	150,000	-	10,900
14	1917	3,000,000	2,100,000	739,900	385,000	329,100	423,600	20.17	8.0 再4.0	220,000	-	26,100
15	1918	3,000,000	2,100,000	1,041,600	464,800	408,600	656,300	31.25	10.0 再6.0	365,000	15,000	68,600
16	1919	3,000,000	2,100,000	1,580,000	589,300	409,200	991,300	47.25	10.0 再15.0	700,000	40,800	76,300

기별	연도	資本金 (圓)	期末拂込 資本金	總收入 (圓)	支出金 (圓)	諸消却金 (累計)	利益金	利益率 (%)	配當率 (%)	期末現在 諸積立金	社員恩給 및 퇴직급여금	후기 이월금
17	1920	3,000,000	2,100,000	922,000	617,900	417,700	312,600	14.89	10.0 再3.0	720,000	46,300	16,200
18	1921	3,000,000	2,100,000	1,156,300	621,900	423,100	539,800	25.70	10.0 再8.0	800,000	52,400	38,500
19	1922	3,000,000	2,100,000	1,135,400	704,800	524,800	532,300	25.35	18.0	830,000	36,500	28,200
20	1923	3,000,000	2,400,000	1,154,300	610,800	543,800	562,500	23.44	18.0	890,000	43,200	35,200
21	1924	3,000,000	2,400,000	1,275,300	678,900	583,300	635,900	26.50	18.0	980,000	53,100	36,600
22	1925	3,000,000	2,400,000	1,203,300	596,100	632,600	656,500	27.35	18.0	1,100,000	66,500	46,800
23	1926	3,000,000	2,400,000	1,245,600	618,300	674,100	668,800	27.87	18.0	1,230,000	83,000	61,100
24	1927	3,000,000	2,400,000	1,256,800	634,100	721,800	670,400	27.93	18.0	1,360,000	100,500	70,800
25	1928	3,000,000	2,400,000	1,309,600	621,300	723,400	689,900	28.75	18.0 特2.0	1,430,000	117,100	65,100
26	1929	3,000,000	2,400,000	1,137,700	611,900	723,400	525,800	21.91	18.0	1,490,000	129,400	55,800
27	1930	3,000,000	2,400,000	995,700	594,900	723,400	400,800	16.70	15.0	1,520,000	136,100	33,700
28	1931	3,000,000	2,400,000	1,117,100	612,000	723,400	505,100	21.05	15.0	1,600,000	148,400	56,700
29	1932	3,000,000	2,400,000	1,153,700	669,400	723,400	484,300	20.18	15.0	1,660,000	164,400	80,100
30	1933	3,000,000	2,400,000	1,265,500	705,700	728,300	564,700	23.53	15.0	1,760,000	178,900	101,900
31	1934	3,000,000	2,400,000	1,631,200	770,300	749,100	881,700	36.74	15.0 記念25.0	1,490,000	122,500	140,800
32	1935	3,000,000	3,000,000	1,555,962	845,975		709,987	23.67	15.0	1,730,120	99,341	208,266

기별	연도	資本金 (圓)	期末拂込 資本金	總收入 (圓)	支出金 (圓)	諸消却金 (累計)	利益金	利益率 (%)	配當率 (%)	期末現在 諸積立金	社員恩給 및 퇴직급여금	후기 이월금
33	1936	3,000,000	3,000,000	1,577,127	862,187		714,939	23.83	15	1,620,000	112,061	251,205
34	1937	3,000,000	3,000,000	1,779,323	937,014		842,309	28.08	15	1,770,000	147,151	279,515
35	1938	3,000,000	3,000,000	1,977,679	1,074,959		902,719	30.09	15	2,050,000	181,631	292,234
36	1939	3,000,000	3,000,000	2,149,452	1,241,291		908,160	30.27	15	2,400,000	223,805	310,395
37	1940	3,000,000	3,000,000	2,693,089	1,573,978		1,119,110	37.30	15	2,750,000	210,635	421,506
38	1941	3,000,000	3,000,000	2,528,923	1,695,720		833,202	27.77	15	3,200,000	229,185	384,708
39	1942	3,000,000	3,000,000	2,035,408	1,456,915		578,493	19.28	15	3,500,000	277,085	331,202
40	1943	3,000,000	3,000,000	2,386,901	1,760,492		626,409	20.88	13	3,600,000	272,077	147,611
41	1944	3,000,000	3,000,000	2,317,744	1,519,586		798,158	26.61	13	3,940,000	263,540	327,769
42	1945											

* 자료 :『영업보고서』및『三十周年記念誌』, 64~65쪽에 의하여 작성함.
* 영업보고서 본문의 각 기별 적립금 내역과 영업보고서 앞의 영업성적표,『三十周年記念誌』의 64~65쪽 표의 적립금 내역이 다름. 즉, 영업보고서에서는 1916년(13기) 적립금 내역부터 1期씩 당겨서 기재되어 있음. 즉 1916년(13기) 적립금 난에는 1917년(14기), 1917년(14기) 난에는 1918년(15기) 적립금이 기재되어 있음.
* 1904~1916년(1~13기)까지의 영업보고서가 없는 관계로 확인이 불가능함.
* 1935년(32기)부터는 각 기별 영업보고서 내용에 근거하여 작성함.
* 이익률은 이익금의 평균 불입자본에 대한 비율임.

뒤의 제5장 <표 5-5>의 소작료 수취 상황을 보면 1934년에 소작료 수량은 전년에 비하여 감소하였다. 그런데 금액은 1933년 948,445圓에서 1,168,907圓으로 100만 원대를 넘어섰다. 곡가의 폭등으로 그만큼 조선흥업의 수익은 안정적으로 확보되었던 것이다.

<표 5-6>의 소작료 수취 상황에서는 금액 확인을 할 수 없으나 일단 그 수량 면에서 1939년과 1942년을 제외하고 1944년까지 꾸준히 증가하고 있었음이 확인된다. 특히 <표 4-3>에서 확인되듯이 회사 적립금은 1940년대 들어서면서부터는 이미 총자본금을 넘어섰다. 1944년 현재 거의 4백 만원에 육박했다.

조선흥업은 일제의 1920년대 산미증식계획, 1930년대의 전시체제하 군량미 조달 등 식민지 농업정책과 침략전쟁을 수행할 충실한 식량공급자로서 역할을 담당했고, 더불어 엄청난 사업이윤을 남김으로써 일제의 國益과 일본 거대자본의 社益을 동시에 실현할 수 있었다.

여기서 주목해야 할 것은 조선흥업이 고율의 소작료 수탈로 창출해낸 식민지적 이윤의 행방이다. 그것이 식민지 한국 내에서 재투자되었는가 아니면 일본으로 흡수되었는가. 또 한국에서 재투자되었을 경우, 그 수익의 분배과정에서 수혜대상과 범위는 어떻게 설정되며 분배문제에 있어서 형평의 원칙은 지켜졌는가의 문제이다. 조선흥업이 거두어들인 수익은 <표 4-6>과 <표 4-8>에서 확인되듯이 일본인 경영진 및 주주들에게 흡수되었으며, <표 4-3>에서처럼 사내적립금으로 축적되었다. 그러나 이 사내 적립금이 한국에서 재투자되지는 않았다. 고액의 경영진 임금과 고율의 배당률, 수익률 등으로 결국 특정한 조선흥업 임원 및 주주들에게 재흡수된 셈이었다. 따라서 수익의 분배과정에서 직접 생산자인 한국인들은 철저하게 배제되었다.

2) 사업별 수입구조 및 규모

조선흥업은 기본적으로 농사경영과 소작료 수입을 주 수입원으로 하는 농업회사였다. 1909년에는 창고업, 1910년에는 축산업을 겸영하였는데 <표 4-4>의 사업별 수입구성을 보더라도 단연 농업부분 수입이 높다. 즉, 농업부 수입이 영업 초기를 제외하고는 꾸준히 70%대를 유지하다가 1934년 창고부 철수 이후인 1935년부터는 80~90%대에 육박하는 절대 비중을 차지하고 있다. 그리고 농업부 수입은 그 관건이 소작료의 수입이었다.

조선흥업은 창고부와 축산부 철수 이후에도 그 수입총계는 계속 증가추세이다. 특히 1939년 이후로는 연간 수입총액이 200만 원대를 넘어서서 자본금 300만 원의 회사로서는 매우 높은 수익을 내고 있었다.

본 연구는 조선흥업의 농업부 연구를 중심으로 했고 창고업과 축산부 사업에 관해서는 향후 별도로 검토하기로 하겠다. 여기서는 창고업과 축산부 사업의 간단한 연혁과 농업부와의 유기적 연관성 및 조선흥업의 사업에서 차지하는 비중을 간단하게 살펴보기로 하겠다.

조선흥업은 1909년 6월 부산 소재 한국창고주식회사를 합병하여 부산지점 관할로 창고업을 겸영하게 되었다.[4] 조선흥업이 창고업 부문까지 사업을 확장한 데에는 조선흥업의 각 농장에서 나오는 농산물뿐만 아니라 부산을 통한 일본으로의 모든 수출입 화물을 효과적으로 집산하고 관리함으로써 유통부문까지 효율적으로 관리하고자 했었던 의도에서였다.

澁澤은 이미 1900년 무렵부터 창고 및 보험업이 한국에서 전혀 구비되어 있지 않은 현실에 착안하였다.[5] 그는 1906년 당시 부산에서 성공한 대표적인 일본인 사업가 迫間房太郎 소유의 자본금 2만 5천 圓의 부산창고주식회사와 1905년부터 영업하던 자본금 20만 원의 日韓

---

4)『旣往十五年事業槪說』, 4쪽 ;『澁澤榮一傳記資料』第16卷, 621쪽.
5)『澁澤榮一傳記資料』第16卷, 619쪽.

174

<표 4-4> 사업별 수입구성 (1904~1945년) (단위 : 圓, %)

연도	농업수입		창고 및 축산 수입		잡수입		계
	實數	비율	실수	비율	실수	비율	
1904	-	-	-	-	5,876	100.0	5,876
1905	23,189	36.2	-	-	40,762	63.8	63,951
1906	69,457	67.4	-	-	33,549	32.6	103,006
1907	125,928	68.1	-	-	58,924	31.9	184,852
1908	110,731	67.3	-	-	53,740	32.7	164,471
1909	110,057	52.2	24,045	11.4	76,547	36.3	210,649
1910	145,529	61.2	27,778	11.7	64,652	27.2	237,959
1911	182,012	68.7	31,921	12.1	50,966	19.2	264,899
1912	241,616	74.5	35,746	11.0	47,090	14.5	324,452
1913	291,488	79.4	47,724	13.0	27,950	7.6	367,162
1914	261,227	77.1	52,695	15.5	25,053	7.4	338,975
1915	264,209	76.1	64,419	18.5	18,687	5.4	347,315
1916	357,746	78.0	77,186	16.8	23,434	5.1	458,366
1917	562,970	76.1	153,959	20.8	22,983	3.1	739,912
1918	831,455	79.8	180,775	17.4	29,395	2.8	1,041,625
1919	1,143,823	72.4	312,025	19.7	124,124	7.9	1,579,972
1920	519,292	56.3	310,649	33.7	92,051	10.0	921,992
1921	810,535	70.1	299,324	25.9	46,397	4.0	1,156,256
1922	707,950	62.3	271,094	23.9	156,337	13.8	1,135,381
1923	818,186	70.9	281,398	24.4	54,671	4.7	1,154,255
1924	899,921	70.6	319,359	25.0	56,011	4.4	1,275,291
1925	890,582	74.0	239,428	19.9	73,330	6.1	1,203,340
1926	924,699	74.2	253,149	20.3	67,729	5.4	1,245,577
1927	910,673	72.5	287,141	22.8	58,958	4.7	1,256,772
1928	807,072	61.6	326,279	24.9	176,226	13.5	1,309,577
1929	802,722	70.6	279,308	24.6	55,627	4.9	1,137,656
1930	715,872	71.9	272,405	27.4	7,383	0.7	995,660
1931	834,965	74.7	275,456	24.7	6,671	0.6	1,117,092
1932	843,025	73.1	303,991	26.3	6,652	0.6	1,153,668
1933	984,621	77.8	273,992	21.7	6,864	0.5	1,265,477
1934	1,238,182	75.9	232,896	14.3	160,170	9.8	1,631,248
1935	1,397,968	89.8	152,251	9.8	5,744	0.4	1,555,963
1936	1,406,179	89.2	147,398	9.3	23,550	1.5	1,577,127
1937	1,599,390	89.9	156,656	8.8	22,328	1.3	1,779,323
1938	1,760,453	89.0	172,123	8.7	45,103	2.3	1,977,679
1939	1,874,513	87.2	206,807	9.6	68,132	3.2	2,149,452
1940	2,348,621	87.2	26,717	1.0	317,751	11.8	2,693,089
1941	2,461,330	97.3			67,593	2.7	2,528,923
1942	1,952,969	95.9			82,439	4.1	2,035,408
1943	2,301,181	96.4			85,720	3.6	2,386,901
1944	1,997,867	86.2			319,877	13.8	2,317,744
1945							

* 자료 : 각 기별 『영업보고서』에 의하여 작성함.
* 淺田喬二는 『日本帝國主義と舊植民地地主制』, 155쪽, <제3.33표>에서 1929~1934년은 잡수입의 가운데에, 창고 및 축산 수입을 포함하였음. 그러나 영업보고서에 의하면 창고 및 축산 수입, 잡수입이 구별되어 기재되어 있음.
* 1909년은 창고부 업무시작의 해이고, 축산부가 영업을 하기 전이므로 창고 및 축산부 수입란은 창고부 수입에 해당되고, 1910년부터가 창고부 및 축산부 수입이다. 그리고 1934년 창고부가 폐지된 이후 1935년부터는 축산부 수입만 해당된다. 1940년 축산부 철수 이후는 잡수입란에 이자수입을 포함하였다.
* 영업보고서가 1945년 3월 31일자로 마감되어 1945년 내역을 알 수 없음.

倉庫株式會社를 인수하여 1907년 1월 동경 제일은행에서 한국창고주식회사 설립에 관한 발기인 대회를 개최하였다. 참가자는 澁澤榮一, 大倉喜八郎, 馬越恭平, 村井吉兵衛, 瀧平右衛門, 室田義文, 平沼延次郎, 山下龜三郎 등 30여 명의 실업가들이었다. 자본금은 200만 원, 총주식 수는 4만 주였는데 총자본금 중 50만 원을 1차로 불입하였다. 총주식 4만 주 가운데 3만 5천 주는 발기인이, 나머지 5천 주는 일반에서 공모하는 것으로 하여 1907년 1월 28일과 29일 이틀에 걸쳐 모집하였다.[6]

한국창고주식회사는 설립 당초부터 伊藤博文 통감의 전폭적인 지원으로 토지 및 기타 한국에 있어서의 제반 편의를 제공받아 창고사업 및 운반업을 목적으로 창설되었다. 또한 경성 소재 한국정부의 保稅창고 영업권까지 획득하였다. 그리고 회사를 창설할 당시 실무진은 조선흥업과 마찬가지로 大橋新太郎, 山下龜三郎, 尾高次郎 등으로 제일은행계 임원이 주도하였다. 한국창고주식회사는 1907년 3월 25일 東京銀行集會所에서 창립총회를 개최하여 취체역에 室田義文(會長), 山下龜三郎(常務), 大橋新太郎, 賀田金三郎, 中山希賢 등 5인을, 감사역에 早川鐵治, 山下龜三郎, 迫間房太郎, 大池忠助 등 4인을, 相談役에 澁

---

6) 위 책, 617~618쪽.

澤榮一, 大倉喜八郎 등 2인을 선정하였다.[7]

한편 1909년 澁澤은 경제계를 은퇴하기 이전에 관계했었던 여러 사업의 인수합병을 통하여 사업구조를 정리해야 했다. 그는 1908년 1월 한국창고주식회사 중역회의를 개최하여 불입금 42만 5천 圓의 同社를 株高 25만 圓으로 하여 조선흥업으로 합병할 방침을 세웠다. 그리고 1909년 6월 6일 상담역에서 사퇴하였다.[8] 조선흥업은 한국창고주식회사를 부산지점으로 합병하면서 同社의 인천 및 평양 양 출장소를 폐지하였다.[9]

부산지점 창고업은 당시 한국 최대의 창고회사로 1909년 당시 10개 棟 993坪이었다. 그런데 1930년 일본의 유례없는 대풍작으로 한국산 쌀 이출 통제책을 실시한 조선총독부가 창고비 보조하에 부산에 朝鮮米穀倉庫株式會社를 설립하였다. 조선흥업은 사용료의 인하와 저리자금 융통으로 여전히 창고영업에서 부산창고업계 실적의 60%를 점하였다.[10] 그러나 결국 1934년 조선총독부의 창고업 통제방침에 따라 8월 31일자로 부산지점 창고 및 그 영업권 일체를 조선미곡창고주식회사에 양도하게 되었다.[11]

창고부 영업은 조선흥업 각 농장의 생산품을 저장, 유통, 수출하기 위한 유통의 기능을 담당하였다. 뿐만 아니라 농업부의 작황부진, 미가의 변동 등 농업부의 경영손실을 보완할 수 있는 또 하나의 사업으로서 수익균형 및 손실방지의 기능을 수행하였다. 또한 한국 쌀의 대량 유출로 기아선상에 놓인 한국민이 만주산 잡곡으로 연명할 때 그 외국산 미곡의 수입으로 이익을 내었을 뿐만 아니라, 강제적 비료시용의

---

7) 위 책, 617쪽.

8) 위 책, 617~621쪽.

9) 『二十五年誌』, 2쪽.

10) 『영업보고서』 제27기(1930년 4월 1일~1931년 3월 31일), 4~5쪽.

11) 『영업보고서』 제31기(1934년 4월 1일~1935년 3월 31일), 3, 6쪽 ; 『三十周年記念誌』, 168쪽.

증가에 따른 비료의 유통과정에서도 역시 이윤을 내었다. 이는 식민지 농정으로 한국농촌이 피폐해지고, 농민이 몰락하는 데 있어서 조선흥업이 그 수탈구조의 중심부에 서 있었음을 확인할 수 있는 부분이다.

한편 조선흥업이 축산부 사업을 시작한 배경은 다음과 같다. 청일·러일전쟁의 결과 일본은 군수용 쇠고기 공급에 극심한 부족현상을 겪었고, 이를 보충하기 위하여 해마다 다수의 畜牛를 수입하는 데 이르게 되었다. 그런데 한국산 소의 일본으로의 이출증가가 절실한 상황에서 문제는 畜牛의 수출에 따른 牛疫의 전파와 그 예방이었다. 일본에서는 한국산 소의 수입에 따라 1888~1911년 사이에 11차례 牛疫으로 7만 頭가량 손실을 보았다고 한다. 그리하여 체계적인 검역절차를 통한 한국산 소의 수입을 필요로 했던 일본정부는 한국정부에 대하여 釜山鎭에 移出牛檢疫所의 건설을 교섭하였다. 또한 1909년 7월 통감부 告示 제64호로서 韓國輸出牛 검역법을 시행하게 되었다.12) 한국정부는 1909년 6월 부산에 移出牛檢疫所를 세우고자 하였으나 당시 재정상태로는 이 시설의 설비가 어려웠다. 마침 조선흥업은 당시 한국산 소의 부산을 통한 수출입업무가 수익성이 좋을 것으로 전망하던 차에, 일본정부의 명령을 받음으로써 檢疫牛의 檢疫繫留기간 중 사육관리 및 수송선박탑재의 권리를 얻고, 규정의 수수료를 징수하는 업무에 착수하였다. 먼저 조선흥업은 敷地 및 檢疫牛의 繫留牛舍 건립, 계류 중의 관리를 요하는 사육倉庫, 사무소 등 일체의 설비를 갖추고13) 설비를 대여하는 조건으로 移出牛의 사육 및 검역관리 취급권을 청구하였다. 그리하여 1909년 8월 사양관리 및 선박탑재 업무 영업특허를 받아 부산지점 관할로 업무를 개시하였다.14)

개설의 당초는 부지 1만 7천여 坪, 牛舍는 120頭 수용 牛舍 5棟이었

---

12) 『朝鮮の農業』, 1941, 262쪽.
13) 『三十周年記念誌』, 168쪽.
14) 『旣往十年事業槪況』, 44쪽, <釜山 移出 牛檢疫所의 全景> 사진자료 참조 ; 『旣往十五年事業槪說』, 4쪽 ;『二十五年誌』, 3, 51쪽.

는데, 그 후 사업융성과 함께 3회에 걸쳐 海面埋立에 의한 부지의 확장, 4회에 걸친 牛舍의 증축에 의하여 1936년 당시 부지 23,725평, 牛舍 19개동(수용능력 2,500頭)에 달하였다.[15]

1909년부터 1925년까지는 부산 移出牛 檢疫所는 한국 유일의 검역소였다. 1920년 10월 27일 조선총독부는 경상남도 東萊郡 西面 牛岩里 앞 公有水面 3,266정보의 埋築을 조선흥업에 허가하여 수출 소의 검역소로 이용하게 특혜를 주기도 했다.[16] 이 해는 관세제도 개정을 통하여 한국에서 이출되는 生牛의 수이출세를 철폐하여 일본으로의 이출을 적극 장려하기도 하였다.[17] 1925년 10월에는 인천, 진남포, 城津, 元山의 4개소에 새로운 檢疫所가 개설되고 1937년에는 포항에도 이출우 검역소가 설치되기에 이르렀다.[18] 그러나 경영 능력이나 규모 및 사업의 성적에 있어서 조선흥업의 축산부에 미치지 못하였다.[19]

그런데 1940년 조선총독부의 축산업 통제로 인하여 조선흥업의 축산부는 조선축산주식회사에 일체의 자산과 업무를 양도할 것을 명령 받았다. 그리하여 그 해 6월 부산지점을 폐쇄하고, 일체의 부산 축산부 업무를 조선축산주식회사에 넘겼다. 그러나 조선흥업은 1934년 창고부의 양도, 그리고 1940년 축산부의 양도의 결과 상당한 자산 평가이익을 취득하였고, 이 중 약 20만 圓은 조선흥업의 창립자인 澁澤의 동상과 기념공원건립 자금으로 釜山府에 기부하였다.[20]

---

15) 『三十周年記念誌』, 169쪽.
16) 『朝鮮總督府官報』, 1920년 10월 30일.
17) 『朝鮮の農業』, 1936, 130~131쪽.
18) 『朝鮮の農業』, 1937, 134쪽 ; 同, 1941, 262쪽.
19) 『三十周年記念誌』, 168~169쪽.
20) 『영업보고서』 제37기(1940년 4월 1일~1941년 3월 31일), 2, 5~6쪽.

2. 경영진 및 대주주의 분석

1) 경영진 및 대주주와 澁澤자본과의 관계

⑴ 주요 경영진과 제일은행의 관계

조선흥업은 설립을 위한 제반 준비작업과정과 실무담당자, 발기인, 대주주를 분석해 볼 때 제일은행계가 주도한 澁澤재벌의 직계회사 성격이 강했는데, 이는 조선흥업을 두고 "한국의 사정에 정통하고, 한국에서 신용이 두터운 제일은행원 여러 명의 기업이며,[21] 제일은행의 별동대와도 같다"고 한 澁澤 본인의 기록에서도 직접 확인된다.[22]

다음 <표 4-5>는 조선흥업의 임원과 제일은행과의 관계를 보여주고 있다. 조선흥업은 澁澤의 주도로 제일은행계 임직원과 일본 동경의 일급 자본가들의 투자로 설립된 회사였다. 특히 조선흥업의 임원을 보면 발기인으로서 참여한 동경의 자산가들을 제외하고 제일은행계 인사들과 인척, 澁澤계열 회사 관계자 및 그와 친분이 있었던 인물들로 구성되어 있었다.

<표 4-7>은 1904년 창립 당초부터 1945년 3월 말 현재 역대 조선흥업 임원의 재직 기간 및 직역을 도표화한 것이다. 조선흥업은 1904년 발기 당시 마련한 定款 草案에서 임원 기준을 50株 이상을 소유하는 주주 중에서 3명 이상의 취체역 및 2명 이상의 감사역을 총회에서 선정한다고 규정하였다.[23] 취체역의 임기는 3개년, 감사역은 1개년이었고, 재선이 가능했다.

---

21) 『澁澤榮一傳記資料』第16卷, 593쪽. 『東京經濟雜誌』 제50권 제1247호, 319쪽, 1904년 8월 13일.

22) 위 책, 597쪽. 澁澤榮一書翰　野口彌三宛 (1904년) 12월 31일(野口彌三 씨 所藏).

23) 위 책, 591쪽. 中外商業新報 제6756호, 1904년 7월 10일, 정관초안 제3장 役員 제12조.

180

<표 4-5> 조선흥업주식회사 임원과 제일은행의 관계

	직위명	재임기간	제일은행과의 관계
澁澤榮一	監督	1904~1909	제일은행두취(1896~1916), 상담역(1916~1941)
尾高次郎	專務取締役	1904~1920	澁澤榮一의 처조카 제일은행부산·인천지점장, 제일은행감사역 (1905~1920), 東洋生命保險會社社長
大橋新太郎	취체역	1904~1920	博文館·共同印刷監督
	취체역회장	1920~1935	
日下義雄	취체역	1904~1923	제일은행 감사역(1896~1908), 취체역(1908~1923), 東京貯蓄銀行重役, 동양생명보험주식회사 취체역
土岐僙	감사역	1904~1920	제일은행본점 지배인, 감사역(1903~1905), 취체역1905~1908), 감사역(1908~1931)
	전무취체역	1922~1924	
鎌田勝太郎	취체역	1908~1942	朝鮮實業會社社長, 鎌田産業社長, 東洋生命保險會社監查役
佐佐木淸麿	취체역	1909~1922	제일은행경성지점 지배인, 동양생명보험주식회사 전무취체역
	감사역	1922~1933	
織田雄次	취체역	1919. 1921~1934	
	상무취체역	1920~1921	
	감사역	1935~1945	
尾高豊作	취체역	1920~1942	尾高次郎 장남, 東洋生命保險會社常務取締役
	취체역사장	1943	
大山昇平	취체역	1924~1928	
	상무취체역	1929~1933	服部時計店主
服部金太郎	감사역	1904~1924	제일은행취체역(1924~1927)
西村道彦	감사역	1924~1943	
佐佐木勇之助	상담역	1905~1942	제일은행취체역(1896~1916),頭取(1916~1931), 相談役(1931~1943)
明石照男	상담역	1943~1945	제일은행 제4대 두취, 澁澤榮一사위, 澁澤同族會社取締役, 동경저축은행취체역
澁澤智雄	취체역	1943~1945	澁澤榮一 손자
澁澤長三**	취체역	1944~1945	澁澤榮一 손자

* 자료 : 『二十五年誌』, 8~12쪽, 『三十周年記念誌』; 『第一銀行史(下)』, 「附錄」, 108, 110쪽 ; 澤六十史編纂委員會, 『澁澤倉庫六十年史』, 1959, 409~410쪽 ; 朝鮮興業株式會社 編, 『영업보고서』(각년도판) ; 西野入愛一, 앞 책(1937) ; 朝鮮新聞社, 『朝鮮在住內地人實業家人名辭典』第1編, 1913년에서 재작성.

* 이에 관해서는 淺田喬二의 『日本帝國主義と舊植民地地主制』의 <제3.27표>에 정리가 되어 있으나 창립에서 1935년까지의 분석이다. 따라

서 조선흥업이 영업을 종료하는 1945년까지의 임원명이나 그들의 재임 기간에 명확하지 않은 부분이 있어 이를 수정, 보완하였다.
** 澁澤敬三의 오기로 추정된다. 澁澤敬三은 澁澤榮一의 손자로 직계 후계자이다.

또한 취체역의 互選으로 社長 1명을 선거하였다.[24] 한편 회사는 매년 3월말에 결산하여 영업회기가 매년 4월 1일부터 다음해 3월 31일까지였다.[25] 그리고 해마다 손익계산은 每 회기마다 총이익금에서 제반 경비 및 손실금 등을 공제한 나머지 가운데 10/100 이상의 적립금 및 10/100에 해당하는 금액을 役員상여 및 교재비로 공제하였고, 그 잔액은 주주배당 및 이월금으로 하였다.[26]

1904년 9월 6일 창립총회에서 선임된 초대임원은 다음과 같다. 取締役에 尾高次郎, 日下義雄, 大橋新太郎 등 3인과 監査役에 土岐僙, 服部金太郎의 2인, 監督에 澁澤榮一을 선임하였다. 그리고 같은 날 取締役會에서 尾高次郎을 專務取締役에 호선하였다.

1905년 4월 28일 총회에서는 佐佐木勇之助를 相談役에, 1908년 4월 24일 총회에서는 取締役 1명을 증원하여 선거 결과 鎌田勝太郎을 뽑았다. 또 1909년 4월 27일 총회에서 取締役 1명 증원 선거 결과 佐佐木淸麿를 선임하였다.[27]

澁澤은 창립 후 감독직을 맡았는데 1909년 6월 경제계를 공식 은퇴하였다. 그러나 그를 대신하여 일본 제일은행의 2대 두취를 지냈던 佐佐木勇之助가 1905년 이래 1942년까지 상담역에 있었으며, 1943년 이후로는 사위 明石照男이 뒤를 이었다. 감사역의 土岐僙, 服部金太郎,

---

24) 위 책, 591쪽. 中外商業新報 제6756호, 1904년 7월 10일, 정관초안 제3장 役員 제13조 및 15조.

25) 위 책, 591쪽. 中外商業新報 제6756호, 1904년 7월 10일, 정관초안 제4장 總會 제17조 및 제5장 計算 22조.

26) 위 책, 591쪽. 中外商業新報 제6756호, 1904년 7월 10일, 정관초안 제4장 總會 제17조 및 제5장 計算 23조.

27) 『二十五年誌』, 8쪽.

佐佐木淸麿, 織田雄次, 金井滋直, 西村道彦 등과 취체역의 尾高次郎, 日下義雄 등, <표 4-5>와 <표 4-7>에서 보듯이 제일은행 관계 주요 인물들이 줄곧 중요직을 독점하였음을 확인할 수 있다.

⑵ 대주주와 澁澤자본의 관계

조선흥업은 1913년 이래 줄곧 총 자본금 300만 원에 총 주식수 6만 주를 유지하고 있다. 이 중 대주주의 주식보유 상황은 <표 4-6>과 같다. 이를 <표 4-5>에 제시된 조선흥업 임원과 비교하여 볼 때 조선흥업이 제일은행계 직계회사였음을 분명히 알 수 있다.

먼저 조선흥업 창설의 실무담당자였던 尾高次郎은 澁澤의 처조카이다. 澁澤은 스승이었던 尾高惇忠의 동생 千代와 결혼하여 尾高가문과 이후 사업의 동반자 관계를 계속 유지하였다. 尾高가문은 澁澤계 東京貯蓄銀行이나 東洋生命保險株式會社, 제일은행 등 주요 사업체에 경영 실무진으로 참여하고 있었다. 尾高次郎은 埼玉縣출신으로 동경고등상업학교를 졸업한 직후 제일은행에 입사하여 제일은행 부산 및 인천지점장, 제일은행 감사역(1905~1920), 東洋生命保險株式會社 사장, 武州銀行頭取 등을 역임하면서 조선흥업을 출범시킨 주역이었다.28)

<표 4-6>에서 보면 그는 조선흥업의 주식을 東洋生命保險株式會社 명의로 1918년에 3,613주, 1919년에 6,433주나 보유하고 있어 단연 최대 주주였고, 개인명의로도 2,000주를 보유하고 있었다. 1920년 그의 사망 이후로도 東洋生命保險株式會社는 여전히 6,708주를 보유하였고, 개인적으로 보유했던 주식은 尾高豊作(尾高합명회사 대표)이 계승하여 지속적으로 주식수를 늘려갔음을 확인할 수 있다.

---

28) 위 책, 9쪽.

<표 4-6> 조선흥업주식회사의 주요 株主 및 보유 株數 (1918~1945년) (총 주수 6만주)

성명	직책	1918	1919	1920	1921	1922	1923	1924	1925	1926	1927	1928	1929	1930	1931
福島宜三[1]	東洋生命保險株式會社상무취체역	-	-	6,708	6,708	6,708	6,708	6,708	6,402	3,000	3,000	3,000	3,000	3,000	3,000
下鄕傳平[2]	仁壽生命保險株式會社取締役社長	5,100	5,100	2,000	2,000	2,000	2,000	2,000	2,500	2,500	2,500	2,500	2,500	2,500	2,500
大橋新太郎	株式會社 大橋本店 頭取	5,000	5,000	5,000	4,900	5,200	5,200	5,050	5,050	5,050	5,050	5,050	5,050	5,050	5,050
澁澤敬三	澁澤同族株式會社社長	3,700	3,700	3,700	3,700	3,700	3,700	3,700	3,700	3,700	3,700	3,700	3,700	3,700	3,700
尾高次郎[3]	東洋生命保險株式會社取締役社長	3,613	6,433	-	-	-	-	-	-	-	-	-	-	-	-
渡邊甚吉	渡邊식산주식회사취체역사장	2,386	2,386	2,386	2,386	2,386	2,386	2,386	2,386	2,386	2,386	2,386	2,386	2,386	2,386
矢野恒太	第一생명보험상호회사사장	-	-	500	500	580	580	580	580	2,230	2,300	2,300	2,300	2,300	2,300
尾高次郎		2,000	2,000	-	-	-	-	-	-	-	-	-	-	-	-
尾高豊作	尾高합명회사대표자	-	-	2,000	2,000	2,430	1,930	2,390	2,565	2,565	2,625	2,892	2,942	3,142	3,142
大倉喜八郎[4]	合名會社大倉組頭取	1,600	1,600	1,600	1,600	1,600	1,600	1,600	1,600	1,600	1,600	1,600	1,600	1,600	1,600
佐藤惣吉		1,560	1,560	1,830	2,000	1,830	1,130	1,130	1,130	1,130	1,130	1,130	1,130	1,130	1,130
早川億利	旱川芳太郎이 계승(1921)	1,360	1,360	1,360	1,360	1,360	1,360	1,360	1,360	1,360	1,360	1,360	1,360	1,360	1,360
瀧澤吉三郎	瀧澤地業합명회사사장	1,160	1,360	1,160	1,180	1,160	1,160	1,160	1,160	1,160	1,160	1,160	1,160	580	580
鎌田勝太郎	朝鮮實業株式會社社長	1,010	1,160	538	538	538	540	540	1,060	1,060	1,060	1,060	1,060	1,060	1,060
榊原伊助		1,008	1,418	-	-	-	-	-	-	-	-	-	-	-	-

성명	직책	1918	1919	1920	1921	1922	1923	1924	1925	1926	1927	1928	1929	1930	1931
服部金太郎		800	800	800	800	800	1,000	1,000	1,000	1,000	1,000	1,000	1,000	1,000	1,000
淸水滿之助		800	800	800	800	800	800	800	800	800	800	800	800	800	800
茂木惣兵衛		800	-	-	-	-	-	-	-	-	-	-	-	-	-
半田善四郎		729	869	869	869	869	869	869	1,000	-	-	-	-	-	-
佐佐木勇之助		600	600	720	600	600	600	500	600	696	600	600	600	600	600
澁澤義一		600	600	600	600	632	520	520	520	520	500	480	500	480	480
중략															
佐佐木淸麿		300	300	300	300	300	300	300	300	300	300	300	300	300	300
迫間房太郎		286	486	1,739	1,739	1,739	1,739	1,739	1,739	1,739	1,739	1,739	1,739	1,739	1,739
중략															
日下義雄		200	200	200	200	200	200	200	-	-	-	-	-	-	
중략															
土岐僙		150	150	150	150	250	350	350	200	200	200	200	200	200	200
중략															
大山昇平		114	114	114	114	120	210	180	200	350	350	360	360	450	450
大倉粂馬		100	100	100	100	100	100	100	100	100	100	-	-	-	-
香椎源太郎		100	200	270	270	270	100	100	100	100	100	100	100	100	100
중략		-	-	-											
目黑銀次		55	55	55	55	55	65	75	87	117	130	127	130	160	166
澁澤元治		50	50	50	50	50	50	50	-	-	-	-	-	-	-

성명	직책	1932	1933	1934	1935	1936	1937	1938	1939	1940	1941	1942	1943	1944	1945
福島宜三	東洋生命保險株式會社상무취체역	3,000	3,000	3,000	3,000	-	-	-	-	-	-	-	-	-	-
下鄕傳平[5]	仁壽生命保險株式會社取締役社長	2,500	2,500	2,500	2,500	2,500	2,500	2,500	2,500	2,500	2,500	2,500	2,500	2,500	2,500
大橋新太郎	株式會社 大橋本店 頭取	5,050	5,050	5,050	5,050	5,050	5,050	5,050	5,050	5,050	5,050	5,050	5,050	5,050	5,050
澁澤敬三[6]	澁澤同族株式會社社長	3,700	3,700	2,800	3,480	3,480	3,480	3,480	3,480	3,480	3,480	3,480	3,380	3,380	3,280
渡邊甚吉	渡邊식산주식회사취체역사장	2,386	2,386	2,386	2,386	2,386	2,386			-			-	-	-
失野恒太[7]	第一생명보험상호회사사장	2,300	2,900	2,900	2,900	2,900	2,900	2,900	2,900	2,900	2,900	2,900	2,900	2,900	2,900
尾高次郎		-	-	-	-	-	-	-	-	-	-	-	-	-	-
尾高豊作	尾高합명회사대표자	3,152	3,152	3,152	3,152	6,157	6,200	6,260	6,260	6,260	6,610	6,610	6,610	6,520	6,520
大倉喜七郎[8]	合名會社大倉組頭取	1,600	-	-	-	-	-	-	-	-	-	-	-	-	-
佐藤惣吉[9]		1,130	1,130	1,130	1,130	1,130	830	1,170	1,170	1,170	1,170	1,170	1,170	1,170	1,170
早川億利[10]		1,360	1,360	1,360	1,360	1,360	1,360	1,360	1,360	1,360	1,360	1,360	1,360	1,360	1,360
瀧澤吉三郎	瀧澤地業합명회사사장	580	580	580	580	580	580	580	580	580	580	580	580	580	580
鎌田勝太郎[11]	朝鮮實業株式會社社長	1,060	1,060	1,060	1,060	1,060	1,060	1,060	1,060	1,060	1,060	1,060	1,060	1,060	1,060
榊原伊助		-	-	-	-	-	-	-	-	-	-	-	-	-	-
服部金太郎[12]		1,000	1,000	1,000	1,000	1,000	1,000	1,000	1,000	1,000	1,000	1,000	1,000	1,000	1,000
淸水滿之助[13]		800	800	800	800	800	800	800	800	800	800	800	800	800	800
茂木惣兵衛		-	-	-	-	-	-	-	-	-	-	-	-	-	-

성명	직책	1932	1933	1934	1935	1936	1937	1938	1939	1940	1941	1942	1943	1944	1945
半田善四郎		-	-	-	-	-	-	-	-	-	-	-	-	-	-
佐佐木勇之助 [14]		600	600	600	600	600	600	600	600	600	600	600	600	600	600
澁澤義一		500	500	480	-	-	-	-	-	-	-	-	-	-	-
중략															
佐佐木淸麿 [15]		300	300	300	300	300	300	300	300	300	300	300	300	300	-
迫間房太郎 [16]		1,739	1,739	1,739	1,739	1,739	1,739	1,739	1,739	1,739	1,739	1,739	2,415	2,415	2,415
중략															
日下義雄		-	-	-	-	-	-	-	-	-	-	-	-	-	
중략															
土岐僙 [17]		200	200	200	200	200	200	200	200	200	200	200	200	200	200
중략															
大山昇平 [18]		450	500	500	500	500	500	500	500	500	300	200	360	-	-
大倉粂馬		-	-	-	-	-	-	-	-	-	-	-	-	-	
香椎源太郎		100	100	100	100	100	100	100	100	100	100	100	100	100	100
중략															
目黑銀次 [19]		170	200	200	236	236	236	236	236	236	236	236	166	166	166
澁澤元治		-	-	-	-	-	-	-	-	-	-	-	-	-	
澁澤智雄 [20]												100	100	100	-
明石照男		-	-	-	-	-	-	330	826	826	826	826	1,326	1,694	1,694

* 자료 :『영업보고서』각 연도판에 의거하여 작성함.
* 株數는 新株와 舊株를 합한 것. 1937년 3월부터 新株, 舊株가 통합됨.
* 각 해당 연도 3월 31일 현재 보유 주식수임.
* 50주 이상의 주요 주주로 국한하였음.

 1) 福島宜三은 1923년 木村雄次(동양생명보험주식회사 전무취체역)로 바뀜. 人名변화에 상관없이 동양생명보험주식회사가 최대 주주임.
 2) 1925년 下鄕寅太郎(東洋興業株式會社取締役社長)이 계승함.
 3) 尾高次郎은 1920년 2월 4일 사망함.
 4) 1925년 大倉喜七郎에게 계승됨.
 5) 野村惠二(野村生命保險株式會社取締役社長)로 변경됨.
 6) 1945년에 白石喜太郎으로 명의 변경됨.
 7) 1939년에 石坂泰三으로 명의 변경됨.
 8) 1932년에 大倉喜七郎이 주식을 정리하고 나가면서 1933년부터는 주주명단에서 빠짐.
 9) 1938년에 佐藤行雄으로 계승됨.
10) 1921년 早川芳太郎으로 계승됨.
11) 鎌田勝太郎은 鎌田産業주식회사 사장 명의로 840株를 추가로 보유하고 있다. 1943년에 鎌田憲夫로 계승됨.
12) 1945년에 服部玄三으로 계승됨.
13) 1945년에 淸水康雄으로 계승됨.
14) 佐佐木謙一郎으로 계승됨.
15) 1935년에 佐佐木道雄으로 계승됨.
16) 1943년에 迫間一男으로 계승됨. 迫間房太郎은 조선흥업 창립 때부터 澁澤과 지속적으로 한국 사정에 관하여 의견을 주고받으면서(『澁澤榮一傳記資料』第16卷, 601쪽 참조.) 농업 부분 투자에 관심이 컸었던 부동산 투자자이며 迫間진영농장 경영자였다. 迫間房太郎의 농장경영에 관하여서는 淺田喬二,「迫間農場爭議의 전개과정」,『抗日農民運動硏

究』, 동녘, 1984. 참조. 또한 앞서 살펴본 바와 같이 迫間의 부산창고가 조선홍업의 창고부로 흡수 통합되어 迫間은 조선홍업과 매우 밀접한 관계에 있었던 대주주였다.

17) 1936년에 土岐雄志郎으로 계승됨.

18) 1934년에 大山正夫로 계승됨.

19) 1938년에 目黑太郎으로 계승됨.

20) 澁澤智雄은 1942년 5월 취체역에 임명되었다. 조선홍업 설립 당초의 정관에서는 50주, 『二十五年誌』에 수록된 개정된 정관에서는 100주 이상 보유를 임원자격으로 규정하고 있었다.(부록의 조선홍업 정관 참조) 그런데 1945년 주주명단에서는 다시 제외되었다.

<표 4-7> 조선흥업주식회사 주요 임원의 직위 및 재임기간 (1904~1945년)

연도	取締役 會長	專務 取締役	常務 取締役	取締役	取締役	取締役	取締役	取締役	監査役	監査役	監督	相談役
1904	-	尾高次郎	-	日下義雄	大橋新太郎	-	-	-	土岐償	服部金太郎	澁澤榮一	-
1905	-	同	-	同	同	-	-	-	同	同	同	佐佐木勇之助(1905 취임) 이래
1906	-	同	-	同	同	-	-	-	同	同	同	
1907	-	同	-	同	同	-	-	-	同	同	同	
1908	-	同	-	同	同	鎌田勝太郎	-	-	同	同	同	同
1909	-	同	-	同	同	同	佐佐木淸麿	-	同	同	辭任	同
1910	-	同	-	同	同	同	同	-	同	同	-	同
1911	-	同	-	同	同	同	同	-	同	同	-	同
1912	-	同	-	同	同	同	同	-	同	同	-	同
1913	-	同	-	同	同	同	同	-	同	同	-	同
1914	-	同	-	同	同	同	同	-	同	同	-	同
1915	-	同	-	同	同	同	同	-	同	同	-	同
1916	-	同	-	同	同	同	同	-	同	同	-	同
1917	-	同	-	同	同	同	同	-	同	同	-	同
1918	-	同	-	同	同	同	同	-	同	同	-	同
1919	-	同	-	同	同	同	同	織田雄次	同	同	-	同
1920	1920년4월	1920 사망	織田雄次취임	同	尾高豊作취임	同	同	-	同	同	-	同
1921	24일 就任	-	9/29常務辭任	同	同	同	同	織田雄次	취체역회장대리취임	同	-	同
1922	大橋新太郎	土岐償취임	-	同	同	同	사임	同	만기퇴임,佐佐木淸麿	同	-	同
1923	이하 同	同	-	사망	同	同	-	同	同	同	-	同

연도	取締役會長	專務取締役	常務取締役	取締役	取締役	取締役	取締役	取締役	監査役	監査役	監督	相談役
1924	大橋新太郎	만기퇴임	-	-	同	同	大山昇平	同	同	만기퇴임,西村道彦	-	同
1925	이하 同	-	-	-	同	同	同	同	同	同	-	同
1926		-	-	-	同	同	同	同	同	同	-	同
1927		-	-	-	同	同	同	同	同	同	-	同
1928		-	-	-	同	同	同	同	同	同	-	同
1929		-	大山昇平취임	-	同	同	-	同	同	同	-	同
1930		-	同	-	同	同	-	同	同	同	-	同
1931		-	同	-	同	同	-	同	同	同	-	同
1932		-	同	-	同	同	-	同	同	同	-	同
1933		-	同	-	同	同	-	同	同	同	-	同
1934		-	島原鐵三	-	同	同	-	同	佐佐木勇之助	同	-	同
1935		-	이하 同	-	同	同	-	目黑銀次	織田雄次	同(중임)	-	同
1936		-	-	-	同	同	-	同	同	同	-	同
1937		-	-	-	同	同	-	同	同	同	-	同
1938		-	-	-	同	同	-	同	同	同	-	同
1939		-	-	-	同	同	-	-	同	同	-	同
1940		-	-	-	同	同	迫間房太郎	-	同	同	-	同
1941		-	-	-	同	同	同	-	同	同	-	同
1942		-	-	-	同	同	同	-	同	同	-	同
1943		-	中間高州	-	同,취체역사장	澁澤智雄	-	-	同	同	-	明石照男
1944		-	이하 同	大橋進一	山本尋己	同	相澤長三	-	同	金井滋直	-	同
1945	穗積眞六郎	-	同	同	同	同	同	-	同	同	-	同

* 자료 :『二十五年誌』, 12쪽 및 『영업보고서』 각 연도판에 의하여 작성.
* 1945년도 임원은 1945년도 3월 31일자까지의 『영업보고서(41기)』 내용에 근거함.

<그림 7> 佐佐木勇之助

그는 1904년 이래 조선흥업의 專務取締役을 맡았고 사망 후 후계자 尾高豊作이 취체역에 취임하여 1943년에는 취체역 사장까지 올라갔다.[29]

日下義雄도 조선흥업의 창업 주역이다. 그는 처음 일본에서 관계에 들어가 長崎縣 知事, 福島縣 知事, 辨理公使 등을 역임하였다. 1896년 실업계에 들어와 제일은행 감사역, 1908년에는 취체역에 취임하였고, 기타 澁澤관계 다수 회사의 중역이 되었다. 1923년 조선흥업의 취체역으로 재임 중 사망하였다.[30]

佐佐木勇之助는 澁澤이 제일은행을 창업할 당시부터의 일등 공로자였다. 그는 三井과 小野의 공동출자로 설립된 제일은행이 小野組의 파산으로 그 존립이 위태로울 때 회생시킨 주역이었고, 영국에서 근대식 부기법을 직접 배워 은행 업무에 적극 활용하였다.[31]

---

29) 위 책, 8~11쪽 ;『영업보고서』제40기(1943년 4월 1일~1944년 3월 31일), 2쪽. 尾高次郎이 조선흥업 설립과정에서 단연 일등 공신이었다는 점은 조선흥업 최초이자 최대의 농장이었던 황주지점 부근의 산을 尾高山이라고 명명한 점에서도 알 수 있다.(『澁澤榮一傳記資料』第16卷, 602쪽)

30)『二十五年誌』, 10쪽.

31) 西野入愛一, 앞 책(1937), 145~147쪽, 157~160쪽.

明石照男은 澁澤의 사위이다. 동경제국대학 출신으로 1906년 三菱은행에서 은행 업무를 익혔고, 1909년 제일은행으로 옮긴 이래 제4대 두취를 역임하였다. 계보 상 그는 澁澤계 2세대에 해당하는데 1938년부터 조선흥업 주식의 보유지분을 늘려가면서 경영에 관여했던 것으로 보이고, 마침내 1943년 상담역에 취임하였다.[32]

澁澤智雄은 澁澤榮一의 손자인데, 澁澤창고회사에 입사하여 경영에 참여한 이래 조선흥업에는 1943년 취체역에 취임하였다.[33]

이상의 몇몇 인물로 보아서도 澁澤榮一 직계이거나 인척, 혹은 일본에서 澁澤계 회사나 澁澤이 監査 및 相談役으로 관여한 회사에 깊이 관련된 인물들 위주로 임원직이 구성되어 있었으므로 조선흥업은 澁澤재벌의 직계회사였던 것이다. 이들 중 日下義雄, 大橋新太郎, 尾高次郎, 佐佐木勇之助, 服部金太郎, 土岐僙 등은 澁澤이 관여했었던 일본 및 한국 내 제반사업에 모두 중역을 겸하고 있었다.[34] 그리고 경영진에서 한국인들은 찾아 볼 수가 없다. 오로지 일본인, 그것도 제일은행계 내지 澁澤자본 관련의 소수에 의한 경영이었다.

한편 <표 4-6>의 조선흥업의 대표적 대주주의 주식보유 현황을 연도별로 보면 총 주식 수 6만 주에서 澁澤榮一의 처가인 尾高家 東洋生命保險株式會社가 1920년대 중반까지 6,700주, 1926년부터는 3,000주를 유지하고 있다. 尾高次郎은 개인 명의로도 2,000주를 보유했다가 사망 후 후계자 尾高豊作이 2,000~3,000주를 꾸준히 유지한다. 그리고 1936년부터 그 주식이 尾高合名會社로 흡수되어 역시 6,000주를 훨씬 넘게 보유하고 있어 최대의 주주자리를 유지하고 있다. 동양생명보험주식회사나 尾高合名회사나 모두 澁澤계 기업이다.

그리고 仁壽생명이 1918년과 1919년 5,100주를 보유하였다가 1920

---

32) 위 책, 161~162쪽.
33) 위 책, 166~171쪽.
34)『澁澤榮一傳記資料』第16卷, 612~616쪽.

년 들어서서 2,000주, 1925년에는 2,500주가 된다. 그런데 仁壽生命의 주식은 1925년 동양흥업주식회사로 승계되는데 역시 澁澤계 회사이다. 동양흥업주식은 다시 1941년 野村생명보험주식회사로 인수된다.

澁澤직계로는 澁澤榮一의 장손 澁澤敬三이 澁澤同族會社 사장으로 3,700주 정도를 꾸준히 유지한다. 澁澤義一도 500~600주 정도를 유지한다. 澁澤元治도 그보다는 적지만 꾸준히 주식을 보유하였고, 澁澤智雄은 1942년 5월 취체역에 임명되면서 주주 명단에 들어갔다.

제일생명보험상호회사의 失野恒太도 1920년 500주를 시작으로 1926년부터는 2,300주를 보유하기 시작하였다. 이렇게 볼 때 1920년대 중반 상황을 보면 澁澤同族會社가 약 3,700주, 동양생명보험주식회사가 6,700주, 尾高합명회사가 약 2,500주, 인수생명보험주식회사가 2,500주, 澁澤義一이 500주 정도를 보유하여 거의 1만 6천주에 달한다. 이는 총 주식수 60,000주 중 약 27%에 달하는 지분이었다. 다른 대주주들도 澁澤계 기타 회사에 대주주로 참여하거나 중요 임원직을 겸하고 있었으므로, 실질적으로 조선흥업은 澁澤계 회사였다.[35]

澁澤이 1909년 경영일선에서 물러난 뒤에도 여전히 조선흥업은 그의 영향력 하에 있었다. 澁澤이 자신의 퇴직 후 조선흥업 경영에 관하여서 "나의 친척 尾高次郎이 專務로서 경영을 담당하고 있으므로 (중략) 내가 사직하여도 크게 변동이 없을 것이다."[36]라고 한 것에서도 알 수 있다. 또한 그는 1909년 6월 6일 은퇴를 선언했음에도 불구하고, 6

---

35) 淺田喬二는 저서 『日本帝國主義と舊植民地地主制』의 148~149쪽, <제3.28 표>에서는 총 주식수를 7만 주라고 하였으나 조선흥업의 총 주식 수는 6만 주이다. 그리고 淺田은 이 중 澁澤同族會社, 東洋生命會社, 尾高合名會社의 3社가 9,000주를 소유하여 총 주식의 15% 내외에 상당한다고 하였으나, 실제로는 그 규모가 더 컸다.

36) 『澁澤榮一傳記資料』 第16卷, 610~611쪽, 龍門雜誌 제253호 제47~49쪽 1909년 6월. 青淵先生의 각종 관계사업은퇴. 澁澤은 古稀연령을 기회로 관계 했었던 각종 경제사업에서 은퇴를 선언하였다. 무려 500여 개에 달하는 기업 이었다. 그런데 그는 여전히 제일은행 및 동경저축은행 경영권은 고수하였다.

월 8일 한국 제일은행의 업무시찰을 목적으로 방한하였을 때 6월 15일 직접 조선흥업의 최대농장 겸이포를 방문하여 농장주재 社員 및 소작인과의 담화, 훈시, 농장 시찰을 했고, 尾高, 菊池 평양 이사관으로부터 업무보고를 받았다. 게다가 7월 3일에는 경상도 三浪津 농장에서 양잠업 전문기사 鹿沼傳十郎과 직접 양잠에 관한 논의를 하였는데, 澁澤은 일찍부터 일본 방적사업을 위한 한국 내 면화재배에 큰 관심을 보여 왔었다.[37]

그는 은퇴 후에도 제일은행 관계 업무는 물론 한국 내 투자사업에 관하여 여전히 영향력을 행사하고 있었고, 특히 대규모 농업회사인 조선흥업의 경영은 한국 식민지화를 위한 기초 작업이라는 생각에서 중시했던 것으로 보인다.

한편 주요 경영진이자 대주주 가운데 제일은행과 직접적 관련은 없으나, 澁澤榮一과의 개인적 친분 혹은 澁澤이 관련하거나 주도한 사업에 동참했었던 인물로는 大橋新太郎, 目黑銀次, 迫間房太郎 등이 있다.

大橋新太郎은 澁澤이 관여했었던 일본 및 한국의 주요회사의 창립 발기인이었고, 주된 경영진 혹은 아예 취체역 사장으로서 경영 자체를 전담하였다. 그는 1863년 每日新聞과 博文館의 창시자인 大橋佐平의 아들로 태어났다. 1876년 東京으로 나아가 中村敬宇에게 사사받았고, 아버지의 博文館의 경영에서 두각을 나타내어 일본 출판계의 패권을 장악하였다. 또한 共同印刷주식회사를 총본산으로 하고, 별도로 大橋本店, 大橋圖書館, 京城電氣, 조선흥업의 사장이기도 했다. 그리고 日本郵船, 日本石油, 王子製紙, 電氣化學工業, 東京製鐵, 帝國製紙, 北海水力電氣, 三井信託, 日本鋼管, 三共, 近海郵船, 足利紡績, 復興建築造成, 日本航空輸送, 日本染料製造, 白木屋, 理化學興業, 第一相互

---

37) 위 책, 600~602쪽, 龍門雜誌 제219호 제2쪽. 1906년 8월. ○ 靑淵先生의 韓國視察談 △ 大阪朝日新聞.(7월 13일 揭載)

保險, 南朝鮮鐵道, 勸業銀行, 三井銀行, 大日本麥酒, 東京火災保險, 東京建物, 東亞興業, 明治製糖, 新興織物, 朝鮮無煙炭 등 각종 회사와 은행의 取締役, 監査役을 맡은 일본재계의 거물급 인사였다. 그런데 그가 관여했던 사업체의 대부분은 澁澤의 지도로 발기·창립·운영된 회사들이었다. 또한 그는 衆議院 議員에도 勅選되었다.[38]

目黑銀次는 1879년 東京市 小石川區 竹早町 73에서 태어났다. 그는 1897년 11월 한국에 건너왔고, 1905년 4월 조선흥업 黃州支社에 입사한 후, 1909년 9월 이 지점 서무계장, 1911년 12월 목포출장소 주임, 1922년 2월 황주지점 지배인을 역임하였다. 1925년 4월 이 회사 부산지점 지배인으로 옮겼고, 이어서 1935년에는 취체역에 선임되었다.[39]

迫間房太郎은 1860년 10월 일본 和歌山縣 那賀郡 池田村에서 迫間 嘉四郎의 4남으로 태어났다. 그는 20세에 大阪 五百井 商店에 들어가 1880년 부산지점 지배인으로 부임하였다. 그리고 1905년 독립하여 러일전쟁의 특수를 타고 토지가옥 경영과 무역업으로 巨萬을 치부, 1935년 당시 자산이 5千萬 圓을 초과하였다. 그는 일제 강점기 한국 財界의 중진으로서 釜山水産株式會社, 朝鮮瓦斯電氣株式會社, 부산상공회의소특별위원, 부산상업은행취체역, 조선저축은행취체역, 부산공동창고회사장, 경남은행취체역 등 수많은 회사의 중역을 역임했고, 경상남도회의원으로 뽑혔다. 또한 러일전쟁의 공로로 勳6등에 서훈되었고, 瑞寶章을 받았다. 그는 부동산 경영을 본업으로 했으나 최전성시에는 부산항 수출입무역고의 25%를 차지할 만큼의 거대 무역상이기도 했다. 그는 조선흥업 설립 초기부터 澁澤이 한국을 방문할 때 자주 만나 한국에서의 그의 선경험을 바탕으로 조언을 한 것으로 보이고, 실제로 조선흥업에 주주로 참여하다가 마침내 실제 경영에도 관여하게 되었

---

38) 『澁澤榮一傳記資料』 第16卷, 612~616쪽 ; 阿部薰 編, 앞 책(1935), 53쪽 참조.

39) 朝鮮新聞社, 『朝鮮人事興信錄』, 朝鮮人事興信錄編纂部編, 발행년 미상, 468쪽 ; 阿部薰 編, 앞 책(1935), 205쪽.

다. 또한 장남 一男이 그의 사후 조선흥업의 주주로 참여하였다. 한편 경상남도 진영농장 경영뿐만 아니라 한국 각지에 부동산을 소유하고 있었다.[40) 또한 迫間의 부산창고가 조선흥업의 창고부로 흡수 통합되어 迫間은 조선흥업과 매우 밀접한 관계에 있었던 대주주였다.

2) 수익분배와 이윤의 독점

조선흥업의 취체역 및 감사역의 임원들의 연간 보수는 1919년 당시 金 8,000圓,[41) 1920년에는 12,000圓,[42) 1941년에는 24,000圓[43)에 달하였다.

조선흥업 임원의 수입은 기본급여 이외에 매년 주주에게 지급되는 배당금, 상여금, 각종 명목의 공로금 등 상당한 보수가 주어졌다. 설립 당초부터 조선흥업의 대주주였던 임원들은 <표 4-3>에서 보는 바와 같이 매년 일정한 고율의 배당금을 챙겼다. 일제 강점기 보통정기예금 이윤이 4~6%, 주요 회사들의 주식이윤은 6~7%, 토지이윤은 7~9%였던 상황에서[44) 조선흥업의 주주들은 영업 첫해인 1904년과 1908년을 제외하고는 일관되게 안정적으로 주식수익을 보장받았다. 1916년까지는 6~9% 배당, 1917년 영업 14기부터는 15~18%의 고수익이었다. 특히 1928년에는 창립 25주년 기념으로 2%의 추가 특별 배당금에 중역들을 위한 위로금 35,000원까지 지급되었다.[45) 1934년에는 창립 30주년 기념으로 25%의 특별 배당금이 추가 지급되어 기본 배당 15%에 더하여 총 40%의 고배당을 했던 것이다.[46)

---

40) 釜山名士錄刊行會發行,『釜山名士錄 附 銀行會社名鑑』, 1935, 16~17쪽 ; 朴元杓,『開港九十年-釜山의 古今 시리즈 제2부』, 太和出版社, 1966, 26쪽.
41)『영업보고서』제16기(1919년 4월 1일~1920년 3월 31일), 1쪽.
42)『영업보고서』제17기(1920년 4월 1일~1921년 3월 31일), 2쪽.
43)『영업보고서』제38기(1941년 4월 1일~1942년 3월 31일), 1쪽.
44) 淺田喬二, 앞 책(1968), 103쪽 <표 3-22> 참조.
45)『영업보고서』제25기(1928년 4월 1일~1929년 3월 31일), 3~4쪽.

淺田喬二는 조선흥업의 石川縣 농업주식회사 사례 연구에서 당 회사가 1907년 설립 이래 1911년까지 6%, 1912년~1917년에는 6~8%, 1918년 이래는 25%~40%, 1919년에는 74%, 1934년에는 48%에 달했다고 분석하면서 이를 조선흥업과 비교하였다.[47] 즉, 민간 일본인 지주로서 최대의 규모를 과시하던 조선흥업도 1910년대 후반기 이래 농장경영의 본격적 전개기에 15~18%의 배당만 하였다고 하여 상대적으로 석천현 농업주식회사가 엄청난 고율의 이익을 올렸음을 부각시켰다. 그러나 석천현 농업주식회사가 고율의 수익을 올리고, 고배당을 한 것은 분명하나, 조선흥업 주식이 갖는 액면 가치와 조선흥업이 매년 사내 보유 적립금으로 남긴 부분을 고려하지 않고, 단순 배당률의 비율로만 양 회사의 주식 수익성을 비교하는 것은 적절한 방법은 아니다. 게다가 석천현 농업주식회사의 총 자본금은 1910년대 20만 원, 1920년대 40만 원대로,[48] 동 시기 조선흥업이 300만 원대 거대회사였던 점에 비하면, 단순히 주식 배당률만으로 그 수익성을 비교할 수는 없는 것이다.

조선흥업의 경우 1935년 현재 총 자본금 300만 원, 총 주식 수 6만 주로 1주당 50圓으로 산정된다.[49] 예를 들어 당시 최대주주인 大橋新太郎은 1934년 조선흥업 30주년 기념으로 40%의 배당금을 받았는데, 앞의 <표 4-6>에 의하면 그의 보유 총 주식은 5,050주였다. 따라서 그는 그 해 배당금만 101,000원을 받았다.

조선흥업은 극심한 흉작이나 재계 불황 속에서도 고율의 배당률을 유지하였다.[50] 이는 수익안정을 위한 농장의 분산배치 및 농작물의 다

---

46) 『영업보고서』 제31기(1934년 4월 1일~1935년 3월 31일), 15쪽.

47) 淺田喬二, 앞 글(1979), 355쪽.

48) 淺田喬二, 앞 글(1979), 347쪽.

49) 『영업보고서』 제32기(1935년 4월 1일~1936년 3월 31일), 2쪽.

50) 『영업보고서』 제26기(1929년 4월 1일~1930년 3월 31일), 14쪽 ; 『영업보고서』 제27기(1930년 4월 1일~1931년 3월 31일), 5~6쪽 ; 『영업보고서』 제35기

198

양화, 곡가 폭등으로 가능했던 것이다. 조선흥업의 주식이 우량주로서 안정적 고수익을 보장했던 것은 당시 조선흥업의 株券위조가 성행하고 있었던 것에서도 알 수 있다. 1924년 이후 조선흥업의 50원 권과 100원 권의 위조 주권의 판매가 동경에서 급증하여 그 위조액이 120만 원에 달하였다고 하는데, 피해자는 동경과 한국에 걸쳐 전문직 고소득자이거나 정부고관에 이르기까지 다수였다고 한다. 그리고 그 위조범은 일본 실업계의 유력자였다고 하는데, 위조범과 피해자의 사회적 위치와 피해 액수로 보았을 때 조선흥업 주식이 갖는 경제성을 짐작할 수가 있다.[51] 한편 임원들은 위로금, 사후 공로금, 퇴직금 등 각종 명목의 추가 보수를 챙겼다.

<표 4-8> 조선흥업주식회사 주요 임원의 공로금 지급 현황 (단위 : 圓)

연도	임직원명	직급	액수(圓)	명목
1920년 4월	尾高次郎	專務取締役	50,000	공로금
1923년 5월	日下義雄	取締役	10,000	공로금
1924년 4월	土岐僙	전무취체역	20,000	공로금
1924년 4월	服部金太郎	감사역	11,000	공로금
1928년	임원 전체	중역	35,000	25주년특별위로금
1934년 2월	大山昇平	상무취체역	30,000	공로금
1934년 4월	佐佐木淸麿	감사역	12,000	공로금
1938년 4월	目黑銀次	취체역	6,000	공로금
1942년 6월	鎌田勝太郎	취체역	23,000	공로금
1943년 7월	迫間房太郎	취체역	3,000	공로금
1943년 7월	島原鐵三	상무취체역	60,000	공로금
1944년 5월	大橋新太郎	취체역 회장	120,000	공로금
同	尾高豊作	취체역 사장	50,000	공로금
同	佐佐木勇之助	상담역	50,000	공로금
同	西村道彦	감사역	15,000	공로금

* 자료 : 각 기별 『영업보고서』에 의하여 작성함.

(1938년 4월 1일~1939년 3월 31일), 5쪽 ;『영업보고서』 제41기(1944년 4월 1일~1945년 3월 31일), 9~10쪽.
51) 『동아일보』, 1925년 5월 22일.

조선흥업의 창업주역이며 전무 취체역을 역임했던 尾高次郎에게 1920년 사망 후 50,000圓의 공로금이 지급[52]된 것을 시작으로 그 지급 현황은 <표 4-8>과 같다.

이들 대주주에 대한 고율의 주식배당과 임원들의 고액연봉, 공로금 지급은 물론 한국인 소작인으로부터 철저하게 수취한 고율의 소작료에서 나온 것이었다. <표 4-3>에 의하면 조선흥업은 매년 사원급여 및 퇴직급여금의 명목으로 총 수입금의 거의 10%이상을 지출하고 있었다.

조선흥업은 주요임원 이외에 일반社員들을 위한 복지시설도 갖추고 있었다. 1922년 10월 1일 설립된 '良友會'는 조선흥업의 重役을 고문으로 하여 지점장을 特別會員, 일반사원을 通常會員, 准社員을 准會員으로 하여 조직되었다. 조선흥업은 임원은 물론, 일반사원들도 모두 일본인들이었다. 양우회 사업은 良書 구입, 독서 강연회, 사원가족을 위한 慰安會 개최, 사원 및 그 가족에 대한 치료비의 50% 지급, 각종 경조사 및 재해, 퇴직 등의 행사자금 지원 등 말 그대로 조선흥업 직원을 위한 복지업무이었다. 그 운영자금의 기본이 되는 회비는 特別會員月收의 10/1,000, 通常會員, 准會員은 7/1,000로 하는 것이었다.[53]

이상에서 볼 때 조선흥업은 경영진이나 일반사원, 주주 구성에서 제일은행계와 澁澤자본 관련 인물로 구성된 회사였다. 그리고 주주명단을 보면 대주주는 물론이고 소액 주주에서도 한국인의 이름은 1930년대까지 거의 찾아보기 힘들다. 1930년대 중반을 거치면서 일부 한국인 주주의 이름이 확인되나 보유주식이 10주 이하로 경영참여는 불가능했다.[54] 한국 내 농업회사로서 한국인 소작인으로부터의 소작료 수탈로 20% 이상의 수익률을 냈던 조선흥업은 그 이윤의 분배과정이나 경

---

52) 『영업보고서』 제17기(1920년 4월 1일~1921년 3월 31일), 2쪽.
53) 『二十五年誌』, <표 25> 良友會 운영 현황(1922년 현재) 참조.
54) 『영업보고서』 제26기(1926년 4월 1일~1930년 3월 31일) 이하 각 기별 주주명단 참조.

영에서 철저하게 한국인을 배제했던 것이다. 결국 최대한도의 이익창출과 수익증대 등의 개발과 근대화라는 화려한 명분 속에 한국인들은 철저하게 소외되었다.

제5장 조선흥업주식회사의 식민지 소작제 경영실태

久間健一은 저서 『朝鮮農政の課題』에서 거대지주의 농민지배 과정을 생산·분배·유통의 3단계로 구분하였다. 즉 생산과정에서 일체의 농업기술과 자본을 거대지주가 장악하였으며, 수확물의 분배과정인 소작료 책정과 징수과정에서 또 한번의 강력한 지배가 구현된다는 것이다. 그리고 소작료 수입 및 농민에게 남은 생산물과 기타 농업자본의 유통까지도 지주에 의해 장악되었다고 하였다.[1]

먼저 생산과정에서 거대지주의 농민지배에 관한 久間健一의 설명은 다음과 같다. 거대지주는 순전한 경제적 동기에 의하여 자본의 영리추구 욕구를 만족시키기 위해 종래의 정체적인 생산기술을 타파하고, 농업의 자본주의적 개발을 주도하였다고 했는데 그 과정에서 농민이 거대지주의 강력한 지배를 거부하는 것은 불가능하다고 하였다. 또한 농민은 스스로 자본력을 갖추지 못하였으며, 일체의 생산과정에 들어가는 자본을 지주의 先貸에 의할 수밖에 없다고 하였다. 게다가 그 생산기술의 개량은 일제 당국의 농업 개발 및 지도와 일치하는 것으로 각종 명목의 보조금을 받았고, 따라서 관청의 대행기관의 성질을 갖고 있다고 분석하였다.[2]

본 장에서는 회사지주의 농장경영 실태를 분석하는데, 일단 久間健一이 설정한 생산과정에서의 기술 및 자본의 지배, 분배과정에서의 지

---

1) 久間健一, 앞 책(1943), 286~320쪽.
2) 위 책, 297쪽.

배라는 구분을 수용하기로 한다. 그러나 유통에서의 지배라는 부분은
사실 그 지배 내용으로 보았을 때 유통보다는 관리통제조직 체계의 강
화라고 설정할 수 있다고 본다. 따라서 회사지주의 농민지배 과정을
생산-분배-관리조직의 3단계로 구분하여 살펴보는 것이 적절할 것
으로 본다.

한편 그는 자본력이 없던 소작농민은 일체의 생산비용을 지주로부
터 선대했는데, 지주 이외의 상업 자본가나 고리대 자본가로부터의 선
대조건이 더 가혹했으므로 자연스럽게 지주에게 선대하게 되었다고
하였다. 따라서 지주는 단순한 토지자본가가 아니라 상업 내지 산업자
본가로서의 성격을 가진다고 하였다.[3]

이 분석은 당시 한국인 소작농의 영세성을 제대로 지적한 것이다.
그러나 소작인이 지주의 자본을 선대할 수밖에 없었던 영세성과 함께
지주 이외의 자본가에게는 선대할 수 없었던 구조적 모순을 정확하게
지적하지는 못하였다. 즉 선대조건이 상업자본가가 지주보다 가혹했기
때문에 지주에게 일체의 자본 선대를 의지했다기보다는 조선흥업을
비롯한 대부분의 일본인 지주의 경우 소작인을 통제 관리함에 있어서
아예 채무자는 소작계약 자체를 할 수 없었고, 소작인이 된 후의 채무
에 대해서도 소작계약 해제의 조건으로 했기 때문이었다. 이 생산자본
의 선대는 사실 생산과정에서의 지주의 농민지배적 성격보다 소작인
통제조직에서 그 특성을 더 분명히 볼 수 있다. 따라서 본고에서는 소
작인에 대한 자금의 선대문제는 제6장에서 그 실시 기관이었던 흥농회
조직을 분석하면서 함께 보기로 하겠다.

---

3) 위 책, 296쪽.

1. 생산과정에서의 농민지배실태

생산기술을 통한 농민지배는 곧 농법개량을 통한 기업이윤과 농민수탈의 극대화를 말한다. 이때 그 구체적 농법 및 재배기술은 개간 및 경지정리, 수리시설의 확충, 일본품종으로의 개량 및 採種田의 실시, 正條植 植付의 장려, 이모작 및 시비법의 보급과 장려, 개량농기구의 사용, 牛耕, 부업장려 등을 그 예로 들 수 있다.

대개 당시 일본인 거대지주 내지 농업회사들은 종자 및 비료에 관하여서는 매우 상세한 규정을 설치한 반면 기타 苗代, 移植, 제초, 벼베기, 탈곡 등에 관하여서는 구체적으로 제시하지 않았다. 그러나 소작계약 당초부터 포괄적인 명문을 적어 넣어 이미 일체의 완전한 지배가 가능하도록 하였는데, 조선흥업의 이에 대한 규정은 다음과 같다.

> 소작계약서 제2조-貸借地는 항상 비료재배경작을 하고, 작물의 종류, 품종 및 농사개량 기타에 관하여서는 귀사 및 興農會의 지도사항을 반드시 준수, 실행한다.(2조)[4]

즉, 조선흥업은 회사 및 회사의 관리조직인 흥농회의 지도사항을 반드시 준수·실행하도록 아예 소작계약서에 명문화함으로써 일체의 생산기술 및 그 실시를 회사의 지도하에 행하도록 구조화시켰다. 그리고 그 실시과정의 효율성과 체계적 관리를 위해 관청적이고 군대적 성격의 일사불란한 지휘명령체계를 확립했고, 그것이 바로 흥농회였다.[5]

---

4) 위 책, 287~288쪽.
5) 위 책, 291~293쪽.

1) 개간 및 수리시설 확충과 비용의 전가

⑴ 개간 및 경지정리사업

조선흥업은 앞서 살펴본 바와 같이 기본적으로 투자의 안전을 기하기 위하여 수확안정지인 熟田의 매수를 원칙으로 하였다. 그러나 전국에 걸쳐 분포하는 1만 7천여 정보라는 거대한 社有地가 모두 수확안정지일 수는 없었다. 따라서 각 관리소마다 개간이나 경지정리사업이 추진되었는데 그 구체적인 사실은 이미 제3장에서 상세하게 논한 바와 같다. 특히 개간사업 및 경지정리사업이 비교적 활발하였던 관리소는 황주지점이었다.

황주 관리소 관내 淸水농장은 조선흥업의 가장 대표적인 개간농장으로 1906년 토지 매입 당시 황량한 황무지에 총 공사비 10만 원을 들여 개간 및 경지정리, 防水堤, 用水路, 貯水堤, 水門 등 일체의 防水灌漑設備를 실시하였다.[6] 또한 황주지점은 成財里揚水場공사로 黃州川의 범람을 막고, 수확안정농지를 확보하였다.[7]

대전 관리소 소속 振威郡 梧城面의 논 170정보도 廣德江의 하구에 위치하여 潮水汎濫의 수해가 잦았다. 여기에 제방을 구축하고, 灌漑水路를 開鑿하여 수확안정지로 개조하였다.

三浪津 관리소 소속 金海郡 洛山員 소재의 草生地는 낙동강의 범람으로 해마다 그 수해가 매우 심하였다. 여기에 제언과 배수문을 설치하여 수해를 줄였다.[8]

목포 관리소의 海南郡 花源半島에 위치한 唐浦간척지는 북쪽이 바다로 통하는 총면적 107정보의 간석지였다. 이를 1918년부터 1933년까지 15개년간 총 공사비 10만 원을 들여 저수지 및 防湖堤를 축조하고, 경지개간, 정리, 제반 공사를 시행하여 개간하였다. 목포 관리소는 그

---

6) 『旣往十五年事業槪說』, 16쪽 ; 『三十周年記念誌』, 70쪽.
7) 『三十周年記念誌』, 72쪽.
8) 『旣往十五年事業槪說』, 15~18쪽.

외 尙望雲 및 右水營의 간척지도 있었다.[9]

조선흥업은 한편 砂防공사의 시행으로 植林, 造林 등의 사업을 장려하였다. 이는 저수력의 유지, 풍수해 방지를 위한 기초 작업으로 추진되었다. 경상북도 慶山과 大田 등지에서 추진되었고, 총 산림면적은 630여 정보에 달하였다.[10]

보통 토지개량사업이라고 칭하는 경우는 일본의 경지정리법 또는 개간조성법이라고 규정하는 것처럼 토지의 농업상 이용을 증진시키는 각종 사업을 총칭한다. 특히 논의 개량 확장사업을 칭하는데, (1) 旣成畓의 관개개선, (2) 밭을 논으로 지목변경, (3) 개간 간척에 의한 개답 등으로 개념 정리가 된다.[11] 조선흥업의 경우 (1) 기성답의 관개개선에 해당하는 정도의 경지정리사업이 대부분이었고, (3)의 개간 간척사업도 하였다. 그런데 이들 토지개량사업은 시행자의 자비 부담은 아니었다. 일제는 적극적으로 보조금을 지급하여 이를 후원하였는데, (1)은 20% 이내, (2)는 25% 이내, (3)은 30% 이내의 비용을 보조하였고, 특별한 사정이 있을 경우는 비율제한을 초과하는 예외규정을 설치하였다. 게다가 총독부는 저리자금 융통까지 주선하였다. 즉, 대장성 예금부 혹은 동척 및 朝鮮殖産銀行으로부터 수월하게 자금이 융통되었던 것이다. 그리고 이들 저리자금은 보통 이자율이 5~7, 8% 선에서 책정되었다. 상환방법은 공사기간을 거치하여 25개년간(거치기간 포함) 均等年賦의 방법이었다.[12] 따라서 조선흥업의 토지개량사업은 일제의 보조와 금융기관의 저리자금 지원, 소작료의 인상, 소작인들의 강제사역 동원으로 이루어졌다.[13]

---

9) 『三十周年記念誌』, 71쪽.

10) 위 책, 73~75쪽.

11) 朝鮮總督府土地改良部, 앞 책(1927), 1쪽.

12) 위 책, 24~25쪽.

13) 위 책, 20쪽.

⑵ 수리시설의 확충과 비용의 전가

앞서 살펴본 대로 조선흥업은 다른 일본인 대지주나 농업회사에 비하여 수리조합 의존도가 낮은 편이었다. 따라서 조선흥업은 주도적으로 수리조합을 창설한 농업회사는 아니었다. 그러나 앞서 제3장에서 살펴본 대로 지점별로 보았을 때 전남 해남에 있었던 황산 수리조합 내 우수영농장과 해주지점 취야농장, 낙동강의 범람에 잦은 피해를 보았던 경상도 지역 삼랑진·경산지점의 비교적 많은 면적이 몽리구역 내에 포함되어 있었다. 조선흥업의 농장 중 주변 수리조합 몽리구역 내 포함된 회사 몽리면적은 <표 5-1>에서 보는 바와 같다.[14]

<표 5-1> 조선흥업주식회사의 관계수리조합 (단위 : 町步, %)

水利組合名	소재지	몽리면적	조선흥업 지점명	조선흥업 몽리면적	조선흥업 몽리면적의 비율
黃山	全南 海南郡	81	木浦	14	17.28
龍山	전남 珍島郡	197	木浦	1	0.51
密陽	慶南 密陽郡	778	三浪津	71	9.13
제2密陽	同	450	同	107	23.78
下南	同	1,878	同	93	4.95
府北	同	1,010	同	22	2.18
初同	同	431	同	14	3.25
大山	경남 昌原郡	1,350	同	87	6.44
金海	경남 金海郡	1,997	同	61	3.05
東面	경남 창원군	833	同	1	0.12
大弘堤	忠南 天安郡	235	大田	17	7.23
慶山	慶北 경산군	1,404	慶山	129	9.19
蓮湖堤	同	96	同	7	7.29
琴湖	경북 永川郡	532	同	50	9.40
翠野	黃海 海州郡	3,107	海州	433	13.94

* 자료 :『三十周年記念誌』, 45쪽에서 재작성.

*『三十周年記念誌』, 162쪽에는 慶山수리조합에 포함된 조선흥업의 몽리면적이 130정보로 되어있다.

---

14)『三十周年記念誌』, 45쪽.

  수리조합 내 포함된 농지의 경우 소작료율은 60%가 일반적 관행이었다. 조선흥업 역시 다음에서 보는 바와 같이 소작료율뿐만 아니라 수리조합과 관계된 제반 비용을 소작인에게 전가시켜 고율의 소작료를 착취하였다.

  소작계약서 6조 : 경작상 필요한 관개수로의 준설 및 보수, 기타의 작은 수리는 소작인이 부담하는 것으로 한다.
  소작계약서 7조 : 지세, 수리조합비 기타 공과는 귀사의 부담으로 한다. 단 귀사에 있어서 前項 이외에 지출하는 水利費, 洑 組合費 등은 그 절반액을 소작인이 부담하고, 이에 하등 이의를 제출하지 않는다.15)

  수리조합의 조합원인 지주가 부담해야 할 수리조합비를 소작인에게 전가시키는 사례는 관례화되어 있었다. 즉 구래의 用水稅, 즉 속칭 水稅라고 불리어지는 것의 전부를 소작인에게 전가시키는 지주가 많았다.16) 조선흥업의 소작계약 조건을 보더라도 회사가 지세와 수리조합비를 부담하는 것으로 되어 있지만, 실상은 경작에 필요한 작은 규모의 수리부담은 소작인에게 부담시키는 것을 아예 계약서에 명문화시켰다. 조선흥업의 경우 거대 수리조합 건설사업에 직접 관여하지 않았고, 또한 기본적으로 회사소유 농지가 크게 수리조합에 의존하지 않는 수확안정지였던 까닭에 대규모 수리시설 준설사업을 한 주체가 아니었다. 따라서 회사가 자체적으로 실시하였던 관개수로의 준설과 개보수 사업비용은 항상 소작인에게 전가되었던 것이다. 또 앞서의 개간 및 경지정리사업과 마찬가지로 총독부의 보조금과 저리자금 융통의 혜택을 받은 것은 물론이었다. 조선흥업은 일제의 산미증식계획과 그에 수반한 토지개량사업의 담당 주체이며 충실한 협조자였고, 그 이익

---

15) 久間健一, 앞 책(1943), 294쪽.
16) 朝鮮總督府, 『朝鮮總覽』, 1933, 188쪽.

의 최대 수혜자였던 셈이다.

2) 일본품종 및 화학비료의 강제

⑴ 채종전 경영과 일본품종의 강요

종자는 생산의 근본이다. 어떤 품종을 재배하는가가 소작료의 질량을 결정하기 때문에 지주는 반드시 그 자연·경제적 조건을 충족시키는 품종을 선정했다. 또한 일본시장으로의 수출을 위해서는 당연히 일본인의 구미에 맞는 일본품종으로의 개량이 반드시 요구되었다. 따라서 그 선정과정은 오직 지주의 명령과 지시에 의해서만 가능했다. 생산과정에서 지주의 검사선정을 반드시 거쳤고, 계약 이외의 작물을 作付할 때는 계약해제의 원인이 되었다. 물론 종자는 지주의 대여물이었고, 비용은 소작인의 부담이었다. 게다가 일정한 이자를 부쳐서 수확기에 정선된 벼로 갚아야 했다. 또한 대여 종자대를 체납할 때는 회사 측에 의하여 일방적으로 소작계약이 해제되었다.[17]

당시 일본인 거대지주들은 많은 경우 사설 시험장을 설치하여 품종, 비료, 耕種에 걸쳐 시험을 행하고, 일본시장에 있어서 수급을 고려하여 재배품종을 선정했다. 아울러 회사 자체적으로 採種畓을 경영하고 생산된 종자를 소작인에게 배부하였다. 동척이나 조선개척, 대림농장, 성업사 등 동 시기 조선흥업과 같은 거대 일본인 회사들은 예외 없이 모두 일본품종을 강제 보급시켰다.[18] 한편 품종재배에 투입되는 비료 및 생산기술의 일반을 역시 지주가 결정했다. 일체의 소작료를 상품화시키기 위하여 모든 생산과정에서 지주의 개입은 소작인으로서는 거부할 수 없는 거대 권력이었다. 한국산 쌀이 동일 품종으로 대량 생산－수출－거래가 되었던 것은 이 같은 획일적이고도 강력한 일본인 지

---

17) 久間健一, 앞 책(1943), 287~288쪽의 조선흥업 소작계약서 제2조.
18) 위 책, 286~287쪽.

주의 개입에서 가능했던 것이다.[19]

(가) 品種 試驗田

조선흥업은 농장경영의 초기부터 종자개량에 심혈을 기울였다. 조선흥업의 품종 시험은 1907년 5월 황주지점에 설치된 農作模範場에서 시작된다. 당시 그 면적은 3,600평의 소규모에 불과하였으나, 재배작물은 한일 주요작물은 물론이고, 통감부의 위탁에 의한 外國種의 재배에까지 미쳤다. 이외 화학비료 및 堆肥, 綠肥의 비교시험, 비료의 3요소 시험, 苗揷 秧本數시험, 粘質土壤砂客入試驗, 水稻多收穫시험 등이 있었다. 밭농사에 있어서는 陸稻, 粟, 玉蜀, 大小豆, 菜豆, 麥類 등에 대한 품종시험이 이루어졌다. 조선흥업의 품종 시험전은 일제의 위탁업무를 겸하고 있는 국영의 성격이 강했던 것이다.

조선흥업은 새로 들여온 일본품종에 대하여 무비료재배와 비료재배를 비교 실험하여 비료의 성능을 증명하였다.[20] 즉 한국의 재래종과는 달리 일본품종은 많은 비료를 필요로 하는 多肥多收穫 품종이었다. 조선흥업을 비롯한 일본인 지주들은 이러한 일본품종을 우량품종 내지 개량품종이라고 하여 소작인에게 대부했다.[21] 이유는 한국에서 일본품종을 재배하여 일본시장에 팔면 한국의 낮은 지가와 고율의 소작료 등의 이유로 높은 수익률을 올릴 수 있었기 때문이었다.

조선흥업은 벼의 신품종으로는 '日之出(혹은 日ノ出)' 種을 지정하

---

19) 위 책, 288쪽.

20) 大橋淸三郎, 앞 책(1915), 289~290쪽 ; 『創立拾周年記念會報』, 30~31쪽.

21) 일제 강점하에서 출간된 각종 농업서적이나 해방 이후의 각종 연구서에서 한국 재래종에 대하여 이 시기 일본인들에 의하여 도입된 일본품종을 두고 '優良品種'이란 용어를 사용하고 있다. 그러나 우량품종은 개항 이후 일본에서 도입된 多肥多收穫의 품종과 이를 農事試驗場 내지 개인 지주의 농장이나 농업회사의 채종전에서 육성해 낸 품종을 모두 가리킨다.(박섭, 『한국 근대의 농업 변동』, 일조각, 1997, 31쪽.)

210

여, 소작료로 수납했고, 지정품종 이외의 것은 수납 자체를 거부함으로써 일본품종의 강제 보급을 가능케 했다. 그리고 대두와 소두, 보리 등의 밭작물도 개량을 시작하였다.[22] 조선흥업은 각 지점별로 試作田이나 採種田을 설치하여 種苗의 개량과 보급, 植付의 적기, 施肥, 耕耘의 실시, 강연회 개최를 주관하였다. 그리고 1919년 당시 소작 벼의 80%를 개량종으로 수납했고, 면화는 당초부터 미국종만 100% 징수하였다.[23]

1929년 당시 각 곡물의 장려품종은 쌀의 경우 穀良都, 雄町, 日ノ出, 大場神力, 龜ノ尾 등이었고,[24] 大豆는 長湍種,[25] 大麥은 培取種, 小麥은 トルコ, 穗長種, 岩手種 등,[26] 陸稻는 瑞穗, 金子, 信州早生,[27] 棉花는 陸地棉 木177호, 同113-4호 등이었다.[28] 특히 대두는 1927년 무렵 주재배농장인 황주지점에서 전 품종의 갱신을 완료하여 전 소작료를 갱신품종 精選品으로 완납받았다.[29]

(나) 原種田 및 採種田의 경영

일본품종의 보급만으로 안정된 양질의 수확을 기대할 수는 없었다. 종자는 아무리 좋은 품종이라도 해마다 동일 지역에 재배 경작할 경우 점차 퇴화되고, 다른 품종과 섞이거나 수확량이 감소하기 때문이었다.

---

22) 大橋淸三郎, 앞 책(1915), 293, 289~290쪽.

23) 『旣往十五年事業槪說』, 16쪽.

24) 朝鮮興業株式會社 黃州興農會, 『黃州興農會第七期事業報告書』(이하 『第七期事業報告書』), 1928, 10~11쪽.

25) 『第七期事業報告書』, 16~21쪽 ; 『創立拾周年記念會報』, 39~41쪽.

26) 『第七期事業報告書』, 22~26쪽 ; 『創立拾周年記念會報』, 45~49쪽.

27) 『第七期事業報告書』, 26~27쪽 ; 『創立拾周年記念會報』, 49~50쪽.

28) 『二十五年誌』, 28~29쪽 ; 『第七期事業報告書』, 28~29쪽 ; 『創立拾周年記念會報』, 50~51쪽.

29) 『영업보고서』 제24기(1927년 4월 1일~1928년 3월 31일), 4~5쪽 ; 『創立拾周年記念會報』, 39~45쪽.

따라서 품종의 개량과 함께 지속적인 갱신이 필요하였다. 조선홍업도 그랬지만 총독부 차원에서도 일본품종의 보급과 확산을 위하여 다음과 같은 과정을 거쳐 종자를 관리했다. 즉 1) 경기도에서는 수원의 勸業模範場에서, 다른 도에서는 道種苗場에서 도입된 일본품종 原種을 재배, 복제한다. 2) 道의 종묘장에서 수확된 벼를 郡의 채종답으로 보내어 지주 또는 篤農家의 힘을 빌어 재재, 복제한다. 3) 채종답에서 수확된 벼를 일반 농가에 보급한다.[30]

<표 5-2> 조선홍업주식회사의 장려 품종 (1934년 현재)

種別	장려 품종명
水稻	東穗, 雄町, 東拓神力, 大場神力, 穀良都, 機內早, 中生銀坊主, 多摩錦, 陸羽132호, 忠南白銀
陸稻	金子, 千石
大豆	秋田, 長湍
大麥	倍取, 堤川5호, 三尺36호, 大田六角
小麥	水原6호 기타
棉	陸地棉

* 출전 :『三十周年記念誌』, 92쪽.

채종답은 군별로 조직된 지주회에서 운영하는 경우가 많았는데, 경영이 곤란한 채종답에는 총독부 또는 도에서 재정을 보조하였다.[31] 조선홍업과 같은 대규모 농업회사의 경우는 자체 원종전에서 신품종을 재배하고, 여기서 수확되는 순수한 종자를 다시 採種田에서 재배 증식하여 매년 소작인에게 배부하였다. 조선홍업은 1906년 황주지점에서 種子用 大豆 170石, 벼 58石을 배포한 것을 시작으로 1921년까지는 조직적으로 '종자 교환의 제도'를 정비하였다. 즉 소작료와 함께 다음해 연도 종자용으로 1斗落 2升의 비율로 豫託시켰고, 이에 대하여 다음해

---

30) 小早川九郎,『朝鮮農業發達史 - 政策篇』, 朝鮮農會刊, 1944, 185～190쪽 ; 주봉규, 소순열 공저, 앞 책(1996), 128～131쪽.
31)『朝鮮の農業』, 1941, 80쪽.

212

苗代期에 이르러 直營採種田의 우량벼를 배포하는 것이 되었다. 채종전이 모자라는 경우 직영 原種田에서 재배한 종자를 비료 및 재배수당으로 지급하여 우수농가에 지급하는 위탁 채종전제도를 실시하였다.[32]

<표 5-3>에서처럼 1934년 현재 조선흥업은 채종전 면적만 105정보에 달했다. 그리고 종자갱신 면적은 7,170정보에 달하여 1934년 조선흥업 전 경지면적 17,390정보의 41%에 달하였다.[33]

<표 5-3> 採種田 및 종자갱신 성적 (1934년 현재)

種別	지점	채종전면적 (町)	종자갱신		1936년 현재	
			종자교환고 (石)	갱신면적(町)	논면적	밭면적
벼	黃州	8.6	317	640	670	7,375
	木浦	21.9	600	1,270	1,268	2,149
	三浪津	4.3	150	500	755	534
	大田	8.5	290	960	922	276
	慶山	16.3	510	1,000	902	564
	海州	11.0	359	700	466	448
	계	70.6	2,226	5,070	4,951	11,311
大豆	黃州	34.3	1,057	2,100		
총계		104.9	3,282	7,170		

* 출전 :『三十周年記念誌』, 93쪽.

이렇게 매년 소작인들에게 다음해 신품종 종자의 예탁제를 강제하였고 지정된 일본품종이 아닌 기타 품종의 소작료 수납을 거부하고, 계약해제의 조건으로 내걸음으로써[34] 농민은 종자선택의 자유가 전혀 없었다. 게다가 종자비용도 소작인의 부담으로 전가되었다. 특히 벼에 있어서는 개량종 강제는 100% 완벽하게 추진되었다.

그런데 일본품종이 한국 재래종에 비하여 자연재해나 시비 문제에 있어서 크게 우수하지 못하였기 때문에 한국 소작농에 의하여 환영받

---

32) 『三十周年記念誌』, 92쪽 ;『創立拾周年記念會報』, 26~29, 33~34쪽.
33) 『三十周年記念誌』, 92~93쪽.
34) 『旣往十五年事業槪說』, 16쪽.

지 못했다. 먼저 일본품종은 한국 재래종에 비하여 旱害에 약했기 때문에 수리시설이 충분하지 않은 논에서는 재래종에 비하여 수확안정성이 떨어졌다. 둘째, 일본품종은 한국 재래종에 비하여 비료와 노동력 투입을 더 많이 해야 했다.[35] 그러나 일본인 지주 입장에서는 일본품종을 재배하는 것이 당연히 일본시장에 수출하는데 절대적으로 유리했기 때문에 식민지 시기 일본품종으로의 종자개량 및 농법의 변형은 일본인 지주, 식민지 당국의 유기적 협조 속에 한국의 토지 및 풍토에 상관없이 강제적으로 시행되었다.[36]

일제는 1910년 강점 직후부터 한국에서 농업수탈을 최대화하기 위해 생산력의 발전을 담보할 수 있는 농업기술을 강제적으로 보급했다. 그런데 실제로 그것은 단순한 일본식 농업기술과 품종의 이식이었고, 그 결과 한국의 농업 기술체계는 일본품종과 화학비료에만 의존하는 단순한 영농체계로 개편되었다.[37]

일제는 한국의 토양과 기후에 맞는 농업기술을 개발하였던 것도 아니고, 단지 일본품종을 도입하여 '日の出'은 한국의 북부에, '早神力'은 중부에, '穀良都'는 남부지방에 대대적으로 보급했다.[38] 이러한 일제의

---

35) 李斗淳, 「일제하 水稻品種의 성격에 관한 연구」,『농업정책연구』17-1, 關西農業經濟學會, 1990, 130～131쪽.

36) 다비다수확 품종의 보급도는 1916년에는 30%, 1920년에는 57%, 1930년에는 74%, 1940년에는 91%로 상승해 갔다.(朝鮮總督府,『農業統計表』, 1940년판, 박섭, 앞 책(1997), 35쪽에서 재인용)

37) 이에 관해서는 金度亨, 「日帝의 農業技術機構와 植民地농업지배」, 국민대학교 국사학과 대학원 박사학위논문, 1995. 참조. 다수확 일본품종의 도입, 화학비료의 사용, 적절한 물의 공급이 전재되는 이른바 도쿠가 말기 일본의 老農농법은 明治維新 이후 일본식의 농업성장을 주도했다고 한다. 이후 일제는 이를 식민지 농업개발을 위한 소위 '개량농법'이라고 하여 도입했는데, 그것이 한국의 토양과 기후에 적절한 것은 아니었다.(우대형, 「일제하 '개량농법'의 이식과 농촌의 양극화」,『사회와 역사』68, 한국사회사연구회, 2006, 234～235쪽)

38) 이두순, 앞 글(1990), 참조.

정책에 따라 당시 조선흥업을 비롯한 일본인 대지주회사 및 농장에서
는 모두 일본품종을 강제했고, 조선흥업은 채종전에서 비료와 무비료
의 수확량을 비교해 가면서까지 비료의 성능도 증명했다.[39] 그런데 일
본품종은 한국의 재래종과 달리 많은 비료를 필요로 하는 多肥多收穫
의 품종이었고, 결국 비료값은 고스란히 소작인에게 전가되어 소작료
율을 높이는 주요인이 되었다. 비료 이용을 통한 생산성의 증대는 결
국 생산수단을 독점하고 있던 지주에게 독점되었던 것이다.

일제 당국과 조선흥업이 이렇게 일본품종을 강요한 것은 한국농업
의 개발 차원이 아니라 일본시장의 요구에 따른 것이었다. 그리고 궁
극적으로 일제의 식량 증산에 그 목적이 있었다. 그러나 이러한 일본
식 농업기술의 강제적 보급은 결국 한국 재래의 농업기술을 구축하고,
조선후기 이래의 자생적 전환을 시도하던 한국농법을 붕괴시켰으며,
한국농민의 경제성과 창의성은 무시되었다.[40]

또한 일본식의 多勞多肥的 기술체계는 화학비료의 과다사용으로 토
지의 유기질을 고갈하여 산성화를 촉진하였고, 이로 인해 일제말기에
는 일본보다 한국의 비료 사용량이 50%나 더 많았다. 이로 말미암아
한국의 토지는 급속히 황폐화되어 해방 이후에 한동안 지력 회복이 힘
들었다.[41]

조선흥업 등 일본인 지주와 일제 당국자 등은 시장성, 상품성, 경제
성에서 한국 재래종이 부적합하다고 하여 강제 구축하고, 일본품종 및
농법을 강제하였는데 그렇다면 과연 그것이 한국의 농업생산력 증대
에 기여했던 것일까? 이미 기존의 연구 성과에서 밝혀졌듯이 일제의
산미증식계획을 통한 대대적인 투자에도 불구하고 1920년대 미곡 생
산성은 정체되었다.[42] 즉 일본품종의 강제 보급이 시작된 이래 1918년

---

39) 大橋淸三郎, 앞 책(1915), 293쪽.
40) 이두순, 앞 글(1990), 133쪽.
41) 김도형, 앞 글(1995), 290~291쪽.
42) 이에 대해서는 김도형, 앞 글(1995) ; 禹大亨, 「1920년대 한국 미곡 생산성의

까지는 일본품종이 한국 재래종에 비하여 생산력을 과시하였으나 이후 양자간의 생산력의 차이가 줄어들었다. 이에 대하여서는 우량품종의 열퇴 현상으로 설명되기도 하지만, 근본적인 이유는 일본농법이 한국 현실에 적응하지 못한 것이 지적된다. 즉 일본품종은 지력을 소모시킴에 따라 시비와 관개시설, 심경 등의 유기적 결합이 필수인데, 심경은 농민의 노동력 증대를 초래했고, 따라서 생산력은 감소될 수밖에 없었던 것이다. 물론 충분한 관개배수시설과 화학비료의 공급이 있었다면 일본품종의 수확률이 월등했을 것이다. 그러나 일제하 수리관개시설이 부족했고, 잦은 가뭄과 이로 인해 파종과 이앙이 늦어지는 일은 다반사였다. 이는 수확안정지를 확보하고 있었던 조선흥업의 경우도 예외가 아니어서 거의 매년 자연재해를 입었음은 영업 보고서에서도 확인된다. 따라서 결국 일본품종의 강제보급은 금비투입의 증가, 소작농 비료자금 대출의 증가, 소작료의 고율화와 농가부채의 증가라는 악순환을 가져왔고, 증대된 생산량과 수익은 일본인 지주의 몫이었던 것이다. 그리고 조선흥업의 일본품종 강요는 쌀농사에서 뿐만 아니라 대두와 면화에 대해서도 마찬가지였다. 토양에도 맞지 않는 長端種의 강요, 미국종 육지면의 강제, 소작료 수납 때 지정 품종 이외의 것은 받지 않는 식의 강제적 방식 등으로 철저하게 추진되었다. 또한 아예 소작계약서상 비료시용을 의무화함으로써 소작인은 개발과 증산의 비용을 대고 그 혜택에서는 배제되는 수탈의 대상일 뿐이었다.

(2) 일본식 植付방법의 강요

증산방법 중 품종개량과 함께 모판을 만들고 옮겨 심는 苗代의 개선과정에서 지주의 개입은 또 이루어졌다. 조선흥업은 종래 한국의 栽植法이 병충해의 피해와 제초에 어려움이 있다고 보고, 1914년부터 이른바 小株密植正條植 식부법을 강제하였다.[43] 1평당 심는 株를 종래

___
정체」,『경제사학』25, 경제사학회, 1998. 참조.

216

20~30본에서 50~60본으로 늘린 결과 불량 혹은 未熟벼가 줄었고, 제
초작업이 수월해졌는데, 1928년 현재 전 조선흥업 농장의 80% 이상에
보급되었다.[44] 그리고 1935년 무렵 전 논에 正條植을 보급 완료하였
다.[45]

이 일본식의 농법은 老農농법이라고 하여 多勞多肥의 특징을 갖고
있었다. 따라서 재래농법에 비하여 다량의 비료와 강도 높은 집약적인
농법을 사용할 경우 그 수확량은 한국의 재래농법에 비하여 늘어나는
것은 사실이었다. 이 농법은 20세기 초 일본에 의하여 대만과 한국에
서 개량농법이란 이름으로 강제 보급되었던 것이다.[46]

그러나 사실상 이 식부방법은 엄청난 노동투입의 증가를 가져왔고,

---

43) 『第七期事業報告書』, 13~14쪽 ;『創立拾周年記念會報』, 35~37쪽.
44) 『二十五年誌』, 31쪽. 통계 도표 14.
45) 『三十周年記念誌』, 93쪽. 한편 정조식과 관련하여 안승택의 연구가 주목된다.
   이 연구에 의하면 일본과 한국은 농업환경의 차이로 인하여 기본적으로 농업
   기술체계에서 근본적 차이를 가져올 수밖에 없다는 것이다. 즉, 한국은 가뭄
   이 빈발하는 반건조지대의 농업으로 비료를 적게 사용하고, 논밭농사의 균형
   을 맞추는 농법이며, 모내기 시기 비가 올 경우 빠른 시간 내에 모를 심어야
   하는 관계로 막모를 할 수밖에 없다는 것이다. 더욱이 '못생긴 논', '천수답'은
   당연히 막모를 할 수밖에 없고, 막모는 오히려 줄모를 댄 정조식에 비하여 포
   가 많이 벌어져 바람이 잘 통하고, 알곡도 많이 달리고, '문고병'이라고 하는
   입집무늬마름병까지도 잘 걸리지 않는다는 이점이 있다고 하였다. 더군다나
   한국은 수렁논의 경우 일본과 달리 제초기를 사용할 자연적 조건이 되지 못
   했고, 한국의 논호미는 뛰어난 토양 반전능력으로 적은 회수의 제초작업으로
   도 충분한 제초 효과를 냄을 설명하고 있다. 결국 농업기술의 우수성의 문제
   가 아니라 농업환경의 차이로 농경 방식과 농기구 문제를 풀어나가야 한다는
   인류문화사적 측면에서의 재조명이라는 점에서 농업경제사 연구에 새로운
   시각을 제시해준 연구라고 할 수 있다.(안승택, 「일본식 근대농법과 식민지
   조선의 농속(農俗) 사이 - 정조식 장려와 막모 관행의 충돌을 중심으로 - 」,
   『역사와 현실』 61, 한국역사연구회, 2006)
46) 우대형, 앞 글(1998), 58~59쪽 ; 그 외에 이두순, 앞 글(1990) ; 蘇淳烈, 「식민지
   기 전북에서의 수도품종의 시험연구와 그 보급」, 『전라문화논총』 5, 전북대
   전라문화연구소, 1992. 참조.

결과적으로 한국 소작농의 노동력 수탈을 가져올 수밖에 없었다. 이는 일본식의 개량농법이 소득증대를 초래한다고 할지라도 식민지기 소득의 분배에 있어서 중립과 균형이 전제되지 않은 상황에서 결국은 소작농민의 노동 강화만을 초래하는 것이었다. 물론 개량농법이 점차 노동 절약적인 방향으로 기술변화가 일어났음에 대하여 주목하는 연구도 있다.[47] 그러나 사실상 그러한 변화는 결국 생산수단을 독점하고 있던 지주층에게 유리한 것이었다. 근본적으로 늘어나는 농촌의 과잉인구를 수용할 수 있는 장이 축소되어 있던 식민지 시기의 낙후된 경제구조 속에서는 기술의 개발과 수익의 증대는 일본인 및 한국인 대지주에게만 유리하게 작용하였을 뿐이었다. 따라서 이론과는 달리 실제적으로 정치, 경제, 사회적 약자인 한국인 소작농에게 고율의 소작료 수탈이라는 희생이 버젓이 강요되었던 것이다.

(3) 施肥의 강요와 비용의 전가

생산과정에 대한 지배는 비료에 대한 강제시용 및 지도에서도 나타난다. 역시 앞서의 품종개량과 마찬가지로 조선흥업의 적극적 간섭과 통제가 이루어졌는데, 비료의 사용이 수확의 증가와 토지의 비옥도 유지 및 증진을 좌우했기 때문이었다. 다음은 황해도 지역의 대표적인 일본인 대농장의 비료에 관한 소작계약서상의 규정이다.

> 대림농장 : 지주로부터 시용을 지정받은 비료 가운데 대여한 金肥대금에 대하여서는 그 원가는 물론이고, 運賃 기타 제반비용 및 이자까지 부쳐서 소작료 납입과 동시에 벼로 환산 납입하는 것과 환산율 산정의 기초가 되는 벼 가치는 시가를 표준으로 하여 지주의 결정에 의한 것으로 한다. 배당분 내에서는 金肥代의 절반액 이내의 한

---

47) Sharma, S, "Technological Change and Elasticties of Substitution in Korea Agriculture", *Journal of Development Economics* 35, 1991.(우대형, 앞 글(2006), 238쪽에서 재인용)

218

도에 있어서 지주로부터 이를 보급 받는 것으로 한다.(소작계약서 12조)

조선개척 : 打租소작지에 관하여 乙(소작인)은 甲(지주)의 지정하는 것에 따라서 시용하는 구입 비료의 代金(중략)의 반액은 甲의 부담으로 하고, 퇴비 및 綠肥의 재배시용은 乙의 전부 부담으로 한다.(6조)

조선흥업 : 貸借한 토지에 대하여서는 매년 퇴비 반당 150貫 이상을 시용하는 것은 물론이고, 金肥 및 기타도 자기부담으로 시용하고, 항상 지력 유지증진에 힘을 쏟는다.(3조)[48]

거대 농장의 일본인 지주들은 사용할 비료의 종류와 용량을 지정하고, 이를 소작인에게 부담시켰다. 다만 打租地에서는 그 반액을 지주가 부담하는 것이 관행이었다. 그리고 타조지 이외에 있어서는 金肥代는 지주의 대부에 의하여 소작인이 전액 부담하였다. 이 대부비료는 많은 경우 지주가 식산은행이나 동척으로부터 거액의 저리자금을 융통받아 대량구입하고, 현물로 소속 소작인에게 배급했다. 그리고 그 회수는 대림농장의 경우에서처럼 원가에 부대비용, 이자까지 더하여 생산물로 환산하여 상환시켰다. 물론 현물 환산가격은 수확기의 저렴한 곡가를 기준으로 했으므로 실제로 지주는 이 과정에서 많은 중간이득을 취했다.

조선흥업은 일본인 회사지주 중 시비 비용에 있어서 가장 소작인의 부담이 컸다고 볼 수 있다. 조선흥업은 임차한 토지에 대하여 反當 150貫 이상 퇴비를 시용할 것을 규정하였다. 소작인은 포괄적으로 '농사개량'이라고 하는 광범한 규정에 구속되어 만약 소작인이 자급비료의 증산시용을 태만히 한다면, 이는 "지주의 지휘에 반하는 농사개량에 협조하지 않는" 자이고, "소작지를 황폐하게 하는……" 자로 판단되어 일방적으로 계약해제를 당했다. 따라서 자급비료의 증산시용은 물론 金肥에 관하여서도 농민의 자유는 허락되지 않았다. 회사 측은

---

48) 久間健一, 앞 책(1943), 288~289쪽.

관할 경작지에 시용할 비료의 종류와 용량을 지정했고, 이를 농민이 자의적으로 변경할 수 없었다. 또 비료시용 과정에서의 부정수단은 계약해제의 주원인이 되었다. 물론 소작인이 전액 금비대를 부담하더라도 그 체납은 계약해제의 원인이 되었다. 농민으로서는 이를 수용할 방법 외에는 없었다.

조선흥업은 일본작물 재배를 위해 일본품종을 파종하고, 비료의 효용을 선전하기 위해 시용전과 무비료 재배를 일일이 비교해가며 수확량을 비교하기도 하였다.[49] 비료의 종류는 크게 綠肥와 堆肥, 金肥의 3가지인데 조선흥업은 일일이 관할 지점의 토양을 조사하고, 적절한 비료를 사용하도록 하였다. 이 중 농가의 자급생산이 가능했던 것은 녹비와 퇴비였다. 퇴비원료인 靑草와 藁는 거의 온돌의 연료로 사용되었기 때문에, 그 증산이 쉽지 않았다. 조선흥업은 퇴비의 제조와 堆肥숨를 건조하는데 보조금까지 지급했으며, 각종의 퇴비품평회를 실시하여 제조를 장려하였다. 그리고 앞서 살펴본 대로 反當 150貫의 퇴비사용을 아예 소작계약서에 명문화시켰다. 또한 녹비의 개량을 흥농회를 통해 적극 시도했다. 綠肥는 퇴비와 함께 자급비료였다. 조선흥업은 그 원료가 되는 紫雲英, 靑刈大豆, ヘアリーベッチ, ルーサン 등의 종자를 해마다 배포하여 綠肥의 장려에 노력하고, 1919년에는 京都농사시험장으로부터 ‘ザートウイシケン’이라는 종자를 들여와서 양호한 결과를 거두었다. 1926년 이후 대전, 목포, 삼랑진, 경산 지점에서 녹비재배가 진전되었고, 특히 목포의 ザートウイシケン, 慶山의 ヘアリーベッチ는 같은 지방에 있어서 보급의 원조였다.[50]

한편 조선흥업은 녹비나 퇴비의 경우 원료가 충분하지 못한 한국에서 비료자급이 현실 수요에 미치지 못한다고 판단하여 수확안정지에

---

49) 『創立拾周年記念會報』, 30~31쪽.

50) 『二十五年誌』, 33~34쪽 ; 『三十周年記念誌』, 96쪽 ; 『第七期事業報告書』, 29~30쪽 ; 『創立拾周年記念會報』, 52~55쪽.

220

金肥의 시용을 적극 장려하였다.[51] 물론 대부의 형식으로 그 비용은 전액 소작인의 몫이었다.

조선흥업은 1912년 황주농장에 過燐酸 및 硫安(유황) 500가마니를 배포한 것을 시작으로, 각 농장에 있어서 그 시용결과를 시험하였고, 大豆粕 및 화학비료의 효과를 홍보하여 金肥사용을 권장하였다.[52] 특히 수확안정지의 檢見地에 대하여 '金肥半額補助畓'제도를 정하여 자본력이 부족한 소작인에게까지 부담을 강제하였다.

'금비반액보조답'제도는 거대 비료회사와 조선흥업의 특약 내지 직거래로 조선흥업이 소작인에게 수수료를 징수하지 않는다고 홍보하고 있었다. 그러나 조선흥업의 경우 비료대금 자체가 전액 소작인의 부담이었고, 특히 그 구입과 시용이 강제적이었다. 또한 비료의 공동구입도 금비시용을 회사 측이 늘려나가는 주요 방법이었다.[53] 그리하여 1934년에는 금비반액보조액이 5千 圓 대부에, 공동구입에 의한 시용은 15萬 3千 圓에 달하였다. 1933년부터는 '비료반액보조답'제도를 확대하여 '指導畓'을 개설하고, 단순히 施肥뿐만 아니라, 재배관리의 광범한 것에 대하여서까지 지도를 하여 시행 면적 1千여 정보에 대하여 그 肥料代 15萬 圓을 상회하였다.[54]

여기서 비료사용의 결과 증대되는 생산량과 그 수익은 회사 측과 소작인에게 공평하게 환원되었는가의 문제가 있다. 물론 이익은 회사 측에 고율의 소작료로 환수된다. 게다가 비료대금은 소작료 수납 때 포함되었던 것이다. 영농비 가운데 금비의 소비가 급증함으로써 농업생산력의 증대는 가져왔으나 소작료의 수탈을 극대화하려는 지주의 강요로 금비를 시용하는 소작농은 이 영농비의 지출을 감당해야만 하였

---

51) 『二十五年誌』, 36쪽. 통계도표 15.
52) 『創立拾周年記念會報』, 31~33쪽.
53) 『二十五年誌』, 35쪽 ; 『第七期事業報告書』, 32~35쪽 ; 『創立拾周年記念會報』, 56~57쪽.
54) 『三十周年記念誌』, 96~97쪽.

다. 결국 지주와 비료 독점자본에게 식민지 농민과 농촌에 대한 수탈의 여지만 확대해준 셈이었다.[55]

(4) 개량 농기구 사용의 강제

조선흥업은 비료시용을 강제했었던 것과 마찬가지로 개량농구의 사용을 강요하였다. 처음에는 무상배포와 각종의 품평회를 통한 상품 수여방식으로 보급을 시작하였다. 그리고 그 효과를 인식시킨 후에는 자금대여와 공동구매형식을 이용하여 강제적으로 구입케 했다.[56]

그 종류는 正條植定規를 시작으로, 深耕犁, 犁先, 스콥(スコブ), 鍬(가래), 홈(ホム), 田打車, 除草器, 足踏水車, 稻扱器, 莚, 篩(체), 脫穀機, 石拔精選機, 唐箕(키), 萬石, 大豆粕削器, 斗量器, 製叺器, 耕耘用具, 水車, 회전탈곡기, 唐箕 등 제조용구, 製繩機, 叺織機 등의 부업용구에 이르기까지 다양한데, 여기에 투입된 비용이 1935년에는 총액 4萬 圓에 달하였다.

耕牛 역시 자본력이 없는 소작농이 사용할 수 있는 여력은 없었다. 조선흥업은 耕牛를 대여하여 대부금을 챙겼고, 1921년부터는 구입을 강요하였다. 1926년부터는 1戶당 1頭 사육을 목표로 설정하여 회사로부터 대출을 받게 했는데, 흥농회를 통한 대출고는 1934년 21萬 圓에 달했다.[57]

(5) 농가부업의 실상

조선흥업은 또한 관할 소작인들에게 부업을 장려해왔다. 그 명목은

---

55) 정연태, 「1930년대 일제의 식민농정에 대한 재검토」, 『역사비평』 봄호, 역사문제연구소, 1995, 127쪽.

56) 『二十五年誌』, 37~38쪽 ; 『三十周年記念誌』, 94쪽 ; 大橋淸三郎, 앞 책(1915), 294쪽 ; 『第七期事業報告書』, 31~32쪽 ; 『創立拾周年記念會報』, 60~61쪽.

57) 『三十周年記念誌』, 95쪽 ; 『第七期事業報告書』, 51~52쪽 ; 『創立拾周年記念會報』, 90쪽.

222

궁핍한 농촌 생계를 타개하기 위한 것이라고 하였다. 그러나 조선흥업에 의해 장려된 부업의 종류를 보면 양잠, 양봉, 양계, 양돈, 상묘, 육지면, 사탕무우, 연초, 가마니, 고들 버리 등 조선흥업이나 일본에서 필요로 하는 상품작물이거나 혹은 농가생산물의 보조기구 정도였다.[58]

조선흥업의 부업 가운데 양잠은 앞서 제3장에서 이미 언급된 바와 같이 1906년 평택에 1,000평을 시작으로 삼랑진, 목포, 평양 방면 토지에 뽕나무를 심으면서 본격화된 것이다.[59]

물론 명목은 한국민의 농가부업이었다. 그러나 실제로는 일본 방적 산업의 원료 공급지로서 역할을 수행하기 위한 것이었다. 따라서 일본으로의 生絲수출을 주목적으로 한 것이었다. 그렇기 때문에 일본으로부터 苗樹를 수입하여 桑園을 조성했고, 蠶室을 건축하기도 하였다. 한국인의 부업이라고 선전하던 양잠사업이었으나 조선흥업은 사실 일본인의 이민과 정착에 주안점을 두었다. 일본인들에게 桑園과 蠶室 등 일체의 설비를 대여하고, 이민 유치를 적극 시도하였다.[60]

䄻菜는 사탕무우이다. 조선흥업은 1907년 朝鮮勸業模範場의 의탁에 의하여 황주지점에서 처음으로 사탕무우를 試作한 이래 그 재배 및

---

58) 『三十周年記念誌』, 98쪽 ; 『第七期事業報告書』, 35~37쪽 ; 『創立拾周年記念會報』, 九永支部石山里に於ける副業養蜂の實況 사진자료 및 淸水支部西井里に於ける副業養鷄の實況 사진자료, 61~64쪽.

59) 『澁澤榮一傳記資料』 第16卷, 602쪽. 1930년 당시 전국적으로 농업종사자 총 7,664,564명 가운데 13.6%에 달하는 1,041,662명이 부업을 갖고 있었고, 농업 부문에 부업을 갖고 있던 경우는 505,495명으로 부업을 갖고 있던 전체 농업 종사자의 48.5%를 차지했다고 한다. 또 농업부문에서 부업을 갖는 자 가운데 77.1%에 달하는 389,549명이 잠업에 종사했는데, 이는 부업을 갖는 전체 농업 종사자 수의 37.4%에 이르는 규모였다. 잠업의 경우 일제에 의하여 전국적으로 장려·육성되었을 뿐만 아니라 잠종 제조와 桑苗 생산, 桑田 경영에서 양잠에 이르는 과정이 반 강제적으로 분화됨으로써 농가부업 중 상당한 비중을 차지하게 되었다.(백욱인, 「식민지 시대 계급구조에 관한 연구」, 『사회와 역사』 8, 한국사회사학회, 1987, 199~201쪽.)

60) 『旣往十五年事業槪說』, 21~25쪽 ; 『二十五年誌』, 64~66쪽.

수익성에서 상당한 성과를 거두었다. 사탕무우의 재배는 일본제당사업의 원료로서 강요된 것이었다. 농작물 이외의 부업 품목인 繩叺(가마니) 등의 제작은 곡물보관과 운반 상 들어가는 제반 비용의 절감 차원에서 장려된 것이었다.[61] 조선흥업은 소작료를 상품화하면서 규격의 가마니에 포장된 상태로 수납했다. 따라서 조선흥업 관할 소작지에서 장려된 가마니 제작을 비롯한 농가부업이란 소작인 생활의 개선과는 전혀 상관이 없이 농한기의 유휴 노동력을 이용한 조선흥업의 또 하나의 수입원이었으며, 농가생산물의 보조품으로 결국 대부분이 조선흥업의 미곡상품화를 위한 비용 절감용, 일본의 산업원료 등의 목적으로 장려되었을 뿐이었다.

2. 고율의 소작료 수취와 소작농가 경제의 실상

1) 고율의 소작료 수납실태

⑴ 소작료 징수의 방법

회사지주의 농민지배는 생산과정에서의 개간 및 경지정리, 품종개량, 播種, 植付, 施肥, 농기구개량 등에 대한 지배와 이후 생산 결과물에 대한 분배과정에서의 지배에서 또 한번 강력하게 구현된다.

생산물에 대한 분배과정, 즉 먼저 소작제 경영실태는 징수방법(定租, 打租, 執租 혹은 檢見), 소작료의 품질과 용중량, 포장과 운반, 기일준수에 관한 통제, 곡물검사제도와 그 규격의 전가, 소작기한과 소작계약 해제의 조건, 소작료의 감면결정 등 생산물의 분배와 수납에서 세세한 부분까지 일일이 통제된다. 그것은 소작계약서에 의하여 구체적으로 명문화되는데 계약서는 단순계약서의 차원을 넘어서 지주의 농민에 대한 명령이었고, 농장규칙이었다.[62] 여기서 지주 내지 농업회사의 이

---

61) 『三十周年記念誌』, 99쪽.

224

익에 저해되는 것은 결코 용납되지 않았다.

19세기 초부터 1910년까지 조선왕조 말기에 행해지던 일반적인 소작료 징수의 방법은 병작법(打租 혹은 打作, 지分)과 賭地法(定租)의 두 '가지였고, 도지법은 다시 定賭法과 執租(檢見, 看坪)로 나뉘었다.[63] 이 중 많은 대지주들이 논의 경우 타조와 집조의 형태를 취했고, 밭의 경우는 定租를 택했다.[64]

정조법은 보통 賭只 혹은 賭作 등으로 불리었다. 풍흉에 관계없이 해마다 일정액을 납부하는 소위 정액 소작제이다. 보통 밭에서 행하여졌고, 관개배수시설이 완성된 지역에서 채택되었다. 즉, 토지개량과 수리조합 설치 이전 수확 불안정지역에서는 택하지 않았고, 주로 남부지

---

62) 久間健一, 앞 책(1943), 326쪽.

63) 소작료 징수 방법에 관해서는 다음 자료가 참조된다. 善生永助, 앞 책(1929), 66~83쪽 ; 朝鮮總督府 中樞院, 앞 책(1913), 제2장 소작료 결정방법 ; 신용하, 「日帝下의 地主制度와 農民階層의 分化」, 앞 책(1987), 260~262, 269~270쪽 ; 同, 「朝鮮王朝末期의 地主制度와 小作農民層」, 앞 책(1987) 참조.

64) 善生永助, 앞 책(1929), 71쪽.

일제하 소작형태의 지역별 분포 (1930년 경) (단위 : %)

지역	논의 소작형태			밭의 소작형태		
	定租	打租	執租	定租	打租	執租
경기도	24.0	74.0	2.0	87.0	13.0	극소
충청북도	77.0	22.0	1.0	90.0	10.0	극소
충청남도	32.0	55.0	13.0	92.0	7.0	1.0
전라북도	45.0	6.0	49.0	98.4	1.4	0.2
전라남도	36.0	13.0	51.0	90.0	7.0	3.0
경상북도	30.0	20.0	50.0	66.0	24.0	10.0
경상남도	47.0	22.0	31.0	86.0	11.0	3.0
황해도	35.0	62.0	3.0	42.0	58.0	극소
평안남도	23.0	76.0	1.0	21.0	79.0	-
평안북도	6.0	94.0	-	20.0	80.0	-
강원도	42.0	57.0	1.0	59.0	39.0	2.0
함경남도	17.0	82.0	1.0	22.0	77.0	1.0
함경북도	5.0	94.0	1.0	14.0	86.0	-
평균	32.0	52.0	16.0	60.6	37.9	1.5

 * 출전 :『朝鮮の小作慣行』(上卷), 117쪽.

방에서 행해졌는데 소작료액은 평년작의 35~50%였고, 일제 강점기로 넘어가면서 60% 이상인 경우도 적지 않았다.[65]

정조법의 이점은 지주 입장에서는 그 해의 풍흉에 따라 소작료의 증감이 없었으므로, 지주의 수확이 확실하고, 지주는 檢見이나 打穀에 입회하거나 조제 운반 등을 할 필요가 없으므로 번거로운 노력이나 경비가 절감되었다. 소작인은 근로에 따라 수확이 증가되므로, 경작에 힘쓰고 농업개량을 하게 된다. 그런데 결점을 보면 지주는 소작인이 조제하는 나락을 수취하므로, 조제가 한결같지 않고, 풍흉을 통틀어 계산하면 타작법보다 소득이 적다. 소작인은 풍흉을 통틀어 타작법보다 수익은 많지만 흉년의 부담이 무거웠다.

<표 5-4>에서처럼 조선흥업은 주식회사라는 회사형태의 특성상 안정적 수익 확보를 위하여 정조법을, 그리고 고수익을 위하여 타조법의 변형인 검견을 동 비율로 적용하였다. 소작인들도 타작법에 비하여 수입이 많더라도 흉년에 대한 부담이 가볍기를 원했으므로, 의외로 당시 일반적인 소작료 징수방법은 정조보다 타조를 더 선호했었다.[66] 정조법은 원칙적으로 소작농의 노동과 자본투하에 의한 생산증가분이 소작농에게 귀속되어 타조법이나 집조법에 비하여 소작농에게 유리한 것이었다. 그러나 일제하 한국에서 실시된, 특히 일본인 소유소작지에서의 정조법은 타조법이나 집조법의 소작료보다 고액으로 상승했고, 농민들에게 더 착취적이었다. 그 결과 소작인들은 오히려 타조법을 요구하는 경향이 강했다.

타조법은 打作法 혹은 刈分法이라고 불리었고, 수확 때 지주 측과 소작인의 입회하에 稻束數 혹은 타곡 조제의 시기 곡물의 양을 가지고 절반하는 定率소작으로 分益小作이었다. 주로 북부 지방에서 많이 선택했고, 地稅, 종자 부담관계, 藁稈의 귀속 여부에 따라 그 분배 방법

---

65) 위 책, 67쪽.
66) 朝鮮總督府 中樞院, 앞 책(1913), 제2장 제2절 소작료 결정 방법의 이해득실.

상 차이가 있었다.[67]

타조법의 득실을 보면 다음과 같다. 먼저 지주의 이익으로는 풍년에 수익이 많고, 소작인은 흉년에 부담이 적다. 그리고 실제 수확고를 분배하는 것으로 이익의 분배가 공평한 편이었다. 그러나 결점으로는 지주가 타작장에 나아가 감시를 해야 하므로 경비가 많이 들었고, 소작인의 근로 태만의 폐해가 있었다. 또한 타작은 타락을 나누는 방법이므로, 벼가 논에 있는 동안 나락을 채취해 가거나 타작을 거칠게 하여 나락을 많이 남게 하는 등, 소작인들이 수익증대를 위한 각종의 편법이 비일비재하게 일어났다.[68]

執粗法은 分益法의 일종으로 檢見法, 看坪法 등의 별명이 있다. 이는 타조법의 변형 형태로 매년 작물의 성숙기에 지주 또는 그 대리인인 舍音, 農監 등이 소작인과 立會하여 立毛의 수확량을 산정하여 결정하는 법이다. 대지주가 다수의 소작인을 가지고 있는 경우 또는 원격지의 소작지를 가진 지주가 일일이 벼베기, 타곡에 입회하는 것이 힘들었기 때문에 벼베기 후에 입회하는 것에 대신한다는 취지였다. 소작료의 비율은 타조와 동일한 50%가 표준이었는데 많은 경우 수확량을 실수확량 이상으로 산정하여 소작료액이 종종 50%를 넘어 60~70%를 초과하는 것도 있다.[69] 그런데 이 집조법은 수확고를 추정하여 소작료를 결정하는 것이므로, 종종 세력이 있는 지주 측에 유리하게 소작료가 책정되었다.[70]

조선흥업은 <표 5-4>에서처럼 밭농사 지역에서는 定租를, 논농사 지역에서는 定租와 檢見을 5 : 5의 거의 동비율로 택했는데 북쪽 황주와 해주 지점에서 검견이었다. 그런데 검견제도는 당시 일반적으로 행해지고 있었으나 지주와 소작인과의 분쟁이 잦았다. 즉 검견은 추정

---

67) 善生永助, 앞 책(1929), 68~69쪽.

68) 朝鮮總督府 中樞院, 앞 책(1913), 제2장 제2절 소작료 결정 방법의 이해득실.

69) 善生永助, 앞 책(1929), 67~68쪽.

70) 朝鮮總督府 中樞院, 앞 책(1913), 제2장 제2절 소작료 결정 방법의 이해득실.

수확량의 산정에서 지주와 소작인간의 의견이 달라서 소작료 수량문
제로 분쟁이 끊임없었다.[71] 조선흥업은 아예 분쟁의 여지를 없애고자
수확안정지는 정조 또는 한정소작제도로 개정하였다. 특히 조선흥업이
정조를 택한 것은 앞서 언급한 바와 같이 일제시대 소작료율이 타조보
다 더 고액으로 상승했던 것과 무관하지 않다.

<표 5-4> 조선흥업주식회사의 소작형태 (1934년 현재) (단위 : 町)

지점	벼소작료		棉 및 大豆 소작료	
	定租	檢見	定租	檢見
南部4店	3,629	1,537	2,185	2
北部2店	211	1,489	7,622	70
합계	3,840	3,026	9,807	72

* 출전 :『三十周年記念誌』, 77쪽.
* 남부 4개 점은 대전, 목포, 삼랑진, 경산 관리소, 북부 2개 점은 황주와
  해주 관리소이다.

조선흥업이 자체적으로 실시한 한정소작제라는 것은 표면상으로는
정조와 검견을 절충한 제도였다. 즉 매년 또는 격년제로 생산력의 정
확한 산정을 기하기 위해 봄철 가뭄에 소작지 1필지마다 일정의 소작
료를 지정하고, 소작인이 이를 약정한 위에 경작에 임하는 제도였다.[72]
문제는 소작료를 봄 가뭄철에 산정할 때 소작인이 입회를 하기는 하나
산정을 위한 조사 작업에서가 아니라 이미 회사 측이 산정한 결과를
두고 소작인에게 확인시키는 수준의 입회였다는 것이다. 다음은 조선
흥업의 검견에 관한 소작계약서상의 규정이다.

소작계약서 제13조 : 檢見立會(중략)는 반드시 소작인 스스로 이를 하
    고, 만일 대리인이 필요한 경우에는 보증인에 한하여 이를 위임할
    수 있다.

---

71) 朝鮮總督府 中樞院, 앞 책(1913) 참조.
72)『二十五年誌』, 21~22쪽.

> 소작계약서 제9조 : (前略) 검견지의 賃借料는 (중략) 귀사에 있어서 검
> 견 때 결정하는 수량을 완납할 것, 만일 검견액에 이의를 제기할 때
> 는 귀사 지정의 坪刈法에 의하여 查定하는 數量……(下略)[73]

조선흥업은 검견 입회에서 소작인이 참여하고, 대리인을 세울 경우 보증인에 한정하였다. 보증인이란 뒤에서 살펴 볼 '소작인 5인조합'에 소속된 연대책임을 질 수 있는 조선흥업의 소작인을 말한다. 물론 이 때 소작인이 입회하지 못하면 회사 측에 의하여 일방적으로 소작료가 결정되었고, 대리인을 세울 때도 회사 측이 적당하다고 인정하는 대리 인을 세우게 되어 있었다. 또한 검견지의 賃借料는 회사가 결정하고 이의제기는 검견현장에서 즉시 제출해야만 하였다. 또 그것도 조선흥 업 측이 정한 坪刈法에 의해 결정되었다.

조선흥업은 검견 소작제를 소작인의 입장에서 정해지는 소작제라고 선전하였으나 사실은 지주의 일방적인 결정이었고, 지주와 소작인의 '선의로서 협정'하는 것이라고 했으나 그 결과 소작인의 피해는 현저했 다. 조선농지령 제17조 및 시행규칙 제9조에서는 지주의 단독 검견을 금지했다.[74] 그러나 조선흥업은 지주의 단독 검견이 아닌 소작인의 입 회하에 협정으로 이루어지는 형식적 절차를 만들어 놓고 내용적으로 는 회사 측의 일방적 소작료 책정을 관철시켰던 것이다. 조선흥업은 검견법으로 소작료를 결정하는 檢收法을 다음과 같이 정하고 있었다.

1. 각 地番마다 株間거리를 종횡 3회 측정하고, 평균을 구하여 '坪當株 數換算表'로부터 坪當株數를 정한다.
2. 평당 株數를 베어내기하고, 탈곡한 위에 容重量을 측정하고, 이를 水選하고, 협잡물(잘푼), 粃(쭉정이) 등을 제거하고, 충분히 건조한 후 평당 수량(容重量)을 정한다.

---

73) 久間健一, 앞 책(1943), 302~303쪽.
74) 鹽田正洪, 「朝鮮農地令解說」, 『朝鮮農會報』 제8권 제7호, 18쪽.

3. 평당 收量의 公稱면적에서 두둑면적을 공제한 實耕면적을 곱해서 全收量(容重量)을 정한다.
4. 全收量에서 다시 일정한 비율 아래 減損量(斤)을 빼고, 殘量의 60%를 소작료(斤)로 결정한다.[75]

농민이 소작료 결정과정에서 입회하는 것은 坪當株數를 벼베기 할 때였다. 그 후 일체의 계산은 농민의 참여 없이 회사에 의하여 檢收査定되고 납입고지서에 의하여 처음으로 소작인은 납입해야 할 소작료액을 알았던 것이었다. 조선흥업뿐만 아니라 동척이나 東山농장 등 당시 대부분의 일본인 거대농장에서는 소작료 납입기에 납입고지서를 발부하였다. 결국 소작료 액수 결정에 있어서 지주적 결정이 우선이었던 것이고, 소작료 결정과정에서 농민이 참여했다는 명분을 내세워 농민들의 소작쟁의를 무마시키고자 했다.

(2) 소작료의 구성요소와 고율의 소작료 수탈

소작계약은 대개 구두에 의하여 이루어졌는데, 일본인 대농장이나 농업회사의 경우는 서면계약 체결의 형식을 반드시 취하였다.[76] 그런데 서면에 의한 소작계약은 지주가 소작인에 대하여 명령하는 형식을 따르는 것이었고, 형식만을 보면 권리관계가 아니라 권력관계였다.

또한 일제하 체결된 소작계약서에 의하면 소작료 징수 상한선이 생산물의 약 50%였던 조선왕조 말기에 비하여 현저하게 상승하여 생산량의 55~60% 이상에 이르도록 고율화되었다. 그리고 그 고율 소작료의 분포의 폭도 매우 커져서 특수한 경우에는 생산량의 약 90%에 달하는 소작료율도 나타나게 되었다.[77] 그러면 구체적으로 조선흥업의

---

75) 久間健一, 앞 책(1943), 302~305쪽.
76) 善生永助, 앞 책(1929), 93~99쪽.
77) 이하에서는 愼鏞廈, 「일제하의 지주제도와 농민계층의 분화」, 앞 책(1987)을 참조함.

소작료 구성요소를 분석함으로써 소작료 고율화의 구조를 살펴보기로 하겠다.

　다음은 일제하『중추원조사자료 - 小作制度調査(경상남북도, 전라남도)』중에서 발췌한 조선흥업의 전라남도 지역 소작계약증서이다.

　　<소작계약증서>
　　조선 전라남도 郡 面 里 坪 字 畓
　　1. 斗落 단, 별지 목록 대로임.
　　이것의 일본면적 町 反 畝 步
　　이것의 소작료
　　단, 귀 회사에서 조세를 부담할 경우에는 그에 상당하는 소작료를 다시 상납함.

　　저는 금번에 위 귀 회사가 소유한 경지를 경작함에 있어 年租와 公稅를 제가 부담하는 것은 물론이고, 前期의 소작료는 매년 풍흉과 상관없이 귀 회사가 지정한 기간 내에 지정한 장소에 상납할 것임. 만일 조세를 게을리 하고 소작료를 체납하며, 함부로 지목을 변경하거나 혹은 귀 회사의 승낙 없이 소작을 태만히 하는 등의 사정이 있을 때는 언제라도 이 계약을 해제하며 조금의 이의도 없음. 또 怠納한 조세 및 소작료, 기타 손해에 대해서는 보증인에게 변상시키고, 귀 회사에는 결코 손해를 입히지 않도록 하며 후일 소작계약증서는 이 건을 따름.

년 월 일

조선 전라남도 郡　面　里

소작인

보증인

보증인

한국흥업주식회사 귀중[78]

---

78) 朝鮮總督府 中樞院, 앞 책(1913), 제4장 소작계약의 체결 방법. 소작제 연구에 있어서 가장 중요한 근거 사료는 소작계약서이다. 그러나 조선흥업의 영업보고서와 기타 會社誌에서 계약서 자체가 제시되어 있지 않다. 다만『중추원조

위 자료에 의하면 조선흥업의 소작료 징수의 방법과 소작료율 등 구체적인 명시가 없다. 그러나 포괄적으로 조세공과를 소작인에게 전가시켰고, 소작료의 징수 시기와 장소도 회사가 결정하였다. 특히 '단, 귀회사에서 조세를 부담하는 경우에는 그에 상당하는 소작료를 다시 상납함'이란 단서를 단 것은 앞서 조선흥업의 소작계약서 7조에서 '지세, 수리조합비 기타 공과는 귀사의 부담으로 한다'라는 규정이 단지 대외적 명목에 불과하고, 실제적으로 전라남도 지역 소작계약증서처럼 개별 소작인과의 계약서에서 조세공과금을 소작인의 부담으로 전가시켰음을 보여준다.

그리고 풍흉에 상관없는 소작료 징수는 결국 소작료의 감면도 없었다는 것이다. 또한 소작계약 해제도 회사의 일방적인 판단으로 이루어졌다. 조선흥업은 흥농회라는 소작인 관리통제 조직에서 소작인의 의무와 소작료 징수 등 일체의 업무를 관리했으므로 소작계약서 자체에는 별도로 명시하지 않았다. 그러나 간략해 보이는 이 소작계약서는 짧은 내용에도 불구하고 매우 포괄적이고 함축적으로 소작인의 소작료 및 조세공과금 납부의 의무를 명시했고, 더욱이 '소작을 태만히 하는'이란 애매모호한 문구를 넣어 회사 측이 일방적으로 소작계약을 해제할 수 있음을 분명히 했다. 식민지 소작인의 생존권을 쥔 회사지주는 봉건시대의 지주-소작제가 한층 더 강화된 '식민성' 그 자체였던 것이다. 결국 일본인 회사지주와 식민지 소작인과의 상명하복이라는 일방적인 관계 속에 소작료율은 고율로 책정될 수밖에 없었다.

이와 관련하여 일제하 일본인 지주들의 소작료는 기존 조선왕조의 地代를 그 대부분의 구성요소로 하고, 그 밖의 토지개량비용의 자본이자, 公租公課金의 전가, 農業資材비용까지 포함함으로써 결국 소작인

사자료 - 小作制度調査(경상남북도, 전라남도)』에 일부가 게재되어 있고, 1930년대 황해도 지역 일본인 거대 농업회사를 집중 분석한 久間健一의『朝鮮農政の課題』에 역시 일부가 소개되어 있어 본 장에서는 이를 근거로 하여 살펴보기로 하겠다.

232

의 생존권까지 위협하는 착취를 가능케 했던 것이다. 당시 소작료의 구성요소는 다음과 같이 유형화된다.[79]

① 소작료＝ 지대
② 소작료＝ 지대＋토지개량비(수리비의 이자 또는 원리금)
③ 소작료＝ 지대＋농업자재의 先貸利子
④ 소작료＝ 지대＋토지개량비＋농업자재의 선대이자
⑤ 소작료＝ 지대＋租稅公課

---

79) 이에 대하여서는 신용하, 「일제하의 지주제도와 농민계층의 분화」, 앞 책 (1987), 273쪽의 <표 5>와 298～305쪽 참조. ① 유형은 소작료가 지대로만 구성되는 것으로 수리조합이 형성되어 있지 않은 지역이나, 지주가 농업자재를 선대하지 않은 지역에서 조선왕조 말기와 같이 생산량의 50%로 소작료율이 결정되었다. ② 유형은 일제의 산미증식계획에 따라 수리조합이 조직되고, 각종의 개량사업이 시행되면서 그 원리금이 소작료에 포함되어 소작료율이 55～60%로 상승하게 된 것이다. 정조법에서의 소작료율이 타조법이나 집조법보다 높았던 원인이 바로 수리조합의 몽리구역 내에 포함된 지역에서의 정조법이 수리비를 포함하였기 때문이었다. ③ 유형은 일본인 회사지주에서 지배적으로 행해졌는데, 일본인 농업회사는 소작인을 대상으로 高利貸付를 하는 이외에 종자나 개량농구 및 비료 등의 농업자재를 선대하고, 그 원리금을 소작료에 포함시키거나 또는 원금은 별도로 징수하고, 그 이자를 소작료에 포함시키는 방법이었다. 이 경우 소작료의 인상률은 선대 자재의 종류와 가격에 따라 다양하였다. ④ 유형은 본래의 지대인 생산량의 50%의 소작료에 수리비의 원리금과 영농자재의 선대이자까지 가산한 경우로, 소작료율은 생산량의 60% 이상으로 상승하였다. 주로 비옥한 수리조합 지역에서 일본인 회사지주들에 의하여 행해진 유형이었다. ⑤ 유형은 생산량의 50% 지대에 조세공과금이 소작료에 전가된 유형으로 명목상 지주가 세금을 부담하고, 그에 상당하는 금액을 소작료에 포함시키는 경우가 많았다. ⑥ 유형은 생산량의 50%에 수리비의 원리금을 가산하고, 또 여기에 조세공과금을 가산함으로써 소작료는 생산량의 60%를 상회하였다. ⑦ 유형은 생산량의 50%인 원 지대에 농업자재 선대이자와 조세공과금까지 더하여 역시 소작료는 생산량의 60%를 상회하였다. ⑧ 유형이 가장 가혹한 수취율을 보이는 것으로 생산량의 50%인 원 지대에 수리비의 원리금 또는 그 이자, 농업자재의 선대이자, 조세공과 등을 모두 포함시켜 소작료는 정조법에서 최고 생산량의 90%, 타조법에서는 75%, 집조법에서는 생산량의 80%까지 올라갔다.

⑥ 소작료= 지대+토지개량비+조세공과
⑦ 소작료= 지대+농업자재의 선대이자+조세공과
⑧ 소작료= 지대+토지개량비+농업자재의 선대이자+조세공과

일제하의 소작료율은 지대부분만큼은 조선왕조 말기에 비하여 크게 고율화된 것은 아니었다. 그런데 소작료율이 현저하게 상승한 것은 지대 이외의 소작료 구성부분이 발생했기 때문이었다. 일제가 산미증식계획정책을 시행하고자 수리비와 농업자재의 선대이자와 그 원금을 소작인에게 전가하면서 발생한 것으로 그 상승수준은 5~10%가 보통이었고, 20~50%까지 상승되기도 했던 것이다.

조선흥업의 경우 그 소작계약서에 근거하여 위의 8가지 유형 가운데 해당유형을 찾는다면 가장 혹독한 수취율을 보인 ⑧ 유형에 해당된다. 즉, 기본 지대율 50%+토지개량비+농업자재의 원료 및 선대 이자+조세공과금을 합산한 최고의 수취율을 강요했던 것이다. 심지어 조선흥업은 흥농회 회비와 저금이라는 명목으로 5~10%까지 더 가산되었다. 그리고 이러한 소작료의 증액징수는 회사에 의하여 일방적으로 결정되었다.

먼저 조선흥업의 소작료에 기본적인 지대 이외에 토지개량비가 추가되었음은 다음의 소작계약서에서 확인할 수 있다. 일제하 수리조합 또는 지주의 단독개량공사구역에 있어서의 분배율의 문제와 소작료의 품질에 관해서는 60%의 소작료를 징수하는 것이 관례였다. 조선흥업의 경작지는 크게 수리조합에 의존하는 것은 아니었으나 대부분이 회사 자체적으로 시행한 개량공사지구였다. 따라서 소작료는 대부분 60% 이상이었다.

소작계약서 제8조 : 檢見地의 賃借料는 총수확고의 5/10(다만 수리조합의 몽리지구 내 토지는 6/10 또는 이모작 논은 가을 수확고의

5/10 이상, 6/10 이하로 한다.)의 비율로 완납한다.

    소작계약서 제12조 : 賃借기간 내 만료한 계약 갱신의 때는 定租額의 개정 또는 租法의 변경에 응할 때 다만 임차기간 내에 새롭게 토지개량, 관개개선 등의 특수 시설을 행하는 경우는 하시라도 定租額의 개정 또는 租法의 변경을 이의 없이 승낙한다.[80]

당시 대부분의 일본 거대 농업회사들은 특수한 개량공사를 실시할 때는 소작계약기간 내라도 租法을 변경하고, 혹은 소작료의 수량을 증액했다. 따라서 거대 농업회사는 그 소유지의 개량을 위하여 자본을 투하하는 경우는 租法 또는 소작료액을 변경 혹은 증징하여 자기의 경제적 이익을 확보하였던 것이다.[81]

조선흥업의 경우 황주지점을 비롯하여 대부분의 지점에서 자체 개량공사사업을 했던 관계로 그 개발 이익은 회사가 송두리째 차지하면서 투자액은 소작료 징수로 충당했던 것이다. 특히 해주농장은 530정보 중 취야수리조합에 430정보를 혜택받고 있었다.[82] 따라서 농지개량이 행해진 경작지까지 포함한다면 거의 전 경작지에서 60% 이상의 소작료율이 적용되었던 셈이다.

조선흥업은 밭농사지역에서는 거의 定租를 택했다고 했다. <표 5-4>에서 1934년 조선흥업의 소작형태를 보면 논농사에 있어서 정조와 검견은 거의 비율이 같았다. 또 정조를 택한 밭농사지역인 북쪽의 황주와 해주지점의 경우는 대부분 자체 토지개량공사가 행해진 지역이거나 수리조합 몽리구역 내 포함된 경작지였다. 사실상 조선흥업의 경작지는 이 두 지점 이외에도 대부분이 자체 토지개량공사가 행해진 경우가 많았기 때문에 조선흥업의 전 관리소의 소작료율은 논밭, 정조,

---

80) 久間健一, 앞 책(1943), 301~305쪽.

81) 朝鮮總督府 中樞院, 앞 책(1913), 제3장 소작료 비율 제2절 지주 및 소작인의 부담 참조.

82) 『三十周年記念誌』, 124~125쪽.

검견을 떠나 대부분이 60% 이상의 고율 소작료였다고 할 수 있다.

이렇게 소작료가 결정된다고 하면, 지주 혹은 회사는 소작료를 처음으로 諸貸付金, 雜收納 등 일체의 회수분을 계산하는 小作料 및 諸收納物納入告知書를 납입기일과 장소를 지정하여 농민에게 발행했다. 조선흥업의 경우 고지서를 재발행할 때는 5錢의 手數料까지 징수하였다.[83]

조선흥업의 소작료에는 또한 이미 앞서 살펴본 바와 같이 각종의 비료와 종자대, 농기구 등의 농업자재 선대자금까지 가산되었다. 그것은 흥농회에서 일방적으로 사용이 강제되었고, 선대되었으며, 소작료 징수 때 함께 상환되었다.[84] 사실상 소작농의 수중에 남는 것은 생산량의 20% 정도였다고 한다. 여기서 조선흥업의 상업고리대 자본의 성격까지 파악된다. 최대한도의 수탈을 위한 수확량 증산, 그리고 그의 전제 조건인 각종의 농업자재의 선대, 그 과정에서 창출되는 상업고리대적 이윤의 추가확보는 식민지 반봉건적 지주로서의 성격을 보다 극명하게 보여준다고 할 것이다.[85]

한편 각종 지세, 公課金은 원칙적으로 당연히 지주의 부담이었다. 그러나 약자의 권리가 거의 보호되지 못하는 상황에서 소작인이 납세하는 관례는 일찌감치 당연시되었고, 결국 소작인이 직접 납부하는 형식을 피하여 소작료에 가산됨으로써 소작료는 더욱 올라갔다.[86] 중추원 조사자료에서 조선흥업의 소작계약증서를 보면 아예 '조세를 회사가 부담할 경우 소작인은 그에 상당하는 소작료를 다시 상납해야' 했다. 이 조건은 같은 시기 중추원이 조사한 朝鮮實業株式會社의 소작계약서에서 토지의 결세와 기타 공과를 회사가 부담한다고 하는 규정

---

83) 久間健一, 앞 책(1943), 305~306쪽.
84) [부록 6]의 조선흥업 소작계약서 제2조 및 3조 참조.
85) 신용하, 앞 책(1987), 312~313쪽.
86) 朝鮮總督府 中樞院, 앞 책(1913), 제3장 소작료 비율 제2절 지주 및 소작인의 부담.

과 비교할 때에도 매우 가혹한 수탈이었던 것이다.[87]

조선흥업 경산농장의 경우 극심한 흉년으로 전년 대비 생산량이 20%나 감수되었음에도 불구하고 수리조합의 혜택을 받았다는 것을 내세워 회사 측은 65%의 소작료를 책정했다.[88] 특히 이 해는 조선흥업의 전 지점 16,500명의 소작인 대부분이 소작료로 우량 정선품을 완납했다고 자체평가에서 밝히고 있다.[89] 그만큼 철저한 수탈이 이루어졌음을 보여주는 것이다. 게다가 여기에 각종 적립금, 구제비 명목으로 10%를 부과하여 결국 75%에 달하는 소작료를 징수하기까지 하였다.[90]

생산량 증대의 결과 농민에게 돌아가야 할 이윤은 조선흥업의 경우처럼 각종 명목의 수세와 적립금 등으로 다시 지주이윤으로 회수되었다. 한국농업의 개발과 근대화라는 허울의 이면에는 한국 소작인에 대한 노동과 자본의 수탈 강화와 지주자본의 이윤 극대화라는 '식민성'이 있었던 것이다.

아래 <표 5-5>와 <표 5-6>은 조선흥업의 소작료 수취 상황이다.

그런데 현재 활용 가능한 조선흥업의 영업보고서나 회사지에서는 조선흥업의 실제 년간 총생산량에 대한 기록이 없어 사실상 소작료율에 대한 정확한 산출이 힘들다.

---

87) 朝鮮實業株式會社의 소작인증서

　우리들은 頭書와 같이 귀 회사의 토지를 빌려 작인이 된 것이 확실함. 해당 토지의 결세, 기타 공과는 지주가 부담함. 논의 賭租는 즉 매년 看坪을 하여 총 수확의 1/2로 정하며, 밭의 賭租는 즉 매년 頭書와 같이 정해 11월 30일까지 귀 회사가 지정한 곳에 납부할 것을 계약함. 본 계약은 귀 회사가 임의로 해제 혹은 변경해도 조금도 이의를 말하지 않을 것.

　1908년　월　일 (朝鮮總督府 中樞院, 앞 책(1913) 참조)

88) 『동아일보』, 1927년 11월 7일.

89) 『영업보고서』 제24기(1927년 4월 1일~1928년 3월 31일), 5쪽.

90) 『대구민보』, 1929년 12월 20일.

<표 5-5> 조선흥업주식회사의 소작료 1 (1905~1935년)

연도	數量(棉百근을 쌀 1石으로 환산함)				金額(圓)			
	쌀(籾) (石)	大豆 (石)	棉 (斤)	합계 (石)	쌀(籾)	大豆	棉	합계
1905	626	3,331	-	3,957	1,573	21,616	-	23,189
1906	4,685	6,154	51,646	11,356	17,759	42,009	3,875	63,643
1907	10,022	9,643	182,849	21,494	43,877	62,956	14,443	121,276
1908	10,683	10,033	167,165	22,388	43,237	50,501	10,172	103,910
1909	10,848	9,502	177,266	22,123	36,259	53,506	14,364	104,129
1910	13,726	9,965	141,211	25,103	61,890	64,260	12,311	138,461
1911	14,890	9,626	220,595	26,722	87,285	68,854	17,447	173,586
1912	18,717	11,028	238,529	32,130	131,179	82,028	23,534	236,741
1913	25,922	11,129	260,353	39,655	169,127	88,808	26,022	283,957
1914	32,817	11,093	247,456	46,385	175,404	81,125	20,264	276,793
1915	27,285	11,761	309,549	42,142	141,079	74,688	38,009	253,776
1916	32,084	13,626	261,625	48,327	193,095	107,883	48,544	349,522
1917	29,030	13,628	333,721	45,995	313,560	145,188	100,902	559,650
1918	32,835	13,790	333,577	50,011	525,585	188,785	110,585	824,955
1919	30,425	9,200	342,353	43,049	704,974	201,821	156,037	1,062,832
1920	31,248	13,891	356,074	48,700	320,942	141,910	40,538	503,390
1921	32,930	13,580	403,691	50,547	509,596	196,389	68,468	774,453
1922	36,448	12,771	419,151	53,411	411,565	171,755	94,833	678,153
1923	35,058	11,583	434,394	50,985	493,605	159,744	133,067	786,416
1924	27,754	12,835	443,296	45,072	496,311	223,933	142,312	862,556
1925	30,666	16,476	445,039	51,593	516,543	252,015	101,090	869,648
1926	34,662	19,201	447,548	58,339	557,332	273,646	61,276	892,254
1927	40,036	16,961	448,323	61,480	542,759	250,456	90,938	884,153
1928	38,057	13,679	465,082	56,387	511,524	207,223	96,502	815,249
1929	37,221	17,706	527,148	60,198	465,616	238,348	81,684	785,648
1930	57,085	18,245	532,909	80,659	417,232	151,026	52,404	620,662
1931	54,472	18,596	557,359	78,642	564,104	187,348	36,851	788,303
1932	54,300	18,325	559,132	78,216	527,029	226,713	90,480	844,222
1933	66,700	18,466	565,626	90,822	639,136	221,265	88,044	948,445
1934	64,293	17,360	536,446	87,017	831,075	232,936	104,896	1,168,907
1935	68,148	18,309	598,631	92,443	931,174	284,564	112,217	1,327,955

* 자료 : 『三十周年記念誌』, 69쪽.

238

<표 5-6> 조선흥업주식회사의 소작료 2 (1936~1945년)

연도	쌀(斤, 石)	大豆(斤, 石)	大麥(石)	實綿(斤)	金納額(圓)
1936	11,922,336(斤)	17,359	1,039	420,444	4,034
1937	12,885,249(斤)	17,638	1586	742,414	4,157
1938	12,748,295(斤) (74,990(石))	3,981,338(斤) (17,695(石))	736	530,931	5,417
1939	8,785,556(斤) (51,680(石))	3,047,722(斤) (13,545(石))	1,403	646,084	7,312
1940	13,828,663(斤) (81,345(石))	3,752,393(斤) (16,677(石))	1,430	583,182	12,651
1941	13,076,421(斤) (76,920(石))	4,308,050(斤) (19,147石)	1,334	589,976	13,523
1942	9,351,719(斤) (55,010(石))	4,180,561(斤) (18,580(石))	1,193	567,689	15,431
1943	10,422,166(斤) (61,307(石))	4,131,914(斤) (18,364(石))	1,071	608,908	19,216
1944	7,552,015(斤) (44,423(石))	4,002,819(斤) (17,790(石))	1,307	578,495	18,664

* 자료 :『영업보고서』각 연도판에 의하여 작성함.
* 『영업보고서』는 금납 소작료를 별도 항목으로 기재하였음. 그러나 <표 5-5>에서는 벼소작료(石)에 금납 소작료까지 환산하여 합침. 따라서『영업보고서』의 각 연도 벼 소작료가『三十周年記念誌』에 나오는 그것에 비교하여 액수가 적음.
* 『영업보고서』는 금액으로 환산한 소작료액수가 나와 있지 않음.
* ( ) 안은 石으로 환산한 수치.

다만 신문자료와 조선흥업의 소작계약서상 나타나는 소작료 구성요소로서 그 수취율이 최소 60~80%까지 달했음을 추정할 수 있다. 1928년 황주지점은 공식적으로 수확량의 70%에 달하는 소작료를 강요하였고,[91] 1929년 경산 관리소는 극심한 흉년임에도 불구하고 오히려 각종의 구제비 명목으로 70~80%까지 수취율을 올렸다.[92] 특히 1934년에는 조선농지령의 시행을 목전에 두고 대전 관리소는 50~250%까지 소작료를 인상하여 일방통고를 했고, 소작인들의 항의에도 불구하고 아

---

91)『동아일보』, 1928년 1월 12일 ;『조선일보』, 1928년 1월 10일.
92)『동아일보』, 1929년 12월 21일.

랑곳없이 이를 강행, 징수하였다.[93]

<표 5-5>와 <표 5-6>의 소작료 징수 실적으로 보면 조선흥업의 소작료 풍흉에 따른 소작료 실수량의 변화가 있기는 하지만 금액환산치의 경우 곡가변동에 따라 그 변동폭이 매우 큰데, 1919년, 1931년, 1934년 같은 경우가 곡가폭등으로 실제 소작료 징수량의 증가폭에 비하여 그 금액 환산치는 매우 크게 증가했음을 확인할 수 있다. 특히 1934년의 경우는 조선흥업 창업 이래 최대의 흉년이라는 악조건으로 실제 소작료 징수량은 전년에 비하여 줄었으나, 곡가가 전년도 대비 30%이상 폭등하면서 조선흥업 측은 수익이 23%나 증가했던 것이다.[94]

거대 농업회사의 영업 목적은 당연히 고율의 소작료 수취를 통한 이윤추구였다. 사실 일제 강점기 전반에 걸쳐 지주제 경영의 목적인 소작료는 점증하였다. 농업 생산력의 증대와 곡가급등으로 소작료율에서는 크게 변화가 없었다고 하더라도 대다수 지주들은 소작료 인상의 효과를 거둘 수 있었다. 더욱이 지주들은 소작료 수탈에 대한 제한규정이 소작관계법에 거의 없다는 점을 이용하여 소작료 수탈방식을 고도화함으로써 소작료의 실질적 인상을 꾀하였다. 즉, 이모작에 대하여 소작료를 징수하기 시작한 점, 執租소작지에서의 소작료의 과대산정, 소작료 징수 때 표준중량 이상 또는 高捧으로 거둔 점, 소작료 납부기한을 지체할 경우 과태료를 부과하거나 소작료의 품질검사비용의 전가 등을 통해 소작료는 실질적으로 인상되었던 것이다.[95] 조선흥업의 경우가 이러한 모든 유형을 가장 전형적으로 보여준다.

⑶ 소작료 납입기일 지정과 '연납'의 강제

소작료 납입기한에 관해서는 대부분의 거대지주들이 회사가 지정한

---

93) 『동아일보』, 1934년 10월 16일 ; 『조선중앙일보』, 1934년 10월 19일.
94) 『영업보고서』 제31기(1934년 4월 1일~1935년 3월 31일), 4~5쪽.
95) 정연태, 앞 글(1995), 129쪽.

240

납입기일을 지키지 못할 때 연체료를 부과하였다.

> 대림 : 지정된 기일까지 소작료를 납입하지 못할 때는 연체 1일에 대하
> 여 소작료 벼 1石에 付 매일 벼 2株을 배상하는 것으로 한다.(5조)
> 조선흥업 : (전략) 만일 위 기간 내에 완납하지 못할 때는 규정의 과태
> 료를 납입할 것으로 한다.(10조)
> 동척 : 소작료는 (중략) 기한 내에 완납하지 못할 경우는 그 미납고에
> 대하여 2/100의 과태료를 지불 신청한다.(12조)[96]

조선흥업회사에 있어서 '규정의 과태료'는 미납 소작료에 대하여 5/100 이상을 加徵하였다. 이는 동척의 2.5배에 해당하는 것으로 일본인 회사지주 가운데에서도 가장 혹독한 과태료를 부과하였던 것이다. 조선흥업은 또한 소작인이 부담할 것으로 水利費, 洑組合費에 관하여서도 기한 내에 완납하지 못할 때는 과태료를 징수하는 것으로 규정하고 있다. 극심한 흉작으로 인하여 해당 년도 내에 소작료 납입이 불가능할 경우는 다음 해로까지 이월하여 '延納'이라는 형태로 반드시 받아냈다. 그것도 못 지키면 소작권을 포기해야 했다. 각 기별 영업보고서에 나타난 소작료 수납상황을 보면 대부분 매년 완납이었고, 극심한 흉년의 경우 다음 해로 이월시켜서까지 받아낸 연납의 사례가 많이 나타난다.[97]

조선흥업은 흉년에도 불구하고 풍흉에 상관없이 당초 소작인과 계약한 소작료 그대로 징수를 강행했고, 완납이 힘든 경우라도 시장에서의 곡가변동과 공급 조절을 통하여, 그리고 쌀과 대두, 면화 등 작물의 분산배치 및 재배를 통하여 기본적으로 해마다 균일한 이윤을 얻었다. 그리고 소작인의 극심한 빈곤과 생계 위협이라는 경제현실과는 별개로 대주주에게 고율의 배당금이 돌아가고 회사 적립금이 해마다 누적

---

96) 久間健一, 앞 책(1943), 308쪽.
97) 『영업보고서』 제34기(1937년 4월 1일~1938년 3월 31일), 5쪽.

되어 탄탄한 재무구조를 만들어 간 것은 앞서 살펴본 바와 같다.

영업 제16기인 1919년의 경우 두 번에 걸쳐 폭풍 피해로 당연히 생산량은 減收되었음에도 불구하고 소작료는 정선품으로 수납되었고, 미증유의 호성적을 올렸다고 자평하고 있다. 더군다나 <표 5-5>에서 보듯이 이 해 소작료 수납 실량은 43,049石으로 전년대비 약간 감소에도 불구하고 金額환산치는 전년의 824,955원에서 1,062,830원으로 오히려 25% 증가를 보였다. 이 해는 곡가 등귀로 매각과정에서 큰 폭의 이윤을 남긴 것이었다.[98]

1929년은 전국에 걸쳐서 미증유의 흉작이었다. 그런데 <표 5-5>를 보면 소작료 수령 실량은 전년 대비하여 오히려 수납량이 늘었다. 물론 곡가가 하락하면서 전년 대비 금액환산치는 감소하였다. 조선흥업은 농산물 가격급락을 보충하기 위해 회사 운영상 긴축재정을 시행했고, 수익증대를 도모했다고 하는데 극심한 흉년인 1929년과 이듬해인 1930년에도 주주들에게 각각 18%, 15%의 배당금을 지불하고 있다.[99]

1931년에도 대대적인 가뭄으로 특히 목포 관리소 棉作이 큰 피해를 입었다. 이 해는 전국 각지에서 소작쟁의가 극심하게 일어난 해이기도 했다. 그러나 조선흥업은 역시 소작료 100%의 완납을 달성했고, 농산물 가격의 폭등으로 소작료 총수익금은 점차 증가추세로 이어졌다. 게다가 1931년에는 수확물의 약 40%만 매각하고, 나머지는 이월하여 보관하였는데, 40%만 매각한 금액이 전년인 1930년에 비하여서도 27%나 증액되었다는 점에서 엄청난 차익을 실현했음을 알 수 있다.[100]

1933년 역시 두 번에 걸친 대폭풍우와 풍수해, 낙동강의 범람으로 전국적으로 작황이 부진했다. 특히 삼랑진 관리소는 9월에 이르기까지 7차례의 대홍수로 인해 무수확으로 끝났다. 목포 관리소의 면화 역시

---

98) 『영업보고서』 제16기(1919년 4월 1일~1920년 3월 31일), 4쪽.

99) 『영업보고서』 제27기(1930년 4월 1일~1931년 3월 31일), 5~6쪽. 본서의 <표 4-3> 참조.

100) 『영업보고서』 제28기(1931년 4월 1일~1932년 3월 31일), 3쪽.

9월 대폭풍으로 전년 대비 30%의 減收를 보였는데, 그 상황에서도 소작료의 감면은 없었다. 면화는 전부 定租制로 당초의 계약고 565,000斤을 모두 완납 받았다.[101]

1934년 역시 水旱害를 반복하면서 작황은 더욱 부진하여 전년 대비 소작료 수납량이 오히려 줄었다. 목포관내 면화 역시 8월의 대폭풍우로 평년작의 절반에도 못미치는 창업 이래 최대의 흉작이었다. 그런데 이 해 米穀法에 의하여 公定가격 인상 및 최저가격 보증으로 미가가 점차 등귀했고, 大豆는 만주의 작황부진과 銀高로 가격이 폭등했으며, 實棉 역시 면화가격이 높아져서 농산물 가격은 전년도에 비하여 30% 내외 등귀했다. 그리하여 1934년도 수익금은 1,168,907원으로 작황부진으로 수확이 감소한 것을 공제하고도 전년도의 948,445원에 비하여 23% 증가하였다.[102]

1936년은 봄철의 극심한 가뭄으로 모내기 시기를 맞추지 못하다가 6월 하순에 가서야 겨우 모내기를 할 수 있었다. 그런데 7월 들어서는 전국적인 강우로 기온이 내려가 벼의 생육이 부진했고, 8월과 9월에 걸쳐 계속되는 풍수해와 병충해로 이 해는 전국적으로 1929년 이래 대흉년이었다. 조선흥업 역시 예외가 아니어서 6월에는 양수기까지 동원하여 황주와 해주 관내의 일부에 식부를 했다. 그러나 식부조차 못한 논이 많았고, 7~8월의 강우로 인하여 수해 피해가 컸다. 특히 삼랑진 관리소는 낙동강 범람으로 인하여 열흘 넘게 침수가 되는 등 계속되는 자연재해로 관내 135정보는 무수확으로 끝났다. 목포지점 면화 역시 수차례의 폭풍우로 대흉작이었다. 한마디로 1936년의 작황은 목포와 삼랑진의 작황부진은 물론이고 대부분의 농장이 한발 혹은 수해를 입었다. 조선흥업은 자체적으로 재해지역에 대한 조사를 실시하였고, 흥농회 적립금의 임시불하, 춘궁기 식량대부 등의 임기응변적 조처를 취

---

101) 『영업보고서』 제30기(1933년 4월 1일~1934년 3월 31일), 4~6쪽.
102) 『영업보고서』 제31기(1934년 4월 1일~1935년 3월 31일), 4~5쪽.

하기도 하였다. 물론 그것은 소작인이 이자까지 더하여 상환해야 할 대부금이었다. 그리고 이 와중에도 결코 감면은 없었다. 조선흥업은 계약 소작료를 지정기한 내에 납입케 했다. 문제는 가장 작황이 좋지 못한 목포 관내 棉作이었다. 조선흥업은 약정 소작료 58만斤 가운데 159,000여 斤을 다음 년도까지 연납시켰다. 그리고 다음해 연체 없이 받아냈다.[103] 이 해는 곡가가 등귀하여 기말성적이 양호했고, 사내 적립금은 물론 15%의 주주배당까지 하였다.[104] 소작인들에게 연납시키면서까지도 대주주와 회사 적립금분배는 여전히 이루어졌다.

1938년의 대한발로 조선흥업은 5,600斤을 연납시켰고, 이듬해 받아냈다. 1939년은 미증유의 대한발로 조선총독부 자체 집계로 전국적으로 쌀 수확량이 40.5%나 감소한 해였다. 조선흥업의 쌀 수확도 31%나 減收되었다. 그런데도 전년도 연납분을 모두 받아낸 것이다. 이러한 현상은 계속되어 1938년에도 농산물의 생산감소에도 불구하고 곡가등귀로 여전히 15%의 주주배당금을 지급했다.[105] 특히 1939년은 소작료 실수납고가 전년에 대비하여 현저하게 감소했음에도 불구하고, 회사 측은 전혀 손실이 없었다. 현물 소작료의 징수로 곡가변동에 따라 회사 측의 손실을 방지함은 물론 이윤을 극대화시킨 것이었다.

1940년 작황 역시 7월 수해로 대전관내 영등포와 成歡 양 농장은 무수확으로 끝났다. 다른 지점 역시 일조량 부족, 생육 불량, 병충해로 작황이 부진했다. 그런데도 조선흥업은 지난해보다 벼의 수납을 29,665石 늘려 비율로는 57%나 增收하였다. 이는 지난 5개년 평균 수취고에 비하여서도 19%의 증수였다.[106]

이 무렵 일제는 태평양전쟁 발발 이후 전선을 확대해가면서 곡물수

---

103) 『영업보고서』 제34기(1937년 4월 1일~1938년 3월 31일), 4쪽.
104) 『영업보고서』 제33기(1936년 4월 1일~1937년 3월 31일), 3~6쪽.
105) 『영업보고서』 제35기(1938년 4월 1일~1939년 3월 31일), 4~5쪽 ;『영업보고서』 제36기(1939년 4월 1일~1940년 3월 31일), 2~5쪽.
106) 『영업보고서』 제37기(1940년 4월 1일~1941년 3월 31일), 3~5쪽.

급 통제를 강화하고 곡물저장 지령을 내려 식민지 농산물 집하 및 배급은 각 도의 양곡배급조합에서 일괄 취급되었다. 따라서 농장별 농산물 수납의 처분은 지연되었고, 조선흥업 역시 매각률이 1941년 당시 60%에 불과하였다.[107] 그러나 여전히 고율의 수익과 배당금 지급을 행할 수 있었던 것은 그만큼 철저한 소작료 수탈의 결과였다.

1942년은 조선총독부의 공식 발표로는 전년 대비 쌀 수확량이 37%나 감소하여 1939년 이래 대흉작이었다. 계속되는 봄철 가뭄과 8월 이후 호우와 태풍 등 기후 불량이 그 원인이었다. 목포 관리소의 경우, 논의 60%가 모내기조차 못한 상황에서 굴착기, 양수기 등 갖은 수단과 방법을 동원하여 植付를 했음에도 27%, 즉 1,500정보는 용수부족으로 식부한 모가 말라죽었다. 또 황주와 대전, 삼랑진과 경산 관리소 모두 수해 피해를 입었고, 겨우 해주 관리소가 평년작을 유지했었다. 그리하여 벼 소작 실수고는 55,010石으로 전년에 비하여 21,910石 즉 28%가 減收되었다. 황주 관내 大豆와 목포 관내 棉作 역시 여지없이 흉작이었으나 실수납고는 전년에 비하여 크게 감소하지는 않았다. 밭농사 지역은 정액지조로 정해져 소작료액을 여지없이 그대로 징수한 탓이었다. 그리하여 1942년 당시도 역시 15%의 주주배당을 하였다. 게다가 1943년에는 창립40주년기념 명목으로 일금 80,000圓의 군용기까지 헌납하였다.[108] 식민지 농업수탈이 일본 자본주의의 본원적 자본축적과 침략 전쟁 비용에 고스란히 충당되었음을 보여주는 대표적인 예이다.

1944년에는 역시 기후가 불량하여 수확량이 감소한 상황에서도 퇴직임원 공로금으로 235,000圓까지 지출하였다. 그리고 일반 사원에게도 창립40주년기념 社員특별위로금 33,000圓에 배당금 13%가 지급되었다.[109] 조선흥업은 고율 고액의 소작료 징수는 기본이고 여기에 현

---

107) 『영업보고서』 제38기(1941년 4월 1일~1942년 3월 31일), 2~5쪽.
108) 『영업보고서』 제40기(1943 4월 1일~1944년 3월 31일), 11쪽.
109) 『영업보고서』 제41기(1944년 4월 1일~1945년 3월 31일), 9~10쪽.

물지대 징수로 곡가변동에 따른 시세차익의 극대화를 통하여 이윤을 확보할 수 있었다. <표 5-5>와 <표 5-6>에서도 현물지대가 압도적 비중을 차지했었음을 확인할 수 있다. 그것은 소작료의 지대 범주가 前자본제 지대의 범주임을 입증하는 것이었다.[110]

조선흥업의 소작료 징수는 풍흉을 고려한 감면은 없었다. 그런데 소작료 감면이 규정상 아주 없었던 것은 아니다. 실제로 황해도 지역 일본인 거대지주를 조사한 久間健一에 의하면 이 일대에서 감면에 관하여 소작계약서상 명문화시킨 경우는 조선흥업과 동척뿐이었다.

조선흥업 : 定租地에 있어서 天災 기타 불가항력에 의하여 收穫高가 현저하게 감소되는 때는 9월 15일까지 귀사에 신청하고, 답사를 받아서 그 査定에 따른다.(11조)[111]

위 자료에 의하면 감면 여부를 판단하는 것도 회사 측이었고, 감면을 정하기 위한 답사와 査定 역시 회사가 했다. 당연히 감면율도 회사가 결정하였다. 이 과정에서 소작농민은 철저하게 배제되었던 것이다. 실제로 영업보고서나 기타 조선흥업의 회사자료에서 감면사례는 나타나지 않는다. 식민지 시기에는 일반적으로 소작료의 감면은 평년의 6分作 이하의 흉작이 아니면 감면을 해주지 않는 조건으로 소작계약서가 작성되었다.[112] 또한 1920년 조사자료에 의하면 황해도 지역의 일반적인 감면기준은 정조는 보통 5割作 이상일 경우는 감면하지 않았고, 집조와 타조의 경우도 재해정도에 의하여 감면을 하여 절반이 되는 것을 기준으로 했다고 한다.[113] 이들의 자료로 추정하였을 때 조선

---

110) 일제하 현물지대 징수의 半봉건적 성격에 대해서는 신용하, 앞 책(1987), 310쪽 참조.
111) 久間健一, 앞 책(1943), 308~309쪽.
112) 朝鮮總督府 中樞院, 앞 책(1913) 참조.
113) 善生永助, 앞 책(1929), 225쪽.

246

홍업도 역시 예외가 아니어서 보통 평년작 대비 50%의 수확이 감면 여부를 결정하는 기준이었던 것으로 보인다. 즉, 평년작에 비해 40~ 50%의 減收라는 엄청난 흉작일 경우, 그것도 지주 측의 결정으로 감면이 가능했었다는 것은 감면이란 것이 형식상으로만 규정된 문구에 불과했었다는 것이다.

한편 조선홍업은 다른 거대지주들과 마찬가지로 회사가 지정한 소작료 징수 장소에서 소작료를 수납했다. 조선홍업이 지정한 장소는 대부분 경부선의 각 역에 근접한 각 지점 및 관리소의 사무소였다. 삼랑진 관리소는 경부선 밀양역 清道정차장,[114] 마산선에서 삼랑진역에 근접한 進永驛정차장,[115] 목포 관리소 구내,[116] 경산 관리소 구내[117]에서 수납하는 상황이 회사자료에 생생한 사진으로 남아 있다. 특히 조선홍업은 소작료를 지정장소로 운반할 때 소작인 주소지로부터 2里 이내는 소작인 부담으로 하였고, 초과지에 대해서는 초과분에 한하여 회사 측에서 부담했다.[118] 그러나 조선홍업은 소작인의 거주지를 반강제적으로 2里 이내로 제한하여 왔으므로 회사가 지불하는 소작료 운임비는 거의 없었다.

이렇게 과다징수되는 소작료에 대한 조선홍업 소속 소작인들의 불만은 매우 컸고, 쟁의로까지 발전하는 경우도 많았으나 조선홍업과 같은 거대 일본인 회사에서 발생하는 분쟁에는 식민지 공권력이 신속하게 투입되었다. 1931년 황주지점의 고율소작료에 대한 소작쟁의에서도 황주 수비대 병력까지 출병하여 살상자까지 내면서 강경 진압되었다.[119]

---

114)『旣往十年事業槪況』, 23, 25쪽.
115) 위 책, 26쪽.
116) 위 책, 35쪽.
117) 위 책, 38~39쪽.
118)『二十五年誌』, 42쪽 ; 朝鮮總督府 中樞院, 앞 책(1913), 제3장 소작료 비율 제
    2절 지주 및 소작인의 부담.

⑷ 소작료 상품화의 규정과 비용의 전가

소작료는 회사가 정한 규격에 의하여 품질, 용중량, 口樣, 포장 등
전반에 걸쳐 엄격한 검사를 거쳐 징수된다. 이는 미곡의 상품화 과정
에서 상품가치의 극대화를 통한 지주수입의 극대화가 목적이었다. 다
음은 조선흥업을 비롯한 황해도 지역 거대 회사지주들의 소작료 품질
에 관한 소작계약서상의 규정이다.

동척 : 소작료는 (중략) 검사에 합격할 정도로 충분히 精選건조되고, 지
　　　정을 통하여 포장하여 납입한다.(13조)
조선흥업 : 賃借料는 (중략) 충분히 건조하고 품질을 정선한 벼를 (중
　　　략) 가마니로 포장하고, 一定의 송인을 하여 검사 上格品과 동등한
　　　것을 납입한다.(후략)(9조)
조선개척 : 소작료로 납입하는 벼의 건조 조제 포장 등은 甲의 지정을
　　　표준으로 따른다.(4조)
성업사 : 소작료는 (중략) 귀사의 지정에 따라서 이를 정선, 건조 및 포
　　　장하고, (중략) 납입하는 것으로 한다.(12조)
대림 : 소작료로 납입할 벼(중략)는 건조 조제를 충분히 하여 稗, 草實,
　　　條穗, 돌 기타 잡물을 제거하고, (중략) 납입한다.(3조)[120]

대개 일본인 거대 농업회사들의 소작료 품질에 대한 규정은 대동소
이하다. 기본적으로 지주가 정한 품종으로 재배하여 이를 충분히 정선,
건조 및 포장하고 납입하는 것이다. 특히 동척의 경우 검사에 합격할
정도라고 규정하였는데, 조선흥업은 더 나아가서 一定의 승인을 하여
'검사 上格品과 동등한 것'을 납입하게 하였다. 이때 상격품이란 곡물
검사제도에서 지정한 국가 지정의 규격 1등품이었고, 결국 그것은 지
주의 규격과 동일한 것이 되었다. 동척이나 조선흥업 같은 거대지주는

---

119) 『朝鮮出版警察日報』 제30호, 出版警察槪況, 1931년 2월 25일.
120) 久間健一, 앞 책(1943), 194~195쪽.

248

곡물검사제도에서 일등 합격을 목표로 소작료 수납의 자체검사에서
엄격하게 그 품질을 제한하였다. 또한 소작료의 포장, 즉 가마니의 개
량까지 흥농회를 통해 일일이 강제하였고, 그 제작은 소작인의 의무였
다.121)

　다음으로 용중량에 관한 규정이다.

　　성업사 : (前略) 벼는 가마니에 넣는 것으로 하고, 1가마니에 正味 93근
　　　으로 한다.(12조)
　　조선흥업 : 賃借料 (中略) 1가마니 正味 90斤 외에 入樶 2斤을 벼 가마
　　　니에 새로이 포장하고 (中略) 납입한다.(9조)
　　동척 : 소작료 벼는 1가마니 5斗入 大豆는 1가마니 4斗入으로 하고, 그
　　　容重量 및 重量은 곡물검사규칙을 통하여 1가마니 미만의 端數도
　　　가마니로 납입할 것으로 한다.(14조)
　　대림 : 소작료로 납입할 만한 벼는 (中略) 유망종은 빼고, 새로운 가마
　　　니에 5斗入으로 하고 납입한다. 다만 1가마니 미만의 端數도 새로
　　　이 가마니에 넣어 납입한다.
　　　납입 벼 1石의 重量은 品種에 의하여 매년 지주가 考査결정한 위
　　　에 소작인에 통지하는 것으로 하고, 소작인은 이에 대하여 이의를
　　　제기할 수 없다.(3조)122)

　위 규정을 보면 대개 회사지주 측은 正味 90斤에 入樶(혹은 口樶)로
서 2~3근을 더한다. 이는 곡물검사제도 실시의 영향인데, 同제도에 의
하면 규격으로서의 중량을 벼 90斤을 1가마니로 하고, 구걸로 벼 1근
을 첨가한다고 정하고 있다. 그런데 지주는 검사과정에서 건조 감소분,
기타의 손해를 예상하여 2~3斤의 구걸을 요구하는 것이었다. 이 구걸
은 定租制 및 檢見의 경우는 소작인의 과중부담인 것은 말할 것도 없

<hr>

121) 『第七期事業報告書』, 15~16쪽.
122) 久間健一, 앞 책(1943), 306~307쪽.

는데, 打租制에 있어서는 지주의 부담이었다.123) 조선흥업은 표면적으로 밭에서는 대부분 정조제를 시행하였다. 그러므로 당연히 구걸이 있었고, 아예 소작계약서상 구걸 2斤으로 규정한 것이었다.124)

한편 지주 내지 회사가 정한 규격에 합격하지 못한 소작료에 관하여서는 어떠한 제재 조치가 따르는가는 다음 규정에 단호하게 제시되어 있다.

> 朝鮮信託株式會社 : 소작료는 (中略) 道의 장려품종 중 귀사의 指定品種으로 요하고, 赤米, 異品種 혼입없는 것을 貴社의 지휘에 따라 精選하고, 건조를 하여 우량하게 하고 (朝鮮籾檢査規則에서 정하는 中格 이상의 품위의 것) 納入한다.(後略)(8조)
> 소작료는 모두 가마니에 넣어 납입할 것을 요하고, 1叺正咪 92斤으로 하고, 그 포장은 朝鮮籾檢査規則에서 정하는 포장에 준하는 것으로 한다.(9조)
> 동척 : 불량품을 넣은 경우는 再選을 명하고, 또 상당한 비율의 割增料를 징수하여 그 이의신청을 할 수 없다.(13조)
> 조선흥업 : (前略) 貴社에 있어서 불량품이라고 인정될 때는 그 사유 여하에도 불구하고, 再精選하고, 또는 補償物을 追納하던가, 어떠하던지 귀사의 지도에 따라서 하등 이의를 제출하지 않는다. 단 檢査上格品으로 납입할 때는 검사료는 회사에서 교부한다.(9조)125)

거대 회사지주는 소작료의 再精選을 명령하고, 할증료에 보상물까지 추징하였다. 그리고 소작료가 불량품인지 아닌지의 판단 역시 전적으로 회사가 결정하고 소작인들은 이에 대해 "사유가 어떠하든지 하등

---

123) 위와 같음.
124) 구걸은 일본에서는 1930~40년대 당시 소작쟁의의 도화선이 되었고, 한국에서도 폐지 주장이 나오기도 할 만큼 소작인들에게는 매우 큰 부담이었다.(『朝鮮農會報』 제9권 제6호, 73쪽)
125) 久間健一, 앞 책(1943), 194~195쪽.

의 이의를" 제출할 수 없었다. 결국 곡물검사제도의 시행에 따라 결정된 국가적 벼의 규격은 지주의 규격이 되었고, 소작인은 지주가 부담해야 할 검사를 위하여 벼의 건조, 조제, 중량, 구걸, 포장에 이르기까지 엄청난 노력과 투자를 통해 벼를 상품화시켰다. 실질적인 소작료의 인상인 셈이었다. 이렇게 하여 조선흥업은 한층 더 향상된 상등품을 손쉽게 확보할 수 있었던 것이다.

그러면 여기서 곡물검사제도와 그 검사비용의 전가에 관하여 보겠다. 지주의 규격이 되어 버린 곡물검사제도란 무엇인가. 그리고 그 제도를 통한 조선흥업의 이익 실현은 어떻게 이루어졌는가.

곡물검사제도는 1909년 木浦商業會議所가 輸移出玄米檢査를 실시한 것을 그 시작으로 한다. 이후 1913년까지 조선총독부는 각 道상업회의소나 穀物同業組合에 수이출 쌀의 검사를 장려했다. 그러나 이는 법령에 기초한 검사가 아니고, 임의적인 것으로 효과도 적었다.

1915년에 이르러 조선총독부령으로 '米穀檢査規則'이 공포되어 검사를 각 도 장관의 권한에 위임하였다. 각 도는 그 府令에 기초하여 檢査規定을 설치하고, 地方廳에서 혹은 상업회의소, 곡물동업조합 등의 단체를 대행시켜 행하였다. 1917년에는 府令 개정으로 檢査비용을 道에서 지출했고, 玄米뿐만 아니라, 白米 및 中白米의 검사도 하게 하였다. 그런데 문제는 각 도별로 검사규격이 동일하지 않았고, 따라서 수이출 및 국내 상거래에서도 분쟁이 끊이질 않아 검사사업을 국영으로 이관시키기에 이르렀다. 그리하여 1922년에 「朝鮮總督府制令」으로 전국에 '穀物檢査令'이 공포되어 처음으로 국영검사가 실시되었다.[126] 그런데 이 곡물검사는 현미 및 백미의 검사로 농민들이 소작료로서 납입하는 벼가 아니었다. 따라서 곡물검사제도에서 가공을 거친 현미와 백미의 검사가 이루어지면서 가공업자 즉, 정미업자 입장에서는 엄청난 상업적 이윤을 확보한 셈이었다.

---

126) 『朝鮮の農業』, 1934, 59~61쪽.

1934년 10월에도 府令 제104호로서「朝鮮籾檢查規則」을 발포하여 벼의 희망검사가 실시되었고, 1935년 8월 府令 제96호「조선곡물검사령시행규칙」개정으로 강제검사가 실시되었다. 벼의 검사목적은 原料性과 시장성의 확대 2가지였다.[127]

그런데 원료 벼의 상품성이 통일되면 그것은 누구에게 이득이었는가에 대하여 분명한 점은 농민의 이익은 아니었다는 것이다. 후술할 바와 같이 검사비용은 지주에 의하여 농민에게 전가되고, 균등한 양질의 규격품 쌀은 상품화되어 일본시장으로 팔려나갔다. 물론 이윤은 거대지주의 몫이었다.

그러면 여기서 회사지주의 소작인에 대한 검사규격과 그 비용의 전가를 살펴볼 필요가 있다. 지주의 곡물검사는 쌀이라는 상품에 등급을 부과함으로써 이윤을 극대화시킬 수 있는 최종적 검증제도였다. 당연히 그 검사과정은 지주가 감당해야 했다. 그러나 수리조합비의 전가에서와 마찬가지로 곡물검사 규격은 소작인에게 전가되었다. 규격의 전가과정은 직접적 전가와 간접적 전가의 두 가지가 있었다.

직접적 전가는 소작인이 소작료로 납부할 벼를 직접 검사받게 한 후 납부하게 하는 방법이었다. 간접적 전가는 지주 측에서 검사규격과 동일한 표준규격으로 소작료에 대하여 엄격한 수납검사를 하는 방법이었다. 전가의 방법 중 직접적 전가는 주로 중소지주 사이에서 많이 행해지고 있었고, 간접적인 전가는 일본인 대지주들이 주로 사용하였다.[128]

간접적 전가는 다시 두 가지 유형으로 분류된다. 하나는 벼의 규격을 명시하여 전가시키는 방법과 다른 하나는 직접 규격을 명시하지 않고, 지주적 검사에 의하여 간접적으로 목적을 달성하는 것이었다. 조선흥업의 경우 앞서의 소작계약서 제9조에서 확인할 수 있듯이 전자에

---

127) 久間健一, 앞 책(1943), 181~183쪽.
128) 위 책, 192~193쪽.

해당되었다.

조선흥업은 검사 규격 상격품을 내세워 中格 이상의 품위로 규정한 조선신탁보다 훨씬 더 그 규격심사 기준을 엄하게 규정하였다. 특히 貴社에 있어서 불량품으로 인정될 때에는 그 사유가 어떠하던지 귀사의 지도에 하등의 이의를 신청할 수 없다고 하는 소작계약은 벼 검사가 회사의 일방적 규정에 의하여 실시되었고, 규격전가가 보통으로 행하여지고 있었음을 드러낸다. 건조, 조제, 중량조절, 포장 등의 과정에서 소작인은 회사의 엄격한 규격에 맞추기 위하여 추가비용을 부담해야만 하였다. 규격검사에서 1등(상격품)은 수분함량이 15%, 2～3등(중하격품)은 17% 이내로 규정되어 있었는데, 이를 실현하는 것은 매우 힘든 작업임을 회사나 농장관계 사람들은 알고 있었음에도 불구하고 이를 실현시키면서 쌀의 상품적 가치를 높였던 것이다.[129]

(5) 소작권의 불안정

조선흥업의 소작인 수는 <표 5-7>과 같다.

<표 5-7> 조선흥업주식회사의 총 소작인수와 영속 소작인수 (1936년 현재)

지점	소작인총수	영속소작인수(人)			
		15년 이상	20년 이상	25년 이상	계
釜山	49	6	1	-	7
黃州	4,869	529	669	379	1,577
木浦	4,865	705	738	889	2,332
三浪津	2,347	399	209	86	694
大田	1,467	250	19	-	269
慶山	2,098	311	161	24	498
海州	681	-	-	-	-
合計	16,376	2,200	1,797	1,378	5,375

* 출전 : 『三十周年記念誌』, 88쪽.
* 釜山은 소작인에 준할 만한 畜産部 牧夫.

---

129) 「籾검사에 관한 懇談會」, 『朝鮮農會報』 제9권 제6호, 68쪽 이하.

1936년 현재 총 소작인수 16,376명에 그 가족 수는 80,000명에 달했고, 소작료고는 140만원을 넘었다.[130] 이들 소작인은 앞서 본 바와 같이 조선흥업이 토지를 매수하면서 기존 한국인 경작자나 소유자를 그대로 소작인으로 흡수한 경우가 대부분이었다.

한편 조선흥업은 소작인들의 소작지에 대한 轉貸 讓渡를 일체 금지시켰고, 이를 위반했을 때는 소작계약을 해제하였다.

소작계약서 제5조 : 貸借地는 반드시 自作하고, 轉貸, 교환, 賃借權의 賣買, 讓渡, 耕作의 위탁을 하지 않는 것은 물론이다.(후략)[131]

또한 소작인은 회사의 승낙 없이 소작지의 境界, 지형지목을 변경하거나 토지 사용의 목적을 변경할 수 없었다. 이 금지는 다른 일반지주의 소작조건과 같았다. 또한 회사의 승낙 없이 소작지에 가옥 및 기타 공작물을 건설하고, 혹은 지정한 것 이외의 소작물을 재배하는 것을 금지하였다. 이들의 금지사항에 반할 때는 회사가 일방적으로 소작계약을 해제하는 것은 말할 것도 없었다. 즉 오로지 회사가 정한 농작물의 직접 재배 이외에 소작인에게는 일체의 경작지에 대한 권리가 박탈되었다. 전통적으로 賭地權을 갖는 소작농의 제반 권리가 송두리째 부정된 것이었다.

여기서 '賭地權'과 '永小作'과의 관계를 살펴볼 필요가 있다.[132] 조선왕조 후기에서 말기에 걸쳐 소작농의 자기 소작지에 대한 소유권의 일부로 성장한 도지권은 일제의 토지조사사업에 의하여 법률적으로 부

---

130) 『三十周年記念誌』, 序, 88쪽.

131) 久間健一, 앞 책(1943), 293~294쪽.

132) 이에 대하여서는 다음의 연구 성과를 참조하였다. 愼鏞廈, 「李朝末期의 <賭地權>과 일제하의 <永小作>의 關係 - 소작농 賭地權의 소유권으로의 성장과 몰락에 대하여 - 」, 『經濟論集』 제6권 제1호, 1967 ; 同, 「日帝下 '朝鮮土地調査事業'에 대한 一考察」, 『한국사연구』 15, 한국사연구회, 1977. 참조.

정되었다. 당시 도지권은 일종의 物權으로 인식되고 있었으나[133] 일제
는 토지조사사업의 신고주의 방법을 통해 1物1主의 배타적 토지소유
권을 보장함으로써 소작농의 도지권은 소유권으로 재인식될 수 없었
다. 결국 장기간에 걸친 소작농의 사회경제적 성장으로 성립된 도지권
이 부정되자 농민층은 이에 대해 완강하게 저항했고, 이 문제를 해결
하기 위해 일제가 설정한 것이 이른바 永小作이었다.

　일제는 1912년「朝鮮民事令」을 발포하여 도지권의 소유권적 성격을
부정하고, 대신 영소작권을 설정하였다. 즉 소작기간을 '20년 이상 50
년 이하'로 하고 이를 등기할 경우 소작인으로 인정하는 것이었다.[134]
그러나 종래 도지권이 갖고 있던 소작료 切下나, 지주와 제3자에게 자
유롭게 대항할 수 있었던 소유권적 성격은 일제의 영소작에서는 소멸
되었다. 도지권을 타인에게 선대하거나 소작권의 매매, 양도도 일체 영
소작에서는 부정되었다. 소작기간을 두고 보더라도 도지권에서는 소작
농이 도지권을 판매하거나 스스로 포기하지 않는 한 영구소작이 가능
한 반면 영소작에서는 기한부소작제로 바뀌었으며, 소작료를 怠納할
경우 도지권에서는 소작권이 소멸되지 않았으나, 영소작에서는 2년 이
상 태납할 경우 지주에 의하여 일방적으로 영소작권이 부정되었다.[135]

　조선흥업은 소작인이 10년, 20년씩 永續하였으며 소작권의 상속을
보증시켰다고 선전하고 있다. 특히 15년 이상 영속 소작인이 창설 7년
차인 해주농장을 제외하고, 전 소작인의 35%라고 집계하였다.[136] 이것
이 바로 조선흥업이 매수한 토지의 기존 한국인 소작인과 지주를 영소
작으로 흡수한 사례인 것이다.

　따라서 조선흥업에서 영속 소작인의 비율이 높은 것은 소속 소작인
에 대한 복지나 소작료분배가 안정적이거나 공정하였음을 보여준다고

---

133) 朝鮮總督府 中樞院,『小作に關する慣習調査書』, 95쪽.
134) 朝鮮總督府,『朝鮮の小作慣行』(下), 135～142쪽.
135) 이상에 대하여서는 신용하, 앞 글(1977), 140～142쪽 참조.
136)『二十五年誌』, 21쪽 ;『三十周年記念誌』, 77, 88쪽.

는 할 수 없다. 그것은 앞서 소작료분배와 징수과정에서 살펴본 극심한 수탈상황에서도 드러난다. 오히려 영속 소작인의 존재는 소작권의 임대나 전매 혹은 양도나 교환의 자유 제한이 가장 큰 원인으로 소작지에 대한 자의적 이탈의 자유가 전혀 없었고, 소작료 납부액이나 기일 준수에 있어서 계약해제 이전에 치밀한 관리조직망을 통해 거의 100% 완납에 가까운 수취율을 보였음을 반증하는 것이었다. 또한 창설 당초 조선흥업이 경작지를 확보하는 과정에서 한국인 지주들로부터 토지를 매수해 들일 때 50년 씩 되는 장기간의 토지 경작권을 매수하고, 그 기간동안 한국인 매도자를 소작인으로 사용한다고 하는 계약을 설정하였기 때문이었다.

조선흥업은 이렇게 철저하게 수취한 소작미를 鮮米協會의 중개로 일본의 미곡상에 직접 판매하였다.[137] 그리고 곡가하락으로 인한 손실을 막기 위하여 東京, 大阪, 神戶 등의 미곡 거래소의 선물거래를 직접 이용하기도 하였다.

2) 소작농가 경제의 실상

1925년 9월 조선총독부 內務局 社會課에서 발표한 『農家經濟에 관한 調査』에 근거하자면 각 도별로 지주, 자작농, 자작겸 소작, 소작농, 窮農의 경작 토지규모와 농가수지상황은 다음 <표 5-8>과 같다.

이들 중 경기도 이남 지역에서 1~3정보 미만이 20.4%~16.7%, 3반보~1정보 미만이 39.2%~28.0%로 감소한 반면 3반보 미만이 35.2%~51.6%로 증가하였다. 그리고 소작빈농의 계급이라고 할 수 있는 3정보 미만의 소작농이 전 소작농의 1923년 94.8%, 1938년 99.3%를 차지하였

---

137) 鮮米協會, 『鮮米協會 10年史』, 1933, 147쪽. 鮮米協會는 1923년 일본에서 關東大地震 이후 이를 기회로 하여 일본 東京부근의 지방으로 한국 쌀의 판로를 넓혀 가기 위해서 조선총독부의 지도 아래, 朝鮮穀物商組合聯合會와 미곡 생산자가 공동출자하여 1923년 설립한 미곡 유통기구이다.

고, 1정보 미만의 경작규모의 영세경영은 경기도 이남 7도의 경우 1923년 74.4%, 1938년 82.6%를 차지하였다.[138]

<표 5-8> 농가 규모별·계급별 경지면적과 호수 (1925년 현재)

	大	中	小	細	농가총수(戶)
지주	20町步 이상	20정보 미만	5정보 미만	1정보 미만	2,728,921
자작농	3정보 이상	3정보 미만	1정보 미만	3反步 미만	121,985
자작겸 소작	3정보 이상	3정보 미만	1정보 미만	3반보 미만	553,679
소작농	3정보 이상	3정보 미만	1정보 미만	3반보 미만	917,311
窮農	勞役에 종사하고 고달픈 생활을 한다.				973,738

* 자료 : 善生永助, 앞 책(1929), 31~33쪽 ; 朝鮮總督府殖産局編, 『朝鮮の農業事情』, 1930, 25~29쪽에서 재작성.

조선흥업 소속 소작농의 경우를 살펴보면 먼저 <표 3-2>에서 조선흥업의 총 경지면적은 1929년 이래 1만 7천 정보를 넘어섰다. 그리고 전체 소작인은 <표 5-7>에서 제시된 바와 같이 1936년 현재 16,500명에 가족 수까지 계산하면 80,000명에 달했다.[139] 그렇다면 조선흥업의 경우 소작농 1인당 경작면적은 1정보가 평균이었다. 이때 1인은 소작계약자 본인을 가리키므로 1戶인 셈이다. 조선흥업 소속 소작농의 규모는 당시 기준으로 보았을 때도 소작농 중에서도 소규모였다. 구체적으로 당시 한국의 농가 평균 수지상황과 조선흥업 소작농가의 경우를 비교해 보자.

아래 <표 5-9>와 <표 5-10>의 1918년 현재 전국 및 황해도 지역의 농가 수지상황과 <표 5-11>의 1915년 현재 조선흥업 황주지점 소작농가 수지상황은 시기적으로 크게 차이가 나지 않고, 특히 황해도라는 지역적 특징이 같아서 비교 검토하기에 적절한 자료들이다.

---

138) 善生永助, 앞 책(1929), 32~35쪽 ; 朝鮮總督府農林局, 「耕地面積別農家戶數表」, 『調査月報』 9권 11호, 1938.
139) 『三十周年記念誌』, 序.

물론 양 자료에서 각각 '상류·중류·하류', '상위·중위·하위'라고 구분한 기준이 명확하게 제시되어 있지 않아 양 계급을 과연 같은 계급으로 분류할 수 있을 것인가에 대해서는 문제점을 제기할 수도 있으나, 경작지 규모로 보았을 때 대략 양 자료의 계급 분류가 크게 다르지 않은 것으로 보인다.

<표 5-9> 전국 평균 각 계급농가 1家 경제상황 일람표

계급		상류	중류	하류
가족수(人)		13.1	8.9	5.7
재산(圓)	부동산	15,360	2,300	208
	동산	1,540	383	97
	채권	1,078	119	8
	합계	17,978	2,802	313
	채무	△518	△74	△36
	순자산	17,460	2,728	277
수입(圓)	부동산	2,208	507	77
	동산	201	44	7
	직업수입	103	79	142
	부업	82	56	36
	기타	81	31	21
	합계	2,675	717	283
지출(圓)	식료	680	331	162
	의복	165	67	28
	주택	68	26	12
	재산관리비	110	28	6
	조세 기타 공과	149	25	4
	교육	82	16	3
	기타	360	123	63
	합계	1,614	616	278
순익		1,061	101	5

* 출전 : 朝鮮總督府 財務局臨時關稅調査課調査, 『農家經濟狀況調査書』, 1918, 1쪽.

* 이 자료에서는 농가 계급의 구분 기준이 될 수 있는 경작지의 규모와 자소작관계가 제시되어 있지 않다.

<표 5-10> 황해도 농가 1家 경제상황표 (△표는 부족)

계급		상류	중류	하류
가족수 (人)		7.9	7.1	5.6
고용인		2.1	0.9	-
계		10.0	8.0	5.6
재산(圓)	부동산	7,459	2,001	106
	동산	1,064	322	78
	채권	664	86	6
	채무	△318	△62	△38
	순자산(차인합계)	8,969	2,347	152
수입(圓)	부동산	1,432	478	39
	동산	201	33	6
	직업수입	30	52	166
	부업	85	11	24
	기타	24	27	9
	합계	1,771	601	244
지출(圓)	식료	432	251	137
	의복	98	41	19
	주택	40	19	9
	재산관리비	41	-	-
	조세 기타 공과	88	19	2
	교육	190	20	2
	기타	307	123	67
	합계	1,196	474	236
순익		575	127	8

* 출전 :『農家經濟狀況調査書』(1918), 29～30쪽.

<표 5-11> 황주지점 소작농의 농가 수지상황

		상위	중위	하위
총수입		316圓 30錢	180圓	74圓 70錢
총지출		274圓 65錢	157圓 80錢	71圓 20錢
잔액		41圓 65錢	22圓 20錢	3圓 50錢
경작면적	논	1町步(5反步는 자가소유)	5反步	-
	밭	3町 5反步	2町 5反步	8反步
가족수		8명 내외 중 4명 노동	6명 내외 중 4명 노동	4명 내외 중 2명 노동
耕牛		1頭	1頭	-

* 자료 : 大橋淸三郎, 앞 책(1915), 298～302쪽에서 재작성.

조선흥업 소속의 상위 소작인의 평균 경작면적은 논이 1정보(그 가운데 자기 소유지가 5反步), 밭이 3町 5反步로 이들은 자작겸 소작농이었다. 중위 소작농은 논밭 합계 3정보, 하위는 밭만 8반보로 <표 5-8>에서 제시된 전국적인 분류와 비교할 때 소~중 규모의 소작농이었고, 논 면적만을 놓고 볼 때는 細~小 규모 수준이었다. 사실상 북부지역은 남부지역과 비교하여 反當 농업 수익이 50~60% 정도인 것을 감안하면 경작면적이 북부지역은 남부지역의 2배 정도가 되어야 한다는 점에서[140] 조선흥업 소속 소작인들은 경작면적에서 볼 때 극도로 궁핍한 하위 소작농이었다고 볼 수 있을 것이다.

또한 <표 5-9>와 <표 5-10>의 수지상황과 비교해 보았을 때, 조선흥업 황주지점 소작 농가의 수지상황은 중하류 계급 수준의 영세성을 면치 못하고 있었다. 약 3년간의 시기적 차이를 감안한다고 하더라도 사실 조선흥업 소작인의 총 인원수와 총 경작면적을 보았을 때도 1인당 평균 약 1정보의 경작면적이었다. 또 조선흥업 소작농의 총 지출 내역에서는 각종의 수세, 공조공과금, 흥농회 회비와 저금 등 실질적인 소작료에 해당하는 금액이 빠져있다. 따라서 대부분의 중·소·세 소작농이 가계수지에서 적자 운영을 면치 못했던 상황은 조선흥업 소작인에게도 예외는 아니었다. 일반적으로 중·소 소작농 이하의 농가는 경제수지 상태가 극도로 불량하여 생활고에 시달렸고, 한번의 한·수해를 불시에 입는다면 家財를 팔아 전업을 하거나 혹은 일가가 이산하는 불행을 겪을 지경이었다.[141]

---

140) 백욱인, 앞 글(1987), 168~169쪽.
141) 善生永助, 앞 책(1929), 37~38쪽.

제6장 조선흥업주식회사의 소작인 관리통제조직과 한국농민의 저항

1. 소작인 관리통제조직과 '興農會'의 실체

1) '舍音'제도의 변형과 小作人五人組合

⑴ '舍音'제도의 변형과 社員을 통한 직접통제

조선흥업은 한국에서 오랫동안 존속되어 온 지주와 소작인간의 중간 착취자 즉, 사음을 배제함으로써 그동안의 봉건적 수탈의 고통을 가중시켰던 중첩된 소작인 수탈구조를 개선하였다고 자평하였다.[1]

사음제도는 한국에서 그 유래가 오래되었는데 사음은 지주와 소작인 사이에 개재하여, 관리지역 내의 소작지에 대하여 소작인을 선정하거나 이동하는 건, 소작료의 결정·검사·징수·보관, 소작지의 순회, 소작료의 감면에 관한 조사 및 결정, 公租公課 그 외 代納, 소작지의 수선개량에 관한 감독 및 소작계약 또는 해제 등 거의 지주와 같은 임무와 권한을 행사하였다. 따라서 이들의 소작인에 대한 권세는 사실상의 지주와 다를 바 없었다. 사음은 대지주, 부재지주, 농업 이외의 업무에 종사하는 지주 등이 관리인을 필요로 해서 설치한 것으로, 秋收員, 마름이라고도 불렸으며, 평소에 농경에 종사하고 추수기에 지주에게 고용되어 소작 관리인이 되었다.[2]

---

1) 『二十五年誌』, 19~20쪽 ; 『三十周年記念誌』, 67쪽.

조선흥업은 소작인에 대한 회사의 통제를 보다 강화시키고, '舍音'이라는 한국 특유의 관리인에게 들어가는 관리비용을 절감시키기 위하여 사음제도를 철폐시켰다고 주장하고 있다. 그런데 막상 1935년『조선중앙일보』, 5월 6일·12월 20일자의 보도를 보면 고율의 소작료 완납을 강요하는 조선흥업의 명령 하에 징수에 어려움을 겪는 조선흥업 소속 사음의 기사가 보도되고 있다. 즉 사음의 철폐가 아니라 사원의 형태로 사음제도를 계속 활용했던 것이다. 따라서 기존 사음제도의 변형으로 일반적으로 조선흥업이나 기타 일본인 지주들은 오히려 일본인 지주와 농업회사의 소작인에 대한 직접 지배와 이윤의 극대화를 실현시킬 수 있었다. 결국 기존의 봉건적 지주-소작제를 운영상 편리하게 재편한 것에 불과했다.

또한 회사와 회사 직속의 社員(관리원)들은 소작인과의 지속적인 접촉을 통해 회사가 명령하는 농사개량과 수확, 소작료의 수납이 무리 없이 진행되도록 소작인을 지도 편달하였다. 이들 사원들은 그 업무범위가 위에서 열거한 단순한 소작인 관리와 회사방침의 전달 및 실행 등 충실한 사원의 역할에 한정되었다.[3] 즉, 소작인의 任免, 소작권의 得失, 소작료의 결정과 납입, 기타 소작인의 권리와 의무에 관한 일체의 사항에는 전혀 권한이 없었다. 그것은 조선흥업과 소작인의 직접 관계였고, 어떠한 중간 권력자의 개재도 허용되지 않았다. 기존 한국에서 舍音의 권한에 속했던 소작권의 이동, 소작인의 임면 등 주요사무는 이제는 조선흥업 각 지점의 간부 명으로 조사, 검토 후 지점장이 결정했다.[4]

한편 일본인 지주의 農監, 舍音은 지주로부터는 취급 소작료의 일정 비율을, 혹은 일정액의 수당을 급료로 지급받았다. 동척에서는 수납취

---

2) 善生永助, 앞 책(1929), 235~237쪽.
3)『二十五年誌』, 18~19쪽.
4) 위 책, 19~20쪽 ;『三十周年記念誌』, 67쪽.

급 石數의 다소에 의하여 쌀 1석에 대하여 17전 내지 20전으로 하고, 연1회 1인 평균 20원의 상여금을 주었다. 조선흥업에서는 최고 연 수당이 150원, 최소 40원, 그 외 성적에 의하여 상여금을 지급하였다.[5]

조선흥업이 사음에게 이렇게 고액의 보수를 지급한 것은 기존 한국 재래의 사음이 "농민에 대한 이중적 착취 존재"라는 일본인들의 평가를 무색케 할 만한 것이었다. 조선흥업은 전국에 걸친 대규모의 토지를 관리하기 위하여 사실상 한국 재래의 중간 관리인인 사음제도를 그대로 채용하였고, 다만 형식상 그들에게 지급되는 보수를 회사 측에서 부담하는 것을 내세워 마치 농민에 대한 수탈을 감소시켜 주고, 봉건적인 악습을 철폐시켜준 것처럼 선전하였다. 그러나 결국 사음에 대한 인사권과 재정 집행권을 쥔 조선흥업이 소작농민에 대한 사음의 사적인 착취와 지배를 회사의 이윤과 회사의 소작인 직접 지배라는 경영시스템으로 흡수했을 뿐이었다.

⑵ 小作人五人組合과 상호 연대보증제도의 운영

조선흥업은 사업 개시 당시 한국인 기경지를 매수하는 과정에서 한국인 매도자를 소작인으로 흡수하거나 혹은 매입한 토지에 소속되어 있었던 기존 소작인을 그대로 인수하는 조건으로 토지매매 계약을 처리하였다. 따라서 사업 초창기에는 소작인 선정 기준이 따로 마련되어 있지는 않았던 것으로 보인다. 그러나 이후 보다 많은 이윤 창출을 위해 회사 측에 협조적이며 회사의 명령에 순순히 복종하는 소작농을 걸러내고, 재선정하기 위한 제도적 장치를 마련하였는데, 그것이 '소작인 오인조합'이라는 상호보증제도와 흥농회를 통한 관리통제체제의 구축이었다.

농장관리통제망은 회사의 관할 전 지점에 걸친 조직적인 인적 체계로 소작인 내에서의 계층적 조직을 일단 설치하고, 이를 회사 관리조

---

5) 善生永助, 앞 책(1929), 240~243쪽.

직의 하부구조로 결합시킨 회사의 지배조직이었다. 그것은 조선흥업의 '물도 새지 않는' 정치한 관리통제조직이었던 것이다.[6]

그러면 조선흥업이 농장관리망의 최하급 단위로 각 里洞에 설치한 소작인오인조합의 인적 구성은 어떠하였는가? 이 조합은 1개의 신용 지도단위로서 표면적으로는 그 조합을 이룬 각 소작인의 자유선택에 의하여 성립된다고 되어 있다. 그런데 조합의 구성원은 상호 연대책임 을 지는 관계로 조합성립에는 구성원 모두의 동의와 보증을 전제로 하 였다. 따라서 조합원에 결원이 생겼을 경우에도 다른 4명의 동의와 보 증을 필요로 하였고, 신용능력이 결여된 자는 가입할 수가 없었다. 즉 소작인오인조합의 구성원 5명은 모두 후술할 흥농회의 회원 가운데 회 사가 인정하는 조선흥업 소속 소작인으로 한정되었다. 이들은 상호간 의 보증인이 되었으므로 한 사람의 채무 불이행은 다른 보증인에게 영 향을 미쳤고, 그 파문은 다음 보증인에게 이어졌다.[7] 따라서 자동적으 로 채무를 불이행한 소위 불량소작인은 소작인오인조합 제도에서 자 동적으로 도태되며 그것이 조선흥업이 소작인오인조합 제도에서 기대 한 효과였다.

선대자본은 소작인오인조합 제도에 의하여 신속하고 완벽하게 회수 되었다. 그리고 소작인은 고율 소작료를 납부하고 더하여 선대금까지 상환한 후 얼마 남지 않은 20% 정도의 분배 생산물로 조세공과 및 기 타의 현금지출과 식량구입에 충당하지 않으면 안 되었다. 이듬해 춘궁 기 식량과 종자, 비료대, 농기구 등의 영농자금도 또 지주에게 선대하 지 않으면 안 되는 악순환이 반복되었다.

또한 조합원으로 있으면서 신용능력을 잃어도 상호간 책임보증을 위하여 결국 그는 戒告 또는 도태되었다.[8] 때문에 당초부터 불량하거

---

6) 『二十五年誌』, 17쪽 ;『三十周年記念誌』, 80쪽.
7) 조선흥업의 소작계약서 제13, 17조.
8) 『二十五年誌』, 17~18쪽 ;『三十周年記念誌』, 80쪽.

나 태만하다고 판단되는 농민은 조합자체에 가입이 불가능했고, 소작
인의 도태작용이 자동적으로 이루어지면서 회사가 요구하는 신용있고,
온순한 소작인만이 그 자격을 유지했다. 따라서 소작인오인조합은 사
실상 내용면에서 보았을 때 회사의 소작인 관리통제조직이었다.[9]

특히 회사지주 측은 자작농과 중소지주의 몰락, 소작농의 증대, 그
로 인한 필연적인 소작권의 경쟁과 불안정이라는 농촌경제의 상황을
십분 활용하여 소작료의 인상은 물론 고율의 소작료를 안정적으로 수
탈하기 위한 각종의 보증인, 보증금 제도를 마련하고 강제하였다.

1920, 1930년대 정조, 집조, 타조를 막론하고, 소작계약시 증서를 작
성하고, 여기에 다시 보증인을 요구하는 것이 점점 증가되는 추세였다.
보증제도는 당연히 회사지주 측에서 소작료의 확실한 수취와 계약 위
반시 의무사항을 강제시키는 연대채무 보증제였던 것이다. 보증인의
자격 역시 같은 농장 소속 소작인 중 선정하였고, 그 인원은 대략 1~5
명 혹은 그 이상 되는 경우도 있었으며, 심지어 소속 소작인 전체를 요
구하는 회사지주도 있었다. 조선흥업의 경우 1931년 경남 진영의 소작
인 權泰祥의 소작권을 박탈하면서 소작권을 계속 유지하기 위해서는
洞民 전제의 재산을 담보로 차입할 것을 요구한 것이 그 사례이다.[10]

한편 당시 일본인 농업회사들의 일반적인 보증인 선택 조건은 다음
과 같다.

   (가) 동일 지주의 소작인 가운데 신용이 있고, 생활에 여유가 있는 자
   (나) 소작인 친족, 오래된 친구로서 신용이 있으며, 생활에 여유가 있는
       자
   (다) 1기분의 지세 납부액이 5원 이상인 자
   (라) 자작 농민
   (마) 신용이 있고, 생활에 여유가 있으며, 재산의 처분권을 갖는 호구

9) 『朝鮮の小作慣行』(上), 62~63쪽.
10) 『동아일보』, 1931년 10월 11일.

(바) 독농가로서 부락에 정평이 난 자

(사) 가족 노동력을 많이 가진 자[11]

　　조선흥업도 위에서 제시된 일반적 보증인 조건을 갖추어야만 했는데, 이는 기본적으로 소작인 조건이자 보증인 조건이었던 것이다. 조선흥업의 경우 각 里洞마다 설치된 소작인오인조합 구성원 5명을 상호간 책임보증으로 조직하였고, 조합원의 신용능력 결여나 상실의 상황에서는 결국 자연도태되게 하였다.[12]

　　보증인 제도 이외에 소작료의 안정적 확보라는 회사지주 측의 안전장치로서 보증금 제도가 있었다. 이 보증금 제도는 전국적으로 시행되었고, 지주의 입장에서 볼 때 소작료의 미납을 방지하거나 혹은 소작인에게 전가한 공조공과금의 미납을 방지하고, 또한 매수토지의 상환, 사업자금, 건축자금 충당, 소작인의 비황저곡, 농자 유통 등의 기능을 하였다.[13] 조선흥업의 경우 이러한 보증금은 흥농회 회비 형태로 운영되었다. 흥농회는 소작료의 1/100~5/100를 회비로 징수하였고,[14] 여기에 별도로 저금이라고 하여 2/100 이상을 의무 적립케 하였다.[15]

　　한편 1개의 里洞에는 여러 개의 5인조합을 통솔하기 위한 '里洞小作人總代'를 설치했고, 1面 또는 수 개의 面을 1단위로 하는 1農區를 설치하여 회사가 지정하는 농가를 '農務員' 또는 '指導員'으로 임명하였다. '농무원' 이상은 회사와 직접 고용관계에 있었다. 그리고 조선흥업은 1농구마다 회사에서 파견한 社員 2명에게 감독을 맡겼다. 사원 2명은 지점 幹部를 통하여 지점장에게 직속되어 있었다.[16] 이에 각 농

---

11) 『朝鮮の小作慣行』(上), 27~29쪽.

12) 『二十五年誌』, 17~18쪽 ;『三十周年記念誌』, 80쪽.

13) 문소정, 「일제하 농촌 가족에 관한 연구 - 1920, 30년대 소작빈농층을 중심으로 - 」, 『사회와 역사』 12, 1988, 80~83쪽.

14) 흥농회 회칙 제4조.

15) 흥농회 회칙 제6조.

16) 『二十五年誌』, 18쪽 ;『三十周年記念誌』, 80쪽.

구를 종합하여 회사의 지점이 존재하고 각 지점은 다시 본점으로 통합, 통일된다.

久間健一은 5인조합을 군대 조직에 비유하였다. 즉 '지점장(聯隊長)－社員(大隊長)－農務員 혹은 指導員(中隊長)－里洞소작인 총대(小隊長)－소작인5인조합 조장(分隊長)'으로 설명하였다.[17] 상부의 명령에 반하는 불량소작인은 이미 상호 보증제도에서 도태되었고, 모든 소작인은 상명하복의 명령체계 속에 회사에 직속되었다.

지주적 성격을 갖는 5인조합의 형태는 동척, 朝鮮信託株式會社나 不二興業株式會社, 川崎滕太郞의 川崎농장 등[18] 일본인 거대 농장들에서도 거의 예외 없이 채택되어 운영되고 있었다. 그리고 소작계약서상 연대보증소작인으로 不二농장이나 熊本농장 같은 경우는 10명까지 연대서명을 요구하기도 하였다.[19]

2) '흥농회'의 설치와 소작인 통제의 실태

소작인오인조합은 지주와 소작인간의 협조기관이라고 선전하는 조선흥업만의 특유한 흥농회 조직으로 이어진다. 즉, 5인조합의 1농구가 그대로 흥농회 지부가 되었고, 각 지부를 통합하여 각 지점마다 흥농회가 구성되었다. 흥농회의 최하급 단위는 소작인 5戶로 회원 5戶契에서 시작된다. 이는 소작인오인조합과 동일한 것이었다. 즉 會員五戶契(小作人五人組)－里洞會員總代(里洞小作人總代)－支部長·理事(農務員·指導員)－幹事(社員)－會長(支店長·管理所長)이라고 하는 계통으로 그대로 흥농회의 조직망이 되었다.[20]

---

17) 久間健一, 앞 책(1943), 322쪽.

18) 하지연, 앞 글(2009).

19) 熊本농장 소작계약서(1927년 판), 제1조 및 제11조, 조선신탁주식회사 소작계약서 제6조 참조.

20) 『二十五年誌』, 18쪽 ; 『三十周年記念誌』, 80쪽.

흥농회는 표면상 지주-소작인간의 협조기관이었으나 그 업무는 고액 고율 소작료의 수탈을 보증하는 생산력 기반의 정비와 농사지도였다. 조선흥업과 흥농회와의 관계는 <도표 6-1>에서 명료하게 나타난다.[21]

<도표 6-1> 조선흥업주식회사의 농장 관리망 조직도-'흥농회'

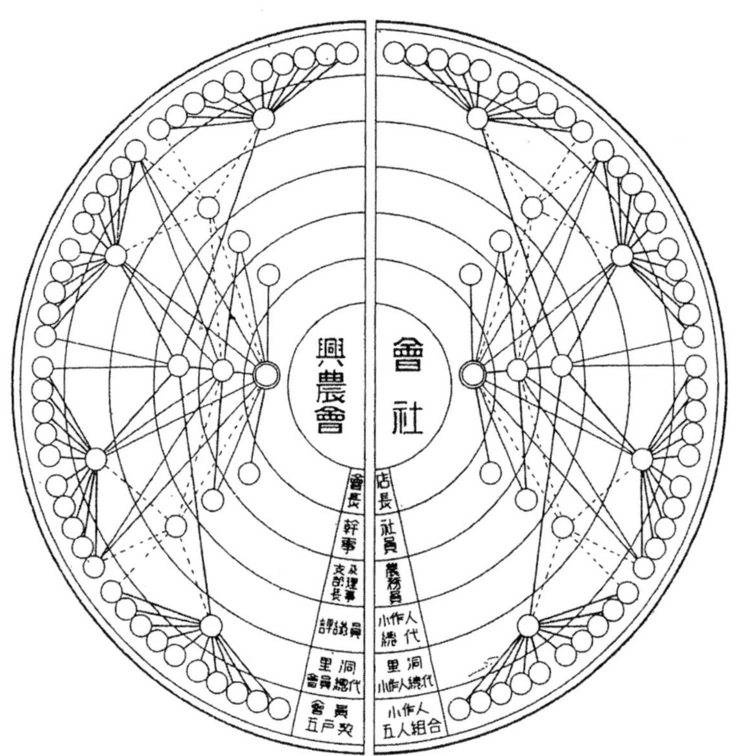

* 출전 : 『三十周年記念誌』, 80쪽.

(1) 흥농회의 조직 구성과 회칙

흥농회의 전신은 1916년 경산 관리소에서 설립된 경산 소작인조합

---

21) 『三十周年記念誌』, 80~82쪽. 흥농회 조직도 참조.

이었다. 당시 경산 관리소장이었던 大山昇平은 소수의 관리직원으로 광대한 농경지와 다수의 소작인을 통제하기 위하여 정치조직 같은 정밀한 단체 조직이 필요하다고 주장하였다. 大山昇平이 주장한 내용은 다음과 같다.

1. 集約的 農事經營의 완성에는 公正, 周到의 단체조직을 필요로 하는 건
2. 이에 의하여 종래 조선농법의 일대 결함인 숨音제도의 폐해를 개선하는 건
3. 이에 의하여 민심의 악화를 미연에 방지하는 건
4. 이에 의하여 당사자는 시작부터 책임을 부과하는 건
5. 종래의 제도를 개선하여 이를 단체조직제도로 하는 때는 소수 社員으로서 일층 경영을 하게 하는 건[22]

그리하여 시범적으로 경산 관리소 내 소작인의 공동기관으로서 소작인조합을 조직하고 일반 소작인은 회비로 소작료의 2/100를 내게 하였다. 이후 1917년 삼랑진 관리소에서도 같은 취지와 목적을 가지고 소작인조합이 창립되었고, 1920년에는 황주지점 淸水面에 소작인조합이 설치되었다. 1921년 각 지점 간부회의가 개최된 후 1922년에는 대전, 목포, 황주의 나머지 지역에도 설치되었으며 명칭은 소작인조합에서 '홍농회'라고 개칭되었다. 1929년 현재 황주 홍농회 회원은 총 5,034명이었다.[23]

홍농회는 창립 당시 소작료의 2/100~5/100를 회비로 하고, 회사도 이와 同額의 회비를 지출하기로 했는데, 이후 홍농회 자산이 축적되면서 1/100로 감액되었다고 회사 자체의 발간 책자에서 선전하고 있다.[24]

---

22) 『二十五年誌』, 23쪽.
23) 『第七期事業報告書』, 8~9쪽.
24) 『三十周年記念誌』, 105쪽.

그러나 회사가 부담하기로 되어 있던 회비는 그 부담 여부를 확인할 수가 없다. 흥농회 기금에 관해서는 일체 기관 관계자 이외에는 관여할 수도 없어 그 예산규모와 사용용도를 한국인 소작인이 알 방법이 전혀 없었다.[25] 더군다나 회비도 규정상 2/100~5/100였으나 사실상 원칙이 없었다. 무조건 소작료 1石당 1升씩 강제로 거두어 간 경우도 있는가 하면[26] 황주지점의 경우 해마다 소작료 한섬 당 한되씩 거두었는데, 이를 해마다 2,000여 원씩 회사가 자의적으로 증징해 원성을 샀다.[27] 따라서 흥농회는 지주-소작인간의 '협조기관'이란 명목 아래 사실상 고액고율의 소작료를 수탈하는 회사의 농사관리조직이었다. 흥농회는 소작인에게 입회의 의무와 권리를 가진다고 하여 강제자동가입의 원칙을 세워 놓고 있었다. 소작농으로서는 회사의 지배망에서 벗어날 여지가 없었다.[28] 다음은 흥농회의 회칙이다.

朝鮮興業株式會社　○○興農會 會則

제1조　본회는 조선흥업주식회사 흥농회라고 칭하고, 회사 소작규정에 준거하여 회사의 보호감독 아래 농사의 개량진보와 상호의 친선융화와 아울러 소작인의 복리증진을 계획하는 것을 목적으로 하고, 회사와 소작인과의 공동기관으로서 설치한다.

제2조　본회는 회사와 아울러 소작인으로서 회원으로 한다.

제3조　본회는 그 목적을 달성하기 위하여 다음의 사업을 수행한다.

1. 生産品의 改良增殖을 계획하는 것.
2. 種苗의 改良更新을 계획하는 것.
3. 비료 및 耕牛의 보급을 계획하는 것.
4. 농사의 개량 및 부업의 장려에 필요한 물품을 구입하고, 회원에게 貸付, 또는 給與하는 것.

---

25)『조선중앙일보』, 1928년 3월 29일, 5월 11일.
26)『조선중앙일보』, 1933년 12월 10일.
27)『조선중앙일보』, 1933년 12월 15일.
28)『二十五年誌』, 24쪽 ;『創立拾周年記念會報』, 23쪽.

5. 低利농사자금의 융통을 계획하는 것.

6. 생산물의 공동판매 또는 필수품의 공동구입을 위한 것.

7. 立毛 또는 생산물의 品評會를 개최하는 것.

8. 勤勉 또는 篤行한 회원을 표창하는 것.

9. 農談會, 講習會, 講演會 및 농사시찰을 하는 것.

10. 부업을 장려하고, 근검저축의 미풍을 함양하여 備荒의 방법을 강구하는 것.

11. 慶弔, 災害, 醫療, 救濟, 衛生 등의 길을 강구하는 것.

12. 회원의 친선융화를 계획하고, 또한 오락위안의 길을 강구하는 것.

13. 회원의 자녀로서 優良한 자에 대하여 育英의 길을 여는 것.

14. 輕擧妄動을 경계하고 良風 美俗을 기르는 것.

15. 기타 필요로 하는 사항.

제4조 회사 및 소작인은 회비로서 매년 소작료 수납과 아울러 납입과 동시에 그 1/100 이상 5/100 이내를 납부하는 것과 회비의 비율은 회장이 이를 정한다.

제5조 회사는 필요로 하는 저리자금을 융통하고, 별도로 보조금을 교부한다.

제6조 소작인은 각자 저금으로서 소작료 납입의 시기, 그 2/100 이상을 적립할 의무가 있고, 다만 저금에 대하여서는 별도로 정하는 바의 이자를 부여한다.

제7조 본회는 本部를 조선흥업주식회사 ○○지점(또는 관리소)에 설치하고, 支部를 각지에 설치한다.

제8조 본회는 다음의 役員을 둔다.

會長　　　1명

顧問　　　약간명

幹事長　　1명

幹事　　　약간명

支部長　　약간명

理事　　　약간명

評議員　　약간명

제9조　會長은 조선흥업주식회사　○○지점　지배인(또는　관리소장)이　이를　담당한다.

顧問은 地方 名望家 중에서 회장이 이를 추천한다.

幹事長은 조선흥업주식회사　○○지점(또는　관리소)　次席者,

幹事는 본회의 실무에 종사하는 社員이 이를 擔任한다.

支部長 및 理事는 회장이 이를 임명한다.

평의원은 支部마다 회원이 그를 선거하고, 회장의 인가를 얻어 취임한다.

지부장 및 이사의 수당은 회사로부터 이를 지급한다.

평의원의 임기는 2개년으로 하고, 다만 재선중임을 막지 않는다.

제10조　會長은 會務를 統轄한다.

顧問은 회장의 자문에 답신하고, 또는 본회의 施設經營에 관한 의견을 기술하는 것을 할 수 있다.

간사장과 간사는 회장의 명을 받들어 會務 일체를 처리한다.

지부장은 회장의 명을 받들어 支部 일체의 會務를 처리한다.

理事는 支部長을 보좌하고, 支部의 사무를 담당한다.

평의원은 支部의 會務에 참여하고, 회장의 소집에 응하여 諮問에 답하는 것으로 한다.

제11조　정시총회는 4월 내지 6월에 이를 개최하고, 임시총회는 필요에 따라서 회장이 이를 소집하고, 다만 총회는 편의상 支部에서 매번 개최하는 것도 된다.

제12조　본회의 사업성적 및 收支計算 기타 중요한 사항은 매년 정시총회에 있어서 보고하는 것으로 한다.

제13조　본회는 매년 3월 말일에 결산하고, 그 총수입으로부터 총지출을 공제하여 차액을 積立金 약간, 이월금으로서 처분한다.

제14조　회원은 자기의 저금 외 본회 재산의 분배를 청구할 권리가 없다.

제15조　회원으로서 회사의 소작규정 또는 본 회칙에 위배되고, 만약 회원이 되는 체면을 더럽히는 경우에는 이를 제명한다.

제16조 본 회칙의 改訂, 또는 본 회칙에 정하고 있는 일체의 사항은 회
　　　사의 인가 또는 지휘를 받는 것을 요한다.
　　위의 외에 각종의 시행세칙을 규정하고, 공정하고 신속한 취지로 하여
　　會務 일체를 원활하게 처리한다.(細則 생략)29)

　위 회칙에 의하면 흥농회는 지주와 소작인간의 산업조합적 성격을
갖는 것처럼 보인다. 그런데 사실상 강제의무저축을 통하여 "소작계약
이행을 위하여 소작인 및 보증인의 저금과 회비를 담보물로 차압하여
계약 불이행 때 그 지불로 충당"하는 등 기본적으로 회사의 영업상 손
실방지와 효율적인 소작료의 징수를 위한 보조 장치였다.

　또한 생산과정에서의 농민지배를 보다 제도적으로 뒷받침하기 위하
여 회칙 3조 자체에 상세한 회사의 생산과정상 경영방침을 명시하고
있다. 그런데 3조의 3에서 비료나 耕牛를 보급하고 각종의 물품구입에
있어서 표면상으로는 소작인에게 대여와 저리자금 융통이라고 명기되
어 있으나, 사실상 소작인에 대한 강제대부와 고리의 이자회수라는 또
하나의 수탈이었다.

　제4조의 회비 규정은 소작료고의 1/100~5/100로 하는데, 이 역시 원
칙 없이 각 관리소의 지부별 흥농회 회장의 자의적 결정으로 강제 부
과되었다. 여기에 제6조에서 규정된 의무저금 2/100의 적립 의무까지
부과하여 실질적인 소작료 인상을 가져왔다. 이 회비는 소작료로서 원
천징수되었으므로 아무리 수확이 현저하게 줄어든 불황이라도 여지없
이 징수되었다. 게다가 이들 회비 및 저금은 회원인 소작인들이 자유
로이 사용할 수 없었고, 사용 용도도 알 길이 없었다. 그것은 일종의
소작료에 대한 담보 보증금으로서 기능하였던 것이다.30)

　제9조에서 보면 흥농회의 지점장, 고문은 지방 명망가로 회장의 추

---

29) 『二十五年誌』, 22~28쪽 ; 『第七期事業報告書』, 58~62쪽 ; 『創立拾周年記念
　　會報』, 97~101쪽.
30) 『중외일보』, 1928년 5월 11일 ; 『第七期事業報告書』, 1~2쪽.

274

천에 의한다고 되어 있는데, 주로 군수나 경찰서장이 차지했다. 또 제10조에 의하면 그 외 간부들도 모두 회사간부로 구성되어 있었고, 지부장, 이사, 평의원에 이르기까지 모두 회장이 임명하게 되어 있었다.[31] 일반 회원은 전혀 흥농회의 운영에 관여할 수 없었다.

제14조와 15조에서 보면 회원은 자기 저금 이외에 흥농회 재산의 분배 청구권이 없었다. 다만 회비와 의무저축이 강제되었고, 회원으로서 규정에 위배되는 행동을 할 경우는 일방적으로 제명당하였다. 각종의 대부도 담보나 보증인이 없이는 불가능했다.[32] 제15조에 의하면 회원 제명권도 회사의 자의적 판단에 의해 일방적으로 행해졌는데, 흥농회에서 제명된다는 것은 결국 소작권의 해제였다.

제16조를 보면 회칙개정 등의 사항에서도 일체 회사 측의 일방적인 결정과 인가에 의한 것으로 한국인 소작농민은 철저하게 배제되어 있었음을 알 수 있다.

(2) 흥농회의 농장 및 소작인통제 업무와 성격

흥농회는 회칙 3조에 명시된 사업목적과 내용을 기본으로 사업을 진행하였다. 흥농회의 시설과 그 업무는 매우 상세하게 분류되어 종자 선택에서부터 생산과정, 방법, 소작료 분배와 영농자금 선대문제에 이르기까지 회사 측의 농민지배 과정 전반에 걸친 실제 관리체계였다. 그 구체적 업무는 品種試驗田, 原種田 및 採種田, 更新種子 配付, 苗代의 改善, 水稻의 小株密植正條植, 蓑干의 장려, 深耕의 장려, 이모작 장려, 肥料試驗, 堆肥와 綠肥장려, 肥料代補給, 개량농구의 장려, 저리자금의 융통, 金肥의 貸付, 耕牛 또는 耕牛資金의 貸付, 병충해 구제장려, 공동구입 및 판매, 産米改良, 稻作立毛品評會 및 각종 품평

---

31) 『第七期事業報告書』, 4~8쪽의 1929년 3월 현재 흥농회 役員 및 『創立拾周年記念會報』, 19~23쪽의 1932년 3월 현재 흥농회 役員.

32) 『조선중앙일보』, 1933년, 12월 10일.

회, 講習會, 農談會 및 講演會, 內地觀光團, 農事視察團, 부업의 장려, 근검저축의 장려, 婚姻田 장려, 소작료 운반 賃交付, 소작료 납입 장려, 모범소작인의 표창, 단체 표창, 우승기 수여, 慶弔 災害 救濟, 育英 및 위생, 소작인 總會, 소작인 가족위안회 등으로 정리된다.[33] 그런데 그 업무들 중 저리자금 융통, 금비의 대부, 耕牛 구입 내지 대여 자금 등 자금의 선대 문제부분은 영세한 소작인이 지주에게 의존할 수밖에 없었던 구조적 문제였다.[34] 즉 금융기관의 부족, 고리대 자본의 가혹한 조건 등 당시 한국농촌의 현실 속에 소속 지주에게 선대할 수밖에 없었던 구조적 현실이 일단 가장 큰 채무관계의 요인이었다. 그리고 지주 이외의 기타 채무관계는 조선흥업뿐만 아니라 대부분의 거대 회사 지주들이 소작계약 해제의 조건으로 삼았기 때문에 소작인은 지주에게 생산기술뿐만 아니라 생산자본에 있어서도 계속 예속 될 수밖에 없었다.[35] 또 한가지 앞서 언급한 바대로 그것은 회사 측의 강제 대여였던 것이다. 결국 선택의 여지없이 강제적으로 대여된 각종의 비료와 농기구, 농자금 등은 고율의 이자로 가을에 회사에 환수되었다.[36]

그러면 지주로부터 소작인에게 선대된 것은 어떤 식으로 변제가 되었는가의 문제이다. 일체의 선대자본의 회수는 현물로서 소작료와 동일한 규격으로 시가에 의하여 환산 징수되었다. 이 회수는 물론 신속하고, 엄중하게 행하여졌고, 대부금이 연납될 때에는 계약해제의 원인이 되었다. 조선흥업의 경우 선대된 비용의 안전한 회수를 위하여 소작계약서 상 다음과 같은 규정을 정해놓고 있었다.

소작계약서 제16조 : 본 계약 이행을 위하여 소작인 및 보증인 명의 홍

---

33) 『二十五年誌』, 28~50쪽.

34) 『旣往十五年事業槪說』, 15쪽 ; 『二十五年誌』, 35~37쪽.

35) 久間健一, 앞 책(1943), 295~296쪽.

36) 『二十五年誌』, <통계도표 17> 각 지점 및 종류별 자금 선대 상황(1928년 현재)

> 농회 저금을 담보로 차입할 때, 만일 (소작료 납부를 : 필자) 불이행
> 할 때는 그 지불에 충당되어도 이의를 제기하지 않는다.[37]

즉, 조선흥업은 흥농회의 저금을 담보로 하여 다른 일본인 거대농업
회사들에 비해서도 매우 주도면밀하게 회사의 손실을 완벽하게 방지
하고 있었던 것이다. 또한 다음은 보증인에 대한 규정이다

> 소작계약서 13조 : 보증인은 귀사에 賃借人 중에서 상당하다고 인정되
> 는 자를 선정하고, 본 계약에 대하여 賃借人과 연대하여 이행의 책
> 임을 진다.
> 소작계약서 17조 : 보증인 중 貴社 賃借人인 자격 또는 신용을 잃어버
> 렸다고 인정되는 자일 때 또는 사망 혹은 다른 곳으로 이전으로 인
> 하여 결원이 발생할 때는 직접 상당하는 보증인을 대신 내세운
> 다.[38]

조선흥업은 흥농회의 저금이라는 담보물을 확보하여 일본인 회사지
주들 중 가장 주도면밀하게 농민을 통제하고 있었다. 당시 일본인 대
농장과 회사지주들은 소작계약서를 작성할 때 거의 대부분이 소작인
들을 상호 보증인으로 하여 연대책임을 지게 하는 보증인 제도를 시행
하고 있었다. 보증인이란 전부 해당 회사의 소속 소작인이었고, 계약
전반에 걸쳐 의무이행을 보증하였다. 만약 보증인이 소작인 자격을 상
실하면 즉시 보충해야 했는데, 이때 연대 보증인을 구할 수 없는 경우
는 소작계약 해제의 원인이 되었다.[39]

---

37) 久間健一, 앞 책(1943), 315~316쪽.
38) 久間健一, 앞 책(1943), 316~317쪽. 참고로 동척의 보증인 규정은 다음과 같
    다. "본 계약 이행을 확보하기 위하여 귀사의 소작인 4명을 연대 보증인으로
    정하고, 각 보증인은 소작인과 연대하여, 또한 보증인은 상호 연대하여 본 계
    약의 의무이행을 하고, 보증인 중 귀사의 소작인 자격을 잃어버린 자의 경우
    는 즉시 相當하는 보증인을 代立시켜 조치를 취한다."(23조)

이렇게 조선흥업의 소작농민 지배는 생산기술과 자본, 소작료의 분배 과정에서 빈틈없는 통제와 수탈로 전개되었다. 소작계약에서 회사 측의 통제에 반하는 행위를 할 경우 오직 회사에 의한 일방적인 '계약해제'만이 있을 뿐이었다.

성업사 : 徒黨을 결성하여 貴社에 반항하고, 또는 불온한 행동을 하는
　　　　때(14조의 7)
동척 : 徒黨을 조직하고, 정당한 귀사의 지도에 반항하거나 또는 불온
　　　　한 행동을 하는 때(18조의 17)
조선개척 : 농촌의 풍기를 문란하게 하는 행동을 하는 때 또는 범죄로
　　　　인하여 형벌을 받는 때(18조의 7)
조선흥업 : 불온한 언행을 하고, 또는 형벌에 처하여지는 때(14조의 30)
대림 : 타인에게 미혹함을 불러일으키고, 혹은 질서를 문란하게 하고,
　　　　지주의 뜻에 반한다고 인정될 때(15조의 6)[40]

위 자료에 의하면 대부분의 일본인 회사지주는 '불온한 행동'이라는 애매모호한 규정을 넣고 있다. 이러한 명확하지 않은 규정은 결국 그 판단 여부가 회사 측에 있었기 때문에 얼마든지 자의적으로 회사 측에 유리하게 해석될 수 있었다. 따라서 불안한 소작권과 소작인오인조합제도 등 구조적인 통제 속에 소작인은 조선흥업의 완벽한 조정과 명령을 받고 어떠한 자율의지와 행동도 불가능했던 것이다.

---

39) 동척회사의 제18조 (41), 조선흥업회사의 제14조 (29). 일제하 대부분의 일본인 대농장에서는 소작계약서의 체결 때 연대 소작인의 서명을 명문화시켰다. 예를 들어 熊本농장의 1927년도 계약서에는 연대 보증인이 10인에 달하였고, 東津農業株式會社는 해당 소작인 외에 9인의 보증인을 요구하였다. 또한 朝鮮信託(위탁 熊本농장)과 眞田農事合名會社는 5인, 阿部농장, 不二흥업주식회사와 주식회사 橋本농장은 해당 소작인 외 4명의 보증인을, 島谷産業주식회사는 3인을 요구하였다.(全羅北道 農務科, 『全羅北道 農事會社 定款 및 小作 契約書』, 1938 참조)
40) 久間健一, 앞 책(1943), 319쪽.

한편 조선흥업은 각종의 강습회와 품평회, 일본 관광단 및 농사시찰단, 저축 장려 및 재해 구제, 우수 소작인 및 지점 표창, 육영, 위생 등의 회유책을 아울러 구사했다.

먼저 회칙 6조에 나온 저축에 관한 시책을 보면 조선흥업은 당초부터 추수기 소작료의 2/100 이상을 '貯穀'이라고 하여 별도 책정하는 의무저금제도를 시행하였다. 이는 소작인의 이동을 방지하고, 소작료 수취의 안정을 기하는 담보물이었다. 명분은 흉년 또는 각종의 불상사를 대비한다고 하는 것이었는데 1928년 현재 1만 6천여 명의 소작인이 단 한 명도 빠짐없이 저축을 하여 저축고가 약 22만 원에 달했다.[41]

이는 소작인 전원에 대하여 소작료 납입부터 원천징수 형태로 강제 저축이 행하여졌고 그 용도도 회사가 확보한 소작료에 대한 담보물이었다는 점에서 소작인의 복지 증진이란 명분과는 거리가 멀었다.

다음으로 각종의 표창과 우승기 등 시상을 통한 생산 장려책이다. 조선흥업은 일반 소작인 중 모범 소작인을 선정하여 상품수여와 표창을 하였을 뿐만 아니라 1농구를 1단체로 하여 우량 성적을 낸 농구에 우승기를 전달하고, 해당 농구의 社員 및 總代에게는 상품이 수여되었다.[42] 회사간부와 소작인 총대는 자신들의 공로금이나 관할 농구의 여러 가지 혜택을 보장받기 위해 소작인들에 대한 착취를 더 강화하게끔 아예 제도적 장치가 마련되어 있었던 것이다. 특히 이러한 표창은 주로 품평회를 통하여 이루어졌다.[43] 품평회는 벼의 立毛, 苗代 품평회와 함께 대두, 면화, 소맥 등 밭작물에 대한 품평회도 개최되었고,[44] 퇴비, 深耕, 耕牛, 부업 품평회까지 수시로 개최되었다. 또한 농사개량

---

41) 『二十五年誌』, <통계도표 18> 지점별 소작인 저금고 및 누년 비교(1928년 현재) 참조.
42) 『二十五年誌』, 42~45쪽 ; 『創立拾周年記念會報』, 85~86쪽.
43) 『旣往十五年事業槪說』, 13쪽 ; 『二十五年誌』, 38~39쪽 ; 『第七期事業報告書』, 21~26쪽.
44) 『創立拾周年記念會報』, 38~39쪽.

및 부업장려를 위한 각종 강습회와 도청 직원 및 조선흥업 사원을 초빙강사로 한 農談會, 강연회 등이 개최되어 조선흥업은 관제적 성격을 강하게 내포한 일본인 회사지주로서 일제의 농정을 선전하는 역할까지 수행했던 것이다.[45]

소작인들의 생산의욕을 고무시키기 위한 선전효과를 극대화시키기 위하여 일본 관광 및 농사시찰단 행사를 몇 차례 개최하기도 하였는데, 대개 조선흥업 설립 초창기에 5번 정도 이루어졌고, 20년대 이후로는 거의 보이지 않는다.[46] 파견되었던 소작인들은 일본의 농업기술 및 시설 시찰을 통하여 귀국 후 주로 감상문을 발표하거나 시찰 내용 보고를 통하여 한국인 소작인의 격려라는 임무를 수행하였다. 조선흥업은 이들의 시찰담을 선전 책자로 발간해 내기도 하였다.[47]

한편 각종의 경조사 및 재해구제를 위한 규정을 정해놓았다. 해당되는 사항은 慶事(결혼, 還曆, 경로회), 弔事, 水火災, 질병 등이었는데 표면상 관할 소작인을 위한 복지정책으로 보이나 막상 각종 보조금 지급 규정을 보면 흥농회 회장이 정하는 바에 의하여 그 지급 여부가 결정되게 되어 있었다.[48]

<표 6-1>은 1928년 무렵 흥농회의 자산 규모를 보여주는 자료이다. 이 자료에 의하면 흥농회가 실제로 관할 소작인의 각종 복지금 명목

---

45) 『二十五年誌』, 39쪽, <통계도표 16>.
46) 제1회 시찰단은 1908년 십여 명의 소작인을 선발하여 동경을 관광시킨 것, 제2회는 1914년 동경 大正박람회에 20명을 파견한 것이었다. 1918년에는 4월 경산과 삼랑진 관리소 소속 30명을 福岡縣에서 열린 勸業共進會에 파견하였다. 다음으로 1920년 평화박람회 개최 때는 30명을, 1926년에는 대전 관리소 소속 18명을 선발하여 일본을 유람시켰다.
47) 『旣往十五年事業槪說』, 13~15쪽 ; 『二十五年誌』, 39~40쪽 ; 『三十周年記念誌』, 94~95쪽 ; 大橋淸三郞, 앞 책(1915), 292~293쪽 ; 『澁澤榮一傳記資料』 第16卷, 607쪽.
48) 『第七期事業報告書』, 38~42쪽 및 본서 부록의 <흥농회의 慶弔災害給與金 規程> 참조.

280

으로 지불한 것이 전체 홍농회 자산의 7%에 불과하고, 대부분은 각종
농사장려비나 기타 이자비용으로 지출했음을 알 수 있다. 즉 소작인과
회사 측의 복리증진을 위한 협조기관이라고 선전한 홍농회가 사실상
회사 측의 생산장려 기구 내지 소작인 통제조직이었음을 보여준다고
할 것이다.

<표 6-1> 홍농회 지점별 수지 상황 (1928년도 현재) (단위 : 圓)

지점별(圓)				%			
지점명	수입	지출	잔액	지출		수입	
黃州	16,712	12,543	4,169	農事獎勵費	23	회비 및 보조금	46
木浦	20,641	12,763	7,878	육영경조재해비	7	收入이자	44
三浪津	11,545	10,034	1,511	貯金이자	26	貯藏品賣却益	2
大田	9,680	9,937	△257	諸給與	15	手數料	3
慶山	13,816	13,306	510	旅費	6	雜收入	5
				其他	4		
				小計	81		
				剩餘金	19		
合計	72,394	58,583	13,811	合計	100	합계	100

* 출전 :『二十五年誌』, <통계도표 20>.

<표 6-1>에서 홍농회 자산을 보면 최대 지점인 황주지점보다 오히
려 목포와 경산지점, 즉 논농사 집중지역이 자산규모가 크다. 그리고
그 전체 홍농회 자산규모는 조선홍업 총자본금 3,000,000원의 17.9%에
달한다. 조선홍업은 기본 총자본금 이외에 각종 회사 운영비용으로서
별도의 예산이 책정되어 있었던 셈이다. 게다가 홍농회는 1년 수입 규
모만으로도 1928년 당시 총 7만 圓을, 1931년에는 10만 원을 넘어섰
다.[49] 홍농회는 그 자체만으로도 또 하나의 거대 회사였다.
오인조합은 식민지기 조선홍업을 비롯하여 村井, 熊本, 富民協會
농장 등 대부분의 일본인 거대농장에서 공통적으로 보이는 소작인 통
제조직이었다. 그것은 봉건시대 일본의 소작인 통제 및 수탈체제로서

---

49)『創立拾周年記念會報』, 9쪽.

이를 식민지에서 실현한 것이었다.[50] 그런데 조선흥업은 여기에 더하여 흥농회라는 별도의 관리조직까지 둠으로써 기타 일본인 지주들의 농장관리보다 더 주도면밀한 조직체를 구성하였다. 흥농회는 조선흥업의 회사조직체계 속에 소작인 개개인을 모두 흡수하여 구체적인 농업생산과정에서부터 생산물의 수확과정, 소작료의 분배 및 소작인에 대한 금융업무, 소작인 일상생활에 대한 감시와 규제까지 통제하는 치밀한 감시망이었다. 그리고 흥농회의 회비와 저금은 소작료의 실질적 인상을 초래하여 결국 흥농회는 소작인 통제와 소작료 징수의 안전한 담보물의 확보라는 지주적 조직이었던 것이다. 조선흥업 소속 소작인으로서 흥농회의 감시와 통제에서 자유로운 경우는 없었다. 조선흥업은 소작계약서상의 상세한 소작제 규정을 명시하지는 않았어도 흥농회의 규칙을 통하여 철저하게 농장을 경영해 갔던 것이다.

조선흥업의 농장경영 실태는 개간 및 경지정리, 수리시설의 확충, 일본품종으로의 개량 및 일본식 식부법의 강제, 비료의 강요 등 생산과정 전반에 걸친 농민지배와 고율 고액의 소작료 수취에서 식민지 지주의 수탈적 성격을 분명하게 보여준다. 특히 이 모든 경영과정을 흥농회라는 지주적 성격의 통제조직을 통해 관리하였는데, 이는 일본은 물론이고 한국에 진출해 있던 동척이나 기타 일본인 거대 회사지주의 경우에서도 찾아볼 수 없었던 조선흥업만의 소작인 지배망이었다.

흥농회는 조선흥업의 사원 및 간부로 임원을 구성했고, 소작인들은 다만 회비 및 저금 납부의 의무만이 있을 뿐, 일체 그 운영에 관여할 수 없었다. 그리고 소작인오인조합과 흥농회는 소작인 상호간의 감시와 견제, 상호보증을 구조화시켜 회사의 손실을 완벽하게 막는 장치였다. 이상에서 지주적 소작조합인 소작인오인조합이나 이를 회사의 관리조직으로 흡수한 흥농회는 식민지 시기 회사지주의 농장 경영상 합리성 혹은 효율성으로 대변되는 지주자본 측의 '근대성'과 '짜냄 내지

---

50) 淺田喬二, 앞 책(1973), 172, 175쪽.

수탈'로 규정되는 '식민성'의 복잡 미묘한 교차와 양자의 상호 강화작용이라는 '식민지적 복합성'을 보여준다. 그리고 이 '식민지적 복합성'은 그 자체의 아이러니성에도 불구하고, 식민지 지주제의 역사적 성격을 가장 잘 보여주는 '식민지적 특수성'이기도 하다.

2. 한국농민의 저항과 조선흥업주식회사의 대응

1) 생산 및 소작료 납부과정에서의 소극적 저항

조선흥업은 국책회사인 동양척식주식회사를 제외한 식민지 한국 내 최대 규모의 일본 농업회사였다. 그리고 앞서 살펴 본 것처럼 전국 각지에 걸쳐 1만 7천여 정보의 거대한 규모의 토지에 소속 소작인만도 1만 7천 명에 달했다. 조선흥업은 소작인에 대하여 일체의 생산기술과 자본, 소작료의 징수와 분배 등 전 과정에서, 그리고 일상생활까지도 물샐 틈 없는 관리망으로 엮어 통제하였다. 그 결과 해마다 고율의 수익률과 주식 배당률을 창출하였다. 그 이면에는 한국 소작인들에 대한 최대한도의 수탈과 그를 위한 치밀한 관리체계 및 식민지 권력기관의 지원이 있었다.

식민지 농정의 수탈성과 그로 인한 한국농민의 몰락은 식량의 결핍이요, 자연경제적·생리적 궁핍이었다. 따라서 기근선상의 농민이 초근목피로 연명하고 심지어는 식토를 구하는 상황, 그리고 보릿고개, 조고개(粟領), 피고개(稗領) 등은 잘 알려진 바이다.[51]

국권 피탈 직후 조선총독부 中樞院에서 조사한 당시 한국 소작인들의 생활상황을 보면 1개년 수확으로 1개년의 衣食을 얻을 수 있는 자는 거의 없었다. 매년 파종기 무렵부터 이후 추수까지 빚에 의지하여 고통스럽게 연명하고, 그 이자가 월 2.5~5%에 달하는 고율이었다. 결

---

51) 久間健一, 앞 책(1943), 237~238쪽.

국 빚으로 살고 빚을 갚기 위해 일했던 것이다.[52]

이렇게 기아선상에 내몰린 농민이 처절한 빈궁 속에 소극적으로나마 지주에 대하여 소위 '생존권적 부정행위'를 선택한 것은 필연적인 귀결이었다. 여기에서 '부정행위'라고 하는 것은 물론 소작인들이 지주에 대한 농작물과 그 소작료, 종자 및 비료에 대하여 행하는 소극적 저항이자 생존을 위한 행위로 결코 법률적 의미에서 범법 행위는 아니었다. 그것은 생존권적 행위였고, 잔혹한 수탈에 대한 당연한 보호 본능이라고 해야 더 적합한 것이었다.

久間健一은 황해도 지역의 대표적 10개 농장을 택하여 일본인 거대회사지주에서 수확 전 농산물에 대하여 과거부터 행해지던 농민의 저항 행위들을 유형화시켰다. 그러나 거대농장에서 행해지던 농민의 저항 행위는 그 자체의 유형과 결과보다 그 기저에 흐르는 한국농민의 절박한 기아상황이라는 본질적 원인을 살피지 않으면 안 된다. '굶는 것은 도둑질을 교사하는'것이기 때문이다.[53]

(1) 종자 및 비료 강요에 대한 저항

우량종자의 보급과 비료의 시용은 생산량에 결정적 영향을 미치는 중요 항목으로 조선흥업은 생산과정에서 매우 치밀하게 계획하여 관리하였을 뿐만 아니라 소작계약서 제2조에서도 구체적으로 그 규정 조항을 명시해 놓고 있었다.[54] 또한 신품종 개량은 물론 原種田, 採種田까지 경영하며 매년 소작인들에게 다음해 신품종 예탁제까지 강제하

---

52) 朝鮮總督府 中樞院, 『中樞院調査資料 - 소작제도조사(경상남북도, 전라남도)』, 제1편 소작제도, 제9장 소작인의 생활상황 참조.

53) 久間健一, 앞 책(1943), 239쪽. 久間健一이 조사한 황해도 지역의 대표적 일본인 농장은 東洋拓植株式會社, 朝鮮開拓株式會社, 株式會社 成業社, 株式會社 大林農場, 片倉殖産株式會社, 朝鮮興業주식회사를 포함하여 총 10개에 달했다.

54) 조선흥업의 소작계약서 제2조 참조.

여 지정된 우량품종 이외의 품종은 소작료 수납을 거부하고, 소작계약 해제까지 내걸었다.[55)

한편 비료에 관해서도 그 적극적 간섭과 통제는 마찬가지였다.[56) 조선흥업은 사용할 비료의 종류와 양을 지정했고, 그 비용을 소작인에게 모두 부담시켰다. 물론 비료는 회사가 일괄 구입하여 지급한 후 수확기 때 소작료에 포함시켜 환수하면서 중간 이윤을 남겼다.[57) 그리고 이 모든 관리와 감시 및 통제는 '흥농회'를 통해 이루어졌는데,[58) 흥농회의 지시에 반하는 행위는 당연히 소작계약 해제의 근거가 되었다. 따라서 소작인으로서는 당연히 회사 측의 눈을 몰래 속여 가며 종자나 비료를 중간에 빼내어 식량에 충당할 수밖에 없었던 것이다. 소작인들은 신종자 개량계획에 따라 배급된 早神力 종자를 식료로 충당했고, 양잠장려를 위해 배급한 桑苗를 온돌의 연료로 쓰기도 했다. 비료시용에 있어서도 회사가 지정한 용량을 채우지 않고, 중간에 빼돌리는 식으로 갖은 방법을 동원하여 최소한의 생계대책을 강구했던 것이다.[59)

다음은 조선흥업을 비롯한 대표적 대농장들에서 흔히 볼 수 있었던 종자벼 및 金肥에 대한 농민들의 생존권적 저항 사례이다.

1. 금비를 대부, 또는 그 半額을 보급하여도, 그 일부, 또는 태반을 처분하고, 營農資金 혹은 식료에 충당한다.(동척, 金, 조선흥업, 대림)
2. 배급시킨 金肥를 소정의 소작지에 시용하지 않고, 다른 자작지, 또는 定租畓에 유용한다.(동척, 조선흥업, 편창, 대림, 元)
3. 금비를 논에 운반하기 전에 각 가마니에서 일부씩 덜어내고, 농장원이 입회하기 전에 살포하여 마치고, 농장원이 도착하면, 가마니 수를 합하여 전부 살포한 것처럼 한다.(조선개척, 조선흥업)

---

55) 『旣往十五年事業槪說』, 16쪽.
56) 조선흥업의 소작계약서 제3조 참조.
57) 『二十五年誌』, 33~36쪽 ;『三十周年記念誌』, 96쪽.
58) 『二十五年誌』, 28~50쪽.
59) 위 책, 54~55쪽 ;『三十周年記念誌』, 66쪽.

4. 금비시용 때, 고의로 가마니의 밑바닥에 일부를 남겨두고, 빈 가마니처럼 위장하여, 자택으로 가지고 간다.(조선흥업)

5. 금비를 시용할 때, 부근에 자작논인 경우는 立會者의 논을 피하여 재빨리 일부를 그곳에 뿌린다.(조선흥업)[60]

위 유형에서 보면 조선흥업은 비료시용을 강제했었고, 그 비용의 전액을 농민들에게 전가시켰기 때문에 소작농민들의 저항 사례가 비교적 많았다.

한편 종자벼에 관한 부정사례 중 회사가 대부한 종자 이외의 것을 소작지에 사용하는 경우는 드물었던 것으로 보인다. 왜냐하면 회사 측에서 소작료 수납 때 지정 품종과 다른 異品種은 아예 수령하지 않았기 때문에 소작인으로서도 이품종을 재배할 여지가 없었다.

반면 비료의 경우는 대부된 비료를 전부 시용하는가, 그리고 지정된 수량을 모두 사용하는가가 회사지주로서는 감시의 대상이었다. 따라서 조선흥업을 비롯한 회사지주 측은 비료를 사원들의 감시 하에 시용하게 하고, 남은 비료는 수거해 가는 식으로 시용과정에서의 착복을 방지하는 등 촉각을 곤두세우기도 했다.

1. 비료는 지주 소작인의 입회로 시용시킨다.(淑, 성업사, 조선흥업)

2. 금비의 시용이 하루로 끝나지 않으면, 잔여분은 농장 창고에 예탁하는데, 엄격하게 봉하고, 그 양을 재어서 예탁하고, 다음날 반드시 그 양을 다시 재어서 시용한다.(성업사, 조선흥업)

3. 금비시용의 경우는 특히, 이른 아침, 점심, 저녁으로 시작을 나누어 끝날 때까지 작업의 감시를 엄중히 한다.(조선흥업)[61]

⑵ 수확 및 탈곡 조제 과정에서의 저항

---

60) 久間健一, 앞 책(1943), 251~252쪽.
61) 위 책, 253쪽.

① 수확 전의 저항

일반적으로 수확 전 벼 즉, 立毛에 관한 농민들의 제 저항 양상은
다음과 같이 유형화된다.

1. 成熟期에 있어서 눈에 띄지 않게 點點이 이삭을 뽑아내거나 혹은
   낫 등으로 이삭을 자른다.(조선개척, 조선흥업, 대림)
2. 피뽑기, 잡초 이삭뽑기, 이삭 선별 등의 기회를 이용하여 혹은 이를
   가장하여 부녀자까지 동원하여 벼이삭을 뽑거나 자른다.(조선흥업,
   성업사, 동양척식, 대림, 조선개척)
3. 一株 중 근원부터 株를 나누어 1부분을 눈에 띄지 않게 그대로 잘
   라 내거나, 10포기에 1(포기)주로 할 정도로 뽑아낸다.(조선흥업, 동
   양척식, 조선개척)[62]

그런데 사실상 논에 있는 벼에 대한 부정수단은 양적인 면에서나 유
형 면에서도 그리 많지는 않았다. 따라서 회사지주 측에서 이에 대하
여 따로 방지책을 세운 사례는 없다.

② 수확과정에서의 제 저항 양상

수확과정에서는 조선흥업이나 성업사, 조선개척, 대림, 편창 등 대부
분의 회사지주들이 임시로 감시 인원을 대폭 증가시키고 그 업무를 엄
중히 하였다.[63]

벼베기와 벼묶기 과정에서의 조선흥업의 소작농민들이 취한 방식은
다음과 같다.

1. 사람 눈에 띄지 않는 장소를 골라서 야간에 점점이 베어낸다.(조선
   흥업, 조선개척)

---

62) 위 책, 240쪽.
63) 위 책, 253쪽.

2. 벼베기 작업 중 베어낸 일부의 벼를 인접지의 다른 사람의 논에 두었다가 운반한다.(조선흥업, 조선개척)
3. 벼베기 작업 중 일부러 지연시켜서, 저녁 어둠을 틈타서 부정을 한다.(조선개척, 조선흥업)
4. 벼베기, 벼묶기의 경우 특히 다시 큰 볏단을 묶을 때, 낮 동안에 볏단 인도 후 야음을 틈타서 단독으로 또는 공동으로 인도한 큰 볏단을 나누어 볏단 숫자만 채우고, 나머지는 집으로 가져간다.(조선개척, 동양척식, 성업사, 조선흥업)
5. 볏단 말리는 중, 볏단의 이삭을 자르거나, 혹은 야간에 각 볏단으로부터 소량씩 빼낸다.(대림, 조선흥업, 鬼)
6. 볏단 중 작황이 불량한 것을 가져오고, 양호한 큰 볏단과 바꿔치기 한다.(조선흥업)[64]

벼베기 및 벼묶기 과정에서의 위 유형들은 탈곡 직전까지 부정 사례로 주로 打租制 농장에서 행해지는 사례이다. 회사지주들은 탈곡 때 이루어지는 부정행위와 함께 경계 대상으로 삼았다. 가장 문제가 되었던 부정행위 사례는 볏단의 盜取와 분리였는데, 특히 조선흥업은 볏단의 수와 집적 위치까지 표시하고, 석탄으로 도장 표시를 하여 부정행위 방지에 만전을 기하였다.[65] 이 방법은 기타 대농장들에 비해서도 가장 치밀한 대응책이었다.

한편 탈곡 조제 때 소작농민들이 벼나 볏단을 빼내는 유형 가운데 조선흥업에서 행해진 유형을 뽑아서 보면 다음과 같다.

1. 탈곡 날, 날이 밝기 전부터 나와 재빨리 볏단을 가져가며, 발견될까 봐 감독원이 나오지 않은 상태에서 탈곡을 시작한다.(조선흥업)
2. 난잡하게 쌓여 있는 볏짚 가운데에 볏단을 은닉하거나, 탈곡 후에

---

64) 위 책, 241~242쪽.
65) 위 책, 243쪽. 조선흥업, "볏단나누기를 방지하기 위하여 볏단 수 계산 후, 다시 묶어서 석탄, 기타의 것으로 票印을 부친다."

볏짚을 집으로 운반할 때 볏단을 끼워 넣어 간다.(조선흥업, 대림, 성업사)

3. 탈곡을 하여 급하게 하는 척하고, 작업을 조잡하게 하고, 충분하게 탈곡시키지 않은 채 볏단에 벼를 담는다.(조선개척, 동척, 대림, 金, 조선흥업)

4. 볏단의 주위만을 완전하게 탈곡하고, 볏단 가운데 있는 벼를 그대로 남겨둔다.(조선개척, 대림, 金, 조선흥업)

5. 탈곡 때 이삭 떨어지는 것을 많게 하고, 탈곡이 곤란한 것으로 하여 조잡하게 타락을 하고, 남은 벼는 그대로 거죽대기와 함께 묶어서 가져간다.(조선흥업, 元)

6. 거죽대기를 일부러 크게 묶어서, 그 탈곡 벼를 몰래 집어넣거나, 부녀자를 시켜서 거죽대기를 가지고 가는 것처럼 위장하고는 좋은 벼를 가지고 간다.(조선개척, 鬼, 대림, 성업사, 조선흥업)

7. 거죽대기를 넣은 가마니에 농장원의 눈을 피하여 몰래 좋은 벼를 넣는다.(元, 조선흥업)

8. 打租地의 탈곡 때 刈取의 경우를 포함하여, 부정을 발견하고, 그 발견가가 회사에 임시 고용될 때는 역으로 공갈을 하거나, 금전을 주어서 매수하기도 하고, 또 다수 공모하여, 말다툼을 벌이며, 드디어 직접 행동에 들어간다.(조선흥업)[66]

　　탈곡 작업 중 소작농민은 회사의 엄중한 감시 하에서도 벼를 빼냈다. 그런데 이 경우는 주로 分益소작제인 打租制일 경우에 해당되어 조선흥업과 같은 定租 檢見制농장의 경우는 대대적으로 행해진 것 같지는 않다. 그러나 조선흥업 소속 소작인들이 회사 고용인들을 매수하거나 가상의 싸움을 연출해 가면서까지 벼를 확보했음은 그만큼 소작인들의 생계가 절박했음을 보여주는 것이었다.[67]

---

66) 위 책, 243～246쪽.
67) 위 책, 243～248쪽.

⑶ 소작료 납부과정에서의 저항

소작료 납부과정에서 조선흥업 소속 소작농민의 대응 양상은 다음과 같다.

1. 소작료 납입 전에 용량 및 斤量을 증대시키기 위하여 불량한 籾에 물을 뿌리거나 혹은 토사, 작은 돌을 혼입하여, 심지어 큰 돌을 섞어 넣는다.(동척, 淑, 조선개척, 조선흥업, 편창, 대림)
2. 가마니 상부에 口籾으로는 良品을 넣고, 중앙부 이하에 불량한 벼 또는 粃(쭉정이) 혹은 모래 등을 섞어 좋은 벼처럼 보이게 한다.(동척, 조선흥업)
3. 벼를 젖은 가마니에 넣어 잠시 방치하여 수분을 흡수하게 하고, 용중량의 증대를 도모한다.(조선흥업)
4. 소작료 벼를 동일 품종의 나쁜 질의 것, 혹은 열등 품종과 교환하여 납입하려고 기도한다.(조선흥업, 조선개척)
5. 坪刈檢見에 즈음하여 검견재료의 탈곡조제를 난폭하게 하여 査定 수량의 저하를 도모한다.(동척, 조선흥업)
6. 검견재료를 탈곡장소로 가져오는 도중, 몰래 은밀하게 이삭을 일부 잘라 버린다.(조선흥업)
7. 검견재료의 탈곡조제 중, 다수가 모여 손으로 전하는 척 하면서 손바닥으로 벼를 움켜서 멀리 부근에 서 있는 베지 않은 벼에 던져, 사정 소작료의 저하를 기도한다.(조선흥업)[68]

보통 소작료 납부과정상 소작농민이 소작료를 빼내는 행위는 定租나 檢見地에서 행하여지는 것이 많았고, 打租의 경우는 탈곡현장에서 분배되었기 때문에 소작료에 관하여 소작인이 손댈 여지가 거의 없었다. 게다가 정조나 검견, 타조의 모든 조법이 소작료의 품종을 당초부터 품질, 용중량, 포장 등에 관하여 어떤 농장에서든지 엄중한 규격검

---

68) 위 책, 248~251쪽.

사를 통해 수납했기 때문에, 더더욱 소작농민이 부정을 저지를 소지는 적었다. 조선흥업의 황주지점처럼 정조나 검견을 조법으로 규정하였다고 하더라도 사실상 납입과정에서의 부정행위는 불가능했다는 것이다. 그러나 조선흥업의 겸견은 앞서 살펴본 대로 거의 회사 측의 일방적인 결정으로 행사되었고, 사실상 소작농민의 의견이 거의 반영되지 않았기 때문에 검견과정에서의 저항은 위 사례에서와 같이 종종 있었던 것으로 보인다. 그리고 이것은 坪씨 검견이 소작료 수량의 결정과정 등에서 일체 소작농민에게 통지됨이 없이 일방적으로 이루어졌던 단독 검견이었기 때문에 소작농민으로서 취했던 최소한의 소극적 대응이었던 것이다. 실제로 검견과정에서의 과도한 소작료 책정에 대한 직접적인 항의도 있었으나, 대체로 회사 측의 일방적 결정으로 무시되었다.[69]

2) 소작쟁의 및 적극적 저항

(1) 지점별 소작쟁의 사례

① 황주지점 소작쟁의

가. 1924년 2월

1924년 2월 황해도 黃州郡 淸水面 土井里와 九聖面의 各 里, 永豊面 梨井里에 거주하는 조선흥업 황주지점 소속 소작인 600여 명이 8개항의 요구조건을 내걸고 同회사 앞에서 시위를 벌였다. 소작인들이 제시한 요구사항은 아래와 같다.

1. 소작료는 이십 년 전의 소작료대로 받을 것.
2. 그리고 그 후에 더 증가치 않을 것.
3. 이미 집행한 그것은 무조건 돌려줄 것.
4. 금년 소작료는 5할 감하여 줄 것.

---

69) 『朝鮮日報』, 1926년 11월 9일 석간 4면. 조선흥업 소속 작인들이 전남 영광읍에서 회사 측이 執粗를 과히 한 까닭으로 査定員 면회를 요구함.

5. 소작료는 종래와 같이 콩에만 한하지 말고 그 밖에 심은 대로 할 것.

6. 소작료는 風具에 부치지 말고 받을 것.

7. 말(斗)은 그전과 같이 말 위에 2, 3寸이나 오르게 하지 말 것.

8. 소작인에 대한 인격을 너무 무시하지 말 것.[70]

위 요구조건을 보면 60~70%에 육박하는 무리한 고율의 소작료 착취의 현실, 콩으로만 한정지은 회사 측의 일방적인 재배품종 강요, 두량의 정확한 계량, 나아가 소작인에 대한 비인격적인 대우개선 등 식민지 지주의 민족적 차별에 대한 저항도 심했음을 알 수 있다.

조선흥업은 황주지점이 1905년 당시 황해도 일대 토지를 매입해 들이면서 소유권이 아닌 경작권을 매수하였고, 그 과정에서 한국인 지주들은 소작료를 저렴하게 판정받을 예정으로 매도 가격을 저렴하게 책정하였다. 이때 한국인 지주들은 조선흥업의 소작인으로 편입되면서 소작료는 수확고의 1/3 정도로 계약하였다. 그런데 이후 조선흥업이 일방적으로 소작료를 증징하였던 것이다.

5번 요구조건 같은 경우 사실 대두는 황주지역의 주력 재배품종은 아니었다. 이 지역은 주로 粟, 麥, 高粱이 주작물이었는데, 조선흥업 측이 일본시장으로의 수출을 위하여 소작료로 대두를 강제로 지정한 상황이었음은 이미 살펴본 바와 같다.[71]

7번 요구사항은 두량의 정확성을 요구한 것이다. 이에 대하여서는 1913년 조선총독부 중추원이 조사한 내용이 참고된다. 당시의 일본인 지주가 한국 구래의 舊升으로 소작료를 斗量할 경우 관습에 따라 한국인처럼 고봉으로 계량하여도 한국인은 아무런 불평을 하지 않지만 新升으로 계산하여 一指高(도량 그릇 위에 손가락 하나만큼의 여분을 계량함), 二指高로 계량하면 심하게 불평했다고 한다. 특히 경상남도

---

70) 『동아일보』, 1924년 2월 24일.

71) 『중외일보』, 1928년 3월 27일.

지역에서 東拓이 소작료를 수납할 때는 대개 옛날 한국 升 20斗를 新
升 1石으로 하였다. 그런데 구래의 습관에 따라 고봉으로 계량하는 舊
升 20斗는 新升 1石 1斗(김해지방) 내외에 해당했기 때문에 東拓은 正
租에 대해서는 一指高, 毛租에 대해서는 二指高를 표준으로 해서 두
량을 하고 있었다. 이에 대하여 한국 소작인들은 東拓과 같은 곳에서
부정확하게 두량을 하여 소작인의 이익을 침해하고, 동척의 農監이 사
적으로 착복한다고 항의하였다. 실정이 이와 같아서 소작인들은 구래
의 舊升을 사용하면 설령 多量으로 수납해도 아무런 불평이 없으나,
新升에 의할 때는 엄정하게 斗量하지 않으면 설령 종래보다 소량이라
고 하더라도 과중하다고 항의했다고 한다.[72]

　이 자료는 총독부의 조사자료이므로 당시 一指高, 二指高라는 부정
확한 두량을 사용하던 東拓의 부당이득 획득을 묵인하고 두둔하며 한
국인들의 항의를 무지의 소치로 단언하고 있다. 그러나 실제로 조선흥
업도 東拓처럼 두량을 속여 가며 소작료를 더 수취했었고, 소작인들의
항의를 받아 부정 두량을 인정하고 이를 시정한 사례가 종종 있는 것
으로 보아 당시 일본인 지주들이 신도량형에 익숙하지 못한 한국인들
을 기만하고 부정확한 두량으로 부당이득을 취한 예가 비일비재했던
것으로 보인다.

　한편 8개 조항에 이르는 소작인들의 요구조건에 대하여 당시 황주
지점장 目黑銀次는 소작료 인하문제는 동경본점에서 결정할 문제라는
이유로 동경으로 출장을 떠났고, 황주 겸이포 경찰서에서는 대규모의
소작쟁의를 예방하기 위하여 한국인 주모자 劉秉斗를 체포하였다. 이
에 대하여 한국인 소작인 수백 명이 다시 경찰서로 몰려가 유병두의
석방과 황주지점 지배인의 면회를 강청하였다. 결국 田中 황주군수가
"지점장이 돌아오기를 기다려 그때 대표자를 파견하여 사건을 해결하
고, 단체행동을 하지 말라"고 설득하여 당일 오후 6시경 시위대는 해

---

72) 朝鮮總督府 中樞院, 앞 글(1913), 제1편 소작제도 제3장 소작료 비율 참조.

산되었다.

조선흥업과 같은 거대 회사의 소작쟁의 문제는 놀랄 만큼 신속하게 식민지 공권력이 투입되었다. 이날 사건에서도 겸이포 경찰서에서는 물론 황주 경찰서에서도 서장 이하 각 서원이 비상경계 아래 황주 관내의 요로를 방어했고, 황해도 경찰서에서는 吉田 경찰부장까지 출장하여 직접 사태의 추이를 감시했다.[73]

그리고 이 소작쟁의에서 소작인들은 200여 명 가량이 相助會까지 조직하였던 바 황주군에 거주하는 尹德律 등 4명은 평양 지방법원에서 가택침입, 구타상해죄로 징역 6개월, 집행유예 2년을 선고받았다.[74] 일제는 거대 일본인 농업회사에 대한 한국 소작인들의 저항을 조선총독부나 일제에 대한 항거로서, 식민지 위계질서의 확립 차원에서 강경 진압을 원칙으로 했었던 것이다.

주모자들은 오랫동안 취조를 받은 후 9월 27일 평양 지방법원에서 제1회 공판을 받았는데, 판사의 단독 심리와 검사의 입회 하에 진행되었다. 피고는 황주군 淸水面의 金致重, 尹基一, 朴成培, 金泰元, 李昌銀, 金鑽, 盧興福 등이었다. 이들은 1924년 2월부터 회사에 소작료 감액을 요구하여 오다가 3월 22일에 소작인상조회 대표 李斗杓 외 12명이 同회사를 방문하고 회사 당국자에게 일반 소작인들의 요구 사항을 전하였다. 그러나 회사 측에서 전혀 받아들이지 않자 다음날 오후 2시경에 300여 명의 소작인들과 같이 회사 문 앞으로 몰려가 수십 명의 경관과 충돌하고, 회사 내에까지 돌입함과 동시에 경찰서장의 해산명령을 거부하였던 것이다. 이들은 소요죄 명목으로 豫審判事에게 취조를 받았고, 변호사로는 趙元奎, 文鳳儀 등 2명이었으나, 재판장으로부터 장시간 피고인들에게 사실 질문이 있은 후 곧 1회 공판은 연기되었다.[75]

---

73) 『동아일보』, 1924년 3월 22일.
74) 『동아일보』, 1924년 4월 24일.

제2회 공판은 10월 4일 오전 평양 지방법원에서 개정되어 朴成培, 尹基一의 2명은 징역 50일, 金致重, 金泰元, 李昌根, 金鑽, 盧興福 등은 각각 징역 3개월에 처하고, 1년간 집행유예가 선고되었다.[76]

1924년은 그 전년도에 황주지점에서 예년 대비 소작료를 배 이상 인상하여 재판중인 사건이 수백 건에 달했고,[77] 이 쟁의 역시 그 한 사례였다. 당시 『동아일보』의 1924년 3월 1일자 「興業社의 無道와 黃州作人困境」이란 기사를 보면 1923년 소작료를 무리하게 인상하면서 결국 이듬해인 1924년 봄 춘궁기를 견디지 못하고 터져 나온 소작쟁의가 수백 건에 달했음을 보도하고 있다. 황해도의 황주군은 일원의 토지가 거의 조선흥업의 소유였고, 그 소작인은 9천 명에 달했다. 황주지점은 1923년 4월 소작인에게 인상된 소작계약서를 작성하여 서명하게 하고, 이를 이행하지 못한 소작인 300여 명에 대해서는 지배인 目黑銀次 명의로 지불명령이나 가차압을 행하였고, 이로 인하여 회사와 소작인간의 분쟁으로 평양 지방법원 民事部에 회부된 재판이 수백 건이었다.

더욱 기만적인 것은 황주지점이 1923년의 새로운 계약서를 작성하여 소작인들의 서명을 받아낼 때 기왕의 소작계약서는 地番도 기록되지 않았고, 坪數도 기록되지 않아 다시 작성할 필요가 있으니 도장을 가져오라고 속였고, 안 가져오면 소작권을 박탈하겠다고 협박까지 한 사실이었다. 영문도 모르고 도장을 제출한 소작인들은 가을에 와서 배 이상 청구된 소작료를 보고 경악하여 결국 소송을 걸게 된 것이었는데, 문제는 가난한 소작인으로서는 변호사 비용과 증인호출 비용, 농사일을 놓고 평양 지방법원까지 수시로 출두해야 하는 번거로움 등 재판비용과 소요되는 시간을 감당할 능력이 없었다. 그리고 거대 일본인 회사에 대한 일제 경찰병력의 지원이나 식민지 사법기구의 비호, 회사

---

75) 『동아일보』, 1924년 9월 29일 ; 『시대일보』, 1924년 9월 29일.
76) 『동아일보』, 1924년 10월 6일.
77) 『동아일보』, 1924년 3월 1일.

의 엄청난 금권력 아래 한국 소작인들의 쟁의는 대부분이 조선흥업의 승리로 끝났다. 조선흥업은 소작인들에 대하여 풍구레질 면제, 학교 2개소 설립, 년 2차례에 걸친 강습회 개설 정도로만 무마책을 제시하여 쟁의 요구조건의 본질을 회피했다.[78] 전혀 소작료 감면에 대한 개선은 없었다. 따라서 소작료 감액이나 소작권의 이동중단 등을 내건 생존권적 쟁의는 끊임없이 이어졌다.

나. 1928년 1월

關灘里 및 石灘里 등에 거주하는 황주지점 소속의 소작인 150여 명은 소작인 鄭亨穆을 대표로 하여 회사 측에 소작료 감면 진정서를 제출하였다. 즉, "기존의 6할 이상 받아갔던 지대도 울며 겨자먹기로 참아왔는데, 1928년 들어서서는 회사가 7할 이상을 청구하며, 이를 준수치 못하면 소작권을 뗀다"[79]고 위협하는 것에 대해 도저히 생활이 불가능함을 진정한 것이었다. 물론 회사 측은 소작인의 요구를 전혀 들어주지 않았고, 여전히 소작료 수취율이 70%에 달하였다.[80] 그 수취율은 미증유의 루害 등 자연재해로 수확량이 크게 감소된 해에도 마찬가지였다. 회사뿐 아니라 도 당국에서도 소작인들의 진정을 묵살하였다.

다. 1928년 5월

1928년 황주지점은 種豆代를 전년 소작료 징수 때 강제로 회수하다시피 받아 놓고서는 이듬해에 이르러 종자를 지급할 때 황주읍에서 사리원까지 운반하는데 누락된 것과 작년 가을부터 창고에 적치된 사이 간조되었다는 구실로 대금의 약 1할 가량 되는 종자를 제하여 또 다시 소작인들의 항의가 일어났다. 그러나 황주지점 측은 한국어를 모른다

---

78) 『개벽』 제60호, 1925년 6월 1일자 「黃海道踏査記」.
79) 『동아일보』, 1928년 1월 12일 ; 『조선일보』, 1928년 1월 10일.
80) 『중외일보』, 1928년 3월 25일 ; 『朝鮮朝日新聞』, 1929년 11월 26일.

는 구실로 계속하여 소작인들의 항의를 묵살하였는데, 황주청년동맹 간부 朴善學이 종두를 받는 과정에서 이를 목도하고, 조선흥업 측에 엄중 항의하는 한편 청년동맹 차원에서의 대책을 강구하였으나,[81] 식민지 권력기구의 강력한 비호를 받고 있었고, 또한 소작인의 생명줄인 소작권을 쥐고 있던 거대 일본인회사 조선흥업에 대해서는 실효가 없었다. 또 1931년 황주지점은 병합 전부터 매수해 들인 토지에 과다한 소작료를 부과하여 소작쟁의가 일어났으나, 황주守備隊까지 출동하여 다수의 살상자까지 내고 강경 진압되었다.[82]

라. 1933년 12월

황주지점은 소작료를 수취하면서 계량과정에서 소작인을 속여가며 이윤을 착복했다. 즉, 계량을 하면서 두량을 회사 측에 유리하게 조작하여 과다하게 징수하는 사기적 방법까지 동원하여 소작농민을 속였는데, 이 문제는 소작인들의 항의가 받아들여져서 정확한 계량을 약속하고 일단락되었다.[83]

마. 1937년 7월

1937년 7월의 황주지점 소작쟁의는 당초 계약된 규정 근수를 초과하여 과다하게 징수하면서 비롯되었다. 황주지점은 소작료로서 한 가마니에 96근으로 규정하고 있었다. 그런데 황주군 淸水面과 松林面의 조선흥업 소작인 150여 명은 회사 측에 초과 근량을 반환해 줄 것을 요구하였고, 회사가 이에 불응하자 道 당국에 진정서를 제출하였다. 이때 조선흥업이 초과한 근량은 1가마니 당 근 8홉 이상이었고, 경우에 따라 한 가마니가 104근까지 이르는 것도 있어 이것을 전체 소작료로

---

81) 『동아일보』, 1928년 5월 5일.
82) 『朝鮮出版警察日報』 제30호, 1931년 2월 25일.
83) 『조선중앙일보』, 1933년 12월 19일.

계산해 보면 약 2만 원 이상의 부당 이득을 취득했던 것이다.

당시 일반적으로 회사지주들은 소작료를 징수할 때 건조, 조제, 포장 과정에서 口樣이라고 하여 소작료 1가마니 당 1斤의 비율로 소작인에게 부담시켰다. 즉, 대부분의 회사지주들은 1가마니를 正味 90斤, 구걸 1斤으로 정했었고, 조선흥업은 소작계약서 제9조에서 벼 1가마니를 정미 90근, 入樣 2근으로 정하고 있었다.[84] 그러나 실제로는 계약서와 다르게 총 96근을 징수해 갔었고, 게다가 불법 계량을 통해 1가마니가 104근에 이를 정도로 과다하게 징수했다는 것 자체가 기만적인 착취였다.

이에 대하여 황주지점은 "늘어난 것은 소작료 근량이 기후 관계로 습기가 있게 되면 늘 수도 있는 것이고, 또 받은 소작료의 품질이 불량한 것은 약간 더 받은 관계요, 혹은 가마니 무게가 일정할 수 없는 것이니 이러한 사정 등으로 하여 그 전 근량보다 늘 수도 있는 것이지 소작인의 무지함을 속여 소작료를 더 받은 것은 아니다"라고 변명하였다. 또한 몇몇 소작인들의 선동이라고 하여 오히려 재판소에 소송을 제기하겠다고 협박까지 하였다.

한편 소작인 측은 다음과 같이 반박하였다.

"조선흥업 측은 습기 탓으로 근량이 늘었다고 하나, 회사가 진남포 정미소에 팔려고 檢斤할 때 모든 소작 벼가 1, 2등급으로 습기가 있는 저질도 아니었고, 또 벼를 쌓아 두었던 청수농장 창고가 습기가 차는 불충분한 창고라면 회사 측이 그대로 쓸 리가 있나요? (中略) 그리고 규칙상 벼를 회사에 바칠 때에는 먼저 품질검사에 합격한 후에야 測斤하게 되므로 만약 불량품이 있을 때에는 再精選을 명하는 규칙이 있어 그대로 지켜온 바이니 불량품 벼였다고 함은 말이 서질 않습니다. 또 가마니 무게가 일정치 않다는 것도 회사가 통상 가마니 한 장 무게를 4근 평균으로 규정하였던 것이니 (中略) 우리인들 남의 땅을 부치는 처

---

84) 조선흥업의 소작계약서 제9조 참조.

지로서 공연한 말썽을 일으키기를 좋아할 리가 있겠습니까? 그저 소작 인들이 무식하여 저들의 눈을 돌려서 속은 것이 한할 일이지요. 아무 튼 회사가 더 받은 차액만 도로 내어 준다면 저라고 가만 있을 일이지 요."[85]

본 사항에 대한 처리과정은 기사화되지 않아 그 결말을 알 수가 없다. 그러나 조선흥업 측에서 극구 근량계량의 정당성을 주장하며 소송까지 제기하자고 할 정도로 강경 대응을 했던 상황이었기 때문에 순조로운 해결을 보지 못했던 것으로 보인다.

② 삼랑진 및 경산 관리소 소작쟁의

가. 1929년 12월 進永농장

조선흥업의 삼랑진 관리소는 <표 3-15>에서 확인되듯이 1936년 당시 총 경지면적 1,700정보(논 760정보, 밭 570정보, 기타 370정보)로 총 10개 농장으로 구성되어 있었다. 그리고 여기서 연간 총 수확량 벼 15,000石, 대맥 1,400石가량을 얻었다. 또한 삼랑진의 二北과 進永 2개 농장은 진영창고를 이용했고, 김해군과 창원군에 걸쳐 자리하고 있었는데, 두 농장의 면적은 370정보 가량 되었다.[86]

조선흥업이 삼랑진의 진영에서 받는 소작료가 수천 석이나 되었다고 하는데, 1929년은 전국에 걸친 대흉작이었음에도 불구하고, 소작료를 가혹하게 받아냄으로써 민심이 흉흉하였다. 사실 조선흥업 측은 이 해 미납된 소작료를 이듬해까지 연납시키면서까지 모두 받아냈음은 앞서 확인한 바와 같다.[87]

진영에서는 흉작에도 불구하고 실제 제 논에서 난 것을 받지 않고, 14원 50전, 13원 50전, 12원 50전으로 벼를 3등분하여 제 논에서 난 것

---

85) 『동아일보』, 1937년 7월 27일.
86) 『三十周年記念誌』, 152쪽.
87) 『영업보고서』 제27기(1930년 4월 1일 ~ 1931년 3월 31일) 5~6쪽.

을 사면 한 섬에 불과 7~8원인 것을 13원 50전까지 가징하였다. 또 가마니도 일등 가마니로 규정했고, 1석을 175斤으로 규정하여 유례없는 흉작인데도 좋은 벼만 고가로 받아냈는데, 회사 측의 태도가 워낙 고압적이어서 소작인들의 요구는 묵살되었다.[88]

나. 소작권 이동 분쟁

경남 진영면 本山里의 權泰祥은 본래 山淸人인데, 1929년 3월 조선흥업의 소작인 金容柱로부터 130원에 소작권을 매수하였다. 그러다가 그 해 재해로 인하여 수확이 전무했고, 1931년에 가서야 겨우 수확을 목전에 두었는데, 8월 18일 소작권이 갑자기 회수되었다. 권태상이 회사 측에 전후 사정을 물은 즉 특별보증인 金容殷이 보증을 취소하였기 때문이라고 하였다. 일반 동민들이 권태상의 처지를 동정하여 회사 측에서 파견된 조사원에게 증언을 해 주었으나 회사 측에서는 동민의 전 재산을 담보 차입하라는 요구사항을 내걸면서 권태상의 소작권을 박탈했고, 때문에 해당 소작지에서 매일같이 소작권 박탈 문제로 소작인 간에 소동과 활극까지 계속되었다고 한다.[89]

조선흥업은 『三十周年記念誌』에서 영속 소작인이 전 소작인 총수의 35%가 된다고 집계하고, 안정된 고용구조를 선전하고 있다.[90] 그러나 그 실상은 그렇지 못했음을 보여주는 것이다. 즉, 당초 경작권을 한국인 지주로부터 매수하면서 매도자를 소작인으로 흡수한 조선흥업이 사실은 회사 측의 자의대로 소작권을 수시로 이동시켰던 것이다.[91]

---

88) 『동아일보』, 1929년 12월 3일.

89) 『동아일보』, 1931년 10월 11일.

90) 『三十周年記念誌』, 77, 88쪽.

91) 일제하 동양척식주식회사를 비롯한 일본인 회사들은 소작기간을 정하여 1년 단위로 강압적으로 소작기간을 정하였다. 조선왕조 말기에 소작기간을 정하지 않던 영구 소작권이 일제하에서는 1~2년으로 그 기간이 단축되어 소작료의 인상으로 이어졌던 것이다.(『慶尙南道小作慣行調査書』, 56쪽 ; 『黃海道小作慣行調査書』, 30쪽)

다. 1929년 11월 소작쟁의

1929년은 극심한 가뭄으로 전국적으로 그 피해가 막대했었고, 따라서 소작료 분배율에 관한 분쟁도 전국적으로 끊임없이 일어났다. 경산 관리소 관내 永用, 淸道, 慶山 등에 있는 소작인 약 500여 명은 극심한 가뭄으로 수확량이 절반으로 반감된 상황에서 회사 측이 소작료 50~60% 이외에 소작 적립금 10%, 구제비 10% 등 부가적으로 20%를 더 징수하여 70~80%에 육박하는 소작료를 걷어갔고, 결국 소작인 손에는 총 수확량의 20~30%밖에 남는 것이 없다고 하여 소작료의 반절을 요구하는 連署 진정서를 道 당국에 제출하였다. 게다가 지금까지 2년간 수한해를 격심하게 당했음에도 불구하고, 종래 저축금을 구제비로 사용하기는커녕 오히려 구제비를 더 내라고 하는 회사 측의 처사에 구제비만이라도 면제해 줄 것을 요구하였으나 일체 거절당하였다.[92] 이에 소작인 일동은 11월 25일 道 당국에 가뭄의 비참한 피해와 소작인들의 생활상을 상세히 적어 진정서를 제출했다.[93] 이에 대하여 道農務 당국은 소작인들의 진정서에 근거하여 일단 조사 공무원을 파견하여 형식적인 조사를 하기는 하였으나, 신용 있는 큰 회사에서 소작인들의 고통을 묵과할 것이라고는 생각하지 않는다고 결론을 내려 조선흥업을 비호하였다.[94]

경산 관리소 측은 한 달을 끌며 소작인들의 요구를 묵살하였다. 그러나 워낙 가뭄 재해가 심한 상황에서 생존권이 달린 문제였으므로, 소작인 300명이 결속하여 감면항쟁을 계속했고, 이에 회사 측에서도 쟁의까지는 면하려는 입장에서 대응하였다.[95] 따라서 문제가 근본적으로 해결되지도 못한 채, 표면적으로는 원만히 타결된 것처럼 보일 뿐

---

92) 『동아일보』, 1929년 12월 21일.

93) 『大邱日報』, 1929년 11월 29일 ; 『朝鮮朝日新聞』, 1929년 11월 30일 ; 『京城日報』, 1929년 12월 20일 ; 『朝鮮日報』, 1930년 10월 26일.

94) 『朝鮮朝日新聞』, 1929년 11월 30일.

95) 『京城日報』, 1929년 12월 20일.

실제 그 이면은 분쟁의 심각성이 매우 컸다. 경산 관리소 관할구역 중 매우 큰 경지면적을 차지하고 있던 琴湖面을 중심으로 2천 수백 명의 소작인이 다시 결속하여 회사 측의 무성의와 무대책에 항의하고, 다시 道당국에 구례의 회사의 악습을 철폐시킬 것과 소작관행법 개정까지 진정하였다.[96]

1929년의 경산 소작쟁의는 그 후의 진행과정이 당시 일간지상에 보도되지 않아 처리결과를 알 수 없다. 그러나 <표 5-5>에서 보면 1929년도 소작료 수납량은 전년에 대비하여 오히려 늘었고, 다만 곡가하락으로 금액환산치만 다소 감소되었다. 그리고 조선흥업은 1929년과 1930년에 각각 18%, 15%의 주식배당금까지 지급하였다. 이로써 볼 때 경산 관리소 측은 1929년 11월 쟁의에서 소작인의 요구를 수용하지 않은 것으로 보인다.

조선흥업 측이 극심한 재해 상황에서도 당초 책정된 약정 소작료를 결코 감면하지 않는 사례는 이후로도 계속 확인된다. 1929년뿐 아니라 1931년, 1933년, 1934년, 1936년의 계속되는 풍수해와 가뭄으로 인한 대흉작 상황에서도 감면은 없었다. 오히려 당해년도에 미납된 소작료는 다음해에 '연납'의 형식으로 반드시 완납을 강행했다.[97]

③ 대전 관리소 소작쟁의

조선총독부에서 1929년 이래 시작한 소작관행조사서가 1932년 발표되었는데, 이 조사에 의하면 소작료의 도별 징수율이 定租는 대체로 최고 80~90%, 최저 20~30%였다. 그리고 대체로 지방에 따라 다르기는 하나 경기, 전북, 경북 등이 80~90%였으며, 황해도의 검견에 의한

---

96) 『大邱日報』, 1929년 12월 20일.

97) 『영업보고서』 제28기(1931년 4월 1일~1932년 3월 31일), 3쪽 ; 『영업보고서』 제30기(1933년 4월 1일~1934년 3월 31일), 4~6쪽 ; 『영업보고서』 제31기 (1934년 4월 1일~1935년 3월 31일), 4~5쪽 ; 『영업보고서』 제34기(1937년 4월 1일~1938년 3월 31일), 4쪽.

302

징수도 70%대, 경북은 정조와 검견이 80%에 이르기도 하였다.[98] 이들 지역은 조선흥업의 관리소가 자리하고 있었던 곳이었다.

이 소작료 수취율은 일본의 평균 소작료율 35~40%보다 평균 10% 이상 많았으므로, 근본적으로 한국의 소작료율이 지나치게 높고 수탈 적이었음을 총독부 자체 조사에서도 보여주는 것이다. 그런데 1934년 의 조선농지령[99] 시행을 목전에 두고, 대부분의 지주들이 그 실시 이 전에 소작료를 대폭 올려 전국적으로 소작쟁의 사례가 급증했다. 즉, 1932년 300여 건이던 것이 1933년에는 1,978건까지 급증하였고,[100] 또 한 1934년은 상반기 건수만도 이미 1933년의 건수를 초과하여 6월까지 2,049건에 이르렀다.[101] 특히 高原의 동양척식주식회사는 소작제에서 5인의 보증을 요하고, 소작료 미납자에게는 2/100의 과태료를 부과시 켜[102] 그 악명이 높았고, 대대적인 소작쟁의가 일어났는데, 사실 이러

---

98) <전국 도별 소작료율>(1932년 현재, 단위 : %)

도별	定租			打租			檢見		
	최고	보통	최하	최고	보통	최하	최고	보통	최하
경기	90	50	25	75	50	40	80	80	30
충북	72	50	20	50	50	30	75	75	05
충남	60	49	39	53	51	44	65	65	44
전북	80	45	30	70	50	30	80	80	30
전남	70	50	30	70	50	40	75	75	30
경북	80	50	23	65	50	30	80	80	30
경남	65	51	38	57	45	43	69	69	43
황해	60	40	-	70	60	40	70	70	45
평남	75	45	30	-	50	-	68	68	30
평북	70	45	20	50	50	50	70	70	50
강원	70	49	30	60	50	40	70	70	40
함남	60	48	30	60	50	35	60	60	40
함북	58	47	36	59	50	43	50	50	50

* 출전 : 『동아일보』, 1932년 4월 27일.

99) 『朝鮮總督府官報』 제2173호(1934년 4월 11일) 조선농지령.

100) 『朝鮮日報』, 1934년 5월 31일, 7월 19일 ;『中央新聞』, 1934년 7월 19일.

101) 『朝鮮日報』, 1934년 7월 21일 ;『中央新聞』, 1934년 7월 21일, 10월 24일.

102) 『동아일보』, 1934년 3월 31일.

한 수탈 정도를 본다면 조선흥업이 더 가혹했다. 조선흥업 역시 소작인오인조합 제도가 있었고, 연체료에 있어서는 동척의 2.5배에 달하는 5%를 징수했었음은 이미 살펴본 바와 같다.[103)

1934년 4월 載寧 北栗面과 井邑, 新泰仁에서 동척과 熊本 대지주가 소작료를 20~30%나 대폭 인상하였고, 이에 불응하면 소작권을 이동시킨다고 위협하여 소작계약서를 강제로 갱신하였다. 역시 농지령 실시 이전에 소작료 인상을 강행한 경우이다.[104) 조선흥업도 농지령 실시를 앞두고 대폭적인 작료인상을 단행했다. 그리고 그 인상폭은 동척이나 熊本농장보다도 컸다. 1934년 10월 대전 관리소에서 소작료를 논은 배 이상, 밭과 대지는 50% 내지 2배반까지 증액하여[105) 내년 경작 여부 승낙서에 서명하게 했다. 이에 대해 500여 명의 소작인들이 집단적으로 반발하였는데 관계 소작인이 가장 많았던 大田郡 柳川面 소작인들은 소작권을 박탈당할망정 비싼 작료를 더 이상 낼 수 없다고 저항하였다. 그러나 대부분의 소작인들은 소작권 이동이 두려워서 어쩔 수 없이 도장을 찍었다.

이에 대하여 대전 관리소의 市岡 관리소장은, "솔직히 밭 賭租는 과거에 너무 헐해서 내년부터 농지령에 의하여 3년 내에는 인상에 곤란한 점이 있으니, 계약서가 아니라 승낙서를 받은 것으로 그다지 심하게 올리지 않았다"고 변명하였다.

道 당국에서는 10월 23일에 대전 관리소장과 차석까지 소환하여 장기간 교섭한 결과 밭과 대지의 賭租는 이전과 같이 하고, 새로이 승낙을 받은 내년 계약은 전부 취소할 것이라고 발표하였다. 그러나 논에 대해서는 지난해보다 50% 내지 2배 이상을 간평 사정하는 중이라고 했는데, 이에 대하여 대전군 유천면의 소작인 수백 명이 쟁의를 일으

---

103) 조선흥업 소작계약서 제10조.
104) 『동아일보』, 1934년 4월 3일.
105) 『동아일보』, 1934년 10월 16일 ; 『조선중앙일보』, 1934년 10월 19일.

키기 일보 직전의 대세였다. 즉, 논에 대해서는 작년까지 定租이던 것을 금년 봄부터 병작하기로 재계약한 것이었다.[106]

그런데 회사 측은 봉천답은 여전히 정조계약을 하였고, 옥답은 병작계약으로 했는데, 문제는 봉천답의 경우 坪제로 전 평수를 계산하여 50%를 사정하였고, 이대로 수확을 해보니 소작인은 결국 전 수확고의 70%를 작료로 내게 된 것이었다. 또한 조선흥업은 비료대 역시 배급 당시 시가보다 예상 이상의 고가로 산정하여 수확기에 배당했던 것이다.[107]

한편 조선흥업 측이 밭과 대지에 대한 작료는 이전 계약으로 환원했다는 것도 사실상 대전 관리소 소속 농민들에게 강요했던 작료 인상을 그대로 강요하겠다는 것과 마찬가지의 기만적 처사였다. 왜냐하면 대전 관리소는 1936년 당시 총 경작면적 1,280정보 가운데 논이 920정보이고, 밭은 275정보, 잡종지가 85정보였다. 관할 소작지의 대부분이 논인데 이에 대하여서는 인상된 작료를 강행하여 징수하겠다는 것이었다.

유천면 주민들의 반발이 심했던 것은 대전 관리소 내 10개 농장 중 유천면이 유천, 儒城, 鎭城의 3개 농장(총 610정보)에 걸쳐 논 경작면적이 가장 넓었기 때문이었다.[108] 따라서 유천면 소작인들이 갱신된 계약으로 인하여 가장 피해가 막심했던 것이다. 결국 11월 12일과 15일에는 대전군 懷德面 梧井里 주민과 山內面의 소작인 수십 명이 직접 대전 관리소를 방문하여 회사에 진정하는 등 사태는 더욱 커져갔다.[109]

洪錫昌을 대표로 한 소작인들은 논에 대한 회사 측의 坪제, 査定에 대해 지나치게 과도하게 소작료 책정을 한 것이고, 또한 작황부진으로

---

106) 『동아일보』, 1934년 10월 26일.
107) 『동아일보』, 1934년 11월 15일.
108) 『三十周年記念誌』, 142~143쪽.
109) 『조선중앙일보』, 1934년 11월 13일 ; 『동아일보』, 1934년 11월 15일.

소작인은 전 수확을 다 바쳐도 비료대와 도조가 부족한 상황이라고 진정하였다. 그러나 계속하여 조선흥업 측은 소작인의 진정을 일축하였고 소작료인상은 다만 수확량 증수에 따른 자연 인상일 뿐이라고 주장하였다.[110] 이에 본격적인 쟁의의 움직임이 보이자 道 경찰당국은 11월 13일 경 회사 관계자를 소환하여 사실 조사와 함께 사태의 마무리를 종용했다. 그러나 막상 소작권 이동이 두려워 농민들로서는 본격적인 쟁의도 일으키지 못하고, 결국 수탈 당할 수밖에 없었다.

1934년은 1933년 이래 계속되는 풍수해로 특히 1934년은 조선흥업 스스로 밝혔듯이 창업 이래 최대의 흉작으로 끝난 해였다. 그런데 이 해는 미곡법에 의해 최저가격 보증 및 公定價格 인상으로 농산물가가 전년대비 30%나 등귀하면서 조선흥업은 작황부진으로 수확이 감소한 것을 공제하고도 전년에 비해 23%의 수익증대를 보았다.[111] 따라서 대전 관리소가 증수로 인한 작료 인상이라고 변명한 것은 전혀 사실이 아니었고, 결국 소작권을 쥔 회사 측의 일방적인 수탈에 한국 소작인들은 속수무책으로 당할 수밖에 없었다. 이에 대하여 한 소작인과 심지어 조선흥업의 고용 사음까지도 다음과 같이 한탄하였다.

<추상같은 호령, 노예로 취급>
- 농지령도 다 소용없어요. 某某소작인 談 -

그래도 그들도 다 소요량이 있을 줄 알고 또는 무슨 말이거나 말을 하자니 불문곡직하고, 잔말 말어라 논내여 놓으라고 노인이거나 아이이거나 욕설로만 호령하니 말을 들이야 볼 수도 없고 해서 타작해 보니 이런 기맥힌 일이 있겠습니까. 전부를 갔다 주어야 되겠으니, 죽는 수밖에 별 수가 없습니다. 소작인은 다 죽었지요. 회사 사람에게 여지껏 <하게> 소리 한번을 못들어 보고 평생 <해라><이놈아>니 노예가 아니고 무엇이겠습니까. 농지령도 다 소용 없는가 봅디다. 운운.

---

110) 『동아일보』, 1934년 11월 15일자 市岡 소장대리談.
111) 『영업보고서』 제31기(1934년 4월 1일~1935년 3월 31일), 4~5쪽.

<사음도 못하겠소>
- 某某舍音談 -

몇일 전에 각도 각 군에서 수납회의에 소집되어 온 사음들은 이구동성으로 사음 노릇도 못하겠다고 하며 모씨는 말하되 회사를 위하여 나중에 미납이 많으면 안될가 하여 말을 한 즉 (회사에서 : 필자) 사음을 그만두라고 하니 무슨 말을 하여 이 도조를 가지고는 수납을 다 할 도리가 있습니까.(下略)[112]

과도한 소작료 수취로 인하여 소작농민들의 비난과 원성을 산 사례는 해주 출장소 취야농장의 예도 있다. 1935년 5월 황해도 해주군의 취야농장 소작인 95호가 과도한 소작료 수취에 원성이 높았고, 그 중 30여 호는 비료대와 심지어 식량곡도 없어서 극도의 생계 위협에 처해있었다. 또한 해주군 高山面 立岩洞 25호가 조선흥업 토지를 소작하고 있었는데, 작료의 과중과 비료대로 역시 식량조차 없이 채무까지 진 상황이라서 소작인 李種極외 2명은 마침내 "이런 회사의 토지를 해먹다가는 굶어죽기 알맞겠다"고 하여 소작계약을 해제했다. 회사 측은 7월에도 비료대와 작인 전담 문제로 소작인들이 龍塘浦 출장소에 왔을 때에 소작료 지정 시 소작인을 입회시키겠다고 선언했음에도 불구하고, 4·6제의 타조제를 강요하고, 입회시키지 않았다.[113]

결국 과도한 소작료를 내던가 그것을 견디지 못하면 계약 불이행으로 소작권을 박탈당하던가, 아니면 소작인 스스로 소작권을 포기하였으므로, 소작권을 가진 회사지주의 횡포아래 한국인 소작인만 희생되었을 뿐이었다.

(2) 기타 분쟁사례

이러한 농장별 분쟁사례 외에도 조선흥업은 흥농회의 착취, 수리조

---

112) 『동아일보』, 1934년 11월 15일.
113) 『조선중앙일보』, 1935년 5월 6일, 12월 20일.

합 문제 등으로 분쟁이 끊이질 않았다.

① 흥농회의 착취에 대한 반발

흥농회는 조선흥업이 소작인과 지주간의 소위 '협조기관'이라고 선전하였으나 실질적으로는 소작인 통제조직으로 1916년 경산 관리소를 시작으로 하여 1922년까지 전 지점에 설치되었다. 그리고 흥농회는 조선흥업 소속 소작인의 강제 자동 입회의 원칙으로 조직되어 소작료의 2/100∼5/100까지 회비로 납부해야 했는데,[114] 조선흥업이 일체의 생산과정에서 소작료의 수납까지 물샐 틈 없이 소작인을 통제할 수 있었던 효율적 소작 관리기구였다. 따라서 소속 소작인들로서는 흥농회에 입회하지 않고는 전혀 소작 자격도 없었고, 소작계약이 해지되지 않는 한 탈퇴의 자유도 없었다. 그리고 소작료 이외에 내는 흥농회 회비와 저금도 큰 부담이 아닐 수 없었다.

1925년 5월 全南 務安郡 古耳島에서 조선흥업의 간부 金文三이 회사 소속 소작인들에게 춘궁기 구제를 위해 외국산 쌀과 기타 곡물을 쓸 것이니 계약서에 서명하라고 하면서 일반 소작인들의 날인을 받아냈다. 그러나 실제 본 계약서의 내용은 일본어로 다음과 같이 씌어져 있었다.

> 우리 소작인들은 智島 소작인공조회에 입회하였으나, 지금부터는 同 회사의 흥농회에 입회하고, 貴社를 위하여 진심으로 노력하겠사오며, 무엇이든지 지도하는 일에 절대 복종하겠습니다.[115]

회사 측은 일본어를 모르는 한국 소작인을 속여서 흥농회 입회서명을 받아낸 것이었다. 이렇게 한국인을 속여 입회시킨 이유는 흥농회

---

114) 『三十周年記念誌』, 80∼82쪽, 105쪽.
115) 『동아일보』, 1925년 5월 19일.

입회로 인해 부담해야 할 각종의 회비와 조선흥업 측의 통제 및 관리에 대한 소작인들의 반발이 심했기 때문이었다.

1928년 황주지점 흥농회에 대해서도 同지점 소작인들은 흥농회는 회사 측의 어용단체로 입회금을 삼원씩 받아내고, 그 이외에도 회비로 매년 소작료의 2/100, 의무금으로 각종 금품을 수수했으며, 현재 수만원씩의 기금을 조성하고 있는데, 회사 당국이 절반가량을 보조한다고는 하나 또한 말로만 회사와 소작인의 공동기관이지 흥농회 소속 소작인은 마치 관민이 관청명령에 복종하듯이 오직 의무만 있고, 권리는 전혀 없다고 맹비난을 하였다.116) 또한 흥농회 황주지점은 1년에 2만원에 가까운 경비를 쓰면서도 예산과 결산에 대한 검사를 전혀 받지 않고, 회사 자체보고로 끝났을 뿐 막상 회비를 내는 소작농민은 일체 그 사용에 대한 권리가 없었다. 회비는 황주지점의 경우 2/100라는 규정도 있었으나, 무조건 소작료 1石에 1升씩 내게 했는데, 이 흥농회의 회비에 대하여 소작인은 저당이나 보증금이 없으면 대부도 얻지 못하는 상황이었다.117)

흥농회 임원에 대한 선출권에 대해서도 회원인 소작인은 전혀 권리가 없었다. 그것은 이미 살펴 본 바와 같다. 이에 대하여 소작인 某회원은 다음과 같이 한탄하였다.

<복종치 않으면 토지를 뗀다. - 某會員談 - >
會니 무엇이니 저이야 압니까. 그저 해마다 회비와 저곡은 내지만은 저곡이라고 해야 소작료나 못내면 그것으로 제하지요만은 내가 찾으려면 주지도 않는 저곡 회비야 어데다 쓰거나 저이야 간섭이나 하며 알기나 합니까. 그저 일년에 한번씩 총회 때 가면 점심 값으로 한 십오 전이나 이십 전 타 올뿐이지요. 소작료로도 어려운데 따로 저곡이니 회비니 내기가 무척 어렵지요만은 복종하지 않으면 토지는 떼이니 할

116) 『중외일보』, 1928년 3월 29일, 5월 11일.
117) 『朝鮮中央日報』, 1933년 12월 10일.

수 없이 복종하고 있지요.[118]

② 수리조합 관련 분쟁

조선흥업은 비교적 다른 일본인 거대 농장에 비하여 대규모 수리조합에 관여한 경지면적이 적었다. 그러나 기본적으로 자체 개간과 관개사업으로 소작료 수취율은 60% 선을 넘었고, 또한 그에 따른 부작용은 고율의 소작료에 대한 쟁의와 회사와 소작인간의 분쟁으로 이어졌다.

조선흥업이 대규모 수리조합에 관여한 사례는 찾아보기가 힘들다. 이는 앞서 제3장과 제4장에서도 밝혔듯이 기본적으로 조선흥업의 농경지는 수확안정지를 위주로 한 매입 원칙이 지켜졌고, 또한 자체 개량공사로 인해 수리조합 의존도가 낮았기 때문이었다. 그것은 <표 5-1>에서도 확인된 바와 같다.

따라서 조선흥업이 주도가 되어 추진한 수리조합의 사례는 忠淸南道 新灘津 수리조합 사례 정도를 제외하고는 찾아보기 힘들다. 또한 일제하 수리조합창설 반대항쟁[119]의 사례 중에서 살펴보더라도 1921년부터 1933년까지 설치된 수리조합 중 조선흥업이 관련된 것은 경북의 琴湖수리조합[120](총 몽리면적 532정보), 경남의 下南수리조합(총 몽리면적 1,373정보)과 府北수리조합(총몽리 1,010, 1927년 설치) 정도뿐이었다. 이들 세 개의 수리조합에 대한 조선흥업의 몽리 혜택 면적은 금호수리조합에서 50정보, 하남과 부북 수리조합에서 각각 93, 22정보의 혜택을 받고 있었다. 그리고 조선흥업이 이들 수리조합을 실질적으로 주도했었던 농업회사는 아니었다.

한편 조선흥업의 황해도 해주 취야수리조합과 관련하여 설치 반대

---

118) 『중외일보』, 1928년 5월 11일.
119) 이에 관해서는 朴秀玄, 『일제하 수리조합 항쟁 연구』, 중앙대학교 사학과 박사학위논문, 2001. 참조.
120) 『동아일보』, 1931년 2월 28일.

항쟁은 관련 기사가 확인되지 않는다. 이 취야수리조합의 경우 <표 5-1>에서 확인되듯이 총몽리면적 3,107정보의 거대 조합이었는데, 조선흥업이 그 중 총 433정보의 몽리면적을 차지하여 그 비중이 13.94%에 달했다. 또한 조합 창설의 주체였는데, 설치 반대운동이나 쟁의사례는 확인되지 않는다. 다만 취야수리조합은 설립 당초부터 공사입찰 부정사례와 시멘트 부당수입문제 등으로 인하여 계속하여 조합원들의 조합에 대한 항의가 거세게 빗발치고 있었음은 확인된다.[121] 신탄진수리조합의 경우는 조선흥업이 발기를 주도하였었는데, 이 경우도 구체적으로 조선흥업에 대한 항쟁이 아니라 부실 수리조합에 대한 조합원 지주들 간의 반발과 항의 사례 정도가 확인된다.

신탄진수리조합은 조선흥업의 발기로 1920년 12월 25일 설립인가를 얻고, 다음해 4월 1일부터 기공하여 1922년 1월에 완공, 給水를 시작하였다. 그 몽리구역은 충청남도 대전군 北面 新垈里, 文坪里, 木上里 등에[122] 140町 1反 4畝였으며, 공사비는 9萬 9,500圓(국고보조 1萬 3,500圓, 조합부담 8萬 6,000圓)이었다. 그리고 년 상환액은 25년 기한으로 8,526圓, 조합원 12,001명으로 평의원 가운데 일본인 3인, 조합장에 宋己用씨, 書記 島本新八이었다. 그런데 문제는 同수리조합의 제방이 잘못된 설계와 부실공사로 인해 매년 우기에 들어서면 계속하여 손실, 함몰되면서 수해를 입었고, 이에 따른 복구비만 매년 증가하여 조합의 부담이 과중해졌다. 조선흥업은 이 지역 내 60여 정보를 소유하고 있었고, 조합 창립을 주창했었던 거대회사였는데, 1926년에 소유지 60정보를 모두 투기업자에게 매각하면서 조합에서 손을 뗐다. 이렇게 되자 더 이상 同조합 측은 조선흥업에게 조합비를 부담시킬 수 없었고, 부실한 수리조합은 늘어나는 공사비를 감당하지 못했을 뿐만 아니라 수해 피해로 인해 계속해서 몽리구역 토지의 수확은 감소하였다.

---

121) 『동아일보』, 1931년 2월 27일, 28일.
122) 『朝鮮總督府官報』, 1921년 1월 8일.

이러한 사정으로 地價는 수리조합 공사 전 1段步 당 中畓의 경우 45圓 하던 것이 1927년 현재 60원이 되었는데, 실제 가치로 보면 오히려 지가 하락이었다. 또한 조선흥업처럼 기십 정보 규모의 토지를 매매하는 경우와 달리 소규모 토지는 매매도 되지 않는 상황에서 수확량까지 감소하여[123] 수리조합원 중 중소지주들은 막대한 손실과 조합비 부담으로 큰 피해를 보고 있던 상황이었다. 창설을 주도했던 조선흥업은 투기업자와의 거래로 책임을 회피했고, 조합 측은 농업회사가 아닌 투기업자를 상대로 조합비를 부담시킬 수도 없는 상황에서 애물단지 수리조합이 되었던 것이다.

소작농민의 생존까지 위협하는 고율의 소작료 착취와 이를 완벽하게 가능케 하는 치밀한 소작인오인조합과 흥농회 조직의 운영은 일본과 한국에서도 그 유례를 찾아볼 수 없을 만큼의 가혹한 수탈구조였고, 소작인에 대한 인신적 구속이었다. 결국 이러한 수탈과 압박으로부터 벗어나려는 소작인의 소극적 저항과 나아가 본격적인 쟁의인 적극적 저항은 필연적이었던 것이다.

이미 앞서 살펴본 바와 같이 최소 60%에서 최고 80%에 육박하는 살인적인 소작료 수취율이 쟁의의 원인 중 대부분을 차지하였고, 그 외에 종자 비용의 이중 착취, 부정한 계량 문제, 소작권 이동 문제, 흥농회의 착취 등도 쟁의 발생의 주요 이유였다. 그리고 소작인들의 쟁의에 대하여 일제는 신속하게 경찰병력을 투입하고 강경 진압하여 조선흥업의 권익을 비호했다.

---

123) 『동아일보』, 1927년 10월 4일.

제7장 결론 : 조선흥업주식회사의 농업경영의 성격

　지금까지 澁澤 및 제일은행 임직원의 주도와 일본 내 유력 자본가들의 참여로 성립된 조선흥업의 창설경위와 과정, 한국 전역에 걸친 지점망, 회사 재무구조의 실태, 농장경영 및 농민지배방식, 조선흥업 소작농가 경제의 참상과 소작농민의 저항 등에 대하여 살펴보았다. 물론 이것은 조선흥업이라는 개별 회사지주의 사례에 불과하나 당시 일본인 회사지주 내지 대농장의 전형으로서 일본인 거대 회사지주의 식민지 지주적 성격과 더 나아가 일제하 한국농업의 성격을 파악하는데 있어서 하나의 자료가 될 수 있다고 본다.

　조선흥업의 식민지 지주로서의 수탈적 성격 규명을 위하여 동 시기 한국에 진출하였던 일본인 회사지주 가운데 조선흥업과 그 자본 규모와 일제의 국가권력과의 상관관계에서 어느 정도 비슷한 수준의 상호 협조관계를 유지하던 大倉농장과 東山농장의 식민지 지주제 사례를 먼저 간략하게 살펴보기로 하겠다.

　병합 이전부터 특히 러일전쟁을 기점으로 하여 본격적으로 대규모 토지를 점유하고, 고율의 소작제 농업 사업을 영위해간 대표적 일본 농업회사나 지주를 선별하여 이들의 한국에서의 경영성격이나 특징을 일제의 식민지 정책과 함께 파악하는 것이 한말·일제 강점기 농업구조의 변질과 성격을 규명하는 데 보다 정확한 방향을 제시할 수 있을

314

것으로 본다.

淺田喬二는 식민지 한국에서의 일본인 대지주를 일본에서의 자본 성격에 따라 분류하였는데,[1] 이른바 중앙재벌지주로서[2] 澁澤자본의 조선흥업, 大倉喜八郎의 大倉農場, 三菱財閥의 東山농장의 3가지를, 독점자본지주에는 片倉殖産會社, 大林組, 多木농장, 安川・松本農場, 中部農事會社, 地場資本地主(이를 다시 제1급과 중소지장자본, 상인자본, 해운업, 금융자본으로 나눔), 大阪상인, 長岡상인, 華族지주, 그 외 기타 지주 등의 분류로 나누었다. 그런데 이러한 분류는 일본 본국에서의 자본 성격상의 차이일 뿐이지 사실상 식민지 한국에서의 일본인 대지주 내지 대농업 회사로서의 차별성은 전혀 드러나지 않는다. 오히려 대자본의 한국 진출에 대한 일제 공권력의 지원과 이들 자본의 식민지 지주로서의 폭력성과 수탈성에서 공통적인 점을 찾아낼 수 있다.

일본재벌자본 가운데 한국에서 토지소유 및 농업경영에 진출한 경우는 大倉, 澁澤, 三菱, 三井, 野口 등 일본 내의 대표적 거대재벌이었

---

1) 淺田喬二, 앞 책(1968)의 권말 附表 참조.
2) 淺田喬二는 '중앙재벌'과 '독점자본'을 다음과 같이 구별하였다. 즉, '중앙재벌'은 말할 것도 없이 일본의 대표적인 독점자본이었는데, 이를 '지방재벌'・'독점자본'지주와 구별한 것은 양자의 사이에 자본과 토지소유와의 결합의 경제적 의미가 차이가 있기 때문이라고 설명하였다. '중앙재벌'지주의 경우는 이들에 의한 토지소유의 목적이 소작료의 취득에 있었기 때문에, 자본과 토지소유와의 결합은 단순하게 인격적 결합만이 있었다고 설명했다. 이에 대하여 '독점자본'지주의 경우는 토지소유는 기축자본의 운동과정에 기능적으로 定置시켜, 자본과 토지소유가 기능적으로도, 인격적으로도 결합되어 있다고 했다. 이 같이 '중앙재벌'지주는 자본과 토지소유가 인격적으로 결합되어 있었다는 점에서는 '독점자본'과 동일 유형의 지주이었으나, 자본과 토지소유와의 기능적 결합은 없다는 점에서 '독점자본'지주와는 별개의 지주유형이었다. 따라서 '독점자본'지주의 최대의 특징이, 그 기능적 결합이라고 하는 점에 있다고 한다면, '재벌지주'는 그 결합형태가 결여되어 있었기 때문에, '독점자본'지주와는 별개의 지주유형으로서 취급하는 것이 타당하다고 설명하였다.(淺田喬二, 앞 책(1968), 143쪽)

다. 이들 일본재벌자본의 토지취득은 그 진출시기가 다른 일본인 거대
농장들에 비하여 비교적 빨라서 大倉喜八郎이 이미 1903년 11월 전라
북도 群山의 沃溝郡 米面에 2,500정보의 大倉농장을 설치하였다. 그리
고 그 뒤를 이어 비슷한 시기에 진출한 澁澤재벌의 조선흥업이 1904년
부터 거대 농장을 설치하기 시작했고, 三菱재벌은 1907년에 진출하였
다. 이들 세 개의 대표적 재벌지주의 농장들은 한국에서의 소작제 농
업경영을 주목적으로 하였다.

　이와는 달리 三井은 진출 시기도 병합 이후였고, 그것도 주로 산림
취득에 주안점을 두면서 토지를 확대했다. 三井재벌은 1911년 한국에
서의 토지획득계획을 수립하여 鐵原 및 한강 유역의 국유림 불하를 시
작으로 하여 1935년에 7만 1천 여 정보에 달하는 거대 산림을 확보하
였다.[3] 그런데 三井은 거대 산림지주로 군림한 것이었고, 농사경영을
목적으로 한 사업은 아니었다. 한편 신흥재벌 野口의 토지소유는 1928
년에 가서야 이루어졌는데, 이는 野口재벌의 직계회사인 조선수력전
기회사의 수력전기개발에 수반한 필요 용지의 취득이어서 역시 농사
경영을 목적으로 한 것은 아니었다.[4]

　[부록 1]에 의하면 大倉농장, 조선흥업, 東山농장은 한국에서 자리
잡은 대표적인 일본재벌지주로, 이 3개 재벌이 차지한 경지면적만 해
도 전성기 최고 경작면적을 기준으로 계산해 보았을 때 거의 3만 정보
에 달하는 광대한 면적을 점하고 있었다. 이들 재벌지주들의 공통적인
특징을 淺田喬二는 다음과 같이 지적하였다.

　(1) 재벌자본의 한국에서의 토지소유는 '병합' 전에 이루어졌다.
　(2) 재벌지주는 한국에서의 일본인 거대지주의 전형이었다.

---

3) 權寧旭, 「朝鮮における日本帝國主の植民地的山林政策」, 『歷史學研究』 297
　　집, 14쪽.
4) 이에 관해서는 淺田喬二, 「舊植民地·朝鮮における日本人大地主の變貌過
　　程(下)」, 『農業總合研究』 제20권 제1호, 農業總合研究所, 1966. 참조.

    (3) 한국에서의 토지소유가 자본 형성 및 확립의 주요한 원천은 아니 었다.

    (4) 토지소유에 기초를 둔 소작료의 취득이 주요 목적이었다.

    (5) 재벌지주에 의한 소작료 수취는 재벌자본 전체의 자본 축적, 확대 재생산에 의하여 제1義的인 것은 아니고, 종속적인 의미였다.[5]

이러한 분석은 한국에서의 일본인 재벌지주의 성격을 정확하게 지적한 것이기는 하나, 일본 경제계에서의 재벌자본의 위치를 규명하기 위한 차원에서 지적된 피상적인 성격들이다. (1), (2), (4)의 경우는 사실상 대표적 3개의 재벌뿐만 아니라, 당시 일본인 거대지주들에게서 거의 공통적으로 보이는 사항이다. [부록 1]에 제시된 거대지주들의 경우가 거의 러일전쟁 전후로 진출하였고, 또한 고율 고액의 소작료 징수가 소작제 농장경영의 주목적이었기 때문이다.

(3)의 경우는 사실상 한국사에서의 한말·일제 시기 일본인 거대지주의 성격을 규명하는데 있어서는 주된 논점이 될 수 없다. 게다가 (5)의 경우 재벌지주의 자본축적 및 확대과정에서 한국에서의 소작료 수탈이 단순히 종속적인 의미였을 뿐이라는 규정은 일본 거대재벌의 총자산규모 상 한국에서의 수탈로 인한 자본축적이 미비하였다고 하는 식의 침탈자 위주의 계산방법이다. 식민지 시기 일본 거대지주의 한국 농업 수탈에 관해서는 그 규모와 수탈의 정도가 차지하는 비중을 일본 경제사에서 찾을 것이 아니라, 당시 한국 경제에서 80%를 점하고 있었던 농업분야, 그리고 농업에 종사하는 경작자의 90%를 점하는 소작농의 현실에서 파악해야 할 것이다. 그것은 일본 거대지주와 제국주의 침탈에 의한 한국농업의 피폐와 농민의 몰락이라는 침탈의 결과에 대하여 동 시기 일본이 만주나 중국, 대만에서 얻을 수 있었던 이득에 비하면 비중이 적었다는 식의 책임 회피적이고, 문제의 본질을 벗어난

---

5) 淺田喬二, 앞 글(1966), 147쪽.

궁색한 침략자의 변명에 불과하기 때문이다. 더군다나 실상은 한국에서의 소작제 농업경영이 일본재벌자본의 가장 손쉽고 확실한 자금 조달원으로 기능했었음은 특히 조선흥업의 영업실적과 고율의 주식배당률, 순익률에서도 확인된다.

다음은 경영방식과 규모면에서 약간의 차이를 보이는 3개 재벌의 농장경영 형태에 관한 비교표이다.

<표 7-1> 大倉, 東山, 조선흥업주식회사의 경영규모 및 방식 비교

	大倉	東山	조선흥업
규모(町步)	2,500	7,500	17,567＋16,255町9反步*
농장설치시기	1903	1907	1904
소재지	전북	전북, 전남, 경기	황해, 경기, 충청, 전라, 경상
토지 특징	논	논, 목장	논, 밭
경영형태 및 주주구성	개인 농장	주식회사 소수의 岩崎家 위주의 친족구성	주식회사 다수의 제일은행계 및 澁澤(자본) 관련 인물중심
본점 및 계열 회사	몽고, 중국의 농장경영	동경에 본점 동산농사주식회사 한국지점. 브라질 및 인도네시아 지점	동경에 본점 한국에서만 농장경영
비고	大倉喜八郎의 개인농장	三菱의 인도네시아, 브라질 등의 농·목축업 사업의 일환	한국 내 소작제 농장경영이 사업목적

* 『영업보고서』 제41기(1944년 4월 1일~1945년 3월 31일), 1~5쪽. 조선흥업도 1945년 1월 2일자로 조선총독부로부터 朝鮮國有林野部分林令에 의하여 함경남도 文川郡 및 강원도 伊川郡 소재의 部分林設定區에 있어서 국유림야에 대한 조림자로 지정받았다.
* 경영규모는 최대 경작면적을 기재함.

大倉재벌의 전북 沃溝농장은 시기면에서 한국진출의 선구였다.6) 그러나 이 농장은 東山이나 조선흥업과는 달리 주식회사 형태도 아니었고, 단지 大倉喜八郎의 개인 농장적 성격이 강했으며, 경영도 일찌감

318

<그림 8> 大倉喜八郞

치 총 2,500정보 가운데 동양척식주식회사에게 대부분을 매각하고, 약 500정보 규모만을 유지하였다. 물론 1917년에 가서 다시 500정보 정도의 농토를 다시 추가로 매수해 들이기는 하지만 기본적으로 大倉재벌은 한국 내에서의 소작제 농장 경영에 주력하지는 않았다. 다만 조선흥업의 대주주로서는 지속적으로 참여하였다. 일본재벌 중에서 大倉재벌은 일찌감치 중국과 만주에 진출한 것과 관련하여 한국에서의 투자를 대부분 정리하고 중국 투자로 전환했던 것으로 추정된다.[7]

三菱의 동산농장은 전남과 전북, 경기 지역에서 주로 논농사를 중심으로 하여 사업에 착수하였고, 三菱의 인도네시아 수마트라나 브라질 농장과 함께 동산농사주식회사의 한국지점으로 운영되었다. 이는 한국 내에서의 농업경영만을 사업목적으로 한 조선흥업과는 대조가 되며, 한국에서의 규모만 보자면 조선흥업에 미치지 못하였다. 또한 조선흥업은 논농사뿐만 아니라 밭농사에서도 대두 경작과 면작을 집중적으로 경영하여 농업분야에서 일제의 식민지 농업정책을 충실하게 반영

---

6) 大倉농장에 관해서는 하지연, 「한말 일본 대자본의 對韓 경제침탈 - 大倉組 를 중심으로 - 」(2007) 참조.

7) 大倉財閥研究會, 앞 책(1982), 120~128쪽.

하고, 선도한 전형적인 농업회사였다. 따라서 식민지 한국에서의 일본인 거대지주로는 조선홍업이 동산농장에 비하여 월등히 그 비중이 컸다.

또한 주주의 구성에서 볼 때 조선홍업은 약 360명 내외의 주주가 꾸준히 유지되었고, 비록 제일은행계가 주축을 이루기는 했으나 일본 내 유력 실업가나 일반인에 이르기까지 다양한 부류가 주주를 구성하고 있었는데, 동산농사주식회사의 경우는 주로 岩崎家 관련의 소수 친족에 의한 대주주가 주식을 장악하고 있었다.[8] 이러한 점에서 동산농장은 岩崎久彌의 개인 농장적 성격이 강했다고 평가되기도 한다. 물론 조선홍업이나 동산 모두 주주와 경영진에서 한국인들의 참여는 거의 배제되어 있었다. 그리고 고율 고액의 소작료 수탈을 바탕으로 한국을 일본의 식량과 원료 공급지로서 재편해 가는데 주도적 역할을 수행한 식민지 대지주의 전형이었던 것이다.[9]

그러면 본서에서 살펴본 조선홍업의 농장경영의 실태 및 농민지배 방식, 소작농민의 존재형태 등을 근거로 하여 조선홍업은 물론이고, 한말·일제 강점기 일본인 대회사지주의 농업경영성격을 정리해 보기로 하겠다.

이미 살펴본 바와 같이 고액 고율의 소작료 수탈과 그로 인한 궁핍한 경제적 참상, 소작인오인조합이나 홍농회 등의 관리통제조직을 통한 경제 및 경제외적 강제의 遺制로 증명되는 반봉건성, 끊어지지 않는 소작인-회사지주와의 채무 고리관계는 조선홍업의 식민지 소작제 농업경영이 '근대성'으로 설명되기 힘든 '식민성'을 강하게 띠고 있었음을 보여준다.[10]

---

8) 『東山農事株式會社營業報告書』, 각 기별 주주명단 참조.

9) 하지연, 「日本人 會社地主의 植民地 農業經營 - 三菱財閥의 東山農事株式會社를 중심으로 - 」(2007) 참조.

10) 신용하는 일제하 지주제도를 '植民地半封建地主制'로 설명했다. '植民地半封建地主制'의 개념에 관해서는 신용하의 「日帝下 地主制度와 農民階層의 分

첫째, 조선흥업의 소작료 구성요소는 '지대+토지개량비+농업 자재의 선대이자+조세공과' 외에 흥농회 회비와 저금, 각종의 구제비까지 가산되어 60~80%에 육박하는 엄청난 고율의 소작료였다. 이는 조선흥업의 상업고리대 자본가적 '식민지성'을 극명하게 보여주는 부분이다. 게다가 그 대부분의 소작료를 현물소작료로 징수한 점은 '반봉건지주'적 성격까지 보여준다.

다음은 1904년 무렵 조선흥업에게 토지를 매각했던 황주지역 지주들이 1928년 山梨총독에게 올린 진정서 가운데 일부로 조선흥업의 과다한 소작료 징수와 단순한 지주차원을 넘어선 또 하나의 식민지 권력기구로서의 고압적 폭력성을 볼 수 있는 자료이다.

∘ 경작권 매도대금에 의하여 作定하는 소작료를 토지의 좋고 나쁨에 의하여 변경해 정하는 식으로 인상하여 평균 4배가 됨.
∘ 소작료 징수 때에 斗量을 불공평하게 하여 비리의 소작료를 加徵하는 동시에 소작료 품질의 등급은 회사원이 임의로 결정하여 상등품 이외에는 조사금을 징수하는 수법의 사실이 있음.
∘ 소작권을 이유 없이 박탈하고, 소작인에게 태형을 감행하는 사실.
∘ 지점장은 소작인에게 곤란한 사정을 면담하라고 하면서도 부하사원

化」(1987) 참조. 일제하의 지주제도는 그것이 봉건적 지주제인가, 근대자본제적 제도인가, 아니면 제3의 형태인가에 대하여 1) 잉여생산물의 수취수준과 양식, 2) 신분적·경제외적 강제, 3) 地代의 노동·현물·화폐 형태가 기준이 될 수 있다. 첫째 기준, 즉 잉여생산물의 수취의 기준에 보았을 때, 생산량의 50%의 지대율은 잉여생산물의 일부가 아니라 그 전부에 해당하는 것이었다. 또한 소작료는 그 수취양식으로 볼 때 잉여 생산물의 전액을 직접 수취함으로써 지대부분은 근대 자본제 지대나 이윤이 아니었다. 둘째, 일제하 지주의 소작농에 대한 경제외적 강제는 봉건적이라기보다는 그 遺制로서 여전히 존재하였다는 것이다. 셋째, 지대 수취면에서 볼 때에도 1930년대 논에서의 현물지대가 93.9%라는 압도적 비중을 점함으로써 지대의 범주는 충분히 자본제적인 것이라고 평가하기 어렵다. 따라서 일제하 한국의 소작제도는 '식민지 반봉건지주제'로 규정될 수 있다.

을 통하여 전달케 하고, 직접 하지 않아 소작인의 실정을 알 길이 없
다는 사실.
◦ 소작인에게는 오인조계약이라는 연대계약을 강요하여 혹 소작료 미
납이 있으면, 연대 보증인에게 거두는 가혹한 방법을 쓰는 사실.
◦ 다음해 용 종자는 소작료 다과에 의하여 소작료 납입 때 납입케 하
였다가 파종 때 지급함으로써 그 운반에 사용한 시일을 '空費'하는
사실.
◦ 소작인을 모아 소위 흥농회라는 단체를 만들어 놓고, 회원이 된 자
에게는 입회비로 2원씩 회비를 내게 하고, 회원에게는 회비로 연 소
작료의 2/100와 저곡으로 2/100를 합하여 4/100를 징수하는데, 회의
모든 비용은 회사에게만 있고, 소작인 회원에게는 없다는 사실.[11]

　결국 소작료의 변경과 증액징수는 전적으로 회사 측에 의해 결정되
고, 강제 집행되었다. 위에서의 사례처럼 한국인 원지주가 조선흥업에
토지를 매각할 당시 책정한 소작료를 조선흥업은 임의로 변경, 증징하
였고, 이에 불복할 경우, 소작권 박탈에 사사로이 태형까지 감행함으로
써 전근대적 '지주-소작인'의 예속적이고 인신적 관계에 기반을 둔 막
강한 식민지 거대지주로 군림하였다. 이렇게 책정된 고율의 소작료에
각종의 지세, 公課金, 비료 및 종자대, 선대금, 심지어 각종 적립금 및
구제비까지 가산되어 80%에 달하는 살인적인 수취율이 책정되었다.
　또한 조선흥업의 소작료 수취의 형태를 보면 대부분을 현물로 징수
하여 곡가변동의 상황에 따라 매각의 시차를 둠으로써 이익을 극대화
해갔다. 토지개량과 관개시설의 혜택으로 증대된 이익도 고스란히 회
사가 차지했고, 소작인들은 이전보다 강화되고, 가혹해진 수탈 속에 극
도의 빈궁한 생활에 시달렸다. 조선흥업 소속 소작인들은 전국 및 황
해도 지역의 농가수지 실태를 두고 비교했을 때에 하류에 가까운 빈농
의 궁핍함을 면하지 못하고 있었다. 조선흥업은 한국인 소작농에 대한

---

11) 『중외일보』, 1928년 6월 19일.

소작제 경영 자체는 강한 봉건적 수탈성을 띠면서 동시에 소작료의 유통·판매 부분에서는 곡가변동에 따른 매각 시기의 조정을 통하여 회사의 이윤 창출을 최대한으로 끌어올렸다. 수탈적 식민성과 근대적 합리성이 동전의 양면처럼 결합된 이중성과 모순을 띤 전형적인 식민지 소작제 경영시스템이었던 것이다. 분명한 것은 식민지 소작인에게는 식민성이 강요되었다는 것이다.

둘째, 조선흥업의 고율 고액의 소작료 수취는 다름 아닌 경제외적 강제의 유제 내지 그 자체의 존속으로 가능하였다. 봉건시대에 있어서는 신분제를 통한 지주의 농민에 대한 인신적 예속이 경제외적 강제의 실현을 가능하게 하였다. 그러나 19세기 지주제도에 있어서 소작농민의 사회적 지위는 이미 양인출신 소작인은 자유민이었고, 노비출신 소작인의 경우는 자기 주인이 아닌 타인의 토지를 借耕할 때에는 지주와 소작인 사이에는 신분적 강제는 없었으며, 노비출신의 소작인이 자기 주인의 토지를 소작할 경우에는 신분적 강제가 해체되면서도 존속하다가 갑오개혁을 전기로 폐지되었다. 따라서 한국에 있어서 19세기에 이미 소작인의 사회적 지위는 현저하게 상승해 있었고, 1894년 이후 제도로서의 경제외적 강제는 완전히 철폐되어 그 遺制만이 부분적으로 잔존하고 있었다.12)

그런데 조선흥업의 경우 신분적·경제외적 강제는 소작인오인조합이나 흥농회 조직 같은 인신적 구속을 가능케 한 관리통제조직에서 확인된다. 특히 소작인오인조합의 경우 한국과 일본의 전통시대 국가나 지주의 조세 및 지대수취의 확실한 담보조직으로서 존재했었던 한국의 오가작통법이나 일본의 소작인오인조합의 遺制 내지 재현이었다는 점에서 그러하다.13) 그리고 회사 자체의 조직 이외에 쟁의 발생과 처

---

12) 신용하, 앞 책(1987), 176쪽.

13) 일본 德川막부시대의 농민통제장치였던 오인조제도는 촌락 내의 조합 상호 간의 감찰을 목적으로 하는 連帶制를 그 운영의 핵심으로 하고 있었다. 오인 조제도의 핵심을 이루는 연대제는 봉건영주에 대한 貢租의 납부의무를 충실

리과정에서 보이는 일제 식민지 공권력의 식민지 대회사지주 보호 및 한국 소작인 탄압은 식민지라는 특수한 정치적 여건 하에 자행된 경제외적 강제였던 것이다.

셋째, 고율의 소작료 수탈로 인한 소작농민의 경제적 몰락과 그로 인한 회사지주와의 채무관계는 끊임없이 되풀이되었다. 즉, 종자 및 농기구, 비료, 식량 등 농업 생산과정에서의 생산수단을 지주가 독점하여 생계위협의 선상에 놓인 한국 소작인들은 소속 지주로부터 이 모든 영농자금을 대여할 수밖에 없는 구조였다. 조선흥업을 비롯한 일본인 회사지주들은 선대할 농업자재를 구입할 때는 도매가격으로 대량구입하고, 이를 한국 소작인에게 선대할 때는 소매가격으로 선대하여 상업이윤까지 착복하였으며, 선대한 영농자금과 농업자재의 원금에 고리대이자까지 가산되어 징수되었다. 소속 지주 이외의 상업자본가로부터의 채무는 소작계약 해제의 조건이었으므로 소작인으로서는 조선흥업, 즉 흥농회에서 대여하는 농업자재와 자금을 사용할 수밖에 없었다. 이런 점에서 조선흥업의 소작료에 포함된 각종 농업자재의 원리금은 식민지성이 강한 것이었고, 고율 소작료 지대부분의 반봉건적 성격과 서로 상응하여 유착되어 있었던 것이다.[14)]

일제 강점기 일본인 농업학자 久間健一은 한말·일제하 한국에서의 지주를 크게 2가지 유형으로 구분하였다. 즉, 하나는 기업적 지주로 일본에서 건너온 영리적인 토지 투자가이고, 한국농업 개발에 공헌한 선구자라고 하였다. 또한 다른 하나는 봉건적 지주로 소위 재래형 지주이고, 한국의 양반귀족이 여기에 속한다고 하였다.[15)] 그런데 이런 도식화된 지주의 유형화 작업은 이미 지주제에 관한 연구에서 비판되었고,[16)] 현재로서는 전혀 설득력이 없는 이론이다.

히 이행하는 수단으로 운영되었던 것이다. 즉 租稅연대제였다.(古島敏雄, 『日本封建農業史』, 東京, 1941, 144쪽 ; 고승제, 앞 글(1982), 124쪽)

14) 신용하, 앞 책(1987), 310~317쪽.

15) 久間健一, 앞 책(1943), 22~24쪽.

그런데 주목할 점은 일찍부터 일본인 학자에 의해서도 일본인 거대 지주들의 봉건성과 폭압성, 수탈성이 비판되고 있었다는 것이다. 당대 일본인 농업 학자 스스로도 식민지 농촌사회의 참담한 현실과 외래지주의 수탈에 대하여 그 심각성을 인정한 것이었다.[17] 즉 일본인 지주들은 한국농업의 개발 담당자라는 위치에서 일제의 식민지 농업정책의 직접적 수행자로서 권력대행기관의 성격을 갖고 있었다. 그 때문에 식민지 소작인에게는 일본인 지주가 한국인 지주 그 이상의 권력체였던 것이다. 그리고 한국농업의 식민지 체제하 개발과정이 관료 및 지주를 개발주체로 하여 관권의 전폭적 지원과 국가정책의 대행이란 차원에서 추진되었기 때문에 더욱 폭압적일 수밖에 없었다.

김준보에 의하면 일본인 거대 농업회사의 농업생산방식에 대한 자본주의적 변형은 그 자체가 목적이 아니었다. 즉, 한국의 농업생산방식에 일정한 변형을 가하지만 이는 최대 이윤 실현이 가능한 정도까지의 변형이었고, 어디까지나 궁극적인 목적은 최대한도의 수탈과 이익의 실현이었던 것이다.[18]

식민지 농정의 농업개발이라는 것은 한국의 농업현실을 전혀 고려하지 않은 일본식 농업기술의 무조건적 이식과 일본품종의 강제로 여러 가지 부작용을 초래했다. 즉 개발이라기보다는 '일본종자 및 농법으로의 개량'이라고 설명하는 것이 더 적절할 것이다. 그리고 1930년대 들어서서는 1920년대의 산미증식계획의 실질적 실패를 본보기로 하여 또 다른 품종의 개량과 식민지 농정의 변화 등이 추진되었다. 1920년대 추진되었던 산미증식계획의 토지개량사업과 수리시설 확충이 생산력 증대의 효과를 본 것만은 사실이다. 하지만 여기서 우리가 주목해

---

16) 홍성찬, 「일제하 기업가적 농장형지주제의 존재 형태」(1986) ; 장시원, 앞 글(1989) 참조.

17) 久間健一, 앞 책(1943), 3~4, 20~24쪽.

18) 金俊輔, 『韓國資本主義史研究(II) - 封建地代의 近代化機構分析』, 일조각, 1974. 참조.

야 할 것은 개발과 증산, 수익의 증대, 근대적 농법의 진전 등의 수혜
를 과연 누가 차지하였는가의 문제이다.

<표 7-2> 일제하 경영 형태별, 지역별 춘궁농가수 (1930년 현재, 단위 : 戶, %)

	자작농	자소작농	소작농	합계
남부지역	47,652(23.9%)	198,235(41.3%)	524,171(73.3%)	770,058(55.7%)
중부지역	16,929(15.2%)	71,135(35.1%)	218,407(69.9%)	306,471(48.9%)
북부지역	27,723(13.6%)	54,100(31.3%)	94,933(57.0%)	176,756(30.9%)
전체	92,304(18.4%)	323,470(37.5%)	837,511(68.1%)	1,235,285(48.3%)

* 출전 : 조선총독부 農林局, 『小作に關する參考事項摘要』, 1934, 69쪽.

<표 7-3> 일제하 주요 식량 농산물의 1인당 소비 추세 (단위 : 石)

연도＼품목	쌀	조(粟)	콩(大豆)	보리	밀	계(평균)
1917~1921	0.6860	0.3231	0.1831	0.4394	0.1098	1.7414
1922~1926	0.5871	0.3642	0.1772	0.4088	0.1280	1.6653
1927~1931	0.4964	0.3564	0.1563	0.3876	0.1145	1.5112
1932~1936	0.4017	0.2885	0.1486	0.4434	0.1063	1.3885
1928	0.5402	0.3617	0.1915	0.3804	0.1241	1.5979
1933	0.4117	0.3187	0.1398	0.4325	0.0942	1.3969
1936	0.3877	0.2820	0.1543	0.4995	0.1123	1.4358

* 출전 : 姬野實, 『朝鮮經濟圖表』, 206쪽.

개발은 수탈을 동반하고, 수익의 증대는 분배의 불평등과 독점이라
는 형태로 진전되었다. 따라서 수치적 증산과 수익의 증대를 개발과
근대화로 평가할 수 있을지는 경제적 수치에 기준한 판단에 앞서 일제
의 식민지 농정이 남긴 역사적 결과, 식민지 농정의 피폐와 예농적 수
준으로 전락한 한국 소작농의 파탄에서 찾아야 할 것이다.[19)]

---

19) 박섭은 「1912~1940년까지의 한국농업생산통계」(『경제학 연구』 47집 4호,
   1999)를 통하여 일제하 한국농업의 총생산액, 토지 생산성, 단위 면적당 생산
   량, 농업노동자 1인당 생산액을 10년 단위로 하여 검토하였다. 그리고 이 연
   구를 통하여 1920년대의 농업 성장 속도가 1930년대보다는 낮았으나, 1910년
   대보다는 높았다는 결론을 유도하여 일제하 한국농업이 성장하는 과정이었
   음을 주장하였다. 그리고 우대형이 1920년대 미곡생산성의 정체와 수탈현실

그것은 <표 7-2>와 <표 7-3>에서 제시된 것처럼 전국 평균 68.1% 에 달하는 엄청난 비중의 춘궁농가수와 해를 거듭할수록 열악해져 가 는 한국인의 1인당 미곡 소비량에서 분명하게 확인된다.

또한 '감시와 강제'에 의한 농업개발과 그 개발이익의 분배과정에서 한국 소작인은 철저하게 배제되었고, 한국 소작인의 자발적이고 자유 로운 농업개발은 전혀 용납되지 않았다. 그리고 기존의 한국인 지주와 소작인 사이에 존재했었던 봉건적 신분의 상하관계는 근대적 계약이 라는 형식적인 근대의 틀 속에서 사실상 일본인 지주와 한국인 소작인 이라는 민족적·계급적 모순이 가중되어 또 다른 종속관계로 변질되 었다.

결론적으로 일제 강점기 식민지 지주제가 근대성 혹은 합리성을 띤 자본제적인 것이었는가, 아니면 반봉건적이었는가에 대한 질문보다는 이러한 일본인 회사지주의 식민지 농업경영 사례를 통해 오히려 지주 제적 생산관계가 강하게 존속할 수 있었던 역사적 조건, 즉, '식민지'라 는 특수한 역사적 모순이 식민지 한국농업과 농민에게 어떻게 작용했 는가에 대한 실증적 규명과 역사적인 이해가 우선되어야 할 것이다. 즉, 농업이 자본주의체제의 지배를 받는다고 하여도 반드시 근대화한 다는 법칙은 성립하지 않는다. 봉건적 농업의 특질인 지주제는 자본주 의 경제체제에 식민지 지배체제가 중첩되면서 오히려 더 강화되었다 고 할 것이다.[20]

을 지적한 것에 대하여(우대형, 앞 글(1998) 참조) 반론을 제기하였다. 그러나 박섭 역시 현 일본 —橋대학 일본경제연구소가 만든 『舊日本植民地經濟統 計』의 전자문서에 근거하여 정리한 연구로 단순히 일제하 단위면적당 생산 량과 농업인구 1인당의 평균 생산액에만 중점을 두고 수치를 제시한 것일 뿐 이다. 이 통계수치에서는 일본인과 한국인의 구분이 없으므로, 그것은 증산된 생산량과 파생되는 농업이윤의 분배에 관한 부분이 제시되어 있지 않다. 일 제시대의 경제 성장률과 일제시대 한국인의 경제 성장률은 어디까지나 별개 문제였던 것임을 전제로 할 때 박섭의 분석 역시 오류가 있는 것이다.(허수 열, 앞 글(1999), 161~162쪽 참조.)

조선흥업은 이러한 일본인 거대지주가 갖는 국가지주, 혹은 반국가 지주적 권력의 속성을 그대로 안고 있었던 식민지 지주의 전형이었고, 선구적으로 한국에 진출하여 후발 일본인 지주의 이주와 정착, 그리고 식민지 지주로의 성장을 선도하였다. 또한 일제당국의 농업개발과 지도를 충실히 수행하고, 각종의 보조금과 정책적 후원을 받는 등 일제와의 상호지원 및 협조관계 속에서 조선흥업은 '관청의 대행기관'이었던 것이다.[21] 게다가 조선흥업은 1941년부터는 中國事變國庫債券, 大東亞戰爭國庫債券, 朝鮮林業開發株式會社株式, 각종의 기부금 및 軍用機 헌납 등 일제의 제국주의 침략전쟁 수행을 위한 각종의 국공채 자금조성에 적극 협조하였다.[22] 따라서 이들 조선흥업을 비롯한 일본인 거대지주들의 식민지 농업경영을 과연 봉건적 토지소유에서 근대적 소유로의 질적인 변화이자 합리적이고 근대화된 경영이라고 규정할 수 있는가라는 문제제기에 대하여 그것은 일본의 입장에서는 분명 최대의 이윤창출과 수익의 극대화라는 자본의 논리에 충실한 근대적 경영으로 평가될 것이다. 그러나 1941년 무렵 한국광복군 총사령관 李靑天의 「敵區內同志同胞들에게 고함」이라는 담화문에서도 명확하게 지적되었듯이 조선흥업은 不二, 東山, 熊本, 동양척식주식회사 등과 함께 한국인에 대한 식민지 수탈의 전형이었던 것이다.[23]

그러면 여기서 본서의 내용을 간략하게 요약 정리하는 것으로 마무리하겠다.

조선흥업은 일본 자본주의를 육성, 발전시키는 데 지대한 공헌을 한 澁澤榮一의 제일은행계 회사로서 일제의 한국 침략과 식민지 농업정책의 수행, 아울러 기업의 사익실현이란 양자의 이해관계가 일치된 전

---

20) 배영순, 앞 글(1983), 198~199쪽.
21) 久間健一, 앞 글(1943), 297쪽.
22) 『영업보고서』 제38기(1940년 4월 1일~1941년 3월 31일), 제39기(1942년 4월 1일~1943년 3월 31일), 제40기(1943년 4월 1일~1944년 3월 31일) 참조.
23) 독립운동사편찬위원회, 『독립운동사』 제6권, 212~216쪽.

형적인 사례였다. 따라서 조선흥업은 설립 당시부터 일관되게 일제 공권력의 지원을 받았고 또한 그 반대급부로 일제의 대한농업정책에 대한 충실한 대행이라는 상호관계 속에 운영되면서 식민지 초과이윤을 창출해냈다.

조선흥업은 일제의 한국강점 이전인 1904년부터 한국 전역에 걸쳐 1만 7천여 정보, 소속 소작인 1만 6천 5백 명에 달하는 거대농장을 개설하고, 식민지 공권력의 정책적, 금융적 지원과 일제의 농업정책에 대한 적극적 협력사업을 통하여 1945년까지 한국인에 대한 가혹한 수탈과 착취로 고율의 수익을 창출하였다. 그 규모는 식민지기 한국경제 생산력의 80% 이상을 점하고 있던 농업부분에서 국책회사인 동양척식주식회사를 제외한 개별지주로서는 최대 규모의 회사지주였다. 그리고 한국 내 30정보 이상의 일본인 대지주의 경작면적 중 거의 8%를 차지하고 있었고, 한국인 지주까지 합한 통계에서도 3%를 점하는 거대회사였다. 따라서 조선흥업의 식민지 농업경영의 식민성을 규명하는 과정은 '식민지 시기 한국농업의 왜곡과 한국민의 몰락', '왜곡된 근대 경제로의 이행과 좌절된 발전 가능성'이라는 측면에서 반드시 필요한 작업이라고 생각된다.

제2장에서는 우선 澁澤자본이 한국에 진출하게 된 배경으로서 일본자본주의에서의 澁澤자본의 위상과 그 경영성격, 그리고 개항 이후 澁澤자본의 한국경제 침탈을 살펴보았다. 澁澤은 일본 대장성 관료출신의 실업가로, 그의 경영성격은 국익우선주의 경영이었고, 이는 사익을 우선적으로 추구하던 동 시기 다른 일본재벌과는 구별되는 점이었다. 그는 일본 자본주의의 맹아기에 일본 내 500여 개 기업의 설립과 운영에 관여하였고, 교육과 사회·문화, 국제 조직으로는 600여 개 이상에 관여하여 일본 근대자본주의의 아버지로까지 추앙받았다. 그런데 일본 자본주의의 성립과 발전에서 일등 공로자였던 澁澤은 이러한 국가이익을 우선 실천한다는 취지 하에 일제의 한국침략을 선봉에서 수행하

였고, 사실 그것은 일본의 국가적 공익과 기업의 사익을 모두 실현하는 최선의 길이었다.

澁澤자본의 구체적 한국경제 침탈은 제일은행으로 대표되는 화폐 및 금융권의 장악, 경인철도 및 경부철도 이권, 직산금광 이권, 경성전기회사 이권, 농업 및 창고업과 축산업 분야에서의 침탈 등 경제계 모든 분야에서 선봉적 역할을 하였다. 그는 자신의 조국 일본의 자본주의 발달을 위하여 이웃 나라 한국을 희생시키는 각종의 침탈정책을 입안·실행한 주체였고, 그 과정에서 주한일본공사 林權助, 한국 재정고문 目賀田種太郎, 韓國駐屯軍司令官 長谷川好道, 統監府, 이후 조선총독부 등 일제 공권력의 적극적인 협조와 비호를 받았다.

한편 澁澤자본의 對韓 경제침탈 가운데 특히 농업분야는 조선흥업이라는 거대 농업회사의 운영을 통해 실현되었다. 조선흥업은 러일전쟁 발발 직전인 1904년 한국에서의 토지매수에 착수하였는데, 대한제국기 외국인의 토지 거래 및 소유는 국법으로 금지되어 있었다. 사실 강화도조약 제4조에서 이미 외국인의 토지소유를 금지하고 있었음에도 불구하고, 일본인들은 크게 현금 매입 혹은 고리대금업을 통한 '저당유질', 혹은 양자를 혼용한 방법 등을 이용하여 불법적으로 토지소유를 확대해 갔다. 일본인이 한국에서 대규모로 토지를 손쉽게 확보할 수 있었던 원인은 저렴한 한국의 지가, 그에 따른 높은 토지수익성, 대한제국기의 강화된 봉건적 수탈과 '균전문제'로 방매되는 토지의 증가, 부패한 지방관청의 외국인 토지소유 묵인 및 협조 등 여러 가지 원인이 복합적으로 작용한 데 있었다.

일본인에게 토지를 매각한 한국인 지주들은 대부분 해당 토지의 소작인으로 흡수되어 장기간 내지 영구 경작권을 보장받았는데, 조선흥업의 경우가 대표적인 사례였다. 조선흥업은 50개년 기한의 경작권을 매수하면서 한국인 원지주들을 소작인으로 흡수해 들이는 대신 저렴한 소작료를 책정하였다. 이 과정에서 매매토지의 가격에 따라 소작료가 책정되는 까닭에 한국인 지주들은 거의 헐값에 토지를 팔고 저렴한 소작료를 보장받고자 하였다. 그러나 이러한 한국인 소작인의 권익은 이후 조선흥업이 일방적으로 소작료를 인상시키거나 계약 당시 보장해 주었던 50개년 기한의 소작권을 박탈하면서 전혀 보호받지 못하였다.

또한 일본인이 대한제국기 한국에서 대지주화 할 수 있었던 외부적 요인으로는 일본의 식민지 농업개발, 이민정책 등 제국주의의 침략 정책적 측면도 있었다. 이렇게 강점 이전부터 한국에 정착한 일본인 대지주 내지 농업회사들은 한국 소작인에 대한 고율의 소작료를 수취하는 전형적인 식민지지주였고, 식민지 공권력의 대행통치기관으로서 기능했던 것이다. 그리고 이들 일본인 지주들의 토지는 1906년부터 통감부에 의해 실시된「土地家屋證明規則」과「同施行細則」등 일련의 일제의 부동산증명제도 마련을 통해 소유권이 합법화되었다.

조선흥업은 일본인들의 한국에서의 토지매입 유형 중 미간지형과 기간지형의 유형에서 볼 때 기간지형에 해당된다. 즉, 대규모 하천을 낀 비옥한 기경지나 경부선과 경의선 연안의 교통요지에 설치되었고, 한국인들로부터 장기간의 경작권을 매수하는 식으로 토지를 확보해갔다. 그것은 대부분의 일본인 지주들이 천수답이나 황무지 위주로 농장을 형성했던 것에 비하면 사업 개시 당초부터 치밀하게 농경 적합지를 선택했다는 점에서 차별성이 있다. 또한 한국인 원지주로부터 소유권이 아닌 경작권의 매수라는 편법을 사용하여 외국인의 토지소유를 금하는 법망을 피할 수 있었다.

그리하여 마침내 1904년 9월 澁澤자본계의 제일은행 임원과 일본의 제1급 자본가들을 발기인 및 대주주로 하여 초기 자본금 100만 원으로 창설되었다. 경영목적은 한국에서의 소작제 농업경영이었고, 그 첫 번째 사업지로서 1905년 황해도 겸이포에 농장이 설치되었다. 이는 곧 1906년 황주 관리소로 변경되었고, 계속하여 1906년과 1907년에 걸쳐 평택, 대전, 삼랑진 및 목포 농장의 정비가 이루어졌다. 1909년에는 부산지점을 설치하여 창고업과 수출입우의 사역 관리업을 개시하였고, 1910년에는 한국척식주식회사까지 병합하여 경산 관리소로 변경, 통합하였다. 이후 자본금 증액과정을 거쳐 마침내 1913년에는 자본금이 300만 원까지 증자되었고, 1929년 해주 출장소 설치 당시에는 전국에 걸쳐 총 경작지 17,300정보에 소작인 16,500명에 달하는 거대 농업회사로 성장하였다.

해방과 더불어 남한에 진주한 미군은 1945년 11월 12일 과거 일본인 지주의 소유경지를 관리할 목적으로 新韓公社를 발족시키고 12월에는 소위 「남조선 내 소재 일본인 재산권 취득에 관한 법」을 공포하여 일본인 지주의 소유지와 기타 재산을 미군정에 귀속시켰다. 이에 따라 조선흥업의 남부 4개 지점은 신한공사 대구지점이나 기타 지점으로 흡수되어 관리되다가 '적산'으로 분류되었다. 그리고 황주 및 해주지점은 북한정권 수립 후 국유지로 몰수된 것으로 추정된다.[24]

제3장에서는 조선흥업 농업부의 전국 지점별 규모와 위치, 생산물의 특징, 토지개량사업 및 일본품종의 보급상황 등에 대하여 구체적으로 분석하였다. 특히 각 농장별 소작인의 수와 경영면적, 주력작물의 조사로 조선흥업의 전국에 걸친 농장분산의 효과 즉, 풍흉에 대비할 수 있는 위험관리의 특징을 파악할 수 있었다.

먼저 조선흥업의 첫 사업지는 1905년 겸이포에서 시작된 황주지점이었다. 당시 한국에 진출한 대부분의 일본인 지주들이 비옥한 수전지대인 전라도를 중심으로 대농장을 형성한 반면, 조선흥업은 황해도를 택하였다. 그것은 우선 조선흥업이 사업을 개시할 당시 韓錢이 폭등하면서 자금 사정상 이미 한국인 지주들이 선점하고 있었던 비교적 지가가 비싼 전라도 지역의 토지매수가 힘들어졌다는 점이 작용하였다. 그러나 그 외에 일본 농상무성 기사 加藤末郎까지 동원하여 조선흥업이

---

24) 『農地改革史關係資料集』 第6輯, 1987. 참조.

한국 전역을 답사한 결과, 황해도 지역이 대규모 농장을 설치하는 데 손색이 없을 만큼 적합지였으며, 대동강과 재령평야라는 우수한 조건을 갖춘 농경지라는 판단을 얻은 결과였다.

조선흥업은 황주농장을 비롯하여 한국 전역에 지점을 설치하는 과정에서 다음과 같은 특징을 보이고 있다.

첫째, 농장을 전국에 걸쳐 고르게 분산배치하고, 재배작물 역시 쌀과 대두, 면화 등으로 분산시켜 풍·흉 및 미가 변동으로 인한 손실을 최소화하였다. 따라서 조선흥업은 매년 고른 이윤의 창출과 손실의 방지를 통해 주주들에게 고율의 배당금을 지불할 수 있었다. 둘째, 자금력이 풍부했던 관계로 기경지 위주로 수확안정지역에 농장을 설치하였다. 또한 대규모 농장 조성과정상 어쩔 수 없이 편입되는 수확불안정지역은 매각하거나 혹은 개량공사를 시행함으로써 농경지를 정리하였다. 물론 그 비용은 총독부의 지원과 고율의 소작료 징수로 충당되었다. 셋째, 경부·경의선을 따라 설치된 농장의 수확물들은 편리하고, 신속하게 부산지점 창고부로 이송되었고, 이는 대일미곡 수출을 위한 것이었다. 넷째, 토지취득과정에서 겸이포 주둔 일본군대의 지원까지 받았고, 또한 토지소유권이 아닌 경작권의 매수를 통해 손쉽게 토지뿐만 아니라 소작인까지 확보하였다. 그리고 동척의 경우와는 달리 '원지주-중답주-소작인'이라는 중층적 토지소유구조의 형성으로 소유권분쟁의 소지가 다분했던 지역을 가급적 피하여 한국인 지방 유력자인 坊長 등을 통해 일일이 매입예정 토지의 田畓結修成冊까지 확보하고 매매 文券에 보증인의 연서를 받았으며, 거래 文券을 회수하여 회사 측만 보관함으로써 토지 매입 후 발생할 수 있는 소유권분쟁의 소지를 원천적으로 차단하였다. 그리고 그 토지는 일제의 한국강점 이후 토지조사사업 당시 한국인 원지주의 허락 없이 조선흥업이 회사명의로 신고하여 소유권을 취득하는 편법을 썼다. 대한제국 말 조선흥업에 경작권을 매각한 한국인 원지주들은 순식간에 기한부 소작인으로 전락하고 만 것이다.

이렇게 형성된 조선흥업의 경지면적은 1929년 이후 최대 17,500여 정보까지 늘어났고, 경작지 구성은 총 경지면적 가운데 논이 전체 경작지의 1/3, 밭이 2/3를 차지하였다. 그러나 경작지 대금면에서 보면 반대로 논이 전체 총 경지 대금의 2/3를 차지했고, 밭의 비중이 1/3 수준이었다. 절대면적의 수치로 보았을 때 논이 최고 5,500정보 이상으로 이는 三菱재벌의 東山농장의 총 경작면적을 초과하는 거대 규모였던 것이다.

그리고 조선흥업의 평균 토지수익률은 사업 초기 10%대였던 것이 토지조사사업의 완료와 1차 세계대전기 곡가 폭등을 타고 20~45%대까지 올라가는 고수익률을 보였다. 당시 한국의 평균 토지수익률이 8~9%대였던 것에 비하여 엄청난 고수익이었으며 이는 고율의 소작료를 바탕으로 가능한 것이었다.

황주지점은 조선흥업 최대 규모의 농장으로서 규모가 1936년 당시 총 8,300여 정보에 달했고, 이는 조선흥업 전체 경작면적의 48.4%에 달하는 것이었다. 주력 작물은 대두였으며, 논의 면적도 670정보에 달하여 황주지점은 논 면적만으로도 거대 규모였다.

해주 출장소는 조선흥업의 지점 중 가능 늦게 설치되었는데, 황해도의 비옥한 취야평야에 자리했으며, 경의철도 본선과 진남포항이라는 교통 및 미곡수출을 위한 최상의 입지조건을 갖추고 있었다. 이 지점은 국유 미간지를 불하받아 취야수리조합 몽리구역 내에 편입되어 개답된 농장으로 총 1,000정보 가운데 433정보 가량이 몽리구역이었고 조선흥업의 지점 가운데 가장 수리조합 의존도가 컸던 지역이었다.

목포 관리소는 1906년 설치되어 면적이 총 3,480정보에 달하였으며, 그 가운데 논이 1,268정보, 밭이 2,149정보로 쌀뿐만 아니라 면화를 주력 작물로 하여 일제의 육지면재배 강제정책에 적극적으로 협조한 대표적인 경우였다. 특히 간척에 의한 개답 면적만도 190정보에 달하였다.

대전 관리소는 당초 1905년 경기도 평택농장으로 시작하였고, 경부선과 호남선의 분기점이라는 교통의 요충지였다. 대전이라는 도시 자체가 식민지기 일본인들에 의하여 조성된 신시가지였는데, 조선흥업의 대전농장은 그 선구적 역할을 한 경우였다. 그 규모는 총 1,280정보로 조선흥업의 기타 농장들에 비하여 비교적 소규모였음에도 불구하고 쌀 소작료의 수납 비율은 매우 높았다.

삼랑진 관리소는 경부선 삼랑진역 부근에 자리하였고, 총 경지면적은 1,700정보에 달했다. 그 관할 지역은 대부분 낙동강과 밀양강 유역의 풍요로운 이모작 지역으로 쌀과 보리의 단위 면적당 수확량이 단연 한국 최고였다. 그러나 수해가 잦은 지역이기도 하여 조선흥업의 농장들 가운데 수리조합 의존도가 비교적 높았다.

경산 관리소는 1910년 鎌田勝太郎의 韓國拓植株式會社를 병합하여 경산 출장소로 계승된 것이었다. 한국척식은 澁澤이 한국정부로부터 4만여 정보의 황무지 개간권을 확보하여 설치한 회사로서 조선흥업의 기타 관리소에 비하여 수리조합 의존도가 높았다. 경산 관리소는 총 1,500정보에 琴湖江을 사이에 둔 금호평야에 자리했고, 쌀, 보리, 콩을 주산물로 하였다.

제4장에서는 조선흥업의 『영업보고서』를 대상으로 자본규모 및 연간 수익률과 배당률, 주요 경영진 및 대주주와 제일은행과의 관계, 澁澤자본의 참여와 지분 비율, 창출된 수익의 분배와 독점문제, 사업별 수익구조 등을 살펴보았다.

조선흥업은 1904년 창립 당시 자본금 100만 원으로 시작하여 여러 차례의 증자 과정을 통해 1913년 300만 원까지 증자되었다. 그리고 그 기간은 불과 10년이 채 안 걸렸는데 그것은 그만큼 한국에서의 고율 고액의 소작료 수탈로 엄청난 수익을 창출할 수 있었기 때문이었다. 조선흥업은 수익률과 주식배당률이 연간 20~40%대에 달할 만큼의 엄청난 식민지적 이윤을 창출해 냈다. 그것은 산미증식계획과 미곡의 대량 대일수출, 그리고 지속적인 곡가의 폭등으로 가능했고, 그 수혜는 고스란히 일본인 경영진과 대주주들에게로 돌아갔다. 경영에 있어서 한국인의 참여는 전혀 없었다.

조선흥업의 경영진 및 대주주는 주로 제일은행계 임원들이 대부분이었고, 또한 澁澤자본 계열사에 관여했었거나 혹은 澁澤의 친인척 및 지인들이었다. 이들이 보유하고 있던 조선흥업의 주식은 총 주식 6만 주 가운데, 대략 1만 6천 주에 달하여 약 27%의 지분을 확보하고 있어서 조선흥업은 澁澤자본의 계열사였던 것이다.

한편 조선흥업의 이윤은 사내 보유금으로 남거나, 사외 분배분으로 대주주 및 경영진에게 돌아간 것이었는데, 수치상 20%가 넘는 고수익은 식민지기 일본인 회사로서는 특수하다고는 할 수 없으나, 그렇다고 하여 일반적인 이윤일 수는 없었다. 조선식산은행 조사에 의한 「조선회사사업성적조사」에 따르면 공칭 자본금 5만 圓 이상의 본점(주식)회사에 있어서 1934~1936년 하반기의 평균 이익률은 15.34%, 배당률은 5.16%였다. 조선흥업은 이에 비하면 엄청난 고수익을 지속적으로 냈던 우량기업이었다. 1940년대 들어서면서부터는 회사의 적립금은 이미 총 자본금을 넘어서서 거의 400만 원대에 육박했던 것이다. 그리고 그 창출된 이윤은 일본으로서는 '자본유출을 수반하지 않는 자본수출'이었던 것이다.[25]

조선흥업은 농업부분이 전체 사업수익의 80%를 차지하는 농업회사였는데, 생산물의 보관과 유통을 위한 부가사업으로서 창고업에 착수하였고, 축산부의 수출입우의 飼育 및 관리는 일본정부의 한국산 소 수입을 위한 필수요건으로서 일제의 국책 사업적 성격을 띤 것이었다. 또한 이들 창고업과 축산업은 농업부의 손실을 보상할 수도 있었던 보

---

25) 山本有造, 「일본의 식민지 투자」, 『일제하 한국사회구성체서설』, 김영호 편, 청아출판사, 1986, 94~97쪽.

완사업의 성격을 띠고 있었다.

제5장에서는 조선흥업의 수탈적 농장경영의 실태와 이윤의 극대화, 소속 소작농가 경제의 참상에 대하여 살펴보았다. 소작인들은 개간 및 수리시설의 확충 등 조선흥업의 토지개량사업에 노동력의 무상제공은 물론, 그 비용이 소작료에 가산됨으로써 이중의 착취를 당하였다. 또한 종자의 선택에 있어서도 일본인의 구미에 맞는 일본품종을 강요받았고, 증산을 위해 화학비료 시용, 일본식 多勞多肥 식부법 등이 강제되었다. 물론 생산과정에서 투입되는 일체의 농자재 비용은 조선흥업의 선대로 배부되었고, 그것은 수확기의 저렴한 곡가로 환산되어 원금에 고리대의 이자까지 첨부되어 환수되었다. 조선흥업은 반봉건적 지주로서 뿐만 아니라 상업고리대 자본으로서의 성격까지 갖고 있었던 식민지 지주였다.

한편 조선흥업의 소작료 징수방법은 회사의 사정으로 소작료를 책정하는 집조와 정액지대인 정조의 형태가 주로 채택되었는데, 집조의 경우 회사 측의 일방적인 수확고 산출로 확정되었고, 정조를 택한 지역에서도 기본 소작료지대에 농업자재비용, 토지개량비, 각종의 공조공과금, 흥농회의 회비 및 저금까지 가산되어 거의 70~80%에 육박하는 엄청난 고액의 소작료가 강요되었다. 그리고 소작료의 수납과정에서도 일체의 포장과 규격, 곡물검사비용 등 상품으로서의 가치를 증대시키는 비용마저도 소작인의 부담이었다. 또한 소작료는 풍흉에 관계없이 무조건 회사에 의해 책정된 액수가 강제되었고, 이를 완납하지 못할 경우 회사는 소작인오인조합의 연대채무제도를 이용하여 받아냈다. 그리고 연대보증제도로서도 완납이 불가능할 경우에는 '연납'이라는 형태로 다음해로 소작료를 이월시키기까지 하였다.

마지막으로 조선흥업은 소작인에 대한 철저한 통제와 확실한 고액의 소작료 수탈을 위하여 소작인오인조합 제도 같은 상호 보증제도와 흥농회라는 회사의 통제조직을 운영하였다. 특히 소작인오인조합은 일본과 한국의 전근대 시대에 존재했었던 봉건영주 내지 지주들의 소작료 수취의 안전장치로서, 소작인을 연대 책임제로 연결하였던 제도였다. 또한 흥농회는 기타 일본인 농장에서도 찾아볼 수 없었던 조선흥업만의 독특한 소작인 관리조직으로서 경제적 통제 및 감시 이외에 소작인에 대한 인신적 관리도 가능케 했고, 소작인을 회사조직에 편입시키는 일종의 군대의 계급조직과 같은 회사지주 측의 관리기구였다. 그리고 이러한 폭압적 통제와 가혹한 수탈은 여러 가지 유형의 저항을 불러 일으켰다.

조선흥업 소작농의 저항양상은 쟁의 이전단계인 생산 및 소작료 납부과정에서의 소극적 저항과 쟁의 및 적극적 분쟁 사례로 구별되는데 이러한 한국농민의 저항은 총독부 권력의 비호와 생산수단을 쥐고 있던 거대 회사지주의 전횡 속에서 결코 성공하기 힘들었다. 총독부와 각 도의 관청 및 경찰권은 조선흥업의 불법적 수탈에 대하여서도 통제를 하지 않았고, 자금력을 가진 조선흥업은 법률 소송까지 치닫는 과정에서도 유리한 판정을 받아냈다. 또한 신속한 경찰병력의 투입으로 거대 일본인 회사지주농장에서 발생하는 한국 소작인의 쟁의는 그 목적을 달성하지 못하고 탄압되었다.

조선흥업은 비슷한 시기 한국에 진출한 일본 大倉재벌의 大倉농장이나 三菱재벌의 동산농장에 비해서도 그 규모가 월등히 컸다. 또한 大倉농장은 한국에서의 소작제 농업경영을 주목적으로 하여 장기 지속성을 가지고 존속한 회사가 아니었던 반면 조선흥업은 한국에서의 농업이 사업의 목적이었고, 50년 이상 존속한 주식회사 형태의 농업회사였다. 물론 동산농장도 주식회사 형태의 농업회사였으나, 三菱은 한국에서의 경영뿐만 아니라 전세계에 걸친 농업 및 목축사업의 일환으로써 동산농장을 경영하였다. 게다가 동산농장이 三菱家의 특정 소수로 주주 및 경영진이 이루어진 반면 조선흥업은 일본 내 유력한 자본가와 제일은행 계열 인사 및 澁澤자본 계열 인사, 혹은 일반인까지 참여한 농업 주식회사였다.

그런데 이들 일본재벌의 한국농업경영은 고율의 소작료 수탈이라는 식민지지주로서의 특성을 공통적으로 가지고 있다. 조선흥업 소속 농가의 경제 현실을 보면 소작인 1인당 경작면적이 약 1정보로 동 시기 한국의 극도로 궁핍한 하위 농가 수준이었다. 또한 불안정한 기한부 경작권과 고액의 소작료 수탈뿐만 아니라 증대된 수익의 분배과정에서 철저하게 한국민은 배제되었던 것이다.

결론적으로 조선흥업은 식민지화 이전 1904년 한국 진출 무렵부터 1945년 패망으로 한국에서 나갈 때까지 지속적으로 일제 공권력의 지원을 받았고, 또한 식민지 농정을 대행하는 관청적 성격의 회사지주였다. 50년 이상 한국 전역에 걸쳐 개별 일본인 회사지주로서는 최대 규모로 소작제 농업회사를 경영했던 조선흥업은 일본식의 농법 이식과 종자 강요, 비료의 강제 등 식민지농정의 대행기관으로서 그 역할을 충실히 하였고, 토지조사사업과 산미증식계획, 남면북양정책 등의 식민지 농정에 따른 경작지 확보와 확대, 쌀의 증산과 수탈, 그리고 일본으로의 수출, 면화의 재배강제와 수출 등 일관되게 일제와 유기적으로 연결되어 있었다. 식민지 한국민에게 있어서 조선흥업은 단순한 지주라는 점을 넘어서 또 하나의 지배 권력기관이었던 셈이다. 따라서 공권력의 후원을 받는 거대 자본의 한국민 지배와 식민지 농업구조의 재편은 결코 근대화와 개발이라는 논리로 설명될 수 없다. 그것은 식민지 수탈체제의 강화 및 극대화를 위한 필요조건으로서의 최소한의 개발이 아닌 개량이었고, 그나마 그 비용도 식민지에서 고율의 소작료로 충원되었다.

이들의 농장경영방식은 일본에서는 보기 드문 식민지적 현상이다. 그들이 식민지에서 기업가적 지주로서 최대이윤을 확보할 수 있었던 경영시스템 상의 근대성과 효율성은 그 터전이 식민지였고, 식민지 공권력과 각종 일본 국책은행의 신탁제도에 힘입은 식민지 농업의 '증산과 수탈'의 유기적 결합으로서 가능했던 것이다.

또한 식민지 시기 한국민들의 경제적 참상과 숱한 저항운동에서 그 식민성은 그대로 입증될 수 있다. 결국 식민지 한국의 일본인 회사지주의 성격은 자본축적, 최대이윤 확보를 위해 수단과 방법을 가리지 않던 제국주의 시대, 제국주의 국가의 식민지 지주, 식민지 자본가 그 이상도 그 이하도 아니었다. 아울러 식민지 회사지주의 경영상의 '근대성'과 '짜냄 내지 수탈'로 규정되는 '식민성'의 복잡미묘한 교차와 양자의 상호 강화 작용은 '식민지적 복합성'을 잘 보여주고 있다. 그리고 이 '식민지적 복합성'은 그 자체의 구조적 모순에도 불구하고 식민지 시기를 가장 잘 설명할 수 있는 '식민지적 특수성'이라고도 할 수 있다.

마지막으로 본서에서는 다루지 못하였으나 추후 반드시 보완되어야 할 연구과제는 조선흥업을 비롯한 한말・일제 강점기 不二興業이나 東山농사주식회사와 같은 거대 일본인 회사의 경영 규모 및 성격에 대한 비교 검토이다. 그런데 동 시기 한국인 거대지주도 반봉건적 수탈성이나 농업자재 및 식량의 상업 고리대적 선대운영에 있어서 일본인 대회사지주와 크게 다르지 않았다. 따라서 이 수탈성과 상업고리대 자본의 중첩된 기능만을 두고 일본인 회사지주의 수탈적 성격으로 부각시킬 수는 없을 것이다. 그러나 일본인 거대 회사지주의 한국인 소작인과의 사회 계급적・경제적 관계는 한국인 지주와 한국인 소작인과의 그것과 성격상 유사할지라도 민족적 모순과 일제 공권력의 거대 일본인 회사에 대한 비호, 거대회사의 일제 농업정책의 대행자 역할, 수탈된 식민지 이윤의 재투자 문제 등에서 보았을 때 분명 차별성은 부각된다. 따라서 일본인 및 한국인 거대지주 내지 농업회사와의 비교 검토, 즉 그 존재형태 및 존속방법, 동척 금융부나 조선식산은행 등의 금융기관, 수리조합과의 관계 등에 대한 비교사적 검토가 추후 반드시 검토되어야 할 과제라고 생각된다.

부 록

【부록 1】 러일전쟁 전후 대표적 일본인 대농장 소재지 및 보유면적 상황 (단위 : 町)

농장 및 지주명	창업 연월	地目	소유면적							소재지						
			1908	1915	1922	1925	1929	1931	1935	1908	1915	1922	1925	1929	1931	1935
大倉農場 (大倉喜八郎)	1903	논	2,351.0		1,014.6	1,609.9	1,012.4	1,029		臨陂 益山 金堤 金溝 萬頃郡		沃溝 益山	〃	沃溝郡	〃	
		밭	7.0		6.9	15.9	8.8	5								
		기타	22.0		3.6	16.7	7.7	2								
		계	2,380.0		1,025.4	1,642.5	1,028.9	1,036	-							
韓國興業株式會社 (澁澤榮一)	1904	논	523.0	2,730.0	2,702.1	3,796.3	3,744.2	3,364	4,983	羅州 務安 智島 海南 珍島 梁山 金海 東萊	경기도 충남 전남	大田 경북각군 황해도 瑞興 黃州 鳳山郡	대전 천안 海南 무안 나주 咸平 珍島 慶山 永川 黃州 瑞興 金海 昌原 東萊 昌寧 淸道	대전 천안 牙山 무안 함평 해남 진도 경산 영천 達城 大邱 密陽 김해 창녕 황주	경기도 始興 대전 아산 천안 무안 함평 해남 밀양 김해 海州	함평 무안 해남 진도 大德 천안 시흥 井邑 청도 경산 영천 밀양 김해 창원 황주 봉산 해주
		밭	5,544.0	8,361.0	9,409.2	10,015.9	10,953.5	10,304	11,346							
		기타	28.0	349.0	156.9	668.2	488.3	518	962							
		계	6,095.0	11,440.0	12,268.2	14,480.4	15,186.0	14,186	17,291*							
東山農事株式會社 (三菱 岩崎久彌)	1907	논	2,912.0	3,400.0	6,188.9	3,872.8	4,219.5	4,272	-	水原 振威 安山 경기 光州 果川 전북 全州 金堤 익산 靈岩 羅州 南平 光州	경기도 전북 전남	경기 수원 전주 김제 익산 나주 황해도 甕 津郡	수원 용인 시흥 진위 전주 김제 익산 광주 영암 나주 황해도 옹 진	수원 용인 시흥 安城 진위 전주 나주 광주 영암 옹진	수원 진위 전주 김제 익산 나주 광주 영암	수원 진위 용인 전주 영산포
		밭	775.0	675.0	5,302.4	1,206.4	1,394.2	955	-							
		기타	605.0	755.0	1,019.1	444.0	384.8	201	-							
		계	4,292.0	4,830.0	12,510.4	5,523.2	5,998.5	5,428	5,500							

농장 및 지주명	창업연월	地目	소유면적							소재지						
			1908	1915	1922	1925	1929	1931	1935	1908	1915	1922	1925	1929	1931	1935
不二興業會社(藤井寬太郎)	1904	논	612	1,308.0	1,623.5	5,740.3	8,792.0	8,894		沃溝 臨陂 益山 외	충남 전북 평북	충남 論山 전북 각군	논산 전주 익산 김제 정읍 옥구 해주 용천 철원	논산 익산 해주 용천 철원	논산 부안 고창 전주 익산 옥구 김제 정읍 용천 철원	
		밭	59	149.0	2,544.8	1,916.0	1,133.8	1,576								
		기타	243	925.0	335.5	255.2	455.9	331								
		계	914	2,382.0	4,503.8	7,911.5	10,371.7	10,801	-							
細川護立	1904	논	912.0	1,189.0	1,698.9	1,776.1	1,705.4	1,814		김제 익산 萬頃 恩津 전주	전북 전남	전주 김제 익산 담양	전주 김제 익산 군산 부안 광주 담양 長城 전주	익산 담양 장성 광주 나주	익산 김제 전주 담양 장성 광주 나주	
		밭	93.0	164.0	236.5	337.7	268.0	217								
		기타	3.0	22.0	10.8	28.8	47.2	44								
		계	1,008.0	1,375.0	1,946.2	2,142.6	2,020.6	2,075	-							
熊本利平	1903	논	1,500.0	1,471.0	2,322.5	2,626.5	2,750.3	2,721		金堤 金溝 泰仁 古阜	전북	전주 정읍 부안 옥구 김제 익산	〃	옥구	옥구 익산 김제 정읍 전주	
		밭	80.0	152.0	210.7	210.1	188.0	192								
		기타	10.0	89.0	2.4	141.8	249.6	52								
		계	1,590.0	1,712.0	2,535.6	2,978.4	3,187.9	2,965	-							
鎌田勝太郎	1905	논			1,007.0	1,029.8	991.7	992				전남 목포	강진 영암 무안 나주 함평	康津 영암 나주 長興	〃	
		밭			210.0	185.9	198.4	198								
		기타			-	-	6.5	7								
		계			1,217.0	1,215.7	1,196.6	1,197	-							
朝鮮實業會社(鎌田勝太郎)1)	1905	논	607.0	1,622.0	2,975.0	2,628.7	3,215.1	3,084	3,100	무안 함평 나주 영암 해남 강진	경기도 전라남도	전남 목포	강진 해남 영암 무안 나주 함평	고창 나주 함평 해남 강진 무안	나주 강진 무안 함평 해남	나주 강진 해남 함평
		밭	373.0	703.0	841.0	724.4	787.2	785	830							
		기타	-	400.0	-	2.4	159.7	156	-							
		계	980.0	2,725.0	3,816.0	3,355.5	4,162.0	4,025	3,930							

농장 및 지주명	창업 연월	地目	소유면적							소재지						
			1908	1915	1922	1925	1929	1931	1935	1908	1915	1922	1925	1929	1931	1935
石川縣農事會社	1907	논	722.0	1,246.0	1,385.3	1,412.1	1,412.1	1,471		김제	전북	정읍 扶安 용천 철원 平康	김제 정읍 부안	전북 김제	김제 부안 정읍	
		밭	12.0	62.0	59.4	64.0	74.2	64								
		其他	2.0	246.0	69.7	95.5	17.3	42								
		계	736.0	1,554.0	1,514.4	1,571.6	1,503.6	1,577	-							
東洋拓植會社	1908	논	8,643.8	49,080.4	51,644.1	49,647.1	46,682.5	46,284.5	39,753.7	조선 각지	〃	〃	〃	〃	〃	〃
		밭	2,300.6	19,594.4	19,478.6	18,245.3	16,944.4	16,804.6	16,173.8							
		其他	91.1	4,689.2	14,287.6	16,415.4	41,709.1	90,085.9	89,308.7							
		계	11,035.5	73,364.0	85,410.3	84,307.8	105,336.0	153,175.0	145,236.2							
村井農場	1905	논	446.0	740.0	1,189.5	2,264.5				김해 창원 咸安 梁山	경남	경남 창원	〃			
		밭	916.0	849.0	857.4	357.3										
		其他	2,850.0	1,264.0	63.8	591.9										
		계	4,212.0	2,853.0	2,110.7	3,573.7										
二葉社 (白勢春三)	1903				100.0	656.6	1,028.5	1,026	-			전북 전주 옥구 익산	전북 전주 김제 옥구 익산	옥구	옥구 전주 익산	
					116.8	122.2	193.6	191								
					26.9	109.4	203.3	151								
					243.7	888.2	1,425.4	1,368								
宮崎농장	1903						511.8			전북						
嶋谷八十八	1904				397.5	547.0	1,033.0	1,151	-			전북 옥구 익산	〃	〃	〃	
					95.3	11.7	164.1	165								
					-	411.6	55.8	121								
					492.8	970.3	1,252.9	1,437								
眞田農事合名會社	1904						687.0			전북						

농장 및 지주명	창업 연월	地目	소유면적							소재지						
			1908	1915	1922	1925	1929	1931	1935	1908	1915	1922	1925	1929	1931	1935
田坂농장	1904						105.4			전북						
中道淸太郎	1903						418.1			전북						
高瀬농장	1907			430.0 264.9 675.8 1,370.7	862.0 2,131.5	1,022.4	882					전남 경남 경기	〃	〃	〃	
旭농장							1,780			전남						
森六郎농장	1907		400.0 680.0 440.0 1,520.0	670.0 969.0 198.0 1,837.0	328.4 991.4 - 1,319.8	339.0 811.6 - 1,150.6	396.7 843.5 42.4 1,282.6	247 840 8 1,095	-	황해도 黃 州郡, 평남 龍岡郡	〃	〃	〃	〃	〃	
大橋与市 2)	1907		437.0 53.0 9.0 499.0	- 	969.8 106.8 20.7 1,097.3	971.4 107.4 73.8 1,152.6	944.4 103.9 70.2 1,118.5	927 119 53 1,099	- - - 1,300	전북 익산, 김제, 萬頃		전북 김제, 옥구, 익산	〃	〃	〃	〃
川崎藤太郎 3)																
明治農會 (瀧兵右 衛門)	1909				25.0 985.0 - 1,010.0	58.4 1,029.5 3.2 1,091.1	93.5 1,091.8 - 1,185.3	62 1,130 319 1,511								

농장 및 지주명	창업 연월	地目	소유면적							소재지						
			1908	1915	1922	1925	1929	1931	1935	1908	1915	1922	1925	1929	1931	1935
國武金太郎	1906		500.0	937.0	1,369.4	1,194.5	1,419.0	862	350	경기도	경기도	경기	〃	〃	〃	〃
			-	374.0	493.7	330.5	398.6	188	350	수원 남양	충남	충남				
			400.0	257.0	184.6	136.1	93.7	45	-	安山	전남	전남				
			900.0	1,568.0	2,047.7	1,661.1	1,911.3	1,095	700							
中柴산업 회사	1906				451.5	490.6	761.1	580	-			전남	경기	경기	〃	
					121.5	148.8	136.7	129	-			경남	충남	전남		
					11.4	49.3	148.9	35	-				전남	경남		
					584.4	688.7	1,046.7	744	755				경남			
片倉殖産 회사	1908				811.3	699.7	496.6	463	470			황해도 황	〃	〃	〃	〃
					1,786.4	769.2	809.4	640	-			주				
					18.1	5.2	15.6	3,389	15,000			평남				
					2,615.8	1,474.1	1,321.6	4,492	15,470							
富田儀作 [4]	1904									전남 진남포		황해도				

1) 鎌田家는 대대로, 香川縣 綾歌郡坂出町에서 醬油제조업과 酒造業을 경영하였다. 鎌田勝太郎은 1883년 鹽産合資會社社長, 1897년 讚岐紡績會社社長(1918년 倉敷紡績會社에 합병)을 역임하였다.(坂出市史編纂委員會, 『坂出市史』, 1952, 176~177, 203~204, 208~209쪽) 또 鎌田勝太郎은 朝鮮興業株式會社取締役, 東洋生命保險會社監査役 등 澁澤직계회사의 중역을 겸하여, 중앙재벌 澁澤家와 관계를 갖고 있었다.(『澁澤榮一傳記資料』第16卷, 636~637쪽) 한편 鎌田勝太郎은 정계로도 진출하여 香川縣 縣會議長, 衆議員委員, 귀족원의 多額稅納議員도 역임하였다.(淺田喬二, 앞 책(1968), 120~122쪽) 그는 1905년 한국에서 주로 전라남도 지방에 개인명의의 농장과 鎌田産業株式會社(鎌田산업주식회사는 1905년 12월 전남 목포부에 설립되었다. 1922년 말 현재 1,217정보의 농경지를 보유하고 있었다.(朝鮮總督府庶務部調査課, 『朝鮮における內地人』, 朝鮮總督府調査資料 제2집, 1924, 48~57쪽의 <日本人農事經營者調(1922년 말 30정보 이상 경영자)>) 명의로 약 1,200정보 가량과 朝鮮實業株式會社 토지로 4,025정보 가량을 보유하여 한때 5,000정보가 넘는 거대 규모의 농장을 거느</p>

렸다. 이 수치는 三菱재벌의 東山농사주식회사에 육박하는 것이었다. 1906년에는 澁澤의 지원을 받아 경상북도 경산에 황무지 약 4만 정보의 개간권을 얻어 한국척식주식회사를 설립하였다.(『澁澤榮一傳記資料』第16卷, 636~637쪽) 또한 그는 조선흥업의 취체역으로서 1908년 이래 1942년까지 있었으므로 농업회사를 직접 운영했던 점과 개별자본으로서는 한국 최대의 일본 농업회사의 중역으로서 자리했었다는 점에서 단연 농업분야 침탈에 있어서는 손꼽히는 인물이었다. 조선실업주식회사의 총 자본금은 1914년 현재 200만 원이었고(1937년(33기) - 360만원), 1942년(38기)에는 540만 원), 배당률은 1918년(14기) - 26%, 1919년(15기) - 62%, 1920년(16기) - 13%, 1921~1933년(17~29기) - 14%, 1934년(30기) - 12%이었다.(『朝鮮銀行會社要錄』, 1935, 421쪽과 『朝鮮實業株式會社營業報告書』 각 기별 참조)

2) 주식회사 大橋농장은 大橋與市에 의하여 시작되었다. 1929년에 장남 大橋三郎이 계승하였고, 이후 三郎의 동생 四郎이 상무취체역으로 이어받았다. 大橋농장은 1936년 현재 자본금 270만원, 시가지 4만평, 경지 1,300정보에 달했고, 전북일대에서 대표적인 일본인 농장으로 자리 잡았다.(鎌田白堂, 『朝鮮の人物と事業 - 湖南篇 第1輯』, 實業之朝鮮社出版部 發行, 1936, 289~290쪽)

3) 川崎藤太郎의 농장은 1926년 그의 사후 二葉社로 계승된다. 그리고 川崎는 1914년 평안도 安州郡에 瑞穗농장을 창설하여 그 규모가 1922년 현재 1,301.4정보에 달하였다.

4) 富田儀作은 1899년 한국산 쌀의 대일수출상인 大阪의 小西和商店의 지점장으로 한국에 왔다. 동시에 그는 당시 일본정부가 직영하던 八幡製鐵所長인 和田維弘으로부터 鐵鑛山을 발견하고 그 채굴권을 한국정부로부터 얻어내라는 밀명을 받고 왔다.(富田精一 編, 『富田儀作傳』, 京城, 1936, 81쪽) 그는 黃海道 殷栗郡에서 철광산을 발견하였는데, 당시 모든 광산은 궁내부 內藏院卿 소관으로 일본인이 그 채굴권을 얻을 수는 없었다. 그런데 富田儀作은 한국왕실의 侍講이었던 鮎具房之進의 도움을 받아 한국정부에 3만 원의 헌금을 내고 1900년 殷栗광산 채굴권을 얻어냈다. 은율광산 소재지는 은율군 北部面의 金山浦이었다. 金山浦란 대동강변의 선착장으로 3戶의 주민만 살던 곳이었다. 1906년 富田은 통감부에 은율광산 소관권을 한국 내장원으로부터 일본 農商工部로 이전토록 청구하였고, 이로써 그는 김산포 지역의 지주가 된 셈이었다. 富田은 광부 600여 명을 동원하여 350정보의 농토를 조성하고 농경에 착수하였다. 이렇게 조성된 富田의 농장은 한국정부로부터 완전히 독립된 공간으로 국가권력의 개입이 불가능했다. 즉 그는 1914년에 가서야 地稅를 납부하게 되었는데(大橋淸三郎, 앞 책(1915), 72~73쪽) 이는 농장 창설 후 10년 이상 면세혜택을 받은 셈이었다.(고승제, 앞 글(1979),

188~189쪽) 富田은 群山지역의 藤井寬太郎, 熊本利平이 목포항 및 군산을 끼고 성공한 것에 대하여 진남포항을 끼고 성공한 황해도 일대의 대표적 일본인 지주로 평가받고 있었다.(菊池謙讓, 앞 책(1925), 249쪽)

【부록 2】 韓國興業株式會社設立趣意書

한국의 內地를 개발하여 농업의 개량을 계획하고, 물산의 증식을 장려함은 우리나라(일본 : 필자)의 책무로서 한일무역을 발달시키는 유일한 策이다. 그런데, 종래 한국에 있어서의 일본의 경영은 오직 거류지의 작은 구역에 한계되어 일본 척식의 사업과 같이 보아서는 안 된다. 한국의 땅은 옥토가 廣茫하여 도처에 식산흥업의 길이 있어 일본인의 施設을 기다리는 것이 적지 않다. 만약 經國의 사업에 뜻이 있는 자는 나아가 한국 경영의 길을 강구하여, 농업을 권하여 利源을 열어 한일무역의 발달에 도움이 되는 까닭으로 이에 同志와 상의하여 한국흥업주식회사를 설립하고, 한국의 토지에 대하여 금융의 편의를 열고, 크게 農耕의 모범을 보여 산업의 진보를 계획하려고 한다. 이에 동감한 諸君은 별책에서 제시한 바, 계획서, 豫算書 및 定款草案 등을 閱覽하고, 그 취지를 찬성 받아서 株主가 되는 것이다.

1904년 7월 1일

發起人[1]

【부록 3】 韓國興業株式會社계획서

제1조 당회사의 목적은 한국에서 농업을 운영하여 토지에 대한 금융의 편의를 열고, 또한 다음 條의 수속에 의하여 한국 농산물의 개량증가를 촉진하여 한일무역을 발달시키는 데 있다.

제2조 한국농업의 개량을 도모하기 위하여 모범농장을 설치하고, 韓人의 의뢰심에 응하여 토지의 鑑定, 種苗, 비료의 선택을 한다.

제3조 植林·養蠶·牧畜의 사업 및 灌漑·排水의 공사에 관하여 한국의 의뢰심에 응하여 그 모범을 보이고, 또 이를 지도, 권유한다.

제4조 당 회사의 자본금은 100万円으로 정하고, 그 1/4이 拂込되었을 때

---

1) 澁澤榮一傳記資料刊行會刊, 『澁澤榮一傳記資料』 第16卷, 澁澤靑淵記念財團龍門社, 1957, 589쪽. 中外商業新報 제6756호, 1904년 7월 10일.

즉시 사업에 착수하고, 업무의 확장에 따라 점차 殘額을 불입시킨
다.

제5조 자본금 제1회 불입금 25万円은 대략 다음과 같이 분배한다.

　　　一金12万円　　金融部資金

　　　일금 十万円　　農業部資金

　　　일금 2만엔　　模範農場資金

　　　일금 1만엔　　諸準備金

　　　합계 金 25万円

제6조 당 회사는 본점을 동경에 두고, 한국 각지에 지점 혹은 대리점을
설치한다.

제7조 당 회사 자본 총액 내 그 半數는 發起人으로부터 引受하고, 나머
지 반수는 一般公衆으로부터 모집한다.

제8조 당 회사 창립에 관한 諸경비는 대략 金 5千円으로 정하고, 회사 성
립 상 그 費額을 보고하고, 認承을 받는다.[2]

【부록 4】 韓國興業株式會社定款草案

제1章 總則

제1조 당 회사는 한국의 利源을 개발하고, 한일무역을 장려하기 위하여
다음의 사업을 운영함을 목적으로 한다.

　　　1. 한국 내 토지를 담보로 하여 貸附金을 받는다.

　　　2. 한국내륙에 있어서 토지를 매입하고, 또는 租借하여 농업을 경
영하고, 또는 이를 소작시킨다.

　　　3. 한국농사개량에 관한 각종의 모범사업을 운영한다.

　　　4. 전 3항의 사업을 조성하는 업무를 경영한다.

제2조 당 회사는 한국홍업주식회사라고 칭한다.

제3조 당 회사의 자본금은 100万円으로 한다.

제4조 당 회사는 본점을 동경시에 두고, 지점을 한국 내 주요지역에 설

---

2) 위 책, 589~590쪽. 中外商業新報 제6756호, 1904년 7월 10일.

치하고, 그 설치 변경은 取締役會의 決議에 일임한다.

제5조　당 회사의 公告는 본점 소관 登記所가 공시하는 新聞紙에 揭載한다.

제2章　株式

제6조　당 회사의 주식은 1萬株로 나누어, 1株의 금액을 1百円으로 한다.

제7조　당 회사의 주식은 1株마다 株券 1通을 만들고, 단 그 株券은 記名式으로 한다.

제8조　당 회사의 주식은 그 1/4을 불입하고, 미불입금 불입의 방법·기간은 取締役會의 결의에 일임한다.

제9조　당 회사의 주식을 賣買, 讓與할 때는 名義 변경 신청서를 작성하고, 株券을 첨부하여 당 회사에 지출하고, 株主名簿에 등록을 신청하고, 그 株券에 証印을 받는다.

전항의 경우에는 株券1通마다 金 10錢의 手數料를 징수한다.

제10조　당 회사의 株券을 손상, 분실, 또는 滅失하였을 때는 그 사유를 明記하고, 保証人 連署의 証書를 差出하고, 新株券의 교부를 청구할 수 있다. 단, 분실 또는 멸실의 경우에는 그 취지를 공고하고, 3개월이 지나도 아직 발견되지 못했을 때는 신주권을 교부한다.

前項의 경우에 있어서는 株券 1通 마다 金 20錢의 수수료와 公告料를 징수한다.

제11조　당 회사의 株券은 定時總會전에 있어서 30일 이내 상당한 기간을 정하여 이를 公告하여 그 書換을 停止한다.

제3章　役員

제12조　總會에 있어서 50株 이상을 소유하는 株主 중에서 3명 이상의 取締役 및 2명 이상의 監査役을 총회에서 선정한다.

제13조　取締役의 임기는 3개년으로 하고, 監査役의 임기는 1개년으로 하고, 다만 재선이 가능하다.

補缺 때문에 選任된 取締役의 임기는 전임자의 임기의 잔여기간으로 한다.

제14조　취체역·監査役 재임중 결원이 생기면 法定 數를 줄이지 않고, 사
　　　　무에 지장이 없을 때는 다음 정시 총회까지 補缺선거를 猶豫할 수
　　　　있다.
제15조　取締役은 互選으로 社長 1명을 선거한다.
　　　　社長은 取締役 및 株主總會의 議長으로 임명하고, 다만 社長이
　　　　사고가 있는 경우에는 취체역 중 1명이 이를 대신할 수 있다.
제16조　取締役은 그 재임 중, 자기 소유의 당 회사주식 50株를 監査役에
　　　　게 供託한다.

제4章　總會
제17조　定時總會는 每年 4월에 열고, 임시 총회는 필요의 경우에 이를 개
　　　　최한다.
제18조　총회에서 미리 株主에게 통지하는 사항외, 다른 議事에 이를 섭외
　　　　할 수 있다.
제19조　株主는 代理人에게 위임하여 議決權을 행하는 것을 할 수 있고,
　　　　단 대리인은 당 회사의 주주에 한한다.
제20조　총회의 결의에 있어서 可否同數가 되었을 때 議長이 이를 裁決한
　　　　다.
제21조　총회에서 결의한 사항은 이를 기록하고, 取締役, 監査役 서명을
　　　　하여 이를 보존한다.

제5章　計算
제22조　당 회사는 매년 3월 말에 諸 勘定을 결산하고, 諸報告를 調製한
　　　　다.
제23조　당 회사의 손익계산은 每期總益金에서 諸經費 및 損失金 등을 공
　　　　제한 나머지 중에서 그 10/100 이상의 積立金 및 10/100에 해당하
　　　　는 金額을 役員賞與 및 交際費로 공제하고, 그 잔액을 株主에 배
　　　　당한다. 단, 계산의 편의에 따라서 다음 期로 이월할 수 있다.

제6章　附則

354

제24조 당 회사 설립 상 회사의 부담으로 돌아가는 창립비용은 금 5천 엔
　　　까지이다.

發起人[3)]

【부록 5】韓國興業株式會社營業豫算書

제1회 拂込金을 다음과 같이 분할한다.
일금 12만 엔　　　　金融部 資金
일금 10만 엔　　　　農業部 資金
일금 2만 엔　　　　　模範 農場 資金
일금 1만 엔　　　　　諸 準備金
합계금 25만 엔

위의 방침으로써 1개년간 자금을 운용함으로써 손익을 살펴보면 다음이
비율이 된다.

損失之部
일금 5천 엔　　　　給料 旅費
일금 3천 엔　　　　諸 雜費
합계금 8천 엔

利益之部
일금 1만 8천 엔　　金融部 利益
일금 2만 1천 엔　　農業部 利益
합계금 3만 9천 엔

內
金 8천 엔　　　　　손실

---

3) 위 책, 590~591쪽. 中外商業新報 제6756호, 1904년 7월 10일.

차익

金3만 1천 엔   純益金

불입금 25만 엔에 대하여 년 12.4%에 해당한다.[4]

【부록 6】 조선흥업주식회사의 소작계약서[5]

2조   貸借地는 항상 비료재배경작을 하고, 작물의 종류, 품종 및 농사개
         량 기타에 관하여서는 귀사 및 興農會의 지도사항을 반드시 준수,
         실행한다.

3조   貸借한 토지에 대하여서는 매년 퇴비 반당 150貫 이상을 시용하는
         것은 물론이고, 金肥 및 기타도 자기부담으로 시용하고, 항상 지력
         유지증진에 힘을 쏟는다.

5조   貸借地는 반드시 自作하고, 轉貸, 교환, 賃借權의 賣買, 讓渡, 耕
         作의 위탁을 하기 않는 것은 물론이다.

6조   경작상 필요한 관개수로의 준설 및 보수, 기타의 작은 수리는 소작
         인이 부담하는 것으로 한다.

7조   지세, 수리조합비 기타 공과는 귀사의 부담으로 한다. 단 귀사에
         있어서 前項 이외에 지출하는 水利費, 洑 組合費 등은 그 절반액
         을 소작인이 부담하고, 이에 하등 이의를 제출하지 않는다.

8조   檢見地의 賃借料는 총수확고의 5/10(다만 수리조합의 몽리지구 내
         토지는 6/10 또는 이모작 논은 가을 수확고의 5/10 이상, 6/10 이하
         로 한다.

9조   (前略) 검견지의 賃借料는 (中略) 귀사에 있어서 검견 때 결정하는
         수량을 완납한다. 만일 검견액에 이의를 제기할 때는 귀사 지정의
         坪刈法에 의하여 査定하는 數量 (下略) 賃借料는 貴社指定의 品

---

4) 위 책, 591~592쪽. 中外商業新報 제6756호, 1904년 7월 10일.

5) 久間健一, 앞 책(1943), 291~316쪽에 의하여 작성함. 조선흥업주식회사의 소
   작계약서는 현재 그 전문이 제시된 사료가 없다. 따라서 久間健一의 조사에
   의하여 재구성하였다.

種을 충분히 건조하고 품질을 정선한 벼를 (中略) 가마니로 포장하고, 一定의 송인을 하여 검사 上格品과 동등한 것을 납입한다. (後略)

賃借料 (中略) 1가마니 正味 90斤, 그 외에 入樔 2斤을 벼 가마니에 새로이 포장하고 (中略) 일정한 繩掛를 하여, 檢查 上格品과 동등한 것을 납입한다. 만일 貴社에 있어서 불량품이라고 인정될 때는 그 사유 여하에도 불구하고, 再精選하고, 또는 補償物을 追納하는가는 귀사의 지도에 따라서 하등 이의를 제출하지 않는다. 단 檢查上格品으로써 납입할 때는 검사료는 회사에서 교부한다.

10조 (前略) 만일 위 기간 내에 완납하지 못할 때는 규정의 과태료를 납입할 것으로 한다.

11조 定租地에 있어서 天災 기타 불가항력에 의하여 收穫高에 현저하게 감소가 되는 때는 9월 15일까지 귀사에 신청하고, 답사를 받아서 그 查定에 따른다.

12조 賃借기간 내 만료한 계약 갱신의 때는 定租額의 개정 또는 租法의 변경에 응할 때 다만 임차기간 내에 새롭게 토지개량관개개선 등의 특수 시설을 행하는 경우는 하시라도 定租額의 개정 또는 租法의 변경을 이의 없이 승낙한다.

13조 檢見立會(중략)는 반드시 소작인 스스로 이를 하고, 만일 대리인이 필요한 경우에는 보증인에 한하여 이를 위임할 수 있다.
보증인은 귀사에 賃借人 중에서 상당하다고 인정되는 자를 선정하고, 본계약에 대하여 賃借人과 연대하여 이행의 책임을 진다.

14조-30 불온한 언행을 하고, 또는 형벌에 처하여지는 때 (소작계약을 해제한다 : 필자)

16조 본 계약 이행을 위하여 소작인 및 보증인명의 홍농회 저금을 담보로 차입할 때, 만일(소작료 납부를 : 필자) 불이행할 때는 그 지불에 충당되어도 이의를 제기하지 않는다.

17조 보증인 중 貴社 賃借人인 자격 또는 신용을 잃어버렸다고 인정되는 자일 때 또는 사망 혹은 다른 곳으로 이전으로 인하여 결원이 발생할 때는 직접 상당하는 보증인을 대신 내세운다.

【부록 7】 흥농회의 慶弔災害給與金 規程

제1조 회원 및 그 가족에 있어서 결혼, 환력, 사망, 風水, 水火災, 질병
등의 경우는 본 규정에 의하여 金品을 급여한다.

제2조 전조의 가족은 회원과 같이 거주하는 직계 존속 및 처와 推定家督
相續人을 일컫는다.

제3조 급여의 종류 및 범위를 다음과 같이 정하고, 그 급여액은 별표에
의한 것으로 하고, 회장의 인정에 의하여 급여액을 적당하게 감액
하고, 또는 필요서류를 제출하는 것으로 한다.

  1) 慶事축하－회원 또는 그 가족의 결혼, 환력 擧式의 시기. 다만
  재혼의 경우는 급여하지 않는다.

  2) 死亡弔慰－회원 또는 가족 사망의 시기

  3) 재해위문－회원 風水火災에 의한 손해고 50圓 이상이라고 인
  정될 때.

  4) 病氣위문－회원은 2개월 가족은 3개월 이상 병으로 누워있을
  때, 다만 회장이 急患으로써 특별히 급여의 필요가 인정된다고
  할 때에 한하여서는 그 한정에 적용되지 않는다.

제4조 급여를 받는 자는 원인발생 후 10일 이내에 支部長을 경유하고,
회장에게 신고하며, 다만 원인 발생 후 30일을 경과하여도 신고를
하지 않을 때는 급여하지 않는다.

제5조 급여금은 회원 또는 그 家督相續人 혹은 회장에 의하여 적당하다
고 인정되는 자에게 교부한다.

제6조 소작료 또는 흥농회의 제 收納滯納者에게는 본 규정의 급여를 하
지 않는다. 다만 정황에 의하여서 적당한 액을 급여하는 건.

제7조 회원의 근속년수는 회원이 된 때부터 起算하고, 다만 서수를 발생
하는 경우, 6개월 미만은 절사하고 6개월 이상은 1개년으로 계산
한다.

附則

제8조 본 회 설립 전부터의 소작인은 본회설립의 날로서 입회하는 것으
로 간주한다.(別表 省略)[6]

6) 『二十五年誌』, 46~48쪽 ; 『第七期事業報告書』, 62~64쪽 ; 『創立拾周年記念
會報』, 101~103쪽.

참고문헌

1. 신문 및 연속간행물

『京城日報』
『大邱日報』
『東亞日報』
『中外日報』
『朝鮮日報』
『朝鮮中央日報』
『朝鮮朝日新聞』
『開闢』
『東京經濟雜誌』

2. 일본측 1, 2차 사료 및 단행본

(1) 총독부 자료

『朝鮮總督府統計年報』
『朝鮮總督府官報』
朝鮮總督府, 『朝鮮の經濟事情』, 1938.
朝鮮總督府, 『朝鮮の小作慣行』(上), (下), 1932.
朝鮮總督府, 『朝鮮事情』, 京城, 1934~44.
朝鮮總督府, 『朝鮮總攬』, 1933.
朝鮮總督府, 『最近朝鮮施政要覽』, 京城, 1919, 1922.
朝鮮總督府農林局, 『朝鮮に於ける小作に關する參考事項摘要』, 1934.
朝鮮總督府農林局, 『朝鮮の農業』, 각년도판.
朝鮮總督府農林局, 『朝鮮小作年報』, 1940.
朝鮮總督府庶務部調査部 編, 『朝鮮における內地人』, 朝鮮總督府調査資料
　　　第2輯, 1923.
朝鮮總督府殖産局, 『朝鮮の灌漑及開墾事業』, 1922.
朝鮮總督府殖産局, 『朝鮮の農業』, 1932.
朝鮮總督府殖産局, 『朝鮮の農業事情』, 1921~1928.

朝鮮總督府殖産局,『朝鮮の米』, 1923, 1926.
朝鮮總督府調査局 編,『小作農民に關する調査』, 1912.
朝鮮總督府中樞院,『小作ニ關スル慣習調査』, 1930.
朝鮮總督府中樞院,『中樞院調査資料 - 小作制度調査(慶尙南北道, 全羅南道)』, 1913.
朝鮮總督府鐵道局,『朝鮮鐵道史』, 1929.
朝鮮總督府土地改良部,『朝鮮の土地改良事業』, 1927.
朝鮮總督府 編, 善生永助 著,『朝鮮の小作慣習』, 1929.

　　(2) 지방 관계 자료
群山農事組合,『群山農事月報』.
群山農事組合,『群山農事組合概況』, 1910.
群山繁榮會 編,『湖南鐵道と群山』(1907, 1910)
群山府,『群山府史』, 1935.
群山府,『群山府勢要覽』, 1919.
群山新報社,『富之群山』, 1907.
群山日報 編,『全北忠南之主腦地』, 1913.
農林省 京城米穀事務所群山出張所,『全羅北道・全羅南道地主調』, 발행년 미상.
大池忠助,『釜山開港五十年回顧錄』, 1926.
木浦誌編纂會,『木浦誌』, 1914.
保高正記,『群山開港史』, 群山府, 1925.
釜山甲寅會,『日鮮通交史附釜山史』, 1916.
釜山名士錄刊行會,『釜山名士錄』, 1935.
山田龍雄,『全羅北道農業事情』, 1930.
松岡琢磨 編,『東津江流域』, 全州, 1928.
宇津水初三郎 編,『朝鮮の寶庫 全羅北道發展史』, 1928.
全羅北道 振興課,『全羅北道大地主制』, 1939.
全羅北道 編,『全羅北道要覽』, 1931.
全羅北道,『內鮮人地主所有地調』, 1928.
全羅北道,『全羅北道農業事情(1933～1937)』,『(日帝治下의 全羅北道의 農業關係資料)全羅文化論叢』 제1집, 全北大學校, 1986.
全北農地改良組合,『全北農組80年史』, 1988.
全北農地改良組合,『全北農地改良組合70年史』, 1978.

全北益山郡 編,『益山郡事情』, 裡里, 1928.
朝鮮新聞社,『鮮南發達史』, 1913.
竹中康雄,『群山開港前史』, 1935.

    (3) 단행본
加藤末郎,『韓國出張復命書』, 1901.
加藤末郎,『韓國農業論』, 1904.
岡庸一,『最新の韓國事情』, 1903.
鎌田白堂,『朝鮮の人物と事業』, 京城, 實業之朝鮮, 1936.
京都府 知事 編,『韓國農業視察復命書』, 1908.
高橋刀川,『在韓成功の九州人』, 虎與号書店, 1908.
久間健一,『朝鮮農政の近代的 樣相』, 1935.
久間健一,『朝鮮農政の課題』, 成美堂, 1943.
久間健一,『朝鮮農業經營地代の硏究』, 1946.
菊池謙讓,『朝鮮諸國記』, 大陸通信社, 1925.
吉倉凡農,『企業案內 實利之朝鮮』, 東京, 新橋堂書店, 文星堂書店, 1904.
吉川祐輝,『韓國農業經營論』, 1904.
大橋淸三郎,『朝鮮産業指針』, 1915.
大藏省 管理局,『日本人の海外活動に關する歷史的調査 - 朝鮮篇』, 1947.
大倉喜八郎,「釜山開港五十年之回顧」, 澁澤榮一傳記資料刊行會,『澁澤榮一
        傳記資料』16卷, 1957.
德永勳美,『韓國總覽』, 1907.
島根顯第三部 編,『韓國實業調査復命書』, 1906.
東京經濟大學校 所藏『大成建設株式會社社史資料』(1)・(2),「土木工事」,「工
        事履歷書」.
東山農事株式會社,『東山事業』, 1940.
東山農事株式會社,『東山農事株式會社 營業報告書』.
東亞經濟時報社 편,『朝鮮銀行會社組合要錄』, 각년도판.
藤井寬太郎,『朝鮮土地談』, 大阪, 1911.
尾西要太郎 編,『鮮南發展史』, 朝鮮新聞社, 1913.
梶川半三郎,『實業之朝鮮』, 朝鮮硏究會, 1912.
富橋龜吉,『日本財閥の解剖』, 東京, 1930.
釜山名士錄刊行會發行,『釜山名士錄 附 銀行會社名鑑』, 1935.
山口精 編,『朝鮮産業誌』3책, 東京, 寶文館, 1910.

「三萬圓の金にも困つた京釜鐵道會社：故澁澤榮一子爵の思出談/齊藤實談」,
　　　　　『朝鮮鐵道協會會誌』 제10권 12월호, 1931.

西野入愛一 著,『澁澤コンシェルン』, 東京, 春秋社, 1937.

澁澤榮一傳記資料刊行會,『澁澤榮一傳記資料』第16卷, 1957.

澁澤榮一,『靑淵百話』, 東京, 同文館, 1912.

鮮米協會,『鮮米協會10年史』, 1933.

勝田讀次 著,『大倉根津コンツェルン讀本』, 春秋社, 1937.

信夫淳平,『韓半島』, 東京, 東京堂書店, 1901.

幸田露伴,『澁澤榮一傳』, 東京, 岩波書店, 1939.

神戶正雄,『韓國農業移民論』, 1910.

『岩崎久彌傳』, 東京大學校出版會, 1980.

阿部薰 編,『朝鮮功勞者銘鑑』, 京城, 1935.

鈴木正文,『朝鮮經濟の現段階』, 1938.

龍門社 편,『靑淵先生六十年史』全2卷, 1910.

宇津水初三郎 編,『朝鮮の寶庫 全羅北道發展史』, 1928.

日本農商務省,『韓國土地農産調査報告 － 慶尙道, 全羅道 篇』, 東京, 1904.

日本農商務省,『韓國土地農産調査報告 － 京畿道, 江原道, 忠淸道 篇』, 東京,
　　　　　1905.

日本農商務省 農務局,『朝鮮農業槪說』, 1910.

『全羅北道 農事會社小作契約書』,「東山農事 會社＜定款＞」第1章 第3條.

第一銀行 編,『第一銀行五十年小史』, 第一銀行, 1926.

佐藤政治郎,『韓國成業冊』, 1904.

朝鮮建築會 編,『朝鮮과 建築』제5집 5호, 1926.

朝鮮經濟日報社,『朝鮮請負年鑑』, 1935.

朝鮮農會刊,『朝鮮農業發達史 － 發達篇, 政策篇』, 서울, 1944.

朝鮮農會,『朝鮮農會報』각년도판.

朝鮮農會,『韓國中央農會報』(1907～1910).

朝鮮農會,『朝鮮の小作慣行』, 1930.

朝鮮農會,『朝鮮の小作慣行』(上), (下), 1932.

朝鮮新聞社,『朝鮮人事興信錄』, 朝鮮人事興信錄 編纂部編, 1935.

朝鮮實業株式會社 編,『朝鮮實業株式會社營業報告書』, 각년도판.

朝鮮協會,「澁澤榮一子爵と朝鮮の鐵道」,『朝鮮鐵道協會會誌』제10권 12월
　　　　　호, 경성, 1931.

朝鮮興業株式會社 編,『旣往十年事業槪況』, 1914.

朝鮮興業株式會社 編,『朝鮮興業株式會社旣往十五年事業槪說』, 1919.

朝鮮興業株式會社 編,『朝鮮興業株式會社二十五年誌』, 1929.

朝鮮興業株式會社 編,『朝鮮興業株式會社三十周年記念誌』, 1936.

朝鮮興業株式會社 編,『朝鮮興業株式會社營業報告書』, 각년도판.

朝鮮興業株式會社 黃州興農會 編,『黃州興農會 第七期事業報告書』, 1928.

朝鮮興業株式會社 黃州興農會 編,『創立拾周年記念會報』, 1931.

志賀重昂,『大役小志』, 1909.

靑柳綱太郎,『韓國農事案內』, 東京, 1904.

靑柳綱太郎,『朝鮮統治論』, 京城, 朝鮮硏究會, 1923.

靑柳綱太郎,『韓國植民策』, 1908.

土屋喬雄,『澁澤榮一傳』, 改造社, 1931.

土屋喬雄, 日本歷史學會 編輯,『澁澤榮一』, 東京, 吉川弘文館, 1939.

土屋喬雄,『日本資本主義史上の指導者たち』, 岩波書店, 1939.

統監府 編,『韓國ニ於ケル農業ノ經營』, 1907.

3. 한국측 1, 2차 사료 및 단행본

奎章閣,『全羅北道 11郡 公私田土山麓外人潛賣成冊』, 1904.

奎章閣,『全羅北道調査資料』(奎 22188)「群山農事組合槪況」, 1910.

全北農地改良組合,『全北農地改良組合70年史』, 1978.

全北農地改良組合,『全北農組80年史』, 1988.

度支部司稅局,『韓國ノ土地ニ關スル調査』, 1907.

度支部司稅局,『小作慣例調査』, 1909.

韓國農村經濟硏究院,『農地改革時 被分配地主 및 日帝下 大地主 名簿‐農地改革史編纂資料Ⅹ』, 1985.

韓國農村經濟硏究院,『農地改革史關係資料集』第6輯, 1987.

4. 연구서

(1) 한국

姜泰景,『東洋拓植會社의 朝鮮 經濟 收奪史』, 계명대학교출판부, 1995.

高承濟,『植民地金融政策の史的分析』, 御茶の水書房, 1972.

金度亨,『日帝의 農業技術 機構와 植民地 農業支配』, 국민대학교 국사학과 박사학위 논문, 1995.

金良奎,『沃溝農民의 抗日抗爭史』, 군산문화원, 2001.

金泳鎬 編,『日帝下 韓國社會構成體序說』, 청아출판사, 1986.

金容達, 『日帝의 農業政策과 朝鮮農會』, 혜안, 2003.
金容燮, 『韓國近現代農業史研究』, 일조각, 1992.(2004년 지식산업사에서 증보
　　　재발간)
김용섭, 『韓國近代農業史研究 II』, 지식산업사, 2004.
金俊輔, 『韓國近代經濟史 特講』, 연세대학교 출판부, 1993.
나가하라 게이지 편, 박현채 역, 『日本經濟史』, 지식산업사, 1983.
梶村秀樹, 『韓國近代經濟史研究』, 사계절, 1983.
박섭, 『한국근대의 농업변동』, 일조각, 1997.
石井寬治 저, 李炳天, 金潤子 역, 『日本經濟史』, 동녘, 1984.
愼鏞廈, 『韓國近代社會史研究』, 一志社, 1987.
신용하, 전상숙, 고숙화, 하지연, 김은정, 나애자, 김석근, 김경일 공저, 『식민지
　　　근대화론에 대한 비판적 성찰』, 나남, 2009.
안병태, 『한국근대 경제와 일본 제국주의』, 백산, 1982.
禹大亨, 『韓國近代農業史의 構造』, 한국연구원, 2001.
이규수, 『식민지 조선과 일본, 일본인 - 호남지역 일본인의 사회사』, 서울, 다
　　　할 미디어, 2007.
李培鎔, 『韓國近代鑛業侵奪史研究』, 일조각, 1989.
張矢遠, 『日帝下 大地主의 存在形態에 관한 研究』, 서울대학교 경제학과 박
　　　사학위논문, 1989.
鄭然泰, 『日帝의 韓國 農地政策(1905~1945)』, 서울대학교 국사학과 박사학위
　　　논문, 1994.
정재정, 『일제침략과 한국철도』, 서울대학교 출판부, 1999.
朱奉圭, 『日帝下 農業經濟史』, 서울대학교 출판부, 1995.
주봉규·소순열, 『근대 지역농업사 연구』, 서울대학교 출판부, 1996.
淺田喬二, 『항일농민운동연구』, 동녘, 1984.
홍성찬, 『한국 근대 농촌사회의 변동과 地主層』, 지식산업사, 1992.
홍성찬·최원규·이준식·우대형·이경란 공저, 『일제하 만경강 유역의 사회
　　　사 - 수리조합, 지주제, 지역정치』, 혜안, 2006.
洪淳權, 『韓末 湖南地域 義兵運動 研究』, 서울대학교 국사학과 박사학위논
　　　문, 1991.

　　(2) 일본 및 기타
古館市太郎他編, 『鶴彦翁回顧錄』, 大倉高等商業學校, 1940.
高崎宗司, 『植民地朝鮮の日本人』, 岩波新書, 2002.

敎育史 編,『大成建設』, 1983.

古川昭,『群山開港史』, ふるかわ海事事務所, 1999.

大石嘉一郎 編,『日本産業革命の研究』(上・下), 東京大學校出版會, 1975.

大石嘉一郎 編,『近代日本における地主經營の展開 - 岡山縣牛窓町西服部家の研究』, 御茶の水書房, 1985.

大成建設株式會社,『大成建設社史』, 1963.

大倉雄二,『大倉喜八郎』, 文春文庫, 1995.

大倉雄二,『鯰 大倉喜八郎の混沌たる一生』, 文藝春秋, 1990.

大倉財閥研究會,『大倉財閥の研究』, 近藤出版社, 1982.

木村健二,『在朝日本人の社會史』, 未來社, 1989.

木村昌人,『澁澤榮一』, 東京, 中央公論社, 1991.

富橋龜吉,『日本財閥の解剖』, 東京, 1930.

森川英正,『日本財閥史』, 敎育社, 1978.

上垣外憲一,『ある明治人の朝鮮觀』, 筑摩書房, 1996.

安岡重明,『財閥形成史の研究』, ミネルア書房, 1969.

安秉珆,『朝鮮社會の構造と日本帝國主義』, 龍溪書舍, 1977.

李圭洙,『近代朝鮮における植民地地主制と農民運動』, 信山出版社, 1996.

李斗淳,『植民地朝鮮における水稻品種の普及に關する經濟分析』, 京都大學校 學位論文, 1992.

日本社團法人鐵道建設協會,『日本鐵道請負業史』, 1967.

中川敬一郎・由井常彦 編集・解說,『財界人思想全集』1(經營哲學・經營理念 - 明治・大正 編), ダイヤモンド社, 1969.

中村政則 編,『日本の近代と資本主義』, 東京大學出版會, 1992.

楫西光速,『政商』, 筑摩書房, 1963.

楫西光速, 大內力 編,『日本資本主義の成立』II, 東京大學出版會, 1960.

淺田喬二,『日本帝國主義下の民族革命運動』, 未來社, 1973.

淺田喬二,『日本帝國主義と舊植民地地主制』, 東京, 御茶の水書房, 1968.

村上勝彦 지음, 정문종 옮김,『식민지』, 한울, 1984.(원전 : 大石嘉一郎 편,『日本産業革命の研究』下, 東京大學校出版會, 1975)

樋口弘,『日本財閥論』上, 味燈書屋刊, 1940.

河合和男,『朝鮮における産米增殖計劃』, 未來社, 1986.

鶴友會,『大倉鶴彦翁』, 近代日本企業家傳叢書8, 大空社, 1998.

暉峻衆三,『日本農業問題の展開』(上)・(下), 東京大學出版會, 1984.

Peter Duus, 김용덕 역,『일본 근대사』, 지식산업사, 1983.

5. 연구논문

(1) 한국

姜泰景, 「東洋拓植株式會社의 土地 收奪經營」, 『경영사학』13, 한국경영사학
　　　회, 1996.

高東煥, 「近代化論爭」, 『한국사시민강좌』20, 일조각, 1997.

高承濟, 「植民地 小作農의 社會的 身分規定」, 『學術院論文集』18집 - 인문사
　　　회과학편 - , 서울, 학술원, 1979.

고승제, 「植民地 隷農體制의 전개와 小作爭議의 사회경제적 성격」, 『학술원
　　　논문집』21집, 서울, 학술원, 1982.

堀和生, 「日帝下 朝鮮에 있어서 植民地 農業政策」, 『韓國近代經濟史硏究』,
　　　사계절, 1983.

權泰檍, 「統監府시기 日帝의 對韓農業施策」, 『露日戰爭前後 日帝의 韓國侵
　　　略』, 歷史學會 편, 일조각, 1986.

권태억, 「'식민지기 조선근대화론'에 대한 斷想」, 『한국민족운동사연구 - 于松
　　　趙東杰선생정년기념논총간행위원회』, 1997.

金景林, 「1930년대 식민지 朝鮮의 電氣事業」, 『史學硏究』 42, 한국사학회,
　　　1990.

김경림, 「일제말 전시하 조선의 전력통제정책」, 『국사관논총』66, 국사편찬위
　　　원회, 1996.

김경림, 「植民地 朝鮮 電氣事業의 발흥」, 『이대사원』30, 이대 사학회, 1997.

김경림, 「植民地시기 독점적 電氣事業體制의 형성」, 『이대사원』32, 1999.

김동노, 「식민지 시대의 근대적 수탈과 수탈을 통한 근대화」, 『창작과 비평』
　　　99, 창작과 비평사, 1998.

김석준, 「東洋拓植株式會社의 사업 전개 과정」, 『사회와 역사』2, 한국사회사
　　　학회, 1986.

김석준, 「東洋拓植株式會社의 농장 확장과 그 경영형태」, 『한국의 사회와 문
　　　화』9집, 한국정신문화연구원, 1988.

金容達, 「不二西鮮農場 小作爭議調査報告」, 『한국근현대사연구』25, 한국근
　　　현대사학회, 2003.

金容燮, 「고종조의 均田收賭문제」, 『동아문화』 8, 서울대 동아문화연구소,
　　　1968.

김용섭, 「光武年間의 量田・地契事業」, 『亞細亞硏究』31, 고려대 아세아문제
　　　연구소, 1968.

김용섭, 「韓末・日帝下의 地主制 - 사례 2 : 載寧 東拓農場에서의 지주 경영

의 변동」,『한국사연구』8, 한국사연구회, 1972.

김용섭, 「한말·일제하의 지주제 - 사례 3 : 나주 이씨가」,『震檀學報』제42호, 진단학회, 1976.

김용섭, 「한말·일제하의 지주제 - 사례 4 : 고부 김씨가」,『한국사연구』제19호, 한국사연구회, 1978.

김용섭, 「한말·일제하의 지주제 - 사례 5 : 朝鮮信託의 농장 경영과 지주제 변동」,『東方學志』70, 연세대 국학연구원, 1991.

金元洙, 「露日전쟁의 원인에 대한 재검토 - 龍岩浦사건과 義州開市를 중심으로 - 」, 한양대 사학과 박사학위논문, 1997.

羅愛子, 「이용익의 화폐개혁론과 일본제일은행권」,『한국사연구』45, 한국사연구회, 1984.

문소정, 「대한제국기 일본인 대지주의 형성」,『한국 근대 농촌 사회와 일본 제국주의』(한국사회연구회논문집 제2집), 문학과 지성사, 1986.

문소정, 「일제하 농촌 가족에 관한 연구 - 1920, 30년대 소작빈농층을 중심으로」,『사회와 역사』12, 1988.

朴萬圭, 「한말 일제의 철도부설지배와 한국인 동향」,『한국사론』8, 서울대학교 인문대학 국사학과, 1982.

박명규, 「식민지 지주제의 형성 배경 - 한말 전북지역을 중심으로 - 」,『사회와 역사』2, 한국사회사학회, 1986.

박명규, 「1910년대 식민지 농업 개발의 성격」,『사회와 역사』33, 한국사회사학회, 1992.

박명규, 「일본인 대지주의 형성과 성격에 관한 연구」,『한국학보』86, 일지사, 1997.

박섭, 「1912~1940년의 한국농업생산통계」,『경제학연구』47집 4호, 경제학연구소, 1999.

朴性根, 「京仁線敷設權과 美日關係」,『素軒南都泳박사화갑기념 사학논총』, 1984.

박수현, 「일제하 수리조합 항쟁 연구(1920~1934년을 중심으로)」, 중앙대 박사학위논문, 2001.

박찬승, 「식민지 시대 역사 연구의 쟁점」,『한국사연구 50년』, 이화여대 한국문화연구원 편, 혜안, 2005.

裵英淳, 「韓末·日帝初 日本人 大地主의 農場經營 - 水田農場을 중심으로」,『인문연구』3, 영남대학교 인문과학연구소, 1983.

백욱인, 「식민지 시대 계급구조에 관한 연구」,『사회와 역사』8, 한국사회사연구회, 1987.

368

蘇淳烈, 「戰時體制期植民地朝鮮における日本人大地主の存在形態 - 熊本農場の事例分析」, 『農業史研究』第25號, 1992.

소순열, 「小作立法と小作爭議」, 『農林業問題研究』 제29권 제1호, 關西農業經濟學會, 1993.

소순열, 「植民地期 全北에서의 水稻品種의 試驗硏究와 그 普及」, 『전라문화논총』 5, 전북대 전라문화연구소, 1992.

손경희, 「1920년대 경북지역 동양척식주식회사 및 일본인 농장 경영」, 『계명사학』 13, 계명사학회, 2002.

송지연, 「러일전쟁 이후 일제의 군용지 수용과 한국민의 저항 - 서울(용산), 평양, 의주를 중심으로 - 」, 『梨大史苑』 30, 이대사학회, 1997.

愼鏞廈, 「일제하의 지주제도와 농민계층의 분화」, 『한국의 사회와 문화』 9집, 한국정신문화연구원, 1988.

신용하, 「李朝末期의 <賭地權>과 일제하의 <永小作>의 關係 - 소작농 賭地權의 소유권으로의 성장과 몰락에 대하여 - 」, 『經濟論集』 제6권 제1호, 1967.

신용하, 「韓國의 地主制度에 대한 一硏究」, 『경제논집』 5-3, 1966.

신용하, 「日帝下의 '朝鮮土地調査事業'에 대한 一考察」, 『한국사연구』 15, 한국사연구회, 1977.

신용하, 「日本帝國主義 擁護論과 그 批判」, 『한국독립운동사연구』 6, 독립기념관, 1992.

신용하, 「'식민지 근대화론' 재정립 시도에 대한 비판」, 『창작과 비평』 98, 창작과 비평사, 1997년 겨울호.

安秉珆, 「조선인 지주와 동양척식주식회사의 토지경영방식의 차이」, 『한국근대 경제와 일본 제국주의』, 백산서당, 1982.

안승택, 「일본식근대농법과 식민지조선의 농속(農俗) 사이 - 정조식 장려와 막모관행의 충돌을 중심으로」, 『역사와 현실』 61, 한국역사연구회, 2006.

吳鎭錫, 「1910~20년대 京城電氣(株)의 設立과 經營變動」, 『동방학지』 121, 연세대학교 국학연구원, 2003.

윤수종, 「일제하 일본인 지주회사의 농장 경영 분석 - 조선흥업주식회사의 사례」, 『한국사회사연구회논문집』 12집, 문학과 지성사, 1988.

우대형, 「1920년대 한국 미곡 생산성의 정체」, 『경제사학』 25, 경제사학회, 1998.

우대형, 「일제하 '개량농법'의 이식과 농촌의 양극화」, 『사회와 역사』 68, 한국사회사연구회, 2006.

이규수, 「후지이 간타로(藤井寬太郎)의 한국진출과 농장경영」, 『대동문화연구』 49, 대동문화연구소, 2005.

李斗淳, 「일제하 水稻品種의 보급정책의 성격에 관한 연구」, 『농업정책연구』 17권 1호, 1990.

李萬烈, 「일제 식민지 근대화론 문제 검토」, 『한국독립운동사연구』 11, 한국독립운동사연구소, 1997.

李培鎔, 「농민의 토지수호운동」, 『한민족독립운동사』 1, 국사편찬위원회, 1987.

이배용, 「澁澤榮一과 對韓經濟侵略」, 『국사관논총』 6, 국사편찬위원회, 1989.

李愛淑, 「日帝下 水利組合事業의 展開와 地主制 强化」, 『한국사연구』 50·51합집, 한국사연구회, 1984.

이영학, 「한말 일제하 식민지주의 형성과 그 특질 - 村井 進永農場을 중심으로 - 」, 『지역과 역사』 21, 부경역사연구소, 2007.

李潤甲, 「일제 강점기 농민운동사 연구에 대한 방법론 비판」, 『계명사학』 9, 계명사학회, 1998.

이윤갑, 「1920년대 경북지역 농촌사회의 변동과 농민운동」, 『한국사연구』 113, 한국사연구회, 2001.

장시원, 「식민지하 朝鮮人大地主 範疇에 관한 硏究」, 『경제사학』 7, 서울, 경제사학회, 1984.

장시원, 『日帝下 大地主의 存在形態에 관한 硏究』, 서울대 경제학 박사학위논문, 1989.

田剛秀, 「日帝下 水利組合事業이 地主制 展開에 미친 영향」, 『경제사학』 8, 경제사학회, 1984.

정문종, 「産米增殖計劃과 農業生産力 停滯에 관한 연구」, 장시원 외, 『한국근대 농촌사회와 농민운동』, 열음사, 1988.

정병욱, 「역사의 주체를 묻는다 : 식민지 근대화론의 논쟁을 둘러싸고」, 『역사비평』 43, 역사문제연구소, 1998.

정연태, 『1910年代 日帝의 農業政策과 植民地地主制 - 소위 '米作改良政策'을 중심으로』, 『韓國史論』 20, 서울대 국사학과, 1988.

정연태, 「1930년대 朝鮮 農地令과 일제의 농촌통제」, 『역사와 현실』 4, 한국역사연구회, 1990.

정연태, 「일제의 韓國農地政策(1905~1945)」, 서울대학교 국사학과 박사학위논문, 1994.

정연태, 「1930년대 일제의 식민농정에 대한 재검토」, 『역사비평』 봄호, 역사비평사, 1995.

정연태, 「'식민지근대화론'논쟁의 비판과 신근대사론의 모색」, 『창작과 비평』

103, 1999년 봄호.

정연태, 「21세기의 한국 근대사 연구와 신근대사론의 모색」, 『20세기 역사학 21세기 역사학』, 역사비평사, 2000.

정연태, 「식민지 근대화론의 새로운 성과에 대한 비판적 검토 - 안병직 편, 『맛 질의 농민들』, 『한국경제성장사』 - 」, 『역사비평』 58, 역사문제연구소, 2002.

정재정, 「韓末·日帝初期(1905-1916) 鐵道運輸의 식민지적 성격(상) - 경부.경 의철도를 중심으로 - 」, 『한국학보』 28, 서울 일지사, 1982.

정재정, 「韓末·日帝初期(1905-1916) 鐵道運輸의 식민지적 성격(하) - 경부.경 의철도를 중심으로 - 」, 『한국학보』 29, 서울 일지사, 1982.

정재정, 「京義鐵道의 부설과 일본의 韓國縱貫鐵道 支配政策」, 『논문집』 3집, 한국방송통신대학, 1984.

정재정, 「京釜鐵道의 부설에 나타난 일본의 한국침략 정책의 성격」, 『한국사 연구』 44, 한국사연구회, 1984.

정재정, 「경부·경의철도의 부설과 한일토건회사의 청부공사활동」, 『역사교 육』 37·38합집, 역사교육연구회, 1985.

정재정, 「大韓帝國期 鐵道敷設勞動者의 動員과 沿線住民의 抵抗運動」, 『한 국사연구』 73, 한국사연구회, 1991.

정재정, 「韓末 京釜·京義鐵道敷地의 收用과 沿線住民의 抵抗運動」, 『李元 淳교수화갑기념사학논총』, 교학사, 1996.

정재정, 「일본의 對韓侵略政策과 京仁鐵道 敷設權의 獲得」, 『역사교육』 77, 서울, 역사교육연구회, 2001.

정태헌, 「수탈론의 속류화 속에 사라진 식민지」, 『창작과 비평』 97, 창작과 비 평사, 1997년 가을호.

조석곤, 「식민지 근대화론과 내재적 발전론 재검토」, 『동향과 전망』 38, 한국 사회연구소, 1998.

趙恒來, 「일제의 경제적 침탈과 그 실태」, 『한국사학』 9집, 한국정신문화연구 원 편, 1987.

조항래, 「韓末 日帝의 農地 收奪과 그 實際」, 『又仁金龍德博士停年紀念史 學論叢』, 同간행위원회, 1988.

주봉규, 「일제하 農地令의 성격에 관한 연구」, 『경제논집』 20-1, 서울대학교 경제연구소, 1983.

주종환, 「일제 조선토지조사사업에 대한 '식민지 근대화론' 비판 - 근대성을 강 조하는 나까무라 교수의 역사이론에 대하여 - 」, 『역사비평』 47, 역사 문제연구소, 1999.

최원규, 「한말 일제하의 농업경영에 관한 연구 - 海南 尹氏家의 사례」,『한국
　　　사연구』50 · 51 합집, 한국사연구회, 1985.
최원규, 「日帝의 초기 韓國植民策과 日本人 ‘農業移民’」,『동방학지』77 · 7
　　　8 · 79합집, 연세대학교 국학연구원, 1993.
최원규, 「1900년대 일제의 토지권 침탈과 그 관리조직」,『부대사학』19집, 부
　　　산대학교 사학회, 1995.
최원규, 「대한제국과 일제의 토지권법 제정과정과 그 지향」,『동방학지』94,
　　　연세대학교 국학연구원, 1996.
최원규, 「동양척식주식회사의 移民事業과 동척이민 반대운동」,『한국민족문
　　　화』16집, 부산대 한국민족문화연구소, 2000.
최유리, 「日帝末期 ‘朝鮮增米計劃’에 대한 연구」,『한국사연구』61 · 62합집,
　　　한국사연구회, 1988.
최재석, 「일제하의 지주소작관계」,『사총』 17 · 18합집, 고려대학교 사학회,
　　　1973.
河智姸, 「대한제국기 일본 대자본의 지주화 과정 연구」,『梨花史學硏究』제
　　　33집, 이화사학연구소, 2006.
하지연, 「澁澤榮一자본의 朝鮮興業株式會社 설립과 경영실태」,『한국근현대
　　　사연구』제39집, 한국근현대사학회 편, 2006.
하지연, 「澁澤係 지주회사 朝鮮興業株式會社(1904-1945)의 재무구조와 대주
　　　주 및 경영진 분석」,『梨花史學硏究』제35집, 이화사학연구소, 2007.
하지연, 「日本人 會社地主의 植民地 農業經營 - 三菱재벌의 東山農事株式會
　　　社 사례를 중심으로 - 」,『史學硏究』제88호, 韓國史學會, 2007.
하지연, 「한말 일본 대자본의 對韓 경제침탈 - 大倉組를 중심으로 - 」, 이화여
　　　대 한국근현대사연구실 편,『한국 근현대 대외관계사의 재조명』, 국
　　　학자료원, 2007.
하지연, 「일제강점기 일본인 회사지주의 소작제 경영실태」,『한국민족운동사
　　　연구』54, 한국민족운동사학회, 2008.
하지연, 「일제 강점기 일본인 회사지주의 소작인 관리통제조직 - 朝鮮興業株
　　　式會社의 ‘興農會’의 사례를 중심으로 - 」,『백범과 민족운동연구』제
　　　6집, 백범학술원, 2008.
하지연, 「일제하 한국농업의 식민성과 근대성 - 일본인 대농장 가와사키 농장
　　　의 소작제 경영사례를 통하여」, 신용하, 전상숙, 고숙화, 하지연, 김은
　　　정, 나애자, 김석근, 김경일 공저,『식민지 근대화론에 대한 비판적
　　　성찰』, 나남, 2009.
洪性讚, 「韓末 · 日帝下의 地主制 - 江華 洪氏家의 秋收記와 長冊分析을 중

심으로」, 『韓國史硏究』 제33호, 한국사연구회, 1981.

홍성찬, 「韓末·日帝下의 地主制硏究 - 谷城 曺氏家의 地主로의 성장과 그 변동」, 『동방학지』 49, 연세대 국학연구원, 1985.

홍성찬, 「韓末·日帝下의 地主制硏究 - 50町步地主 寶城 李氏家의 地主經營事例 -」, 『동방학지』 53, 연세대 국학연구원, 1986.

홍성찬, 「日帝下 企業家的 農場型地主制의 存在 形態 - 同福 吳氏家의 同皐農場經營構造分析」, 『경제사학』 제10호, 경제사학회, 1986.

홍성찬, 「일제하 기업가적 농장형 지주제의 역사적 성격」, 『동방학지』 제63호, 연세대 국학연구원, 1989.

홍성찬, 「일제하 金融資本의 農企業 支配 - 불이흥업(주)의 경영변동과 조선식산은행」, 『동방학지』 65, 서울 연세대 국학연구원, 1990.

홍성찬, 「일제하 전북지역 일본인 농장의 농업경영 - 1930, 40년대 熊本農場地境支場의 사례를 중심으로 -」, 홍성찬·최원규·이준식·우대형·이경란 공저, 『일제하 만경강 유역의 사회사 - 수리조합, 지주제, 지역정치』, 혜안, 2006.

황명수, 「일제의 수리사업과 농민수탈 - 불이흥업을 중심으로 -」, 『移山조기준박사화갑기념논문집』, 이산화갑기념사업준비위원회, 1977.

황명수, 「일제하 不二興業會社와 農民收奪 - 수리사업을 중심으로」, 『産業硏究』 4, 단국대학교 부설 산업연구소, 1982.

황명수, 「일제하 수리조합과 농민투쟁 - 불이흥업회사 산하 농장을 중심으로」, 『한국 근대경제사연구의 성과 - 추언 권병탁박사 화갑기념논총II』, 1989.

허수열, 「'개발과 수탈'론 비판」, 『역사비평』 48호, 역사비평사, 1999.

(2) 일본

君島和彦, 「東洋拓植株式會社の設立過程(上,下)」, 『歷史評論』 第282, 285號, 1973, 1974.

君島和彦, 「朝鮮における東拓移民の展開過程」, 『日本史硏究』 161號, 日本史硏究會, 1976.

君島和彦, 「日露戰爭下朝鮮における土地略奪計劃とその反對鬪爭」, 『朝鮮歷史論集 - 旗田巍先生古稀記念』(下卷), 旗田巍先生古稀記念會, 龍溪書舍, 1979.

堀和生, 「植民地朝鮮の電力業と統制政策 - 1930年 以後を中心に -」, 『日本史硏究』 265, 1984.

宮嶋博史, 「植民地下朝鮮人大地主の存在形態に關する試論」, 『朝鮮史叢』 第 5·6合併號, 1982.

吉永佐代子, 「1931～1932年の迫間農場小作爭議」, 東京都立大學人文學部 史學專攻卒業論文, 1969.

古川昭, 「群山各國居留地(共同租界)の研究」, 『朝鮮學報』 160輯, 朝鮮學會, 1996.

渡邊渡, 「大倉財閥と大陸」, 『大倉財閥の研究』, 大倉財閥研究會, 1982.

裵民植, 「韓國·全羅北道における日本人大地主の形成 - <群山農事組合>を中心に - 」, 『農業史研究』 第22號, 1989.

服部之總, 「維新史方法上の諸問題」, 『歷史科學』, 1933.

山崎隆三, 「地主制衰退期における地主の植民地地主への轉化」, 『經濟學雜誌』 64-2·3, 日本評論社, 1971.

山本有造, 「일본의 식민지 투자」, 『일제하 한국사회구성체서설』, 김영호 편역, 청아출판사, 1986.

森元辰昭, 「日本人地主の植民地(朝鮮)進出 - 岡山縣溝手家の事例分析」, 『土地制度史學』 第82號, 1979.

森元辰昭, 「朝永土地株式會社による農場經營」, 大石嘉一郎 編, 『近代日本における地主經營の展開 - 岡山縣牛窓町西服部家の研究』, 御茶の水書房, 1985.

蘇淳烈, 「戰時體制期植民地朝鮮における日本人大地主の存在形態 - 熊本農場の事例分析」, 『農業史研究』 第25號, 1992.

牛山敬二, 「明治·大正期における三菱の土地投資」, 『農業總合研究』 第20卷 第2號, 1966.

李圭洙, 「日本人地主の土地集積過程と群山農事組合」, 『一橋論叢』 第116卷 第2號, 8月號, 1996.

李在茂, 「いわゆる韓日合倂=强占前における日本帝國主義による朝鮮植民地化の基礎的諸指標」, 『社會科學研究』 第9卷 6號, 1958.

田中彰, 「幕府の倒壞」, 『日本歷史』 13, 岩波書店, 1930.

田中喜南, 「石川縣農業株式會社(資料紹介)」, 『北陸史學』 第15號, 北陸史學會, 1967.

田中喜南, 「明治後期'朝鮮拓植'への地方的關心 - 石川縣農業株式會社の設立を通して」, 『朝鮮史研究會論文集』 4, 朝鮮史研究會, 1968.

田中愼一, 「西服部家の朝鮮進出」, 『土地制度史學』 第82號, 1979.

中村正則, 鈴木正幸, 「近代天皇制國家の確立」, 『大系日本國家史』V, 東京大出版部, 1975.

池田敵正, 「幕府の動搖と改革」, 『日本歷史』13, 岩波書店, 1930.

淺田喬二, 「舊植民地・朝鮮における日本人地主階級の變貌過程(下)」, 『農業總合研究』第20卷 第1號, 1966.

淺田喬二, 「舊植民地(朝鮮)における日本人大地主の存在形態 – 石川縣農業株式會社」, 『朝鮮歷史論集 – 旗田巍先生古稀記念』(下卷), 旗田巍先生古稀記念會, 龍溪書舍, 1979.

淺田喬二, 「迫間農場爭議의 展開科程」, 『抗日農民運動研究』, 동녘, 1984.

河合和男, 「産米增殖計劃と植民地農業の展開」, 『朝鮮史叢』2, 1979.

黑瀨郁二, 「日露戰後の朝鮮經營と東洋拓植株式會社」, 『朝鮮史研究會論文集』12集, 1975.

Abstract

The Study of Colonial Landowner System

Focusing on the Japanese Agriculture Company
'Chosun Promotion of Industry Co., Ltd'

Ha, Ji-yeon

This study analyzes Chosun Promotion of Industry Co., Ltd.(朝鮮興業株式會社) of the Sab-Taek(澁澤) financial combine which was the representative case of Farm Management of Agriculture Company of the Large Japanese Landowners under the Japanese Rule in Korea. Chosun Promotion of Industry Co., Ltd.(朝鮮興業) which was one of the first rank company in Sab-Taek Yong Il(澁澤榮一) belong to Japanese bank circles contributed greatly to development of Japanese capitalistic. Also, it was the typical case that showed it had an interest in Japan to realize its own interest. So, Chosun Promotion of Industry Co., Ltd. was consistently supported by public power of Japan since it was founded, and it could make an excess of colonial profits because it had the reciprocal relationship with Japan, carrying out faithfully Korean agriculture policy of Japan and providing monetary aid in return.

Chosun Promotion of Industry Co., Ltd. established the huge farms that had more than seventeen thousand Jung Bo(町步)—a kind of land measure unit—across Korea, and had about sixteen thousands and five hundred tenants that belonged to it since 1904. Also, it made high-rate profits because it supported the policy and the monetary policy of colonial power, and cooperated with Japan in the agriculture policy by exploiting Korean labor until 1945. It means that Chosun Promotion of Industry Co., Ltd. was the largest landowner company as a individual landowner except Dong Yang Chuck Sik Co., Ltd.(東洋拓植株式會社) which was a national policy corporation in agriculture and occupied over 80% of economic production power in Korea. Chosun Promotion of Industry Co., Ltd. occupied almost 8% arable land of the large Japanese landowner who took possession of over 30 Jung Bo in Korea, and was the greatest company which held 3% of the total land including Korean landowners' land in Korea. So, this study is aimed at investigation into colonial exploitation of agriculture management of Chosun Promotion of Industry Co., Ltd., because the investigation is necessary to show agricultural distortion in Korean of Japan and the ruin of Korean during the colonial period, as well as distorted modern economical development and frustrated possibility of the future growth.

Previous studies on the Large Japanese Landowners under the Japanese Rule in Colonial Chosun (including agriculture company) were mainly done by Japanese researchers. The basic aims of these studies focused on the region, the amount of money, and the feature of the Large Japanese Landowners' money in Korea, and the position of the Large Japanese Landowners in the landowners system. These studies, however, conducted on the point of view of not the colonial features of the Large Japanese Landowners but the part of the Japanese history. The feature and the scale of the Large Japanese Landowners' money were reflected in the scale and method of dealing in land and the price of land, and irrigation association concerned, and so on. There were, however, no differences to Korea, because they were, in fact, in collusive relation with authoritarian structure, and participated actively in all sorts of exploitative colonial agriculture policy.

This study verified the reciprocal relationship between Japanese holding company and Japan's public power, exploitative colonial agriculture management, the distribution of an excess of colonial profits, semi-feudalistic structure toward Korean tenant farmers, and miserable economic states of Korean tenant farmers, through the case study of Chosun Promotion of Industry Co., Ltd. during the colonial period. On the basis of the study, semi-feudalistic and colonial features on Korean agriculture management of Chosun Promotion of Industry Co., Ltd. are the following.

First of all, Chosun Promotion of Industry Co., Ltd. wrest agriculture from Korea earlier than any other the Large Japanese Landowners. It was a front-runner in a large scale of capital, a period of agriculture company, a process of Japan advanced into Korea, so it paved the way for the basis of plundering agriculture and lands of Korea. Especially, it continued and strengthened illegality and violence on the process of plundering lands within the close relationship with Japanese public power, making the reciprocal relationship with colonial agriculture policy of Japan during the colonial period. Chosun Promotion of Industry Co., Ltd. made it legalize to Japanese landowner's possession of land in Korea through executing all sort of land laws during the colonial period, expanded exploitation and management of lands in Korea through land investigation business after Japan's colonial rule, and maximized an excess of colonial profits through production and export of high-volume rice riding on Rice Products Increase Plan(產米增殖計劃), and carried out cotton increasing policy and cotton cultivating industry.

Secondly, Sab-Taek(澁澤) Capital pillaged first Korea for Japan's interests, and dispossessed all over the fields such as mine, a railway, electricity, finance, and agriculture, and so on during the colonial period after the opening of a port. Among this, Chosun Promotion of Industry in agriculture was the important core, which was in charge of colonial agriculture policy, in order to supply food and raw material for Japan. Unlike a mine, a railway, and electricity, in the agricultural fields, Sab-Taek did business which directly controlled the farmer classes, who were the basis of Korean social structure, on behalf of Japan, to the part which Japan's national power could not have the effect on. In other words, Chosun Promotion of Industry was another power that ruled colonial Korea according to it's social and economical influence on districts in Korea. So, the form of existence and management type in Chosun Promotion of Industry and the reciprocal relationship with power organization of Japan were the representative case of the colonial landowner system.

Thirdly, the violent and forcible structure of Chosun Promotion of Industry on Korean farmers was controlled by 'Tenant Five People Union(小作五人組合)' and 'Promotion of Agriculture Association(興農會)'. The former followed the system for feudal lords to control tenants during the Japan's feudal government period, and were realized in colonial Korea. Especially, the latter was the special company structure without precedent in Japanese agriculture company that advanced into Korea. It had effects on Korean economically and existentially, and even personal control was possible in this structure.

Fourthly, Japanese landowner's company were propagandized as what is called 'improved agricultural method(改良農法)' and 'agricultural modernization'. Especially, enforcement of using Japanese seeds and overdosing fertilizers of Chosun Promotion of Industry caused distorted modification. Plundering structure remade plundering mechanism rational and efficient, and the structure changed the frame consisted of landowner-tenant relation into the capital structure under the pretense of modernization and development. Improved agricultural methods, and improved seeds were evidence to show that Korea became a place of supplying food to Japan. Profits from colonial Korean increased and improved went into Japan. In this process, Korean were throughly excluded. After all, the reality of Korean tenants' economy became bankrupt up to the miserable situation which was not enough to keep body and soul together.

Fifthly, Korean were throughly excluded in the construction of the management and heavy stockholders, and profits from colonial Korean went into Japan's heavy stockholders and companies' holding funds. So Korean became exploitative targets in the process of production and improving profits.

In conclusion, Chosun Promotion of Industry was supported by Japan's public power over 50 years during the colonial period in Korea, and was the agricultural stock holding company that did agricultural administration, and had the feature such as the government office. Also, it was one of the largest size as the individual stock holding company, and managed agricultural company in the tenant system all over Korea. In fact, Chosun Promotion of Industry became another power organization to colonial Korean. So, it is unreasonable to explain Korean control of the large capital that was supported by Japan's public power, and the reorganization of agricultural structure, under the pretense of modernization and development. It was the improvement, not development, as the requirement for maximizing plunge and the enforcement of colonial semi-feudalistic exploitation system, even the expense was supplemented by the profit from the colony. Therefore, the feature of Chosun Promotion of Industry's agricultural management was colonial semi-feudalism.

찾아보기

ㄱ

加藤　110
加藤末郎　88, 96, 103, 109, 331
刻印付圓銀　57, 65, 66
看坪　224
看坪法　226
감면　246, 301
개간　135, 136, 137, 138, 160
개간사업　204
개량 농기구　221, 274
개량농법　30, 216
거대지주　201
檢見　223, 224, 225, 226, 228, 248
檢見法　226
檢疫所　178
檢疫牛　177
兼二浦　104, 109, 113, 129, 293, 330, 332
兼二浦(겸이포) 출장소　111, 128
鎌田勝太郎　39, 104, 160, 161, 180, 183,
　　　185, 189, 199, 334
경남은행　195
경부선　113
경부철도　73, 74, 329
경부철도주식회사　73
慶山(경산) 관리소　106, 160, 161, 164,
　　　238, 300, 331, 334
경산농장　236
경산수리조합　163

경산지점　280
경성전기회사　329
京城學堂　58
耕牛　137, 221, 270, 274, 278
경의선　113, 134
京義鐵道　72, 75, 109
경인철도　71, 72, 329
경인철도부설권　70
경작권　86, 116, 320
경작면적　125
경지면적　120, 127, 168
경지정리법　205
경지정리사업　138, 154, 204, 207
고리대　81, 95, 202
고리대금업　81, 82, 329
高捧　239
곡가폭등　168
穀良都　210, 213
곡물검사　251
穀物檢査令　250
곡물검사제도　247, 248, 250
公租公課　261
公租公課金　231
공진회　137
過燐酸　220
관리통제조직　202
久間健一　42, 102, 201, 245, 267, 283,
　　　323
口樴　247, 248, 297

舊升　291
국립제일은행　62, 63
群山　27, 38
群山農事組合　35, 91
군용수표　70
宮庄土　130
勸業模範場　142, 211
權泰祥　299
均田　84
均田問題　84
근대성　22, 281, 326
근대화론　20
金肥　218, 219, 220, 284
金肥代　218
金肥半額補助畓　220
琴湖江　163
琴湖수리조합　163, 309
기간지　94, 330
기경지　95, 135
杞柳(버들고리)　141
기한부 소작인　332

ㄴ

낙동강　156
來城　144
老農농법　216
綠肥　209, 219, 274
鹿沼傳十郎　158, 194
농가부업　151
農監　226, 262, 292
農談會　279
농업개량　37
농업회사　125, 206
農作模範場　209

ㄷ

多勞多肥　214, 216, 336
多木농장　314
多肥多收穫　209, 214
唐浦간척지　204
堂峴금광　75
大橋新太郎　97, 98, 103, 154, 160, 161,
　　　　175, 180, 181, 183, 185, 189, 192,
　　　　194, 197, 199
大橋佐平　194
大久保利通　50
대동강　125, 332
大豆　87, 112, 139, 291
大豆粕　220
대림　240, 277, 287
대림농장　217
大林組　314
大山昇平　180, 184, 186, 198, 269
大隈重信　50, 58, 87
대장성　65
大田(대전) 관리소　106, 153, 204, 301,
　　　　334
大池忠助　35
貸借　218
大倉　27, 36, 55, 65, 95, 314
大倉粂馬　186
大倉農場　26, 27, 37, 39, 84, 102, 314,
　　　　315, 337
大倉재벌　26, 37, 102, 110, 317
大倉喜七郎　185
大倉喜八郎　27, 61, 72, 84, 97, 183, 314,
　　　　315, 317
大弘堤水利組合　153
德川慶喜　49
賭作　224
賭租　303
道種苗場　211
賭只　224
賭地權　253

賭地法 224
東江 144
東京商工會 53
東京商工會議所 53
東京銀行集會所 52
東京貯蓄銀行 182
東山 317, 327
東山農事株式會社 27, 102, 125, 318, 339
東山農場 27, 39, 107, 229, 314, 315, 333, 337
東洋生命保險株式會社 182, 192
東洋拓植株式會社 29, 31, 59, 89, 96, 282, 302, 318, 327
등기제도 114
藤井寬太郎 35, 37, 110, 112

ㅁ

滿蒙拓植 88
萬泉面 130
滿韓拓植 88
望雲牧東里農場 148
梅上川 134, 137
棉花栽培協會 78, 149
明石照男 180, 181, 186, 192
모범소작인 275
목포 120
木浦(목포) 관리소 106, 110, 146, 150, 158, 204, 241, 333
木浦商業會議所 250
목포지점 242, 280
木浦興農協會 91
目賀田種太郎 103, 329
目黑銀次 184, 186, 195, 199, 292
몽리 144, 206, 310
몽리구역 158, 163
몽리면적 158, 163

묄렌도르프 63
苗代 215
墨銀 63
文券 332
文記 86
文記作成 114
文井面 130
米價 118
미간지 95, 137, 144, 330
미간지형 지주 112
尾高 48, 111, 129
尾高惇忠 47, 182
尾高次郎 97, 98, 103, 110, 128, 160, 175, 180, 181, 182, 183, 185, 189, 199
尾高豊作 180, 182, 185, 189, 199
尾高合名會社 192
米穀檢查規則 250
미국종 육지면 146, 149, 150
밀양강 156
밀양수리조합 158

ㅂ

迫間房太郎 35, 173, 184, 186, 195, 199
博文館 194
放賣文記 86
방해자 처벌 요구 70
배당금 168
배당률 168, 172, 282
백동화 68
白石川 137
버들고리 142
병작법 224
報國會 57
보증인 276
福島宜三 185
服部金太郎 97, 98, 103, 180, 181, 184,

185, 189, 198
福澤諭吉 57, 79
鳳山郡 130, 133
봉산농장 130, 134, 141
府北수리조합 309
부산공동창고회사 195
부산상업은행 195
釜山水産株式會社 195
釜山지점 106
부산창고주식회사 173
부업 142, 203, 221, 223
北栗面 130, 303
分益小作 225
分益소작제 288
不二 327
不二농장 267
不二興業株式會社 34, 37, 112, 267, 339
拂入株金 165
브라운 64, 66
肥料試驗 274

ᄉ

사내적립금 168, 172
沙里院 130, 134, 141
舍音(마름) 226, 261
산미증식계획 118, 140, 168, 207
山下龜三郎 175
三浪津 194, 206
三浪津(삼랑진) 관리소 106, 156, 157, 204, 241, 298, 334
三菱 27, 28, 36, 37, 51, 55, 75, 102, 107, 125, 314, 315, 318, 333, 337
三野村利左衛門 49
三井 36, 49, 50, 55, 75, 314, 315
三井高保 72
澁澤 47, 49, 50, 54, 59, 61, 65, 66, 69, 75, 96, 97, 103, 112, 149, 158, 160, 173, 179, 181, 182, 193, 313, 314, 328, 329, 330, 334, 335, 337
澁澤敬三 185, 193
澁澤同族會社 193
澁澤榮一 27, 33, 35, 39, 41, 45, 56, 95, 98, 100, 160, 180, 181, 189, 193, 194, 327
澁澤元治 184, 186, 193
澁澤義一 184, 186, 193
澁澤자본 29, 38
澁澤長三 180
澁澤재벌 26, 315
澁澤智雄 180, 186, 192, 193
澁澤-淺野 광산조합 77
상업고리대 자본 235, 336
瑞穂 210
瑞興江 134, 141
石川縣農業株式會社 34, 89, 197
先貸 201, 202, 233, 264, 275, 323
鮮米協會 255
성업사 277, 286
成歡농장 154
細川농장 39, 89
細川護立 39
小西文之 128
小野 50, 51
소작계약 229, 253, 284, 307
소작계약서 215, 227, 229, 231, 245, 276, 294, 297
소작계약증서 230
소작권 117, 252, 254, 262, 265, 277, 295, 299, 305, 320, 321, 330
소작농 202
소작료 116, 127, 137, 168, 172, 217, 225, 229, 233, 234, 247, 254, 262, 264, 265, 266, 269, 273, 281, 289, 294, 295, 300, 302, 305, 307, 309, 311,

316, 319, 321, 322, 332
소작료율   117, 207, 233, 302
소작인   96
小作人五人組合   30, 41, 228, 261, 263,
        266, 267, 277, 281, 303, 311, 319,
        322, 336
소작쟁의   296, 301, 302
소작제   28, 43, 109
소작제 농업경영   20
小株密植正條植   215, 274
松林面   296
수리시설   203
수리조합   35, 135, 206, 233, 236, 309,
        311
수리조합비   251
輸移出玄米檢査   250
수익률   172, 282, 334
수탈론   20
熟田   112, 113, 204
施肥   210, 217
식민성   24
식민지 근대화론   20
식민지 지주   313
식민지 지주제   22, 326
식민지성   320
식민지적 복합성   282
식민지적 특수성   282
新升   291
新灘津 수리조합   309, 310
新韓公社   105, 331
신한공사 대구지점   331
深耕   274

ㅇ

安田   55
安田善次郎   72
安春川   154

알렉세이예프   67
岩崎   55
岩崎久彌   35, 72, 319
양곡배급조합   244
良友會   199
양잠   151, 222
양전사업   84
延納   240, 275, 298, 301, 336
영등포농장   154
永小作   253
영소작권   254
영속 소작인   254
刈分   224
刈分法   225
五百井 商店   195
沃溝   38
沃溝농장   317
龍塘浦 출장소   306
용당포항   143
龍山수리조합   148
牛耕   203
宇都曾一   96, 109
우량종자   283
우수영농장   206
右水營石橋里農場   148
牛疫   177
雲山금광   75
雲泉面   130
熊本   327
熊本農場   36, 37, 267, 303
熊本利平   36
雄町   210
原種   211
原種田   210, 274, 283
柳等川   153
有樂會   53
劉秉斗   292
柳川面   303

柳行李籠　141
陸地棉　210, 333
殷山금광　76
이권　47
伊藤博文　58, 72, 79, 91, 103, 175
이민정책　87, 88
李完用　71
이익금　168
李在重　117
二指高　291
李靑天　327
移出牛　177
移出牛檢疫所　177
移出牛管理業　104
益田孝　53, 72
一橋慶喜　48
일본인 대지주　19, 92, 124, 206, 328
일본인 지주　33
일본인 회사지주　94
일본종자　30
일본품종　37, 139, 140, 203, 208, 212,
　　　215, 219, 281, 324, 331, 336
一指高　291
日之出(日ノ出)　209, 210, 213
日下義雄　77, 97, 98, 103, 180, 181, 184,
　　　186, 189, 191, 198
日韓瓦斯株式會社　78
日韓倉庫株式會社　175
日韓通商協會　61, 78
日興농장　144
林權助　69, 76, 79, 102, 329
臨陂　38
入樜　248, 297
立毛　271, 278, 286
立會　226

ㅈ

자본금　168
잠매　26, 90
長谷川好道　103, 329
長端種(혹은 長湍種)　139, 210, 215
재래종　213
載寧　130, 303
재령강　125, 134, 141
載寧평야　128, 134, 332
재벌지주　26, 315, 316
貯穀　278
抵當流質　81, 114, 329
전가　251
靜岡商法會所　49
定賭法　224
政商　36, 46, 55
政商型　36
井上馨　50, 54
政商型企業家層　35
定租　223, 225, 226, 234, 289, 302, 304
定租 檢見制　288
正條植　203, 216
定租制　248
帝國호텔　58
第一銀行　33, 47, 50, 61, 62, 63, 64, 66,
　　　69, 97, 179, 182, 191, 194, 313, 327,
　　　329, 330
제일은행권　68
제임스 모오스(James. R. Morse)　71
조선개척　218, 277, 287, 289
朝鮮國有林野部分林令　104
朝鮮勸業模範場　222
조선농지령　228, 238
조선맥주주식회사　154
朝鮮米穀倉庫株式會社　176
『朝鮮産業指針』　137
朝鮮殖産銀行　205, 335, 339
朝鮮信託株式會社　249, 267
朝鮮實業株式會社　39, 161, 183, 235

朝鮮瓦斯電氣株式會社　195
「朝鮮籾檢査規則」　249, 251
조선저축은행　195
조선축산주식회사　178
朝鮮協會　78, 87
朝鮮興業株式會社　26, 28, 30, 33, 38,
　　　42, 85, 95, 99, 101, 109, 110, 111,
　　　112, 114, 116, 117, 118, 120, 124,
　　　127, 128, 130, 136, 138, 153, 158,
　　　165, 167, 173, 179, 182, 192, 193,
　　　196, 197, 203, 206, 214, 218, 225,
　　　227, 229, 230, 233, 235, 236, 239,
　　　240, 243, 246, 254
朝鮮興業株式會社 慶山농장　78
『朝鮮興業株式會社營業報告書』　42
早神力　213, 284
종자개량　101, 150, 151, 209, 213
종자교환제도　139
종자의 예탁제　212
佐佐木勇之助　17, 97, 98, 103, 180, 181,
　　　184, 186, 189, 191, 199
佐佐木淸麿　76, 77, 180, 181, 182, 184,
　　　186, 189, 199
주식배당금　301
주식배당률　317, 334
住友　51, 55
株主　167
주주총회　165, 167
竹內綱　71, 72
中賭地　130
中野武營　160
지가　125
地代　231
직산금광　77, 329
織田雄次　109, 180, 182
진남포항　141
진영　298
進永농장　298

執粗法　223, 224, 225, 226, 239

＿ㅊ

차관　64
창고부　176
採種畓　208, 211
採種田　139, 203, 210, 211, 214, 274, 283
川崎농장　37, 267
川崎滕太郎　37, 267
淺野總一郎　61, 75, 97, 98, 154, 160
甛菜(사탕무우)　141, 142, 222
淸水농장　136, 204
淸水面　131, 136, 296
총자본금　172
추수권　131
畜牛　177
翠野　144, 206
취야농장　306
취야수리조합　234, 309, 310, 333
翠野평야　143

＿ㅌ

打作　224, 225
打租　218, 223, 224, 225, 249, 288, 289,
　　　306
打租地　218
土岐僙　97, 98, 103, 180, 181, 184, 186,
　　　189, 192, 198
토지 수익성　87
土地家屋所有權證明規則　115
「土地家屋證明規則」　91, 115, 330
토지개량공사　234
토지개량사업　95, 205, 324, 331, 336
토지대금　120, 124, 168
토지매매　113
토지매수　113, 128, 168

386

토지소유 113
토지소유권 90
토지수익률 127
토지이윤 127
토지조사사업 116, 118
토지침탈 94
堆肥 209, 219, 274

_ㅍ

八基농장 152
片倉殖産會社 314
平安電氣鐵道株式會社 78
평택농장 334
평택 출장소 152
품종개량 217
品評會 151, 271, 278
풍구레질 295

_ㅎ

下南수리조합 309
韓國農業奬勵組合 89
韓國輸出牛 검역법 177
韓國倉庫株式會社 166, 173
韓國拓植株式會社 78, 104, 160, 161,
        164, 166, 331, 334
한일잠정합동조관 71
한정소작제 227
해관세 62, 63
해주 143
해주 관리소 244
해주지점 331
海州(해주) 출장소 106, 144, 306, 333
香椎源太郎 184, 186
현물지대 245
화폐정리사업 70
화학비료 208, 209, 213, 214

황산 수리조합 206
黃州 104, 120, 293, 295
황주 관리소 330
황주군 133
황주농장 134
黃州支店 105, 117, 128, 133, 134, 136,
        140, 142, 143, 146, 204, 209, 238,
        246, 256, 280, 290, 308, 333
황주천 134
황해선 134
회사지주 25, 218, 223, 265, 281, 285,
        286, 313, 323, 339
흑교농장 134
興農會 30, 41, 136, 203, 221, 231, 259,
        263, 264, 266, 267, 273, 274, 276,
        279, 281, 284, 306, 308, 311, 319,
        321, 323, 336
興業社 294

하지연 河智妍
1992년 이화여자대학교 인문대학 사학과 졸업
1995년 이화여자대학교 대학원 사학과 문학석사
2006년 이화여자대학교 대학원 사학과 문학박사
현 이화여자대학교 사학과 강사, 이화사학연구소 연구원 및 마포고등학교 교사

주요 논문 및 저서
「타운센드 상회 연구」(1996), 「韓末・日帝 朝日佛敎聯合 시도와 李晦光」(2003), 「韓末 翰西 南宮檍의 정치・언론 활동 연구」(2004), 「韓末・日帝 强占期 日本人 會社地主의 農業經營 硏究」(2006), 「日本人 會社地主의 植民地 農業經營 – 三菱재벌의 東山農事株式會社 사례를 중심으로」(2007), 「韓末・日帝 강점기 菊池謙讓의 문화적 식민 활동과 한국관」(2008), 『황성신문 기사색인집』 1・2권(공저, 1998), 『개화기 서울 사람들 – 우리 역사속의 사람들 1』(공저, 2004), 『한국 근현대 대외관계사의 재조명』(공저, 2007), 『식민지근대화론에 대한 비판적 성찰』(공저, 2009) 외 다수.

이화연구총서 8

일제하 식민지 지주제 연구
일본인 회사지주 조선흥업주식회사 사례를 중심으로

하 지 연 지음

2010년 3월 5일 초판 1쇄 발행

펴낸이・오일주
펴낸곳・도서출판 혜안
등록번호・제22-471호
등록일자・1993년 7월 30일

우 121-836 서울시 마포구 서교동 326-26번지 102호
전화・3141-3711~2 / 팩시밀리・3141-3710
E-Mail hyeanpub@hanmail.net

ISBN 978 - 89 - 8494 - 382 - 7 93910

값 28,000 원